BIBLIOGRAPHIE GÉNÉRALE

DES

TRAVAUX HISTORIQUES ET ARCHÉOLOGIQUES

PUBLIÉS

PAR LES SOCIÉTÉS SAVANTES DE LA FRANCE

SE TROUVE À PARIS

À LA LIBRAIRIE ERNEST LEROUX

RUE BONAPARTE, N° 28

BIBLIOGRAPHIE GÉNÉRALE

DES

TRAVAUX HISTORIQUES ET ARCHÉOLOGIQUES

PUBLIÉS

PAR LES SOCIÉTÉS SAVANTES DE LA FRANCE

DRESSÉE SOUS LES AUSPICES

DU MINISTÈRE DE L'INSTRUCTION PUBLIQUE

PAR

ROBERT DE LASTEYRIE

MEMBRE DE L'INSTITUT

AVEC LA COLLABORATION

D'ALEXANDRE VIDIER

SOUS-BIBLIOTHÉCAIRE À LA BIBLIOTHÈQUE NATIONALE

1902-1903

PARIS

IMPRIMERIE NATIONALE

MDCCCCV

AVERTISSEMENT.

En faisant paraître, l'an dernier, la *Bibliographie des travaux historiques et archéologiques publiés par les Sociétés savantes de la France* en 1901-1902, j'annonçais l'intention de donner un fascicule semblable pour les années 1902-1903.

La collaboration dévouée de mon confrère et ami M. Vidier m'a permis de tenir ma promesse, et l'on trouvera dans les pages qui suivent le dépouillement de tous les volumes afférents à cette période et qui nous sont parvenus en temps utile. Nous avons fait tous nos efforts pour mettre ce fascicule en état de paraître dans les premiers jours de l'année 1905. Malheureusement des considérations budgétaires en ont suspendu l'impression pendant plusieurs mois. Ce sont ces mêmes raisons qui nous ont empêchés de compléter nos dépouillements par une table analytique des matières pareille à celle que M. Vidier avait rédigée l'an dernier. Il y a là une lacune que nous regrettons, mais que nous espérons pouvoir combler le jour où le Ministère de l'Instruction publique pourra disposer des crédits nécessaires.

Les numéros qui précèdent chaque article faisant suite à ceux du fascicule précédent, il sera possible le jour où nous en aurons les moyens, soit de faire une table pour chaque fascicule, soit de grouper en une table unique tous les articles parus pendant une période plus ou moins longue.

Les dimensions atteintes par le présent fascicule montrent combien nous avons fait d'efforts pour être aussi complets que possible. Les lacunes que l'on pourra constater tiennent aux causes que j'ai déjà signalées et sur lesquelles je crois superflu de revenir.

R. DE LASTEYRIE,
Membre de l'Institut.

1er août 1905.

AIN. — BOURG.

SOCIÉTÉ D'ÉMULATION ET D'AGRICULTURE DE L'AIN.

Les publications antérieures de cette Société sont analysées dans notre *Bibliographie générale*, savoir :
Journal, 52 vol. (1817-1868), *Bibliographie*, t. I, p. 2.
Annales, t. I à XVIII (1868-1885), *Bibliographie*, t. I, p. 6 et 669.
— t. XIX à XXXIII (1886-1900), *Bibliographie*, t. V, p. 1.
— t. XXXIV (1901), *Bibliographie*, nouvelle série, t. I, p. 1.
Ouvrages divers (1783-1822), *Bibliographie*, t. I, p. 1.

XXXV. — Annales de la Société d'émulation et d'agriculture (lettres, sciences et arts) de l'Ain, t. XXXV, 1902. (Bourg, 1902, in-8°, 416 p.)

3412. Dubois (E.). — Notice sur la ville d'Oyonnax et son industrie, 3 *pl.*, p. 5 à 48, et 113 à 147. — Suite et fin de XXXIV, p. 289.
3413. Alloing (L'abbé L.). — Un manuscrit sur Brou, p. 53 à 75, et 233 à 272.
3414. Marchand (L'abbé Fr.). — Catalogue descriptif du médaillier de la ville de Bourg, p. 76 à 112. — Suite de XXXIV, p. 97.
3415. Ferret (F.). — Les caveaux de Brou (1900-1902), p. 148 à 201.
3416. Marchand (L'abbé F.). — Archéologie préhistorique. La grotte sépulcrale de la Cabatane, p. 203 à 225.
3417. Anonyme. — Excursions archéologiques à Briord et au pays de Gex, 2 *pl.*, p. 227 à 228.

[Inscriptions du moulin des Bonnes et de Verisieu, *pl.*; cippe de Briord, *pl.*]

3418. Dubreuil (P.). — Essai historique sur les monnaies d'argent de la République romaine, p. 378 à 404.

AIN. — BOURG.

SOCIÉTÉ DE GÉOGRAPHIE DE L'AIN.

Les tomes I à XV du *Bulletin* de cette Société sont analysés dans notre *Bibliographie générale*, t. V, p. 4.

XVI. — Bulletin de la Société de géographie de l'Ain, 1901, t. XX. (Bourg, 1901, in-8°, 156 p.)

3419. Corcelle (J.). — Le peintre de la Bresse. Gabriel Vicaire et les *Émaux bressans*, p. 5 à 18.
3420. Corcelle (J.). — Le mont Cenis, la route ancienne, la route nouvelle, leurs défenses militaires, p. 66 à 96.
3421. C. — Les explorateurs du Haut-Nil. Daniel Peney [1857], p. 150 à 152.
3422. Corcelle (J.). — Henriette d'Angeville et les Genevois, p. 153 à 156.

XVII. — Bulletin de la Société de géographie de l'Ain, 1902, t. XXI. (Bourg, 1902, in-8°, 170 p.)

IMPRIMERIE NATIONALE.

AIN. — BOURG.

SOCIÉTÉ DES SCIENCES NATURELLES ET D'ARCHÉOLOGIE DE L'AIN.

Les tomes I à VII (1894-1900) du *Bulletin* de cette Société sont analysés dans notre *Bibliographie générale*, t. V, p. 7.

VIII. — Bulletin de la Société des sciences naturelles et d'archéologie de l'Ain, n°s 22 [à 25], 1901. (Bourg, 1901, in-8°, 88 p.)

3423. Morgon (L'abbé J.-B.). — La Dombes, étude historique et archéologique sur l'origine et l'étymologie de son nom, p. 10 à 40, et 43 à 54.

IX. — Bulletin de la Société des sciences naturelles et d'archéologie de l'Ain, n°s 26 [à 29], 1902. (Bourg, 1902, in-8°, 64 et 16 p.)

3424. Brunet (L'abbé). — Les monuments mégalithiques du Morbihan, p. 27 à 32.

3425. Joly (L'abbé L.). — Le mur de Bénonces, p. 52 à 55.

Supplément.

3426. Tournier (L'abbé) et Baux (Jules). — Grotte de la Cabatane, près Treffort (Ain). Âge de la pierre polie, *pl.*, p. 1 à 16.

AISNE. — CHÂTEAU-THIERRY.

SOCIÉTÉ HISTORIQUE ET ARCHÉOLOGIQUE DE CHÂTEAU-THIERRY.

Les publications antérieures de cette Société sont analysées dans notre *Bibliographie générale*, savoir :
Annales, t. I à XX (1864-1885), *Bibliographie*, t. I, p. 16 et 670.
— t. XXI à XXXV (1886-1900), *Bibliographie*, t. V, p. 9.
— t. XXXVI (1901), *Bibliographie*, nouvelle série, t. I, p. 1.
Une table des trente-cinq premiers volumes a été publiée en 1903.

3427. Anonyme. — Table générale analytique et alphabétique des matières contenues dans les Annales de la Société historique et archéologique de Château-Thierry, 1864-1900. (Château-Thierry, 1903, in-8°, 269 p.)

XXXVII. — Annales de la Société historique et archéologique de Château-Thierry, année 1902. (Château-Thierry, 1903, in-8°, x-37 et 160 p.)

3428. Riomet (L.-B.). — Épigraphie campanaire de l'Aisne. Les cloches du canton de Fère-en-Tardenois, p. 3 à 21. — Suite de XXXV, p. 119.

3429. Henriet (Frédéric). — Eugène Rouyer [1827 † 1901], p. 35 à 37.

3430. Henriet (Maurice). — Note sur l'inhumation de Racine à Port-Royal [des Champs], p. 38 à 42.

3431. Doyen aîné. — Note sur l'ermitage et l'ermite de Neuilly-Saint-Front, p. 43 à 46.

3432. Corlieu (Dr A.). — Testament du duc d'Alençon, seigneur de Château-Thierry, etc. (1584), p. 47 à 52.

3433. Henriet (Maurice). — Discours de M. de la Chapelle sur Racine à l'Académie française (1699), p. 53 à 67.

3434. Henriet (Frédéric). — J.-P. Bézu, peintre en décors [1753 † 1837], p. 68 à 73.

3435. Henriet (Frédéric). — Henri Joussaume-Latour [† 1902], p. 74 à 75.

3436. Henriet (Frédéric). — Victor Cesson [peintre et collectionneur, † 1902], *fig.*, p. 79 à 102.

3437. Doyen aîné. — Découverte de monnaies romaines sur le territoire de Montigny-l'Allier, p. 103 à 105.

3438. Henriet (Maurice). — La Société racinienne de la Ferté-Milon, p. 106 à 126.

3439. Henriet (Maurice). — Le premier journal de l'arrondissement de Château-Thierry [1807], p. 127 à 130.

3440. Corlieu (Dr A.). — Note pour l'histoire de Chézy-sur-Marne, p. 131 à 133.

[Lettre de dom Ch. Muley à dom Grenier (1769).]

3441. Corlieu (Dr A.). — L'abbé Henri de Nesmond et l'abbaye de Chézy, p. 134 à 140.

3442. Corlieu (Dr A.). — Note pour servir à l'histoire de l'Hôtel-Dieu de Château-Thierry [1695], p. 141 à 143.

3443. Dupont (M.). — Dissertation sur l'étymologie du mot arquebuse, p. 144 à 157.

AISNE. — LAON.

SOCIÉTÉ ACADÉMIQUE DE LAON.

Les publications antérieures de cette Société sont analysées dans notre *Bibliographie générale*, savoir :

Bulletin, t. I à XXV (1852-1882), *Bibliographie*, t. I, p. 21 et 672.

— t. XXVI à XXX (1882-1899), *Bibliographie*, t. V, p. 13.

Ouvrages divers (1869-1883), *Bibliographie*, t. I, p. 21.

3444. Matton (A.). — Les anciennes papeteries de l'Aisne. (Laon, 1903, in-4°, 80 p.)

AISNE. — SAINT-QUENTIN.

SOCIÉTÉ ACADÉMIQUE DES SCIENCES, ARTS, BELLES-LETTRES, AGRICULTURE ET INDUSTRIE DE SAINT-QUENTIN.

Les publications antérieures de cette Société sont analysées dans notre *Bibliographie générale*, savoir :

Mémoires, t. I à XXXV (1831-1883), *Bibliographie*, t. I, p. 33 et 672.

— t. XXXVI à XLII (1884-1898), *Bibliographie*, t. V, p. 17.

Ouvrages divers (1825-1882), *Bibliographie*, t. I, p. 32 et 33.

3445. Lemaire (Emmanuel). — Procès-verbaux des séances de la Chambre du Conseil des maire, échevins et jurés de Saint-Quentin. Premier registre (26 janvier 1560-23 octobre 1564). (Saint-Quentin, 1902, in-8°, LXXXVIII-375 p.) — Cf. *Mémoires*, t. XXXV-XXXIX.

ALLIER. — MOULINS.

SOCIÉTÉ D'ÉMULATION ET DES BEAUX-ARTS DU BOURBONNAIS.

Les publications antérieures de cette Société sont analysées dans notre *Bibliographie générale*, savoir:
Bulletin, t. I à XVII (1846-1885), *Bibliographie*, t. I, p. 58 et 675.
— t. XVIII (1886-1891), *Bibliographie*, t. V, p. 33.
Bulletin-Revue, t. I à VIII (1892-1900), *Bibliographie*, t. V, p. 34.
— t. IX (1901), *Bibliographie*, nouvelle série, t. I, p. 2.
Ouvrages divers (1857-1885), *Bibliographie*, t. I, p. 58 et 675.

X. — **Société d'émulation et des beaux-arts du Bourbonnais. Bulletin-Revue**, publication mensuelle, suite au Bulletin de la Société d'émulation de l'Allier et aux Annales bourbonnaises, t. X. (Moulins, 1902, in-8°, 344 p.)

3446. Clément (L'abbé J.). — Épitaphe curiale de messire Gilbert Thoret, né en 1631, mort le 2 mars 1714, dans l'église Notre-Dame de Montluçon, *pl.*, p. 3 à 6.

3447. Du Broc de Segange (Commandant) et Tiersonnier (Philippe). — Deux familles de Villars, p. 7 à 10.

3448. Perrault-Dabot (A.). — Archives de la Commission des monuments historiques. Extrait du catalogue des relevés, dessins et aquarelles pour l'Allier, p. 11 à 17.

3449. Pérot (Francis) et Clément (l'abbé). — Inventaire des découvertes archéologiques faites en Bourbonnais en 1901, p. 42 à 47, et 79 à 80.

3450. Quirielle (Roger de). — Documents relatifs à Charles de Boucé, prieur d'Ambierle et à son frère, le capitaine Poncenat (François de Boucé [xvie-xviie s.]), p. 48 à 51.

3451. Tiersonnier. — La chapelle de l'ancien prieuré d'Aubeterre, p. 80 à 82.

3452. Quirielle (Roger de). — La pierre du chanoine Derissiaux [inscription à la cathédrale de Moulins, 1727], p. 91.

3453. Clément (L'abbé Joseph). — Le personnel concordataire dans le département de l'Allier, d'après les documents des Archives nationales, des Archives départementales de l'Allier et du fonds ecclésiastique de l'évêché de Clermont-Ferrand (1801-1802), 4 *pl.*, p. 92, 137, 162, 220, 256, 310; et XI, p. 7, 47, 92, 187, 239, 270, et 354.

3454. Grégoire (C.). — L'ancienne église de Cosne-sur-l'OEil, 2 *pl.*, p. 101 à 102.

3455. Anonyme. — Extrait des registres de l'état civil de Saulcet (année 1626) [relatif à des orages], p. 113.

3456. Crépin-Leblond (Marcellin). — Sur Marcellin Desboutin [1823 † 1902], *portr.*, p. 120 à 136.

3457. Tiersonnier (Philippe). — Les cloches de Saint-Pierre de Moulins, p. 144 à 146.

3458. Berthoumieu (L'abbé V.). — Une ancienne peinture murale de l'église de Brout-Vernet, *pl.*, p. 154 à 161.

3459. L. M. [Mantin (Louis)]. — Pièces de monnaies [françaises, xvie-xviiie s.] recueillies dans le canton de Jaligny, p. 179 à 180.

3460. Grégoire (C.), du Broc de Segange (Commandant) et Tiersonnier. — Excursion de la Société à Ébreuil, Veauce, Vicq, Rochefort, *fig.* et 4 *pl.*, p. 184 à 219.

3461. Du Broc de Segange (Commandant). — Ventes à réméré, p. 239 à 242.

3462. Du Broc de Segange (Commandant). — Chanoines de la collégiale de Moulins, p. 264 à 265.

3463. Pérot (Francis). — Belin-Dollet (1839 † 1902), p. 266 à 270.

3464. Bertrand (A). — Musée départemental, rapport du conservateur, p. 271 à 277.

[Cheminée du doyenné de Moulins (xve s.).]

3465. Anonyme. — Les peintures murales de l'ancienne église de Molinet, p. 277 à 279.

3466. Pérot (Francis). — Notes sur les pièces trouvées lors de la démolition de l'église de Cosne-sur-l'OEil en 1902 [monnaies romaines et françaises du moyen âge], p. 279.

3467. Quirielle (Roger de). — Procès-verbal d'une visite d'enquête au château et à la ville de la Palisse en 1724, p. 285 à 293.

3468. Anonyme. — La demi-brigade de l'Allier en 1795 [en Vendée], p. 304 à 309.

3469. MARTIN (Louis). — Archéologie préhistorique [silex et hache de pierre trouvés à Bourlaud, canton de Jaligny], p. 328 à 329.

XI. — Bulletin de la Société d'émulation du Bourbonnais, lettres, sciences et arts, t. XI. (Moulins, 1903, in-8°, 428 p.)

[3453]. CLÉMENT (L'abbé Joseph). — Le personnel concordataire dans le département de l'Allier, 3 *pl.*, p. 7, 47, 92, 187, 239, 260, et 354.

3470. TIERSONNIER (Philippe). — Remarques sur la sigillographie figurant au catalogue du musée départemental de Moulins, p. 20, 61, 99, 138, 169, 196, et 224.

3471. CLAUDON (F.). — Sur les tombeaux de Bellaigue, p. 38 à 46.

3472. BERTRAND. — Pendule de marbre blanc et bronze doré, au musée de Moulins, p. 90.

3473. BERTHOUMIEU (L'abbé). — Les fontaines publiques de Moulins depuis le XIVe siècle jusqu'à nos jours, *fig.* et 2 *pl.*, p. 125 à 137, 155 à 168, et 218 à 223.

3474. TIERSONNIER (Philippe). — Contribution à l'héraldique bourbonnaise, p. 174.

3475. CLÉMENT (L'abbé Joseph). — M. Léon Picard (1860 † 1903), p. 245 à 248.

3476. AUBERT DE LA FAIGE. — Excursion de la Société. Vallées de la Besbre et du Barbenan [le Breuil], Châtel-Montagne et Montmorillon, 3 *pl.*, p. 271 à 285.

3477. BERTRAND. — Antiquités reconnues dans les environs d'Isserpent, Châtel-Montagne et Arfeuilles, p. 290 à 295.

3478. TIERSONNIER (Philippe). — Note sur les armoiries des Balzac d'Entragues, p. 298.

3479. DU BROC DE SEGANGE (Commandant). — La baronnie et la paroisse de Bressolles, p. 302 à 312, et 359 à 377.

3480. BOUCHARD (E.). — Gilbert Sève (1618 † 1698), Pierre Sève (1628 † 1695), p. 313 à 332, et 398 à 408.

3481. COULHON (L'abbé G.). — Notes sur les anciennes peintures décoratives de l'église Saint-Hilaire (Allier), p. 333 à 336.

3482. BERTRAND (A.). — Un ornement de bronze provenant de la Bible de Souvigny, p. 339 à 341.

3483. M. C.-L. — M. Martial Place († 1903), p. 343 à 344.

3484. TIERSONNIER (Philippe). — Un mot sur le médecin Jean Banc [XVIIe s.], p. 378 à 381.

3485. GRAVIER DU MONSSEAUX. — Ancienne inscription de l'église Saint-Blaise à Vichy [Antoine Daquin, † 1696], p. 384 à 385.

3486. TIERSONNIER. — Les tapisseries de Lurcy, p. 394 à 395.

3487. ANONYME. — Une circulaire de l'an XI pour le lycée de Moulins, p. 409 à 412.

ALPES (BASSES-). — DIGNE.

SOCIÉTÉ SCIENTIFIQUE ET LITTÉRAIRE DES BASSES-ALPES.

Les publications antérieures de cette Société sont analysées dans notre *Bibliographie générale*, savoir :
Annales, t. I à II (1884-1888), *Bibliographie*, t. I, p. 65 et 676.
— t. III à IX (1887-1900), *Bibliographie*, t. V, p. 40.

X. — Annales des Basses-Alpes. Nouvelle série. Bulletin de la Société scientifique et littéraire des Basses-Alpes, t. X, 1901-1902. (Digne, s. d., in-8°, 512 p.)

3488. Faucher (Paul de). — Le livre de raison de l'aveugle de Chénerilles [Claude Isoard de Chénerilles] (1581-1621], p. 1 à 21, 91 à 103, et 153 à 166.

3489. Sauvage (P.). — Noms et sobriquets, p. 22 à 33.

3490. Lieutaud (V.). — Le Poil (Péou, Pel, Pèn). Histoire féodale et toponymie, *fig.*, p. 40 à 59, 104 à 121, 169 à 174, et 474 à 491.

3491. M. I. [Isnard (M.)]. — Corbeille de noce d'une bourgeoise de l'Escale au XVIIIe siècle, p. 60.

3492. Cauvin (C.). — Études sur la Révolution dans les Basses-Alpes. La formation de la Société populaire de Sisteron, p. 61 à 79, et 139 à 152.

3493. Rochas (Colonel de). — Une page de l'histoire d'Entrevaux [lettre de Vauban à Chamillart, 1705], p. 167 à 168.

3494. Anonyme. — Éphémérides bas-alpines, 1900, p. 175 à 177.

3495. Delmas (J.). — Quelques hommages bas-alpins (1106-1701), p. 178 à 191.

3496. [Lieutaud (V.)]. — Estoublon, fief de Montmajour (1157), p. 192 à 193.

3497. Faucher (Paul de). — Les Isoard de Chénerilles devant *La Critique de la noblesse de Provence*, de Barcilon de Mauvans, et l'histoire de la province, p. 197 à 208, 313 à 324, et 358 à 369.

3498. Richaud (A.). — Un bon géant [J.-G. Trigance, 1831 † 1899], p. 209 à 216.

3499. Boisgelin (Marquis de) et Duranti de la Calade. — Généalogie de la famille d'André, seigneurs de Bellevue, p. 217 à 243.

3500. Cauvin (C.). — Une incursion des Marseillais à Digne en 1793, p. 244 à 253, et 261 à 270.

3501. Ribbe (Charles de). — Le livre de raison d'un agriculteur. Eugène Robert, de Sainte-Tulle (1806-1873), p. 217 à 287, 325 à 344, 409 à 421, et 450 à 462.

3502. Arnaud (F.). — Le collège des notaires de Barcelonnette, p. 293 à 312.

3503. Lieutaud (V.). — Fiefs bas-alpins des Baux et des Forbin, p. 370 à 380.

3504. Anonyme. — Éphémérides bas-alpines, 1901, p. 381 à 383.

3505. V. L. [Lieutaud (V.)]. — Nomen accapte pour noble Jacques Alphand de Castel-Neuf, p. 386 à 388.

3506. L. de B.-P. [Berluc-Perussis (L. de)]. — Procès-verbal de la tournée faite dans les Basses-Alpes par M. le marquis de la Palud, le 29 octobre 1787, p. 389 à 408.

3507. [Lieutaud (V.)]. — Subside royal à Sisteron (1345), p. 432.

3508. [Lieutaud (V.)]. — Octroi de Sisteron (1er octobre 1350), p. 433.

3509. [Isnard (M.)]. — Provision de sage-femme pour la communauté de Château-Arnoux, p. 434.

3510. Lieutaud (V.). — Lurs, terre impériale (1393), p. 435.

3511. [Lieutaud (V.)]. — Sentence de saint Louis, roi de France (8 août 1264), [en faveur de Charles d'Anjou, comte de Provence], p. 437.

3512. Richaud (A.). — Compositeurs et virtuoses bas-alpins, p. 437 à 449.

3513. Anonyme. — La paroisse de Thoard en 1795, p. 473.

3514. [Lieutaud (V.)]. — Bevons, Dromon, Brianson, p. 492.

ALPES (HAUTES-). — GAP.

SOCIÉTÉ D'ÉTUDES DES HAUTES-ALPES.

Les publications antérieures de cette Société sont analysées dans notre *Bibliographie générale*, savoir :
Bulletin, t. I à IV (1882-1885), *Bibliographie*, t. I, p. 69 et 677.
— t. V à XIX (1886-1900), *Bibliographie*, t. V, p. 45.
— t. XX (1901), *Bibliographie*, nouvelle série, t. I, p. 3.
Ouvrages divers (1883-1900), *Bibliographie*, t. I, p. 68, et t. V, p. 45.

XXI. — Bulletin de la Société d'études des Hautes-Alpes, 21e année. (Gap, 1902, in-8°, XXVII-374 p.)

3515. Roman (J.). — Deux portes ornées du XVIe siècle, provenant de la famille Emé [au Serre, commune de Molines], *pl.*, p. 1 à 6.
3516. Michel (J.). — Histoire et bibliographie de la presse gapençaise, p. 7, 77, 293; et XXII, p. 301.
3517. Roman (Bernard). — Objets antiques trouvés à la Madeleine (près Ribiers), p. 41 à 43.
3518. Divers. — Nécrologie, p. 49 à 57.

[Joseph-Émile Grimaud († 1901); Adolphe Gautier († 1901); Jules Dumas († 1902); le capitaine Alluin († 1901); Ernest Mondet († 1902).]

3519. Faucy (L. de). — Visite à la sacristie de l'ancienne cathédrale d'Embrun, p. 61 à 71.
3520. Roman (J.) — Origine de la famille de Rivière, p. 73 à 76.
3521. Nicollet (F.-N.). — La langue populaire du Gapençais, p. 119 à 139, et 211 à 233. — Suite de XX, p. 111, 267, et 343.
3522. Divers. — Nécrologie, p. 149 à 153.

[Albert Chauvet († 1902); le colonel Pascal-Alexis Devèze (1815 † 1902); Désiré-Saturnin Honnorat († 1902).]

3523. Allemand (L'abbé F.). — Une belle-fille du chevalier de Jarjayes [Louise-Antoinette-Laure Hinner] et son rôle dans la vie et l'œuvre de Balzac, p. 179 à 191.
3524. Roman (J.). — Monographie de la commune des Crottes, p. 193, 317; et XXII, p. 51 et 149.
3525. Anonyme. — Lettres inédites de Valbonnais et de Guy Allard [1669-1715], p. 235 à 240.
3526. Martin (David). — Aperçu sur la fouille pratiquée dans un des tumuli de Chabestan, p. 248 à 54.
3527. Anonyme. — Nécrologie, p. 257 à 259.

[Ludovic Vallentin († 1902); madame Gaignaire († 1902).]

3528. Nicollet (F.-N.). — Affouagement des communes des Hautes-Alpes de 1662 à 1666, p. 271, et XXII, p. 37, 127, et 347.
3529. Allemand (L'abbé F.). — Note biographique avec détails inédits sur André Garnier, évêque constitutionnel des Hautes-Alpes [1727 † 1816], p. 305 à 315.
3530. D. M. [Martin (David)]. — Fouilles opérées dans les tumuli 9 et 23 de Champ-Cros, p. 339 à 358.

XXII. — Bulletin de la Société d'études des Hautes-Alpes, 22e année. (Gap, 1903, in-8°, XXVIII-380 p.)

3531. Gillet (Pierre). — Monographie de Mons-Seleucus, p. 1 à 35.
[3528]. Nicollet (F.-N.). — Affouagement des communes des Hautes-Alpes, de 1662 à 1666, p. 37, 127 et 347.
[3524]. Roman (J.). — Monographie de la commune des Crottes, p. 51 à 62, et 149 à 164.
3532. Manteyer (Georges de). — Monnaies viennoises, p. 70 à 73.
3533. Roche (Célestin). — Léon de Berluc-Pérussis, [† 1902], p. 75 à 83.
3534. Anonyme. — M. Jules de Lafont du Pin de Veynes [† 1902], p. 87 à 88.
3535. Lemaître (Paul). — Le passage de Napoléon Ier à Gap en 1815, extrait des manuscrits de M. Farnaud, p. 97, 263, et 329.
3536. Roman (J.). — Les prétendus monuments sarrazins des Hautes-Alpes, p. 175 à 188.

3537. Martin (David). — Voie romaine et ses stations entre Chorges et Luc-en-Diois, et voie secondaire entre Luc et Briançon, p. 195 à 231.

3538. Roman (J.). — Les routes à travers les Alpes, *carte et pl.*, p. 239 à 262, et 311 à 323.

[3516]. Michel (J.). — Histoire et bibliographie de la presse gapençaise, p. 301 à 310.

3539. Martin (David). — Camp retranché préhistorique de la Reynaude, près de Serres (Hautes-Alpes), p. 325 à 328.

ALPES-MARITIMES. — NICE.

SOCIÉTÉ DES LETTRES, SCIENCES ET ARTS DES ALPES-MARITIMES.

Les publications antérieures de cette Société sont analysées dans notre *Bibliographie générale*, savoir :

Annales, t. I à X (1865-1885), *Bibliographie*, t. I, p. 74 et 678.
— t. XI à XVI (1887-1899), *Bibliographie*, t. V, p. 53.
— t. XVII (1901), *Bibliographie*, nouvelle série, t. I, p. 4.
Annuaires, 3 vol. (1869-1872), *Bibliographie*, t. I, p. 77.
Ouvrages divers (1883), *Bibliographie*, t. I, p. 74.

XVIII. — Annales de la Société des lettres, sciences et arts des Alpes-Maritimes..., t. XVIII. (Nice, 1903, in-8°, 475 p.)

3540. Rochemonteix (Vicomte Ad. de). — Une croix de conjuration du XVIIIe siècle à la Petite-Afrique de Beaulieu (Alpes-Maritimes), *fig.*, p. 1 à 6.

3541. Mader (Fritz). — Les inscriptions préhistoriques des environs de Tende, 3 *pl.*, p. 7 à 34.

3542. Doublet (Georges). — Monographie des paroisses du canton de Cagnes, p. 35 à 81.

3543. Mader (Fritz). — La vérité sur Catherine Ségurane, p. 83 à 90.

3544. Moris (Henri). — Le Sénat de Nice de 1614 à 1792, p. 91 à 227.

3545. Devoluy (Pierre). — Essai sur les noms de lieux du comté de Nice, p. 229 à 281.

3546. Rance-Bourrey (L'abbé). — L'abbé Paul-Marie Foncet de Bardonanche détenu à Grasse sous la Terreur, p. 285 à 358.

3547. Barbet (Lucien). — Remise en place du milliaire DCVII à l'endroit précis où les Romains l'avaient placé, p. 359 à 364.

[Le Chemin des Romains, entre la Turbie et la Trinité.]

3548. Guebhard (Dr A.). — Étymologie provençale du mot baliverne, p. 365 à 371.

3549. Doublet (Georges). — Monographie de celles des paroisses des cantons de Coursegoules, Saint-Auban et le Bar qui firent partie du diocèse de Vence, p. 373 à 437.

3550. Doublet (G.). — Note sur les travaux de M. F. Brun († 1899), p. 460 à 468.

ARDENNES. — SEDAN.

SOCIÉTÉ D'ÉTUDES ARDENNAISES.

Les publications antérieures de cette Société sont analysées dans notre *Bibliographie générale*, savoir :
Revue d'Ardenne et d'Argonne, t. I à VII (1893-1900), *Bibliographie*, t. V, p. 55.
— — t. VIII (1900-1901), *Bibliographie*, nouvelle série, t. I, p. 4.

IX. — Revue d'Ardenne et d'Argonne, publiée par la Société d'études ardennaises, 9ᵉ année, 1901-1902. (Sedan, 1902, in-8°, 204 p.)

3551. Bourguignon (Jean). — Un empereur de Russie dans les Ardennes. Le passage de Pierre le Grand à son départ de France en 1717, p. 1, 65, et 181.
3552. Jadart (H.). — Quelques notes nouvelles sur Jean Meslier, p. 13 à 19.
3553. Divers. — Folk-lore ardennais, p. 19 à 21. — Cf. VIII, p. 198.

[Douzy (Dʳ H.). Villers-le-Tilleul, p. 19. — Germain (L.). Sur le chant funèbre d'Auchamps, p. 21.]

3554. Baudon (Al.). — La girouette de la halle haute, à Rethel, p. 25.
3555. Collinet (P.). — Interdiction aux marchands juifs de vendre à Torcy (près Sedan) [1754], p. 25 à 27.
3556. E. H. [Henry (Ernest)]. — Biographie sedanaise. [François Pérot, sieur de Mézières, xviᵉ s.] p. 27 à 28.
3557. E. H. [Henry (Ernest)]. — Notice sur Robert Thin de Schelandre, gouverneur de Jametz, et sa famille, p. 33 à 36.
3558. Jailliot (Dʳ J.). — Recherches sur l'abbaye de Chéhéry. Additions, p. 36 à 46. — Cf. II, p. 161.
3559. Collinet (Paul). — Le droit de servage dans les bois des Ardennes, p. 46 à 51.
3560. Collinet (Paul). — Projet d'érection à Sedan d'une statue à Turenne en 1790, p. 53 à 54.
3561. Collinet (Paul). — Projet d'inscription commémorative de la pose de la première pierre au nouvel hôtel de ville de Rethel (1750), p. 54 à 55.
3562. Logeart (Gustave). — Résultat des fouilles faites à Aussonce pendant l'année 1901, p. 94.

[Cimetière gaulois.]

3563. Brincourt (J.-B.). — Jean Jannon [imprimeur à Paris et à Sedan], ses fils, leurs œuvres [1607-1629], p. 97, 136, et 172.
3564. Collinet (P.). — Un poète latin ardennais, Simon Pierre, de Fumay, p. 124 à 125.
3565. Collinet (P.). — L'origine des lieux-dits la Femme morte, au bois de la Ferté-sur-Chiers, p. 125 à 126.
3566. Collinet (Paul). — Ordonnances du prieur de Sainte-Vaubourg (14 juin 1615), p. 149 à 155.
3567. P. C. [Collinet (Paul)]. — A propos de l'épitaphe disparue de Colson de la Hamaide, dans l'église de Haybes [1573], p. 157 à 158.
3568. Lebas (Paulin). — Le Pas de la Vierge, à Laval-Morency, p. 196 à 197.

IMPRIMERIE NATIONALE.

ARIÈGE. — FOIX ET SAINT-GIRONS.

SOCIÉTÉ ARIÉGEOISE DES SCIENCES, LETTRES ET ARTS ET SOCIÉTÉ DES ÉTUDES DU COUSERANS.

Les publications antérieures de cette Société sont analysées dans notre *Bibliographie générale*, savoir :
Bulletin, t. I (1882-1885), *Bibliographie*, t. I, p. 81 et 679.
— t. II à VII (1886-1900), *Bibliographie*, t. V, p. 59.

VIII. — Bulletin périodique de la Société ariégeoise des sciences, lettres et arts, et de la Société des études du Couserans, 8e volume, 1901-1902. (Foix, 1901-1902, in-8°, 485 p.)

3569. Cau-Durban (L'abbé D.) et Pasquier (F.). — Mémoires du comte Pierre-Paul Faydit de Terssac, major au régiment d'Artois, chevalier de Saint-Louis (1736-1820), *portr.*, p. 5, 78, 148, et 209.

3570. Gouazé. — Études sur deux chartes de coutumes communales du pays de Foix : Le Fossat (1274); Lézat (1299), p. 37 à 51, et 65 à 78.

3571. Anonyme. — Compte rendu des séances : Novembre à décembre 1900, p. 51 à 64; — février 1901, p. 119 à 123; — avril à juin 1901, p. 205 à 208; — juin à octobre 1901, p. 267 à 280; — décembre 1901 à mars 1902, p. 355 à 363; — avril à juin 1902, p. 422 à 429.

[Sépultures à Larbont; cartulaire en rouleau de Miglos, p. 269.]

3572. Signobel. — Frédéric Arnaud (1819 † 1878), p. 58 à 61.

3573. Doublet (Georges). — Histoire de la maison de Foix-Rabat, p. 97, 129, 281 et 391. — Suite de VII, p. 217.

3574. Barbier (L'abbé). — Notes sur l'évêché et le séminaire de Pamiers (1658-1718), p. 167 à 176.

3575. Roger (Robert). — Quelques églises fortifiées de l'Ariège, *fig.* et *pl.*, p. 177 à 202.

[Églises du Fossat, de Lapenne, de Montjoie, Notre-Dame-du-Camp à Pamiers, des Pujols, de Sentein.]

3576. Ferran (L'abbé Eugène). — Le chapitre cathédral de Mirepoix (1318-1790), sa constitution, ses revenus et ses charges, ses divers statuts et règlements, p. 237 à 263.

3577. D. C. [Cau-Durban (D.)]. — Accusation de sorcellerie à Camarade, dans le comté de Foix en 1644, p. 263 à 265.

3578. Poux (Joseph). — Les fortifications septentrionales de la ville de Foix et le quartier de l'Arget de 1446 à 1790, *fig.*, p. 299 à 323.

3579. Pasquier (F.). — Confiscation et donation du fief de Varennes [Haute-Garonne] à l'occasion de la succession de Foix, sous Archambaud de Grailly (1398-1399), p. 342 à 350.

3580. Poux (Joseph). — Contribution à l'étude du régime de l'impôt foncier à Foix, au moyen âge. La date de la rédaction du plus ancien *Libre de la estima* conservé aux Archives municipales, p. 365 à 369.

3581. Barrière-Flavy. — L'abbaye de Marens et l'église de Saint-Geniès dans l'ancien comté de Foix, XIe-XIVe siècles, p. 370 à 390.

3582. Blazy (L'abbé). — Nos anciens évêques, listes dressées par le P. Eubel d'après les Archives vaticanes (1208-1501) [et notes complémentaires], p. 405 à 419.

AUBE. — TROYES.

SOCIÉTÉ ACADÉMIQUE DE L'AUBE.

Les publications antérieures de cette Société sont analysées dans notre *Bibliographie générale*, savoir :

Journal de l'École centrale, 67 vol. (an VII-an VIII), *Bibliographie*, t. I, p. 82.

Mémoires, 3 vol. (1802-1807), *Bibliographie*, t. I, p. 83.

— t. I à XLIX (1822-1885), *Bibliographie*, t. I, p. 83 et 679.

— t. L à LXIV (1886-1900), *Bibliographie*, t. V, p. 64.

— t. LXV (1901), *Bibliographie*, nouvelle série, t. I, p. 5.

Annuaire, t. I à L (1835-1885), *Bibliographie*, t. I, p. 92 et 680.

— t. LI à LXV (1886-1900), *Bibliographie*, t. V, p. 68.

— t. LXVI (1901), *Bibliographie*, nouvelle série, t. I, p. 5.

Collection de documents inédits, t. I à III (1878-1885), *Bibliographie*, t. I, p. 100 et 680.

— — t. IV et V (1893), *Bibliographie*, t. V, p. 73.

Ouvrages divers, *Bibliographie*, t. I, p. 100.

LXVI. — Mémoires de la Société académique d'agriculture, des sciences, arts et belles-lettres du département de l'Aube, t. LXVI de la collection, t. XXXIX, 3ᵉ série, année 1902. (Troyes, s. d., in-8°, 402 p.)

3583. Chanoine (Général). — Note relative à l'invasion d'Attila dans les Gaules (chapitre XI des *Éphémérides* de Grosley), p. 143 à 147.

3584. Blampignon (E.-A.). — Le maréchal de Beurnonville d'après des documents inédits [1752 † 1821], p. 149 à 183.

3585. Dubois (Julien). — A propos d'une comédie de Pierre Larivey, p. 185 à 204.

3586. Le Clert (Louis). — Notre-Dame de Seillières, abbaye bénédictine du diocèse de Troyes, *fig.* et 2 *pl.*, p. 205 à 308.

3587. Babeau (Albert). — M. Félix Fontaine [1822 † 1902], p. 309 à 312.

3588. Babeau (Albert). — M. Hector Pron [1817 † 1902], *portr.*, p. 313 à 325.

3589. [Le Clert (Louis)]. — Liste des dons faits au musée de Troyes pendant l'année 1902, p. 348 à 352.

LXVII. — Annuaire administratif, statistique et commercial du département de l'Aube pour 1902, publié pour la deuxième partie sous les auspices et sous la direction de la Société académique du département de l'Aube, ... (Troyes, s. d., in-8°, 435 et 132 p.)

Deuxième partie.

3590. Georges (L'abbé Étienne). — Le Père Joseph ou l'Éminence grise, quelques branches collatérales de sa famille en Champagne [Famille Le Clerc]. Notice d'après de vieux papiers, p. 3 à 20.

3591. Babeau (Albert). — L'ancien couvent des Cordeliers de Troyes, 2 *pl.*, p. 21 à 44.

3592. Le Clert (Louis). — Les sires et les barons de Durny, 3 *pl.*, p. 45 à 70.

3593. Le Clert (Louis). — Liste des dons faits au musée de Troyes pendant l'année 1901, p. 107 à 117.

LXVIII. — Annuaire administratif, statistique et commercial du département de l'Aube pour 1903, publié... sous la direction de la Société académique du département de l'Aube... (Troyes, s. d., in-8°, 436 et 192 p.)

Deuxième partie.

3594. Bardet (Alfred). — Louis Guy Guerrapain de Vauréal, évêque, ambassadeur, académicien, et la famille Guerrapain, de Brienne-la-Vieille (Aube), p. 3 à 31.

3595. Babeau (Albert). — La peinture à Troyes au XVIᵉ siècle, 2 *pl.*, p. 33 à 76.

[Inventaire des tableaux sur bois du XVIᵉ siècle conservés dans les églises de Troyes, p. 70.]

3596. Le Clert (Louis). — Étude historique sur Pougy, 2 *pl.*, p. 77 à 134.

3597. Le Clert (Louis). — Liste des dons faits au musée de Troyes pendant l'année 1902, p. 169 à 178.

AUDE. — CARCASSONNE.

SOCIÉTÉ DES ARTS ET SCIENCES.

Les publications antérieures de cette Société sont analysées dans notre *Bibliographie générale,* savoir :
Mémoires, t. I à IV (1849-1879), *Bibliographie,* t. I, p. 101.
— t. V à IX (1886-1900), *Bibliographie,* t. V, p. 72.

3598. Teule (Edilbert de). — Annales du prieuré de Notre-Dame de Prouille. (Carcassonne, 1902, in-8°, xxxix-557 p.)

AUDE. — CARCASSONNE.

SOCIÉTÉ D'ÉTUDES SCIENTIFIQUES DE L'AUDE.

Les tomes I à XI (1890-1900) du *Bulletin* de cette Société sont analysés dans notre *Bibliographie générale,* t. V, p. 73.

XII. — Bulletin de la Société d'études scientifiques de l'Aude, 12e année, t. XII. (Carcassonne, 1901, in-8°, lxxviii-224 p.)

3599. Courrent (Dr P.). — Padern, ses forges, ses mines, notice historique, 3 *pl.*, p. 51 à 85.

3600. PeberNard. — Notes pour servir à l'inspection des viandes de boucherie au moyen âge dans quelques villes de l'arrondissement de Carcassonne, p. 149 à 156.

3601. Sicard (G.). — Note sur un cubitus humain percé par une pointe de flèche en silex, *fig.*, p. 157 à 159.
[Grottes du rec de las Balmos, près Caunes.]

XIII. — Bulletin de la Société d'études scientifiques de l'Aude, t. XIII, année 1902. (Carcassonne, 1902, in-8°, 340 p.)

3602. Mullot (Henry). — Excursion : Castelnaudary, Villeneuve-la-Comptal, Montauriol, Payra, Salles-sur-l'Hers, château de Marquein, Saint-Michel de Lanès, Molleville, Mas-Saintes-Puelles, *fig.* et *pl.*, p. 35 à 219.

AUDE. — NARBONNE.

COMMISSION ARCHÉOLOGIQUE DE NARBONNE.

Les publications antérieures de cette Commission sont analysées dans notre *Bibliographie générale*, savoir :
Bulletin, t. I (1876-1877), *Bibliographie,* t. I, p. 102.
— nouvelle série, t. I à V (1890-1899), *Bibliographie,* t. V, p. 75.
— — t. VI (1900-1901), *Bibliographie*, nouvelle série, t. I, p. 6.

VII. — Bulletin de la Commission archéologique de Narbonne, années 1902-1903, t. VII. (Narbonne, 1902-1903, in-8°, lxxiv-586 p.)

3603. Divers. — Inscription romaine trouvée dans la démolition de la Vicomté (parcelle de Guillaumon), p. xiv à xv, et xvi à xix.

3604. Campardou (J.). — Sépulture du premier âge à Fleury-d'Aude, p. LXIII à LXVII.
3605. Yché (Julien). — A propos d'un tombeau gallo-romain du musée de Narbonne, p. LXVIII à LXX.
3606. Amardel (G.). — Le comte [de Narbonne] Milon, p. 1 à 30.
3607. Sahuc (J.). — Procès-verbal de la visite de l'église cathédrale de Saint-Pons, par monseigneur l'illustrissime et révérendissime messire Pierre-Jean-François de Percin de Montgaillard, évêque et seigneur de Saint-Pons, commencée le 5 septembre 1694, p. 31 à 53. — Suite de VI, p. 591.
3608. Favatier (Léonce). — La vie municipale à Narbonne au XVIIe siècle, 3 *pl.*, p. 54, 163, et 336. — Suite de VI, p. 391 et 693.
3609. Amardel (G.). — Les marques monétaires de l'atelier de Narbonne au VIe siècle, p. 119 à 162.
3610. Guiraud (Jean). — Inventaires narbonnais du XIVe s., p. 215 à 267, et 375 à 413.

[Inventaires d'André Frédol (1348), p. 215; de Jacques de Broa (1348), p. 375.]

3611. Yché (Julien). — Notes sur Jacques Gamelin, p. 268 à 285, et 559 à 573. — Suite de VI, p. 126, 312 et 585.
3612. Sabarthès (A.). — Le concile d'Attilian [902], p. 287 à 295.
3613. Rivières (Baron de). — Le Petit évêque [règlement du chapitre de Narbonne au sujet de la fête des Innocents, 1522], p. 296 à 303.
3614. Rivières (Baron de). — Quelques notes sur la cathédrale Saint-Just de Narbonne au commencement du XVIIIe siècle, p. 304 à 307.

[*Voyage littéraire* de dom Martène et dom Durand.]

3615. Amardel (G.). — La monnaie de Narbonne à la fin de la domination romaine, p. 308 à 335.
3616. Anonyme. — Notice sur la Commission archéologique de Narbonne, p. 414 à 419.
3617. Amardel (G.). — Les jetons de mariage et les médailles de Nimes au pied de sanglier, p. 421 à 438.
3618. Tissier (J.). — Documents inédits pour servir à l'histoire de la province de Languedoc et de la ville de Narbonne en particulier (1596-1632), p. 439 à 558. — Cf. t. V, p. 231.
3619. Favatier (L.). — Éloge funèbre de M. Léonce Berthomieu [1825 † 1903], p. 574 à 584.

AVEYRON. — RODEZ.

SOCIÉTÉ DES LETTRES, SCIENCES ET ARTS DE L'AVEYRON.

Les publications antérieures de cette Société sont analysées dans notre *Bibliographie générale*, savoir :

Mémoires, t. I à XIII (1837-1886), *Bibliographie*, t. I, p. 103 et 681.
— t. XIV et XV (1887-1899), *Bibliographie*, t. V, p. 79.
Procès-verbaux, t. I à XIII (1864-1884), *Bibliographie*, t. I, p. 108.
— t. XIV à XVIII (1884-1900), *Bibliographie*, t. V, p. 80.

Aux ouvrages divers publiés par la Société et énumérés dans notre *Bibliographie*, t. I, p. 103 et 681 et V, p. 79, sont venus s'ajouter les deux ouvrages indiqués sous nos n°s 3623 et 3624.

XIX. — Procès-verbaux des séances de la Société des lettres, sciences et arts de l'Aveyron, XIX, du 15 juin 1900 au 28 mai 1903. (Rodez, 1903, in-8°, XVI-294 p.)

3620. Hermet (L'abbé). — Fouilles de la Graüfesenque, près Millau, p. 133 à 136, et 188 à 190.

[Poteries gallo-romaines.]

3621. Enjalbal (L'abbé). — Cuirasse découverte près du château du Salze, p. 185 à 186.
3622. Hermet (L'abbé). — Statues menhirs de Lacoste (Aveyron), d'Anglars, de Saint-Servin et du Mas-Viel (Tarn). Inscription du moyen âge à Saint-Crépin, p. 190 à 191.

3623. Masson (Louis). — Musée de Rodez appartenant

à la Société des lettres, sciences et arts de l'Aveyron. Catalogue du musée lapidaire et supplément au catalogue des sculptures. (Rodez, s. d. [1901], in-8°, paginé 105 à 128.)

[Les regrettables errements suivis par cette Société dans la plupart de ses publications, qui paraissent par feuilles détachées à intervalles fort irréguliers, rendent très difficile d'en dresser la Bibliographie. Le catalogue que nous signalons ici paraît compléter la 1re section de la 2e partie du guide signalé dans notre *Bibliographie générale*, n° 2898. — La première partie de ce guide serait représentée par notre n° 2897.

Quant à la 2e section de la 2e partie, qui doit comprendre le catalogue des collections numismatiques, six feuilles seulement en sont actuellement distribuées; nous attendrons qu'elle soit achevée pour l'enregistrer.]

3624. Affre (H.). — Dictionnaire des institutions, mœurs et coutumes du Rouergue. (Rodez, 1903, gr. in-8°, VII-470 p.)

BOUCHES-DU-RHÔNE. — AIX.

ACADÉMIE D'AIX.

Les publications antérieures de cette Académie sont analysées dans notre *Bibliographie générale*, savoir :

Séances publiques, t. I à LXIV (1809-1884), *Bibliographie*, t. I, p. 112 et 681.

— t. LXV à LXXX (1885-1900), *Bibliographie*, t. V, p. 82.

— t. LXXXI (1901), *Bibliographie*, nouvelle série, t. I, p. 7.

Mémoires, t. I à XII (1819-1882), *Bibliographie*, t. I, p. 114.

— t. XIII à XVII (1885-1897), *Bibliographie*, t. V, p. 83.

Ouvrages divers (1871), *Bibliographie*, t. I, p. 111 et 116.

LXXXII. — Séance publique de l'Académie des sciences, agriculture, arts et belles-lettres d'Aix. (Aix, 1902, in-8°, 56 p.)

LXXXIII. — Séance publique de l'Académie des sciences, agriculture, arts et belles-lettres d'Aix. (Aix, 1903, in-8°, 39 p.)

XVIII. — Mémoires de l'Académie des sciences, agriculture, arts et belles-lettres d'Aix, t. XVIII. (Aix-en-Provence, 1900, in-8°, 303 p.)

[La couverture imprimée porte la date de 1902, et la liste des membres, p. 264, est arrêtée à la date du 15 juin 1902.]

3625. Mouttet (Alexandre). — Le cabinet des Fauris de Saint-Vincens à Aix, d'après des documents inédits, *portr.*, p. 5 à 51.

3626. Joret (Charles). — L'abricotier et le pêcher [historique], p. 53 à 58.

3627. Aude (Dr). — Les Nouvelles Hébrides, leur colonisation, p. 59 à 74.

3628. Fonvert (A. de). — Autour de Saint-Canadet, p. 87 à 98.

3629. Aude (Dr). — Thiers étudiant en droit, ses rapports avec l'Académie d'Aix, p. 99 à 126.

3630. Saporta (Comte A. de). — Coperniciens et anticoperniciens, p. 127 à 162.

3631. Duranti La Calade (Maurice de). — Rapport sur le cours de M. Clerc, professeur à la Faculté des lettres, relatif à la campagne de Marius en Provence, p. 163 à 196.

3632. Blancard (Louis). — Le roi René, seigneur de Gardane, p. 197 à 215.

3633. Anonyme. — Fondation Ima Moreau [† 1899], p. 229 à 263.

BOUCHES-DU-RHÔNE. — MARSEILLE.

SOCIÉTÉ DE GÉOGRAPHIE DE MARSEILLE.

Les publications antérieures de cette Société sont analysées dans notre *Bibliographie générale*, savoir :
Bulletin, t. I à XXIV (1877-1900), *Bibliographie*, t. V, p. 86.
— t. XXV (1901), *Bibliographie*, nouvelle série, t. I, p. 7.

XXVI. — Bulletin de la Société de géographie de Marseille, t. XXVI. (Marseille, 1902, in-8°, 504 p.)

3634. Giraud (H.). — La France et l'Islam, *carte*, p. 7 à 17.

3635. Bourge (George). — Les ports d'Australie. VIII. Fremantle-Perth, p. 19. — Suite de XVII, p. 115, 244, 359; XVIII, p. 27; XX, p. 121, 244; XXII, p. 143, 315; XXIII, p. 256, 376; XXIV, p. 282, 384; et XXV, p. 371.

3636. Besson (D[r]). — Madagascar, pays Betsiléo et sud de l'île, *carte*, p. 38 à 55.

3637. Léotard (Jacques). — Cheik-Saïd [Arabie], nouveau Gibraltar, p. 92 à 95.

3638. Anonyme. — Nécrologie, p. 101 à 102.

[Dr N. Bailay († 1902); H. Estrangin († 1902).]

3639. Borelli (Georges). — Voyage au Dahomey, p. 153 à 165.

3640. Logan (Colonel). — Souvenirs de colonne au Sahara [1898], p. 207 à 216.

3641. Rosé (E.). — La destruction de Saint-Pierre-Martinique, d'après un témoin oculaire, p. 399 à 408.

CALVADOS. — BAYEUX.

SOCIÉTÉ DES SCIENCES, ARTS ET BELLES-LETTRES DE BAYEUX.

Les publications antérieures de cette Société sont analysées dans notre *Bibliographie générale*, savoir :
Mémoires, t. I à II (1891-1893), *Bibliographie*, t. V, p. 91.
Société... de Bayeux, t. III à V (1894-1900), *Bibliographie*, t. V, p. 91.
— t. VI (1901), *Bibliographie*, nouvelle série, t. I, p. 8.

VII. — Société des sciences, arts et belles-lettres de Bayeux, 7e volume. (Bayeux, 1902, in-8°, 211 p.)

3642. Gomiecourt (R. de). — Recherches sur les artistes originaires de Bayeux et de sa région depuis le XVe jusqu'au XVIIIe siècle, p. 1 à 50. — Suite et fin de VI, p. 97.

3643. Anquetil (E.). — Formigny. État du Bessin après la descente de Henri V en Normandie, réveil de l'esprit français, bataille de Formigny et ses conséquences, p. 51 à 167.

3644. E. A. [Anquetil (E.)]. — Georges Villers [1818 † 1901], *portr.*, p. 176 à 191.

3645. E. A. [Anquetil (E.)]. — Louis-Étienne Desmant [† 1902], p. 191 à 193.

3646. C. J. — Stephen Le Paulmier [1825 † 1902], p. 194 à 204.

3647. Anonyme. — Cyrus-Amédée Pain († 1902); baron du Charmel († 1902), p. 204 à 207.

3648. C. G. — Le baron Gérard († 1902), p. 207 à 210.

CALVADOS. — CAEN.

ACADÉMIE DES SCIENCES, ARTS ET BELLES-LETTRES DE CAEN.

Les publications faites par cette Académie sous l'Ancien régime et le premier Empire sont analysées dans notre *Bibliographie générale*, t. I, p. 137.

Ses *Mémoires*, t. I à XL (1825-1885), sont analysés dans notre *Bibliographie*, t. I, p. 138 et 683.

— t. XLI à LIV (1886-1900), *Bibliographie*, t. V, p. 92.

— t. LV (1901), *Bibliographie*, nouvelle série, t. I, p. 8.

LVI. — Mémoires de l'Académie nationale des sciences, arts et belles-lettres de Caen. (Caen. 1902, in-8°, 31 et 393 p.)

3649. Tessier (Jules). — L'expédition anglo-française de Chine en 1860. Le prétendu guet-apens de Toung-Tcheou, p. 3 à 39.

3650. Charencey (Comte de). — Mauègre et Yak [dialectes Est-Altaïens], p. 40 à 48.

3651. Gasté (A.). — Retour à Constantinople de l'ambassadeur turc Méhémet Effendi. Journal de bord du chevalier de Camilly, de Brest à Constantinople et de Constantinople à Brest, juillet 1721-mai 1722 (documents inédits), p. 49 à 141.

3652. [Gasté (A.)]. — Un autographe de Victor Hugo, notes de voyage, *facs.*, p. 142 à 153.

3653. Carlez (Jules). — Les chansonniers de Jacques Mangeant, étudiés au point de vue musical [xviie s.], p. 154 à 180, et 3 p. de musique.

3654. Pélissier (Léon-G.). — Lettres inédites de Gisbert Cuper à P.-Daniel Huet (1683-1716) et à divers correspondants, p. 259 à 297.

3655. Travers (Émile). — Notice biographique et littéraire sur Eugène de Robillard de Beaurepaire [1827 † 1899], p. 298 à 362. — Suite de LIV, p. 338.

CALVADOS. — CAEN.

ASSISES SCIENTIFIQUES, LITTÉRAIRES ET ARTISTIQUES.

Les trois volumes publiés à l'occasion des deux premières sessions de ces *Assises* sont analysés dans notre *Bibliographie générale*, t. V, p. 95.

Assises scientifiques, littéraires et artistiques, fondées par A. de Caumont. Compte rendu de la IIIe session, tenue à Caen, les 4-6 juin 1903, publié sous la direction de M. A. Bigot, secrétaire général. 1er volume : Procès-verbaux, rapports sur l'état moral, le progrès de l'instruction, le mouvement littéraire et artistique. (Caen, 1903, in-8°, xx-438 p.)

Assises scientifiques, littéraires et artistiques, fondées par A. de Caumont. Compte rendu de la session tenue à Caen, les 4-6 juin 1903, publié sous la direction de M. A. Bigot, secrétaire général. 2e volume : Rapports sur le mouvement scientifique, industriel et agricole. (Caen, 1903, in-8°, 315 p.)

3656. Souriau (Maurice). — Rapport sur le mouvement littéraire en Normandie de 1898 à 1902, p. 143 à 274.

[Les Sociétés savantes; journaux, critique, linguistique, histoire, etc.; bibliographie.]

3657. Le Vard (G.). — Rapport sur le mouvement artistique, p. 303 à 438.

[Sociétés savantes et artistiques, musées, restaurations archéologiques, etc., musées.]

CALVADOS. — CAEN.

ASSOCIATION NORMANDE.

Les publications antérieures de cette Association sont analysées dans notre *Bibliographie générale*, savoir :
Annuaire, t. I à L (1835-1885), *Bibliographie*, t. I, p. 145 et 683.
— t. LI à LXVI (1886-1900), *Bibliographie*, t. V, p. 96.
— t. LXVII (1901), *Bibliographie*, nouvelle série, t. I, p. 9.

LXVIII. — Annuaire des cinq départements de la Normandie, publié par l'Association normande. 69e année, 1902. (Caen, s. d., in-8°, LXIII-438 p.)

3658. Chanteux (Dr Paul). — La source ferrugineuse de Vaston, près Falaise, p. 76 à 83.
3659. Meynaerts. — La Guibray en 1766, p. 83 à 107.

[Poème en vers burlesques, de Gérard des Rivières, sur la foire de Guibray.]

3660. Moncel. — Monographie de la commune de Morteaux-Coulibœuf, p. 113 à 124.
3661. Des Rotours (Baron J.-A.). — Le département de Falaise-Domfront (1787-1790), p. 138 à 148.
3662. Leclerc (A.). — Imprimerie et journaux [à Falaise], p. 148 à 152.
3663. Anonyme. — Excursions et visite des monuments de Falaise, Saint-André-en-Gouffern, Crocy, Beaumais, Ailly, Jort, Courcy, Perrières et Ussy, p. 183 à 193.
3664. Brébisson (R. de). — La tour Ravenel, contribution à l'histoire du château de Falaise, *facs.* et *pl.*, p. 227 à 236.
3665. Biré (Octave). — Étude sur la commanderie de Bretteville-le-Rabet, p. 237 à 269.
3666. Coutil (Léon). — Les monuments mégalithiques du Calvados, p. 270 à 349.
3667. Leclerc (Abel). — Visite des monuments de Falaise, p. 350 à 376.

[La tour Talbot.]

3668. A. M. — M. Charles Verger [1830 † 1901], p. 427 à 430.
3669. Anonyme. — M. Basset [† 1901], p. 430 à 431.

LXIX. — Annuaire des cinq départements de la Normandie, publié par l'Association normande. 70e année, 1903. (Caen, s. d., in-8°, LXIV-462 p.)

3670. Régnier (Louis). — Excursion à Gournay-en-Bray et Saint-Germer, p. 67 à 110.
3671. Beaurepaire (G. de). — Excursion de Neufchâtel à Gaillefontaine, *pl.*, p. 141 à 203.

[Neuville-Ferrières; Houpillières; le Quenel; Saint-Saire, *pl.*; Cantecoq; Hodeng; Nesle; Beaussault; Gratenois; Gaillefontaine; Clair-Ruissel; Bival.]

3672. Bertin (L'abbé J.). — Saint-Saire à l'époque franque et au moyen âge, p. 257 à 308.
3673. Veuclin (V.-E.). — Notes sur les œuvres charitables de saint Vincent de Paul à Neufchâtel-en-Bray et aux environs, p. 327 à 360.
3674. Anonyme. — Nécrologie, p. 451 à 457.

[L. de Glanville (1807 † 1903); le comte de Rostolan († 1902); V. Guyon des Diguères (1818 † 1902).]

CALVADOS. — CAEN.

SOCIÉTÉ DES ANTIQUAIRES DE NORMANDIE.

Les publications antérieures de cette Société sont analysées dans notre *Bibliographie générale*, savoir :
Mémoires, t. I à XXX (1825-1880), *Bibliographie*, t. I, p. 197.
— t. XXXI-XXXII (1892-1895), *Bibliographie*, t. V, p. 102.
Bulletin, t. I à XIII (1860-1885), *Bibliographie*, t. I, p. 210 et 685.
— t. XIV à XXI (1886-1899), *Bibliographie*, t. V, p. 102.

XXII. — Bulletin de la Société des antiquaires de Normandie, t. XXII, années 1900 et 1901. (Caen, 1902, in-8°, 378 p.)

3675. Lasteyrie (Comte R. de). — Considérations sur les origines de l'architecture gothique, p. 29 à 65.
3676. Travers (Émile). — Rapport sur les travaux de l'année [1900], p. 67 à 86:

[Le vicomte d'Amphernet († 1900); Paul de Morel († 1900); Julien Félix (1827 † 1899); Édouard Bocher (1811 † 1900); Arthur de Marsy (1843 † 1900).]

3677. Lair (Jules). — Un épisode romanesque au temps des croisades [Boémond et Melaz, d'après Orderic Vital], p. 87 à 127.
3678. Villers (Georges). — Un patriote inconnu, Jean de Chantepie [xve s.], p. 128 à 135.
3679. Anquetil (Eugène). — Girot Davy, de Bayeux, épisode de l'occupation anglaise du xve siècle, p. 136 à 144.
3680. Passy (Louis). — Les premières années de la Société des antiquaires de Normandie, p. 165 à 212.
3681. Travers (Émile). — Rapport sur les travaux de l'année 1901, p. 213 à 240.

[C. Bardel († 1901); le comte A. de Bourmont (1860 † 1901); G. Gardin de Villers (1818 † 1901).]

3682. Prentout (H.). — Une réforme parlementaire à l'Université de Caen (1521), p. 241 à 254.
3683. Anquetil (Eugène). — Le *Livre rouge* de l'évêché de Bayeux, p. 255 à 266.
3684. Gasté (Armand). — Le livre des *Chants nouveaux de Vaudevire* [de Jean Le Houx], 2 *pl.*, 265 à 280.
3685. Béard (Charles). — Le sermonnaire d'un curé de campagne [Jean Heudebert, curé de Gonneville-sur-Honfleur, xviie siècle], p. 281 à 296.
3686. Gasté (Armand). — Les droits de l'abbaye de Troarn sur l'église Notre-Dame, sur la chapelle du château et sur le collège et les Écoles de Vire [d'après dom Alberic Vienne], p. 297 à 306.
3687. Raulin (Th.). — Le pseudo-patriote Palloy et les administrations du Calvados, de 1790 à 1794, 2 *pl.*, p. 307 à 376.

XXIII. — Bulletin de la Société des antiquaires de Normandie, t. XXIII. (Caen, 1903, in-8°, xiv-354 p.)

3688. Delisle (Léopold). — Catalogue des livres imprimés ou publiés à Caen avant le milieu du xvie siècle, suivi de recherches sur les imprimeurs et les libraires de la même ville, p. iii à xiv, et 1 à 354.

CALVADOS. — CAEN.

SOCIÉTÉ FRANÇAISE D'ARCHÉOLOGIE.

Les publications antérieures de cette Société sont analysées dans notre *Bibliographie générale*, savoir :
Bulletin monumental, t. I à LI (1834-1885), *Bibliographie*, t. I, p. 223 et 686.
— t. LII à LXIV (1886-1900), *Bibliographie*, t. V, p. 107.
— t. LXV (1901), *Bibliographie*, nouvelle série, t. I, p. 9.

Congrès archéologiques, t. I à LII (1834-1885), *Bibliographie*, t. I, p. 280 et 687.
— t. LIII à LXVII (1886-1900), *Bibliographie*, t. V, p. 116.
— t. LXVIII (1901), *Bibliographie*, nouvelle série, t. I, p. 10.

LXVI. — Bulletin monumental, publié sous les auspices de la Société française d'archéologie pour la conservation des monuments historiques et dirigé par Eugène Lefèvre-Pontalis, 66ᵉ volume de la collection. (Caen, 1902, in-8°, 612 p.)

3689. Demaison (Louis). — La cathédrale de Reims, son histoire, les dates de sa construction, 3 *pl.*, p. 3 à 59.

3690. Martin (Commandant A.). — Nouvelle exploration du tumulus de Poulguen (Finistère), *fig.*, p. 60 à 71.

3691. Massereau (E.). — Les peintures murales de l'église de Jeu-les-Bois, *pl.*, p. 72 à 77.

3692. Régnier (L.). — Les dates de l'église de Saint-Lubin-des-Joncherets [Eure-et-Loir], p. 78 à 81.

3693. Héron de Villefosse (A.). — Le prétendu squelette de Pline l'Ancien [près de Castellamare], p. 82 à 84.

3694. La Croix (Le P. C. de). — Découvertes archéologiques à Amberre (Vienne), p. 84.

3695. Régnier (L.). — Découverte de casemates au château de Loches, p. 88 à 90.

3696. Blanchet (Adrien). — Chronique, p. 93, 241, 408, et 543.

3697. Brutails (J.-A.). — La question de Saint-Philbert de Grandlieu, p. 123 à 152.

3698. Lefèvre-Pontalis (E.). — L'église de Fresnay-sur-Sarthe, *fig.* et 4 *pl.*, p. 153 à 160.

3699. Du Ranquet (H.). — L'église de Glaine-Montaigut (Puy-de-Dôme), *fig.* et *pl.*, p. 161 à 175.

3700. Abgrall (Le chanoine). — Les croix et les calvaires du Finistère, 11 *pl.*, p. 176 à 209.

[Croix de l'Hôpital-Camfront, *pl.*; calvaires de Tronoën, *pl.*; Plougouven; Guimiliau, *pl.*; Plougastel-Daoulas, *pl.*; Saint-Thégonnec, *pl.*; Pleyben, *pl.*; Cleden-Poher, *pl.*; la Forêt-Fouesnant, *pl.*; Quilinen-en-Landrévarzec, *pl.*; Plouézoc'h, *pl.*; Saint-Servais, *pl.*, etc.]

3701. Des Forts (P.). — Le transept de l'église de Jumièges, *pl.*, p. 210 à 215.

3702. Mortet (V.). — La fabrique des églises cathédrales et la statuaire religieuse au moyen âge, p. 216 à 229.

3703. Germain de Maidy (L.). — Le texte grec du portail des Cordeliers de Chartres, p. 230 à 232.

3704. Dumuys (Léon). — Une inscription romaine découverte à Orléans, p. 232 à 236.

3705. Rivières (Baron de). — Toulouse et ses monuments en 1900-1901, p. 237 à 239.

3706. Fayolle (Marquis de). — Nécrologie : A. de Roumejoux [1832 † 1902], p. 270 à 272.

3707. Maître (Léon). — L'église de Saint-Philbert est-elle carolingienne ou de l'époque romane? *pl.*, p. 287 à 295.

3708. Barret (L'abbé P.). — Le tympan de l'ancienne église romane d'Issy, *pl.*, p. 296 à 314.

3709. Serbat (Louis). — L'architecture gothique des Jésuites au xviiᵉ siècle, *fig.* et 7 *pl.*, p. 315 à 370.

[Églises de Douai, *pl.*, Valenciennes, *fig.* et 2 *pl.*; Tournai, *fig.* et *pl.*; Lille, *fig.*; Luxembourg, *pl.*; Arras, 2 *pl.*]

3710. Travers (Émile). — L'archéologie monumentale aux salons de Paris en 1902, 12 *pl.*, p. 371 à 387.

3711. Fournier (Guillaume). — Note sur les retranchements du Mont-Réa [commune de Ménetreux-le-Pitois près Alise-Sainte-Reine (Côte-d'Or)], p. 388 à 394.

3712. Hallays (André). — L'escalier du Palais de justice de Rouen, p. 394 à 407.

3713. Bonnault (Baron de). — Nécrologie. Le président Sorel [Alexandre, † 1902], p. 428 à 434.

3714. Lefèvre-Pontalis (Eugène). — L'église abbatiale de Chaalis (Oise), *fig.* et 9 *pl.*, p. 449 à 487.

3715. Farcy (L. de). — Les fouilles de la cathédrale d'Angers, *pl.*, p. 488 à 498.

3716. Broche (Lucien). — La date de la chapelle de l'évêché de Laon, *fig.* et 4 *pl.*, p. 499 à 510.

3717. Lauzun (Philippe). — Le moulin de Barbaste (Lot-et-Garonne), 5 *pl.*, p. 511 à 528.

3718. Lefèvre-Pontalis (E.). — Les fouilles du R. P. de la Croix au baptistère de Saint-Jean à Poitiers, p. 529 à 532.

3719. Chaillan (L'abbé). — L'autel mérovingien de Favaric [Bouches-du-Rhône], *fig.*, p. 532 à 535.

3720. Saladin (H.). — Les fouilles du R. P. Delattre, à Carthage, *fig.*, p. 536 à 542.

CONGRÈS ARCHÉOLOGIQUES.

LXIX. — Congrès archéologique de France, 69ᵉ session. Séances générales tenues à Troyes et Provins, en 1902, par la Société française d'archéologie pour la conservation et la description des monuments. (Caen, 1903, in-8°, 545 p.)

3721. Le Clert (Louis), Lefèvre-Pontalis (E.) et Ditsch (E.). — Guide archéologique des congrès de Troyes et de Provins, *fig.* et 22 *pl.*, p. 1 à 91.

[Troyes, *fig.* et 4 *pl.*; Brienne-le-Château; Geffonds, *pl.*; Montiérender, *pl.*; Villemaur, *pl.*; Villeneuve-l'Archevêque, *pl.*; les

Noes; Saint-André; Saint-Germain; Bouilly, *fig.*; Saint-Léger; Pont-Sainte-Marie; Sainte-Maure; la Chapelle-Saint-Luc; Villenauxe; Montaiguillon, *pl.*; Voulton, *pl.*; Provins, 7 *pl.*; Saint-Loup-de-Naud, 2 *pl.*; Donnemarie; Rampillon, 3 *pl.*]

3722. Babeau (Albert). — Les études archéologiques dans le département de l'Aube depuis cinquante ans, p. 167 à 179.

3723. Le Clert (Louis). — Les castra et les oppida de l'Aube, p. 180 à 195.

3724. Diette (L'abbé). — Les cimetières antiques de l'Aube et de la Marne, p. 196 à 207.

3725. Le Clert (Louis). — Les mottes féodales et les mottes gauloises dans l'Aube, p. 208 à 223.

3726. Le Clert (Louis). — Les églises romanes de l'Aube, 2 *pl.*, p. 224 à 238.

3727. Koechlin (Raymond). — La sculpture du XIVe et du XVe siècle dans la région de Troyes, 8 *pl.*, p. 239 à 272.

3728. Lefèvre-Pontalis (Eugène). — L'architecture gothique dans la Champagne méridionale au XIIIe et au XVIe siècle, *fig.* et 34 *pl.*, p. 373 à 349.

[Églises de Montiérender, *pl.*; Voulton, 2 *pl.*; Saint-Quiriace et Saint-Ayoul de Provins, 3 *pl.*; la Madeleine, la cathédrale et Saint-Urbain de Troyes, 4 *pl.*; Saint-Jean à Sens, *pl.*; Mussy-sur-Seine, *pl.*, chapelle de l'Hôpiteau, au musée de Troyes, *pl.*

3729. Églises de Chaumont, *pl.*; Notre-Dame de Soissons, *pl.*, les Noes, *pl.*, Sainte-Savine, *pl.*; la Chapelle-Saint-Luc, *pl.*; Montiéramey, *fig.*; Saint-Nizier et Saint-Nicolas de Troyes, *fig.* et *pl.*; Pont-Sainte-Marie, 2 *pl.*; Saint-Jean à Troyes, 2 *pl.*; Brienne-le-Château, 2 *pl.*; Ervy, *pl.*; la Chapelle-sur-Crécy, *pl.*; Bar-sur-Seine, *pl.*; Nogent-sur-Seine, 2 *pl.*; Saint-André, *pl.*; Romilly-les-Vaudes, *pl.*; Auxon, *pl.*; Villemaur, *pl.*]

3730. Bayeux (L'abbé). — Les vitraux de l'église de Brienne-le-Château, 3 *pl.*, p. 350 à 375.

3731. Morin (Louis). — Les travaux d'achèvement et les vitraux de l'église Saint-Pantaléon de Troyes, *pl.*, p. 376 à 405.

3732. Morin (Louis). — Notes biographiques sur des peintres-verriers troyens du XVIIe siècle, p. 406 à 422.

3733. Pierre (J.). — Notes sur les foires de Champagne et de Brie, p. 423 à 457.

3734. Fleury (Gabriel). — Le portail de Saint-Ayoul de Provins et l'iconographie des portails du XIIe siècle, *fig.* et 2 *pl.*, p. 458 à 488.

3735. Rogeron. — L'enceinte de Provins, 5 *pl.*, p. 489 à 511.

3736. Detouches (C.). — Une maison du XIIIe siècle à Provins, *pl.*, p. 512 à 513.

3737. Tillet (Jules). — Les ruines de l'abbaye de Nesles-la-Reposte, *pl.*, p. 514 à 528.

3738. Detouches (C.). — Une tombe plate du XVe siècle à Beauchery, *pl.*, p. 529 à 532.

[Michel de Chantaloup (+ 1404) et Marguerite de Vaux (+ 1420).]

CALVADOS. — FALAISE.

SOCIÉTÉ D'AGRICULTURE, D'HORTICULTURE, D'INDUSTRIE, DES SCIENCES ET DES ARTS DE FALAISE.

Les publications antérieures de cettte Société sont analysées dans notre *Bibliographie générale*, savoir :
Annuaire, 10 vol. (1836-1845), *Bibliographie*, t. I, p. 320.
Mémoires, 1835-1836, *Bibliographie*, t. I, p. 320.
— t. I à XXV (1838-1885), *Bibliographie*, t. I, p. 320 et 688.
— t. XXVI à XXXIX (1887-1900), *Bibliographie*, t. V, p. 124.

XL. — Mémoires de la Société d'agriculture, d'horticulture, d'industrie, des sciences et des arts de l'arrondissement de Falaise remplissant les fonctions de Comice agricole. 1900-1901. (Falaise, 1901, in-8°, 120 p.)

XLI. — Mémoires de la Société d'agriculture... de Falaise, 1901-1902. (Falaise, 1902, in-8°, 125 p.)

XLII. — Mémoires de la Société d'agriculture... de Falaise, 1902-1903. (Falaise, 1903, in-8°, 127 p.)

CANTAL. — AURILLAC.

SOCIÉTÉ DES LETTRES, SCIENCES ET ARTS «LA HAUTE-AUVERGNE».

Les publications antérieures de cette Société sont analysées dans notre *Bibliographie générale*, savoir :
Revue, t. I et II (1899-1900), *Bibliographie*, t. V, p. 126.
— t. III (1901), *Bibliographie*, nouvelle série, t. I, p. 11.

IV. — **Revue de la Haute-Auvergne**, publiée par la Société des lettres, sciences et arts «La Haute-Auvergne»..., t. IV, 1902. (Aurillac, s. d., in-8°, 448 p.)

3739. Boudet (Marcellin). — Documents inédits sur les recluseries au moyen âge. La recluserie du Pont Sainte-Christine à Saint-Flour, p. 1 à 43. — Suite de III, p. 335.

3740. Boudet (Marcellin) et Grand (Roger). — Documents inédits sur les grandes épidémies. Étude historique sur les épidémies de peste en Haute-Auvergne (XIVe-XVIIIe s.), p. 44, 129, et 267.

[Appendices : Note sur la fausse charte de Laurie relative à la peste de 1318, p. 300. — Conduite d'Aurillac à l'égard de Figeac en 1653, p. 314. — Origine du nom de Croumaly, p. 317.]

3741. Felgères (Charles). — Jean de Salazar, seigneur de Chaudesaigues (1443-1452), p. 72 à 96.

3742. Doniol (Henri). — Souvenirs du vieux Mauriac. François de Murat [1766 † 1838], la lanterne des morts du cimetière, Madame d'Orcet, extrait des papiers de François de Murat, *fig.*, p. 97 à 101.

3743. Delmas (Jean). — La patrie en danger. Les volontaires nationaux du Cantal, p. 102 à 111. — Suite et fin de III, p. 181 et 285.

3744. Dienne (Comte de). — Querelles entre magistrats à Vic (XVIIe et XVIIIe s.), *pl.*, p. 182 à 212.

3745. M. B. [Boudet (Marcellin)]. — Un sacramentaire romano-gallican inédit du monastère d'Aurillac (Xe s.), p. 220 à 224.

3746. Felgères (Charles). — Rivalité des Bourbons et des Armagnacs à Chaudesaigues (1461-1470), p. 233 à 266, et 405 à 418.

3747. Vernière (A.). — Pierre d'Albo, coadjuteur (1518-1530) de Thomas et de Guillaume du Prat, évêques de Clermont, p. 319 à 325.

3748. Ayman (Alph.). — Notes de folklore cantalien. Recettes de médecine populaire, p. 428 à 432.

CHARENTE. — ANGOULÊME.

SOCIÉTÉ ARCHÉOLOGIQUE ET HISTORIQUE DE LA CHARENTE.

Les publications antérieures de cette Société sont analysées dans notre *Bibliographie générale*, savoir :
Bulletin, t. I à XXX (1845-1885), *Bibliographie*, t. I, p. 326 et 688.
— t. XXXI à XLIV (1886-1900), *Bibliographie*, t. V, p. 127.
— t. XLV (1901), *Bibliographie*, nouvelle série, t. I, p. 12.
Ouvrages divers, *Bibliographie*, t. I, p. 325, et t. V, p. 127.

XLVI. — **Bulletin et mémoires de la Société archéologique et historique de la Charente**, année 1901-1902, 7e série, t. II. (Angoulême, 1902, in-8°, XCI-144 p.)

3749. Divers. — Procès-verbaux des séances du 13 novembre 1901 au 9 juillet 1902, p. XXVII à XCI.

[La tour Marguerite à Angoulême, p. XXX. — Le théâtre gallo-romain des Bouchauds, p. XXXII. — Collier de disques en os trouvé à la Cure, commune de Fonteuille, p. XXXV. — L'inscription de Louis de Bourbon-Condé († 1569), à Triac, p. XXXVI. — Fresque de l'église de Lupsault, p. XXXVII. — Moulin à bras, p. LXV. — Les gâteaux dits cornuel et cornuet, p. LXIX. — Sceau d'Élisabeth, comtesse d'Angoulême (XIIe s.), p. LXX. — Sépultures mérovingiennes de la Rochette, p. LXXIII. — Trouvaille de haches au Grand-Picard, commune de Chazelles, p. LXXIX. — Sépultures mérovingiennes de Marcille, commune de Saint-Fraigne, p. LXXXII. — Sceau de Itier Foure de Brassac (XVe s.), *fig.*, p. LXXXVIII.]

3750. Legrand (L'abbé) et Favraud. — Méreaux protestants, *fig.*, p. xxxiii à xxxv.

3751. Biais (Émile). — Contrat de vente de la seigneurie de Balzac (16 décembre 1768), p. xxxix à xli.

3752. Dumuys (Léon). — Notes archéologiques, *fig.*, p. xlii à xlvi.

[Annelet armorié trouvé à Anais; ruines gallo-romaines de Fontgibaud; fontaine de Fontfourchaud; litres de François VI de la Rochefoucauld.]

3753. Chauvet (G.). — Fibule ronde émaillée des Bouchauds, *fig.*, p. xlviii à lv.

3754. Marcille (V.). — Fontaines et puits de Saint-Cybardeaux, p. lvi à lvii.

3755. Papillaud. — Procès-verbal d'inauguration des forges et marchés à Montboyer (11 avril 1605), p. lviii à lxiii.

3756. Favraud (A.). — Sépultures mérovingiennes de Peury, commune de Garat, p. lxxv à lxxvi.

3757. Bastier. — Station gallo-romaine des Boissières, p. lxxxvi à lxxxvii.

3758. Tricoire (L'abbé). — Maillou et ses possesseurs depuis le xve siècle, *pl.*, p. 3 à 81.

3759. Chauvet (Gustave). — Travaux archéologiques de Philippe Delamain († 1902), cimetière barbare d'Herpes, p. 83 à 93.

3760. Biais (Émile). — Notice biographique sur M. Joseph Castaigne (1828 † 1902), p. 95 à 103.

3761. Esmein (A.). — Notes sur le cartulaire de l'église d'Angoulême, p. 105 à 137.

XLVII. — Bulletin et mémoires de la Société archéologique et historique de la Charente, année 1902-1903, 7e série, t. III. (Angoulême, 1903, in-8°, cxxxiv-274 p.)

3762. Divers. — Procès-verbaux des séances du 12 novembre 1902 au 8 juillet 1903, p. xxv à cxxxiv.

3763. Favraud. — Découvertes archéologiques à Vilhonneur, et Saint-Yrieix, *fig.*, p. xxix à xxxii.

[Antiquités préhistoriques et romaines.]

3764. Chauvet (G.). — L'art primitif [préhistorique], p. xxxvii à xlvi.

3765. Dumuys (Léon). — Notes archéologiques, *fig.*, p. xlvi à lii.

[Sceau d'Olivier Chenu (xiiie s.), *fig.*]

3766. Brémond d'Ars (A. de). — Charte de franchise accordée à leurs tenanciers par Pierre de Brémond, chevalier, et son fils Pierre, seigneurs de Saint-Aulaye (16 décembre 1288), p. lv à lix.

3767. Favraud. — Découvertes archéologiques (statues) dans l'église de Sireuil, p. lxxviii à lxxxi, xciii à xcvi, cix à cxi.

3768. Nanglard (J.). — Deux pouillés inédits du diocèse d'Angoulême au xviiie siècle, p. ci à cv.

3769. George (J.). — Notes sur la vie privée de Jacques Joubert, avocat en Parlement, propriétaire de la paroisse de Saint-Yrieix (1771-1785), p. cxix à cxxx.

3770. Brémond d'Ars (A. de). — La Grande peur au Grand-bourg de Salagnac [29-31 juillet 1789, extraits du journal du chevalier de Brémond], p. cxxxi à cxxxiii.

3771. J. M. [La Martinière (J. de)]. — Les mystères à Angoulême, xve et xvie siècles, p. cxxxiii à cxxxiv.

3772. Mazière (L'abbé A.). — Papier de raison de Pierre Bourrut, sieur des Pascauds (1692-1725), [et généalogie de la famille Bourrut], *facs.*, p. 1 à 177.

3773. Mourier (Paul). — Recherches sur la fabrication des cartes à jouer à Angoulême, 7 *pl.*, p. 179 à 218.

3774. Touzaud (Daniel). — La baronnie de Manteresse, *pl.*, p. 233 à 265.

CHARENTE INFÉRIEURE. — ROCHEFORT.

SOCIÉTÉ DE GÉOGRAPHIE DE ROCHEFORT.

Les publications antérieures de cette Société sont analysées dans notre *Bibliographie générale*, savoir :
Bulletin, t. I à XXII (1879-1900), *Bibliographie*, t. V, sous presse.
— t. XXIII (1901), *Bibliographie*, nouvelle série, t. I, p. 13.

XXIV. — Bulletin de la Société de géographie de Rochefort (agriculture, lettres, sciences et arts), t. XXIV, année 1902. (Rochefort, 1902, in-8°, 348 p.)

3775. Silvestre (J.). — La Malmaison, Rochefort, Sainte-Hélène, p. 3 à 26. — Suite et fin de XXIII, p. 80, 175 et 257.
3776. Figeac (Capitaine). — Au Soudan, p. 37 à 44.
3777. Sécheresse (Aristide). — L'esprit grec, p. 83 à 99.
3778. Anonyme. — M. Gaston Lhomme (1854 † 1902), p. 101.
3779. Coffinières de Nordeck (Commandant). — Le *Formidable*, vaisseau de 80 canons (1795-1805), p. 109 à 124.
3780. Anonyme. — Notes sur les Mans et les Thôs [peuplades] des hautes régions du Tonkin, p. 139 à 146.
3781. Anonyme. — Les lettres du canonnier Besnard (1809-1814), p. 199 à 223.
3782. Anonyme. — Le naufrage du *Saint-Géran*, dans *Paul et Virginie*, d'après des documents authentiques, p. 223 à 234.
3783. Ballande (Ch.). — Six mois sur les rivières du Pé-Tchéli, p. 302 à 323.
3784. Anonyme. — Translation des cendres de La Touche-Tréville du cap Sépet à Saint-Mandrier, p. 324 à 328.

CHARENTE-INFÉRIEURE. — SAINTES.

SOCIÉTÉ DES ARCHIVES HISTORIQUES DE LA SAINTONGE ET DE L'AUNIS.

Les publications antérieures de cette Société sont analysées dans notre *Bibliographie générale*, savoir :

Archives historiques, t. I à XIII (1874-1885), *Bibliographie*, t. I, p. 350.
— t. XIV à XXIX (1886-1900), *Bibliographie*, t. V, sous presse.
— t. XXX (1901), *Bibliographie*, nouvelle série, t. I, p. 14.
Bulletin, t. I à V (1876-1885), *Bibliographie*, t. I, p. 364.
— t. VI à XX (1886-1900), *Bibliographie*, t. V, sous presse.
— t. XXI (1901), *Bibliographie*, nouvelle série, t. I, p. 14.

XXXI. — Archives historiques de la Saintonge et de l'Aunis, t. XXXI. (Saintes, 1902, in-8°, xx-403 p.)

3785. Chatanon (Jules). — Renaud VI de Pons, vicomte de Turenne et de Carlat, seigneur de Ribérac, etc., lieutenant du roi en Poitou, Saintonge et Angoumois, conservateur des trêves de Guyenne (vers 1348 † 1427), p. 1 à 202.
3786. Brémond d'Ars (Comte Anatole de). — Quatre lettres inédites de Jacques, sire de Pons, vicomte de Turenne et de Ribérac (1446-1447), p. 203 à 215.
3787. Steyert (André). — Un document sur le prieuré de Bouteville (1516), p. 216 à 223.
3788. Audiat (Louis) et Lemonnier (l'abbé). — Église de Saintes depuis 1789 jusqu'à la fin de 1796, p. 224 à 350.

[Mémoire de l'abbé Taillet, vicaire général de Saintes.]

3789. Guionneau (L'abbé). — Saint-Antoine [Saint-Authon] du Bois [commanderie, xve-xviie s.], p. 351 à 363.

XXXII. — Archives historiques de la Saintonge et de l'Aunis, t. XXXII. Registres de l'échevinage de Saint-Jean d'Angély, III. (Saintes, 1902, in-8°, 436 p.)

3790. Denys d'Aussy et Saudau (L.-C.). — Registres de l'échevinage de Saint-Jean d'Angély (1332-1496), 3e volume, p. 1 à 436.

[Les tomes I et II de cet ouvrage, qui forment les tomes XXIV et XXVI de la collection des *Archives historiques*, ont paru en 1895 et 1897.]

XXII. — Bulletin de la Société des archives historiques. Revue de la Saintonge et de l'Aunis, t. XXII. (Saintes, 1902, in-8°, 434 p.)

3791. Anonyme. — Nécrologie, p. 22 à 29.

[L'abbé G. Héraud († 1901); P.-C. Fradin de Belabre († 1901); le Dr P.-A. Menudier († 1901); la baronne Oudet († 1901).]

3792. Biais (Émile). — Une cheminée renaissance [à la Rochefoucauld (Charente)], p. 30 à 31. — Suite de XXI, p. 376.
3793. Chevrou (G.). — Le château de Montchaude, ses propriétaires, p. 31 à 33.
3794. Eug. R. — Les bigournes [expression saintongeaise], p. 33 à 34.

3795. Planty (Louis). — Les francs-tireurs saintongeais en 1870, p. 34 à 36.

3796. Dujarric-Descombes. — Rapports de Périgueux avec Cognac [1548 et 1620-1621], p. 36 à 37.

3797. A. [Audiat (L.)]. — Lettre de Mgr [François] de la Rochefoucauld [1784], p. 37.

3798. Besse (Dom J.). — Un bénédictin saintongeois. Dom Mommole Geoffroy [d'après Martène (1615 † 1686)], p. 37 à 42.

3799. A. [Audiat (L.)]. — La chanson de la bique [versions saintongeaise et vendéenne], p. 54 à 55. — Cf. XXI, p. 346.

3800. Divers. — La verve à Dieu et le Petit Credo [chansons saintongeaises], p. 55 à 57.

3801. Anonyme. — Nécrologie, p. 86 à 92.

[P.-G. Fragonard († 1902); A.-J.-B. Sorin Dessources († 1902); le marquis R.-G. de Saint-Legier de la Sausaye († 1902).]

3802. D. [Dangibeaud]. — Quelques biographies. Le général Lechelle [1758 † 1793]; l'abbé de Feletz [1769 † 1850; la comtesse de Boufflers [1725 † 1800], p. 95 à 99.

3803. Estrée (Paul d'). — Lettre de Barentin, intendant de la Rochelle, au lieutenant de police Hérault sur son arrivée à la Rochelle [2 avril 1737], p. 100.

3804. Trigant de la Tour (Baron Maxime). — Notes sur des familles de Cognac : Forest, Dabescat, Formey Saint-Louvent et leurs alliés, p. 100 à 104.

3805. Bourde de la Rogerie. — Un épisode de la prise de Saintes par les protestants. Lettre patente de Charles IX (11 avril 1570), p. 104 à 107.

3806. Dubarat (V.). — Le jansénisme [et le gallicanisme] à l'abbaye Notre-Dame de Saintes, p. 107 à 109, 167 à 168.

3807. Dyvorne (Paul) et Pellisson (Marcel). — Une chanson populaire [saintongeaise] d'autrefois, p. 110 à 116.

3808. Bonnin (Pierre). — Le culte de saint Eutrope. La légende du marais de la Sèvre, p. 124 à 126.

3809. Meller (Pierre). — La maison Le Fourestier d'Orignac, p. 126 à 128.

3810. Anonyme. — Nécrologie, p. 157 à 161.

[A.-E. Rullier († 1902).]

3811. Dubarat (V.). — Quelques biographies. Guillaume de la Brunetière, évêque de Saintes (1677-1702), p. 162 à 167.

3812. Anonyme. — Le gallicanisme autour de l'abbaye de Saintes, p. 167 à 168.

3813. Trigant de la Tour (Baron Maxime). — Alain Desmortiers et sa famille, p. 173 à 176.

3814. Audiat (Louis). — Un beffroi de Saintes (XVIe s.), *pl.*, p. 176 à 181.

3815. Grasilier (Léonce). — Un Saintongeais missionnaire chez les Illinois, Gabriel Richard (1767 † 1832), p. 182 à 186.

3816. Marcut (Piare). — La chasse galerite [superstition saintongeaise], p. 188 à 189.

3817. Papillaud. — Sceau d'Itier Faure de Brassac, p. 207.

3818. Anonyme. — Nécrologie, p. 221 à 226.

[Alfred Joly d'Aussy († 1902); A.-H.-P. Delamain († 1902); l'abbé M. Brodut († 1902).]

3819. Pellisson (Jules). — Angoulême et le tremblement de terre de Lisbonne en 1775, p. 227 à 229.

3820. J. P. [Pellisson (Jules)]. — Le bœuf-roi à Cognac en 1629, p. 230 à 231.

3821. Estrée (Paul d'). — Une native de l'île d'Oléron [Charlotte Bonnamy de la Ferrière, 1729], p. 231 à 233.

3822. Réveillaud (Eugène) et Thomas (Antoine). — Quelques mots de patois saintongeais, p. 242 à 246.

3823. Anonyme. — Une chanson saintongeaise. L'amant d'Isabeau, p. 246 à 248.

3824. L. A. [Audiat (L.)]. — Les fêtes publiques pendant la Révolution [dans la Charente-Inférieure], p. 248 à 253.

3825. Grasilier (Léonce). — Lettre de P.-A. Lozeau, représentant du peuple au Directoire exécutif (an IV), p. 253 à 254.

3826. Grasilier (Léonce). — Mlle de Bonneuil et Regnaud de Saint-Jean d'Angély, p. 255 à 258, et 321 à 325.

3827. Eschassériaux. — Les nitrières en Saintonge [1793], p. 258 à 259.

3828. Pommereau (G.). — Sépultures [du moyen âge] à Saint-Simon de Pellouaille, p. 270 à 271.

3829. Anonyme. — Nécrologie, p. 284 à 295.

[J.-P.-T. Guillet († 1902); le marquis A.-L.-T.-M. de Granges de Surgères († 1902); l'abbé P.-O. Carot († 1902).]

3830. L. A. [Audiat (L.)]. — Cause de béatification des martyrs de septembre 1792 à Paris, p. 297 à 300, 358 à 360.

3831. Anonyme. — Les Seignette, de la Rochelle, p. 301 à 302.

3832. Du Temps (E.). — Les Augier de la Jallet, p. 302 à 303.

3833. Anonyme. — Une prise de possession par un curé intrus [Mignen-Planier, curé de Saint-Léger en Pons, 1791], p. 304 à 305.

3834. Anonyme. — Guibert de Landes et Diane de Polignac, p. 305 à 306.

3835. L. A. [Audiat (L.)]. — Une horloge à Royan [1828], p. 306 à 308.

3836. A. B. A. [Brémond d'Ars (A. de)]. — Une rosière à Saintes. Les fêtes publiques [1821], p. 308 à 312.

3837. Marcut (Piare). — Patois saintongeais, p. 312 à 316.

3838. Mallat-Desmortiers (A.). — Épisode de la défense nationale en 1870. Un héros saintongeais, Desmortiers, p. 317 à 320.

3839. Anonyme. — Nécrologie, p. 343 à 348.

[P.-E. Garnault († 1902); l'abbé H. Choisnard († 1902); M. A. du Boulet de la Boissière († 1902).]

3840. Lacroix (P. de). — Les archives avant 1789 [à Cognac et à Angoulême], p. 349 à 350.
3841. Denys d'Aussy. — Registres protestants de Tonnay-Boutonne, p. 350 à 354.
3842. Grasilier (Léonce). — Le brave Rondeau [1796], p. 354 à 356.
3843. Denys d'Aussy. — Les émigrés saintongeais à Munster (1792), p. 356 à 357.
3844. Anonyme. — Le brigandage dans la Charente-Inférieure en l'an IV (22 décembre 1795), p. 357 à 358. — Cf. n° 3856.
3845. L. A. [Audiat (L.)]. — Royan, Brouage et la Rochelle en 1638, p. 360 à 367.
3846. Pellisson (Marcel). — Un curé guérisseur [l'abbé Larréa, curé de Saint-Vallier (Charente), puis de Varaignes (Dordogne), 1822], p. 367 à 370. — Cf. n° 3854.
3847. Anonyme. — Deux cloches aux noms historiques [à Saint-Christophe de Belledois et à Bignay], p. 370 à 374.
3848. Letelié (André). — Une Saintongeaise, Xandre Dizier, seconde femme de Loys Gargoulleau, maire de la Rochelle [XVIe s.], p. 380 à 386.

XXIII. — Bulletin de la Société des archives historiques. Revue de la Saintonge et de l'Aunis, t. XXIII. (Saintes, 1903, in-8°, 458 p.)

3849. Anonyme. — Les ports francs en 1902 et en 1778 [mémoire de Meschinet de Richemond fils, 1778], p. 11 à 13.
3850. Anonyme. — Nécrologie, p. 16 à 26.

[Le baron Raoul de Pichon-Longueville (1838 † 1902); le Dr A.-J.-L. Murvaud (1844 † 1902); le Dr J.-M.-E. Mauny (1832 † 1902).]

3851. Ardouin (Dr L.). — Un placet pour un officier de marine [le s^r de Raimond, 1709], p. 28.
3852. Anonyme. — Les Seignette de la Rochelle, p. 28 à 30.
3853. Clouzot (Henri). — Le théâtre révolutionnaire à Saintes, p. 30 à 33.
3854. Vigen (D^r). — Un curé guérisseur [Félix Larrea, curé de Saint-Vallier de 1816 à 1829], p. 33 à 35. — Cf. n° 3846.
3855. Audiat (Louis). — Un poète oublié. Jacques Delille (1738 † 1773), abbé de Saint-Séverin [Charente-Inférieure], p. 35 à 53.
3856. Pellisson (Jules). — Le brigandage dans la Charente en l'an V et dans la Charente-Inférieure en l'an VIII, p. 53 à 62. — Cf. n° 3844.
3857. Vigen (D^r). — Le dernier abbé de Baigne, Lhuillier de Rouvenac [1764 † 1853], p. 63 à 64.
3858. Phelippot (Th.). — La famille Mousnier, de l'île de Ré, p. 67 à 70.
3859. A. O. [Oudet (Amédée)]. — Louis Audiat [1832 † 1903], portr., p. 81 à 154.
3860. Callandreau. — Le Masque de fer, p. 175 à 181.
3861. Pellisson (Jules). — *L'Almanach des députés à l'Assemblée nationale* [1790], p. 191 à 193.
3862. La Morinerie. — Pierre Fontaine, armoiries de la famille Fontaine, p. 193 à 195.
3863. Estrée (Paul d'). — La fin d'un fermier général [Pelletier de Montendre], p. 195 à 213.
3864. Saulnier (F.). — Chertemps de Seuil [† 1717 ou 1718], p. 216.
3865. Saudau (L.-C.). — Regnaud de Saint-Jean d'Angély et Mlle de Bonneuil, p. 218 à 219.
3866. Trigant de la Tour (Baron Maxime). — La famille Thévenin, p. 220 à 224.
3867. Anonyme. — Nécrologie, p. 233 à 242.

[Mme de l'Estang, née Du Breton († 1903).]

3868. Lemonnier (L'abbé P.). — L'enseignement primaire à Rochefort-sur-Mer (1789-1803), p. 252 à 261.
3869. Clouzot (Henri). — Les exécutions criminelles à Rochefort en 1782, p. 261 à 265.
3870. Pellisson (Jules). — Exemples de longévité en Saintonge et en Aunis, p. 265 à 269. — Cf. XXI, p. 110.
3871. Anonyme. — Registres paroissiaux de Saint-Coutant-le-Petit, p. 269 à 272.
3872. Dangibeaud (Ch.). — L'inscription du terrier de Toulon, *fig.*, p. 272 à 283.

[Pierre avec inscription présumée ibéro-ligure, ou marques de tâcheron.]

3873. Creuzé (L'abbé). — Notes extraites des registres paroissiaux de Saint-Jean d'Angle, p. 283 à 285.
3874. Ch. D. [Dangibeaud (Ch.)]. — Nécrologie, p. 302 à 305.

[L.-A. Auguin (1824 † 1903).]

3875. C^t D. [Deruelle (Commandant)]. — La bataille de Jarnac, la campagne de 1569 et le rôle de Coligny, p. 324 à 341.
3876. Anonyme. — Extraits des minutes de Chevalier, notaire à Corme-Royal. Prieuré de Fourne; les soudards de la Fronde; les Regnier de la Planche; les Lebreton de Ransannes, p. 345.
3877. Réveillaud (Eugène). — Quelques mots de patois saintongeais, p. 351 à 354.
3878. Ch. D. [Dangibeaud (Ch.)]. — Les miniaturistes Sainte-Marie, Liverné et J.-J.-T. Delusse (XVIIIe s.), p. 355 à 357.
3879. Lemonnier (L'abbé). — Cahiers des doléances et remontrances des corporations de la ville de Rochefort-

IMPRIMERIE NATIONALE.

sur-Mer et des paroisses du bailliage en 1789, p. 375 à 389.

3880. DANGIBEAUD (Ch.). — La mosaïque de Lescar est-elle romaine? *fig.*, p. 383 à 402.

3881. MESNARD (Amédée). — Le serment fédératif des troupes nationales du district de Saint-Jean-d'Angély, en 1790, p. 402 à 406.

3882. ROGÉE-FROMY. — État des titres qui concernent la propriété des eaux de la seigneurie des Tabarits, p. 406 à 410.

3883. ANONYME. — Papiers de la famille Baudouin de Laudeberderie, p. 410 à 420.

3884. PELLISSON (Marcel). — Usages anciens de Saintonge. Le bris du miroir, p. 420 à 422.

3885. REGELSPERGER (G.). — Chanson de la Gâtine, p. 422 à 423.

CHER. — BOURGES.

SOCIÉTÉ DES ANTIQUAIRES DU CENTRE.

Les publications antérieures de cette Société sont analysées dans notre *Bibliographie générale*, savoir :
Mémoires, t. I à XIII (1867-1885), *Bibliographie*, t. I, p. 369.
— t. XIV à XXIV (1886-1900), *Bibliographie*, t. V, sous presse.
— t. XXV (1901), *Bibliographie*, nouvelle série, t. I, p. 16.

XXVI. — Mémoires de la Société des antiquaires du Centre, 1902, XXVIe volume. (Bourges, 1903, in-8°, XXXIV-273 p.)

3886. PONROY (Henry). — Notes sur divers objets de bronze [gaulois et romains] découverts en Berry, 3 *pl.*, p. 1 à 17.

3887. SOYER (Jacques). — Les *Fossata Romanorum* du *Castrum Bituricense*, p. 19 à 26.

3888. SOYER (Jacques). — Les actes des souverains antérieurs au XVe siècle, conservés dans les archives départementales du Cher, transcrits in-extenso avec des analyses et un index des noms propres, p. 27 à 144.

3889. MATER (D.). — Le livre d'heures d'Anne de Mathefelon [XVe s.], 4 *pl.*, p. 145 à 159.

3890. SOYER (Jacques). — Note sur une inscription de l'hôtel Lallemant à Bourges (XVe s.), p. 161 à 164.

3891. GAUCHERY (P.). — Épaves des églises de Bourges, à Salbris (Loir-et-Cher) : Notre-Dame de Pitié de l'abbaye de Saint-Sulpice, *pl.*, p. 165 à 172.

3892. TOULGOËT-TREANA (Comte DE). — L'aventure de Mathieu de Brisacier (1676), p. 173 à 222.

3893. MATER (M.-D.). — Bulletin numismatique et sigillographique, *pl.*, p. 223 à 249.

[Monnaies de Châteauroux, Issoudun, Vierzon; monnaies gauloises; sceaux d'André de Bar, de Michel de Bucy, archevêque de Bourges; etc.]

CHER. — BOURGES.

SOCIÉTÉ HISTORIQUE, LITTÉRAIRE ET SCIENTIFIQUE DU CHER.

Les publications antérieures de cette Société sont analysées dans notre *Bibliographie générale*, savoir :
Bulletin, t. I (1852-1856), *Bibliographie*, t. I, p. 374.
Mémoires, t. I à X (1857-1886), *Bibliographie*, t. I, p. 374 et 691.

Mémoires, t. XI à XXIII (1887-1900), *Bibliographie*, t. V, sous presse.
— t. XXIV (1901), *Bibliographie*, nouvelle série, t. I, p. 16.

XXV. — Mémoires de la Société historique, littéraire et scientifique du Cher (1902), 4ᵉ série, 17ᵉ volume. (Bourges, s. d., in-8°, xxxiv-353 p.)

[3898]. Boyer (Hippolyte). — Histoire de la principauté souveraine de Boisbelle-Henrichemont, p. 1 à 177.
3894. Moreux (L'abbé Th.).— A propos d'un cadran stellaire [construit à Bourges en 1747], *fig.*, p. 189 à 201.
3895. Leprince (Dʳ). — La Faculté de médecine de Bourges (1464-1793), p. 209 à 328.
3896. Sauvaget (A.).—Les monuments mégalithiques de la région de Graçay (Cher), *pl.*, p. 329 à 334.
3897. Jeny (Lucien). — La peste et deux vœux à Notre-Dame de Liesse, à Lignières-en-Berry, en 1628-1639, p. 341 à 349.

XXVI. — Mémoires de la Société historique, littéraire et scientifique du Cher (1903), 4ᵉ série, 18ᵉ volume. (Bourges, s. d., in-8°, xx-259 p.).

3898. Boyer (Hippolyte). — Histoire de la principauté souveraine de Boisbelle-Henrichemont, p. 1 à 144. — Suite de XXIII, p. 259; XXIV, p. 1; et XXV, p. 1.
3899. Boulé (Alphonse). — Le conventionnel Fauvre La Brunerie, représentant du peuple dans le Cher (1751 † 1825), p. 145 à 171.
3900. Leprince (Dʳ). — La thérapeutique médicale au xviᵉ siècle, d'après le livre de Pierre Gorré, de Bourges [1569], p. 177 à 182.
3901. Jeny (Lucien). — Un méfait de l'alchimie à Bourges au xviᵉ siècle, p. 187 à 208.
3902. Turpin (Émile). — Les vignes et les vins du Berry, étude historique et statistique, p. 213 à 255.

CORRÈZE. — BRIVE.

SOCIÉTÉ SCIENTIFIQUE, HISTORIQUE ET ARCHÉOLOGIQUE DE LA CORRÈZE.

Les publications antérieures de cette Société sont analysées dans notre *Bibliographie générale*, savoir :
Bulletin, t. I à VII (1879-1885), *Bibliographie*, t. I, p. 376 et 691.
— t. VIII à XXII (1886-1900), *Bibliographie*, t. V, sous presse.
— t. XXIII (1901), *Bibliographie*, nouvelle série, t. I, p. 17.

XXIV. — Bulletin de la Société scientifique, historique et archéologique de la Corrèze. t. XXIV. (Brive, 1902, in-8°, 616 p.)

3903. Seurre-Bousquet (J.). — L'instruction primaire à Egletons depuis 1650 jusqu'à nos jours, p. 7 à 19, et 263 à 281.
3904. Boysson (R. de). — Études sur Bertrand de Born, p. 21, 149, et 301. — Suite de XXII, p. 161, 329, 465; et XXIII, p. 63, 173, 365, et 477.
3905. Besse (Dom J.-M.). — Bénédictins de Saint-Augustin de Limoges, p. 87, 411, et 559. — Suite de XXIII, p. 549.
3906. Champeval (J.-B.). — Cartulaire de l'abbaye de Saint-Martin de Tulle, p. 109, et 283. — Suite de IX, p. 421, 661; X, p. 149, 315, 705; XI, p. 161, 695; XII, p. 269, 443, 657; XIII, p. 129, 447; XIV, p. 169, 339, 515; XV, p. 171, 319, 493, 653; XVI, p. 165, 319, 503, 657; XVII, p. 141, 309, 465; XVIII, p. 279; XIX, p. 153, 277, 621; XX, p. 205, 449, 631; XXI, p. 159, 343, 697; et XXII, p. 152, 289, 429.
3907. Celor (François). — Chansons et bourrées limousines recueillies et mises en musique, p. 127 à 142, et 551 à 557. — Suite de XXI, p. 21, 215, 439, 545; XXII, p. 237, 445, 569; et XXIII, p. 285 et 405.
3908. Bourneix (L'abbé). — Les Bénédictines de Bonnesaigne [Corrèze], p. 205 à 262, 353 à 410, et 453 à 538.
3909. Guibert (Louis) et Mouffe (Léonard). — Nouveau recueil de registres domestiques limousins et marchois (de 1384 à nos jours), p. 321 à 352. — Suite de XI,

p. 369; XII, p. 27, 345; XIII, p. 61, 217, 635; XIV, p. 487, 641; XV, p. 91, 199, 387, 584; XVI, p. 113, 469, 641; XVII, p. 179, 511; XVIII, p. 141, 477; XX, p. 187, 465; XXI, p. 275, 478, 604; XXII, p. 508; et XXIII, p. 313, 459 et 575.
[Martin de Fénis, XVIIe siècle.]

3910. Marche (L'abbé). — Allassac et ses annexes, *fig.* et 2 *pl.*, p. 433 à 448. — Suite de XX, p. 353, 595; XXI, p. 177; XXII, p. 277, 405; et XXIII, p. 105, 211, et 417.

3911. Montbron (Chevalier de). — Couplets pour le jour de la réception et bénédiction des drapeaux et étendards de la Légion des Deux-Sèvres et des Chasseurs de la Corrèze, p. 449 et 459.

3912. Plantadis (J.). — Le général Papon de Maucune (1772 † 1824), p. 539 à 549.

3913. Roche (Marcel). — Le conventionnel Bernard-François Lidon, p. 569 à 613.

CORRÈZE. — TULLE.

SOCIÉTÉ D'ETHNOGRAPHIE ET D'ART POPULAIRE DU BAS-LIMOUSIN.

Les publications antérieures de cette Société sont analysées dans notre *Bibliographie générale*, savoir :
Bulletin, t. I (1900), *Bibliographie*, t. V, sous presse.
— t. II (1901), *Bibliographie*, nouvelle série, t. I, p. 18.

III. — **Bulletin de la Société du musée départemental d'ethnographie et d'art populaire du Bas-Limousin**, t. III. (Tulle, s. d., [1902], in-8°, 231 p.)

3914. Forot (Victor). — Monographie de la commune de Naves (Corrèze), *fig.*, *carte* et 2 *pl.*, p. 1, 57, 117, et 168.

3915. L. B. — Histoire des guerres du Bas-Limousin, p. 44 à 51, et 103 à 114. — Suite de II, p. 169.

3916. V. F. [Forot (Victor)]. — J.-B. Leymarie [1825 † 1902], *portr.*, p. 52 à 53.

3917. Nussac (De). — Les armes de la ville de Brive, p. 55 à 56.

3918. Baluze (B.). — Les Donnereaux [Corrèze], essai historique, p. 152 à 160.

3919. Petit (A.). — Le Pilou, ancien quartier de Tulle, p. 165 à 167.

CORRÈZE. — TULLE.

SOCIÉTÉ DES LETTRES, SCIENCES ET ARTS DE LA CORRÈZE.

Les publications antérieures de cette Société sont analysées dans notre *Bibliographie générale*, savoir :
Bulletin, t. I à VII (1879-1885), *Bibliographie*, t. I, p. 380 et 692.
— t. VIII à XXII (1886-1900), *Bibliographie*, t. V, sous presse.
— t. XXIII (1901), *Bibliographie*, nouvelle série, t. I, p. 18.

XXIV. — **Bulletin de la Société des lettres, sciences et arts de la Corrèze**, t. XXIV, 24e année, 1902. (Tulle, s. d., in-8°, 484 p.)

3920. Derenbourg (Hartwig). — Notice sur la vie et les travaux de M. Maximin Deloche, lue dans la séance de l'Académie des inscriptions et belles-lettres du 29 novembre 1901, *pl.*, p. 5 à 41. — Cf. id. n°s 2082 et 2090.

3921. Fage (Émile). — Victor Hugo, p. 43 à 51.

3922. Bombal (Eusèbe). — La haute Dordogne et ses gabariers, p. 53, 159, 245, et 463. — Suite de XXII, p. 305, 449; et XXIII, p. 77, 245, 389, 513, et 535.

3923. Bourneix (Thomas). — L'œuvre des Cébile [à Darnets, xviie s.], p. 81 à 86.

3924. La Roche-Sengensse (Octave de). — Monographie d'une commune rurale : Saint-Ybard, p. 87, 175, 307, et 437. — Suite de XXII, p. 471 ; XXIII, p. 115, 265, 413 et 541.

3925. Fage (Émile). — Maximin Deloche [1817 † 1900], p. 129 à 139.

3926. Deloche (Maximin). — Étude historique sur les voies d'accès de Tulle, p. 141 à 150.

3927. Lecler (A.). — L'abbé Xavier Montbrial [1745 † 1812], p. 151 à 157.

3928. Clément-Simon (G.). — Recherches de l'histoire civile et municipale de Tulle avant l'érection du consulat, p. 207 à 244. — Suite de XXIII, p. 465.

[Mœurs, mariage, enterrement.]

3929. Bourneix (Th.). — Trois prieurés limousins. 1re partie. Soudeilles, p. 261 à 288, et 387 à 413.

3930. Plantadis (Johannès). — Antoine-Guillaume Delmas, premier général d'avant-garde de la République (1768 † 1813), p. 289 à 305, et 415 à 435.

3931. Leroux (Alfred). — Chartes du Limousin antérieures au xiiie siècle, p. 322 à 324.

[Donations à l'abbaye de Solignac, par Aimery de Lur (xie s.) et par Geniosa, femme de Robert de Ronçon (xiie s.).]

3932. Fage (René). — Notes et documents sur la Confrérie des Pénitents bleus de Tulle, p. 325 à 346.

3933. Lecler (A.). — Jean-Baptiste-Joseph de Lubersac, évêque de Chartres [1740 † 1822], et Charles de Lubersac, prieur de Saint-Martin de Brive [1730 † 1804], p. 347 à 361.

3934. Ducourtieux (Paul). — La collection de M. l'abbé Pau, p. 363 à 386.

CORSE. — BASTIA.

SOCIÉTÉ DES SCIENCES HISTORIQUES ET NATURELLES DE LA CORSE.

Nous avons donné dans notre *Bibliographie générale*, t. V, sous presse, un tableau d'ensemble des publications de cette Société antérieures à 1901 (*Bulletin*, n°s 1 à 249).

Bulletin de la Société des sciences historiques et naturelles de la Corse, 21e année (octobre 1901), fasc. 250. (Bastia, 1902, in-8°, 101 p.)

Bulletin de la Société des sciences historiques et naturelles de la Corse, 21e année (novembre-décembre 1901), fasc. 251-252. (Bastia, 1902, in-8°, 176 p.)

3935. Letteron (L'abbé). — Procès-verbal de l'assemblée générale des États de Corse, convoquée à Bastia le 25 mai 1779. Vol. III. (Bastia, 1902, in-8°, 176 p.)

[Les tomes I (1770-1772), 2 vol., et II (1775-1777), 2 vol., ont été publiés de 1896 à 1898 par A. de Morati.]

Bulletin de la Société des sciences historiques et naturelles de la Corse, 22e année (janvier-juillet 1902, fasc. 253-259. (Bastia, 1902, in-8°, xv-225 p.)

Bulletin de la Société des sciences historiques et naturelles de la Corse, 22e année ([3e et] 4e trimestre 1902), fasc. 260-264. (Bastia, 1903, in-8°, 419 p.)

3936. Letteron (L'abbé). — Osservazioni storiche sopra la Corsica dell' abbate Ambrogio Rossi. Livre onzième (1761-1769). (Bastia, 1903, in-8°, 419 p.)

[Les livres VI-X (1705-1760), 5 vol., ont paru de 1898 à 1900 et les livres XII à XIV (1769-1774), 3 vol., en 1895 et 1896.]

CÔTE-D'OR. — BEAUNE.

SOCIÉTÉ D'HISTOIRE, D'ARCHÉOLOGIE ET DE LITTÉRATURE DE L'ARRONDISSEMENT DE BEAUNE.

Les publications antérieures de cette Société sont analysées dans notre *Bibliographie générale,* savoir :
Mémoires, t. I à X (1874-1885), *Bibliographie,* t. I, p. 387 et 693.
— t. XI à XXV (1886-1900), *Bibliographie,* t. V, sous presse.
Ouvrages divers (1852-1882), *Bibliographie,* t. I, p. 387.

XXVI. — Société d'histoire, d'archéologie et de littérature de l'arrondissement de Beaune. Mémoires, année 1901. (Beaune, 1902, in-8°, 225 p.)

3937. Montille (L. de). — M. François Perdrier [1826 † 1900]; M. Ernest Mielle [1858 † 1900], p. 25 à 31.
3938. Montille (L. de). — M. le comte de Juigné [Anatole, 1821 † 1901]; Edmond Quantin [1859 † 1899]; Paul Artault [† 1901]; Louis Latour [† 1902]; Gabriel Bulliot [† 1902], p. 37 à 59.
3939. Mathieu (F.). — Peintures murales de la chapelle Rolin (église collégiale de Beaune), 2 *pl.*, p. 61 à 70.
3940. Bergeret (Émile). — La compagnie royale des chevaliers de l'arquebuse de Nuits aux grands prix de la province de Bourgogne, p. 71 à 110.
3941. Molin (Amable). — Rapport sur les fouilles du polyandre burgondo-franck du mont de Bocquoy, près de Savigny-les-Beaune, *pl.*, p. 111 à 124.
3942. Aubertin (Charles). — Souvenirs de la Société d'histoire, d'archéologie et de littérature de l'arrondissement de Beaune [1850 à 1874], p. 125 à 148.
3943. Corot (Henry). — Notes pour servir à l'étude de la haute antiquité en Bourgogne. Les épées de Créancey et de Sivry, *fig.* et *pl.*, p. 149 à 159.
3944. Mairetet (L'abbé). — Notice sur l'église de Ruffey-les-Beaune, avant et après sa restauration, p. 161 à 172.
3945. Bailly (F.). — Notice sur les anciennes mesures de Bourgogne, p. 173 à 223; et XXVII, p. 155 à 210.

XXVII. — Société d'histoire, d'archéologie et de littérature de l'arrondissement de Beaune. Mémoires, année 1902. (Beaune, 1903, in-8°, 211 p.)

3946. Montille (L. de). — M. Charles Aubertin [1829 † 1902], *portr.*, p. 35 à 53.
3947. Montille (L. de). — M. Julien Piogey [† 1902], p. 53 à 57.
3948. Montille (L. de). — Les fouilles [des tumuli] des Murots-Bleus [commune de Creancey (Côte-d'Or)], 2 *pl.*, p. 59 à 71.
3949. Dumay (Gabriel). — L'entrée de Louis XIV à Beaune au mois de novembre 1658, d'après les registres de la collégiale Notre-Dame de cette ville, p. 73 à 84.
3950. Molin (Amable). — Rapport sur la découverte d'un cimetière burgondo-franc à la Rochepot, p. 85 à 91.
3951. Molin (Amable). — Une hache de bronze à Ivry, p. 92 à 93.
3952. Bergeret (E.) et Derône (J.). — Le Dr Duret (1794 † 1874), p. 95 à 134.
3953. Voillery (L'abbé Ph.). — La pierre d'exposition ou lucarne du Saint-Sacrement dans les églises de Meursault, Merceuil, Sainte-Marie, Serrigny, Brochon, etc., p. 135 à 142.
3954. Juigné de Lassigny (E. de). — Note sur une bague en or aux armes de Rolin, appartenant à l'hôpital de Beaune, *fig.*, p. 143 à 146.
3955. Molin (Amable). — L'unité de mesure [en archéologie], p. 149 à 153.
[3945]. Bailly (F.). — Notice sur les anciennes mesures de Bourgogne, p. 155 à 210.

CÔTE-D'OR. — DIJON.

ACADÉMIE DES SCIENCES, ARTS ET BELLES-LETTRES DE DIJON.

Les publications antérieures de cette Académie sont analysées dans notre *Bibliographie générale*, savoir :
Mémoires, t. I à LXXV (1769-1886), *Bibliographie*, t. I, p. 390 et 694.
— t. LXXVI à LXXXIII (1887-1900), *Bibliographie*, t. V, sous presse.
Ouvrages divers (1754-1877), *Bibliographie*, t I, p. 390.

LXXXIV. — Mémoires de l'Académie des sciences, arts et belles-lettres de Dijon, 4e série, t. VIII, années 1901-1902. (Dijon, 1903, in-8°, CXVII-399 p.)

3956. Chabeuf. — Nécrologie, p. I à XIV.

[François Dameron († 1900); Louis Petit de Julleville († 1900); J.-B.-H. Villard († 1900); Alfred Guichon de Grandpont († 1900).]

3957. Cornereau. — Procès-verbal dressé pour délit de chasse par le garde du parc de Dijon, contre le comte de Saulon (1700). — La messe des avocats et les Cordeliers de Dijon (1684), p. XXXII à XXXIV.

3958. Oursel. — Les noces d'or de l'imprimeur Pierre Palliot (1685), p. XLVII.

3959. Melman. — Lettres de l'amiral baron Roussin à François Arago, p. LIII à LIV.

3960. Melman. — Les bustes de Rameau, de Piron et de Languet, offerts en 1775 à l'Académie par J.-B. Caffieri, p. LXIV à LXVI.

3961. Oursel. — Procès-verbal de l'assassinat de Jean-Charles Filsjean de Sainte-Colombe, conseiller au Parlement de Dijon, à Vitteaux (1790), p. LXXV à LXXXI.

3962. Huguenin (A.). — Louis Amiaba, roi d'Essimes, à la Côte d'or en Afrique, et le peintre Oudar-Augustin Justima (1701), p. LXXXII.

[Tableau à Notre-Dame de Paris.]

3963. Dumay. — Jean de la Huerta et les mines d'argent près d'Avallon (1453), p. LXXXIII à LXXXIV.

3964. Motoret. — Charles-François Dupuis († 1809), p. XC à XCI.

3965. Chabeuf (Henri). — L'art et l'archéologie, p. 3 à 199.

3966. Chabeuf (Henri). — Un portrait de Charles le Téméraire, *pl.*, p. 201 à 218.

3967. Vernier. — Le duché de Bourgogne et les Compagnies dans la seconde moitié du XIVe siècle, p. 219 à 320.

3968. Cornereau (Armand) et Chabeuf (Henri). — L'hommage à Legouz de Gerland de Claude Hoin, *pl.*, p. 321 à 340.

3969. Oursel (C.). — Contribution à l'histoire de la bibliothèque de Dijon, p. 373 à 398.

CÔTE-D'OR. — DIJON.

COMITÉ D'HISTOIRE ET D'ARCHÉOLOGIE RELIGIEUSE.

Les publications antérieures de ce Comité sont analysées dans notre *Bibliographie générale*, savoir :
Bulletin, t. I à III (1883-1885), *Bibliographie*, t. I, p. 398.
— t. IV à XVIII (1886-1900), *Bibliographie*, t. V, sous presse.
— t. XIX (1901), *Bibliographie*, nouvelle série, t. I, p. 20.

XX. — Bulletin d'histoire, de littérature et d'art religieux du diocèse de Dijon..., 20e année. (Dijon, 1902, in-8°, 280 p.)

3970. Frémont (L'abbé). — Lacordaire à Recey, p. 1 à 18.

3971. Krau (E.). — L'histoire de Saint-Bénigne de Dijon, p. 25 à 34, et 61 à 70.

3972. Debrie (L'abbé E.). — Un chiffre énigmatique [le monogramme ⚓], p. 34 à 40.

3973. Anonyme. — M. Gabriel Bulliot [† 1902], p. 41 à 43.

3974. Gras (L'abbé). — Un Bossuet [Jean], chanoine de Saint-Étienne [de Dijon, † 1630], p. 46.
3975. Thomas (L'abbé J.). — Bossuet et sa famille, p. 47 à 48. — Cf. n° 3977.
3976. Begin (L'abbé Ch.-A.). — Les candélabres historiques de Ruffey-lez-Echirey, *fig.*, p. 49 à 53.
3977. Thomas (L'abbé). — Les Bossuet en Bourgogne, p. 73, 98, 167, 189, 216 [*lisez* : 240], et 261. — Cf. n° 3975.
3978. Bergeret (Émile). — Notice sur Brémur et Vaurois, p. 89, 135, 155, et 184.
3979. Palvadeau (L'abbé C.-P.-M.). — A propos de la statue d'Antoinette de Fontette [de Verrey-sous-Drée, au musée de Dijon], *fig.* et *pl.*, p. 117 à 127. — Cf. n° 3982.
3980. Anonyme. — La confirmation dans le Beaunois au XVIIIe siècle, p. 133 à 135.
3981. Debrie (L'abbé E.). — Saint Bénigne, état actuel de la question hagiographique, p. 141 à 151.
3982. Morillot (L'abbé). — Encore à propos de la statue d'Antoinette de Fontette, p. 152 à 155. — Cf. n° 3979.
3983. Voillery (Ph.). — Saint Ferréol et saint Forgeux, p. 163 à 164.
3984. Couturier (L'abbé H.). — Des agglomérations nouvelles en Côte-d'Or, p. 174 à 179, et 222 à 225. — Suite de XVIII, p. 16, 30, 103, 154, 223; XIX, p. 40, 101, 148, et 189.
3985. Bourlier (J.). — Toponomastique de la Côte-d'Or, p. 195, 229, et 268.
3986. Bresson (L'abbé J.). — L'ancien prieuré de Saint-Léger, au duché de Bourgogne, p. 205, 225, et 228 [*lisez* : 252].
3987. Roux (L'abbé H.). — L'église de Larochepot, notes archéologiques, p. 224 à 228 [*lisez* : 248 à 252].
3988. Gras (L'abbé D.-D.) et Morizot (l'abbé P.). — M. Regnault, curé de Saint-Michel de Dijon, pendant la Révolution [1720 † 1800], p. 276 à 277.

CÔTE-D'OR. — DIJON.

SOCIÉTÉ BOURGUIGNONNE DE GÉOGRAPHIE ET D'HISTOIRE.

Les publications antérieures de cette Société sont analysées dans notre *Bibliographie générale*, savoir :
Bulletin, t. I (1882), *Bibliographie*, p. 406.
Mémoires, t. I à II et II *bis* (1884-1885), *Bibliographie*, p. 406 et 694.
— t. III à XVI (1886-1900), *Bibliographie*, t. V, sous presse.

3989. Petit (Ernest). — Histoire des ducs de Bourgogne de la race capétienne avec des documents inédits et des pièces justificatives, t. VIII. Règne d'Eudes IV (suite et fin), 1344 à 1349. (Dijon, 1903, in-8°, VIII-511 p., *pl.* et *tableaux*.)

[Les tomes I à VII ont paru de 1885 à 1901.]

XVII. — Mémoires de la Société bourguignonne de géographie et d'histoire, t. XVII. (Dijon, 1901, in-8°, LXI-419 p.)

3990. Gaffarel (Paul). — Henri de Bourgogne [† 1112] et les Croisades en Espagne, p. 1 à 30.
3991. [Sedret (Cyprien)]. — Notice historique sur Labergement-les-Auxonne [par le P. Joseph-Marie Dunand, 1778], p. 31 à 53.
3992. Gaffarel (Paul). — Une lettre de Bonaparte, *facs.*, p. 55 à 63.
3993. Ladey de Saint-Germain. — Le château de Montaigu et ses seigneurs, de 1160 à 1900 (et de 761 à 1160), 2 *pl.*, p. 91 à 195.
[3998]. Gaffarel (Paul). — Cinquième décade du *De Orbe novo*, de Pierre Martyr d'Anghiera, p. 196 à 325.
3994. Cornereau (A.). — La mission du comte de Ségur dans la 18e division militaire (1813-1814), p. 327 à 368.
3995. Idoux (M.). — Au Sahara tunisien, 4 *pl.*, p. 369 à 417.

XVIII. — Mémoires de la Société bourguignonne de géographie et d'histoire, t. XVIII. (Dijon, 1902, in-8°, XLVIII-403 p.)

3996. Dumay (Gabriel). — Géographie historique du département de la Côte-d'Or, suivie de la nomenclature des communes et hameaux ayant changé de nom pendant la période révolutionnaire, p. 1 à 77.
3997. Chabeuf (Henri). — Charles le Téméraire à Dijon, en janvier 1474, relations officielles, avec introduction, *portr.*, p. 79 à 349.
3998. Gaffarel (Paul). — Sixième décade du *De Orbe novo* de Pierre Martyr d'Anghiera, p. 351 à 401. — Suite de XVI, p. 293; et XVII, p. 196.

CÔTES-DU-NORD. — SAINT-BRIEUC.

ASSOCIATION BRETONNE.

Les publications antérieures de cette Association sont analysées dans notre *Bibliographie générale*, savoir :
Bulletin, t. I à XXI (1844-1885), *Bibliographie*, t. I, p. 410 et 695.
— t. XXII à XXXV (1886-1900), *Bibliographie*, t. V, sous presse.
— t. XXXVI (1901), *Bibliographie*, nouvelle série, t. I, p. 22.

XXXVII. — Bulletin archéologique de l'Association bretonne, publié par la classe d'archéologie, 3e série, t. XXI. 43e congrès tenu à Redon du 1er au 6 septembre 1902. (Saint-Brieuc, 1903, in-8°, XL-260-25 et 2 p.)

3999. Calan (Vicomte Ch. de). — Introduction à l'étude de la mythologie celtique (Grecs et Germains), p. 3 à 23.
4000. Ateneau de la Grancière. — Les villages préromains en Bretagne armorique, p. 24 à 36.
4001. Palys (Comte de). — Notes sur Odet de la Rivière, abbé de Redon (1474-1492), p. 37 à 39.
4002. Palys (Comte de). — Notes sur la maison et le comté de Rieux, *tableau*, p. 40 à 60.
4003. Palys (Comte de). — La mort de René de Rieux (1609). La naissance de Pélagie de Rieux (1632), p. 61 à 71.
4004. Gibon (Vicomte de). — Légendes et visions au pays de Rieux, p. 72 à 74.
4005. Oheix (André). — Échantillons de correspondances bretonnes du XVIIIe siècle, p. 75 à 84.

[Lettres au commandeur de Brilhac (1759) et de Mlle du Plessix à Sébastien Moizan (1762-1765).]

4006. Laigue (Comte René de). — Les actes des saints de Redon, p. 85 à 104.
4007. Favé (L'abbé Antoine). — Quelques notes sur l'éducation des enfants nobles en Basse-Bretagne à la fin du XVIIIe siècle, p. 105 à 112.
4008. Trévédy (J.). — Le port de Redon, prospérité et décadence, p. 113 à 138.
4009. Guillotin de Corson (L'abbé). — Le Tiercent (Ille-et-Vilaine), étude historique et archéologique. La paroisse, les seigneurs, la baronnie, le château, *fig.*, p. 139 à 210.
4010. Millon (L'abbé A.). — Dolmens et menhirs armoricains, leur destination, p. 211 à 235.
4011. Ateneau de la Grancière. — Histoire d'un clocher (légende) [Malguénac (Morbihan)], p. 236 à 240.
4012. Ruellan (Charles). — La Légion d'honneur à Redon et en Bretagne [an X-1808], p. 241 à 243.
4013. Berthou (P. de). — Du commencement de l'année civile en Bretagne aux XIe et XIIe siècles, p. 244 à 246.
4014. Lodin de Lépinay et Laigue (comte René de). — Une promenade en pays de Redon, p. 250 à 260.

Appendice.

4015. Janvier (Joseph). — Exemples de restes de la langue bretonne sur la limite d'Ille-et-Vilaine et des Côtes-du-Nord, p. 20 à 23.

CÔTES-DU-NORD. — SAINT-BRIEUC.

SOCIÉTÉ D'ÉMULATION DES CÔTES-DU-NORD.

Les publications antérieures de cette Société sont analysées dans notre *Bibliographie générale*, savoir :
Bulletins et mémoires, t. I à XXVIII (1861-1885), *Bibliographie*, t. I, p. 420.

IMPRIMERIE NATIONALE.

Bulletins et mémoires, t. XXIX à XLIII (1886-1900), *Bibliographie*, t. V, sous presse.
— — t. XLIV (1901), *Bibliographie*, nouvelle série, t. I, p. 22.
Congrès celtique, 2 vol. (1867), *Bibliographie*, t. I, p. 424.

XLV. — Société d'émulation des Côtes-du-Nord. Bulletins et mémoires..., t. XL (1902). (Saint-Brieuc, 1902, in-8°, XVI-247 p.)

4016. Lorgeril (Vicomte A. de). — Quelques notes sur des lettres inédites de l'amiral Decrès, ministre de la Marine, à l'amiral Villaret de Joyeuse, p. 25 à 36.
4017. Martin (A.). — Le tumulus du Pont de la Planche en l'Hermitage (Côtes-du-Nord), *fig.*, p. 37 à 43.
4018. Anne-Duportal (A.). — Saint-Brieuc, varia, *pl.*, p. 44 à 88.

[L'hôtel Rohan, *pl.*]

4019. Calan (De). — Du rôle historique des provinces de France, p. 89 à 244.

XLVI. — Société d'émulation des Côtes-du-Nord. Bulletins et mémoires, t. XLI (1903). (Saint-Brieuc, 1903, in-8°, 217 p.)

4020. Berthelot du Chesnay (Gérard). — A travers les peuplades sauvages du Haut-Niari (Congo français), *fig.*, p. 19 à 37.
4021. [Anne-Duportal (A.)]. — Lettres patentes de Henri IV confirmant à Plénée-Jugon les droits de foire et marchés [1604], p. 38 à 41.
4022. [Raison du Cleuziou (A.)]. — Archives du château de Lesquiffiou, p. 42 à 72.

[Recueil de documents, 1386-1589.]

4023. [Anne-Duportal (A.)]. — La seigneurie de la Villedaniel en Plaine haute, *fig.* et *pl.*, p. 98 à 160.
4024. Tempier (D.). — Le compte d'un Breton voyageur de commerce en Espagne (1530), p. 161 à 176.
4025. Morvan (J.). — Monographie de la chapelle de Notre-Dame-de-la-Cour en Lantic (Côtes-du-Nord) p. 177 à 214.

CREUSE. — GUÉRET.

SOCIÉTÉ DES SCIENCES NATURELLES ET ARCHÉOLOGIQUES DE LA CREUSE.

Les publications antérieures de cette Société sont analysées dans notre *Bibliographie générale*, savoir :
Mémoires, t. I à V (1847-1886), *Bibliographie*, t. I, p. 425 et 698.
— t. VI à XII (1887-1900), *Bibliographie*, t. V, sous presse.

XIII. — Mémoires de la Société des Sciences naturelles et archéologiques de la Creuse, 2e série, t. VIII [*lisez :* IX] (XIIIe de la collection). (Guéret, 1901-1902, in-8°, 532 p.)

4026. Toumieux (Zénon). — La baronnie de la Farge, p. 25 à 82. — Suite de XII, p. 647.
4027. Delannoy. — Procès criminels dans la Marche, p. 83 à 94. — Suite de XII, p. 375.

[Jean Bouard, bigame guérétois, en 1705.]

4028. Pérathon (Cyprien). — François Cartaud de la Villatte [XVIIIe s.]. La seigneurie de la Villatte [XIVe-XVIIIe s.], p. 95 à 111.
4029. Pineau (Maurice). — Origine guérétoise de Madame Ingres, *portr.*, p. 112 à 119.
4030. Villard (Dr F.). — Notes sur Guéret au XVIIIe siècle, p. 121 à 188. — Suite de X, p. 160; XI, p. 217; et XII, p. 125, et 423.
4031. Pérathon (Cyprien). — La Maison des Valleuet [à Aubusson, XVIe s.], *pl.*, p. 189 à 196.
4032. Lacrocq (Louis). — Notes sur les sociétés populaires dans la Creuse pendant la Révolution, p. 197 à 205.
4033. Valladeau (P.). — Notice historique sur la ville de la Souterraine, 2 *pl.*, p. 206 à 307.
4034. Delannoy. — Liste critique des abbés de Moutier d'Ahun, p. 343 à 362.

4035. Lavillatte (D. de). — Arrêté du 29 septembre et du 21 décembre 1793 du Comité de salut public de Guéret, p. 363 à 368.

4036. Pérathon (Cyprien). — Prêtres d'Aubusson à Niort (1617-1709), p. 369 à 376.

4037. Bordier (Dr G.). — Un trésor [de monnaies françaises, portugaises, espagnoles, flamandes et anglaises à Guéret], p. 377 à 384.

4038. Lecler (A.). — Jean-François Mourellon, curé de Néoux [1736 † 1817], p. 385 à 390.

4039. Cobrier (Baron L. de). — Montaigut-le-Blanc, son château, sa châtellenie, ses possesseurs, 2 *pl.*, p. 391 à 449.

4040. Dercier (L'abbé P.). — Rapport sur les fouilles exécutées au Mont de Jouer (1901-1902), *pl.*, p. 450 à 461.

[Station romaine.]

4041. Toumieux (Zénon). — Le comté de la Feuillade, p. 462 à 508.

DORDOGNE. — PÉRIGUEUX.

SOCIÉTÉ HISTORIQUE ET ARCHÉOLOGIQUE DU PÉRIGORD.

Les publications antérieures de cette Société sont analysées dans notre *Bibliographie générale*, savoir :

Bulletin, t. I à XII (1874-1885), *Bibliographie*, t. I, p. 433.

— t. XIII à XXVII (1886-1900), *Bibliographie*, t. V, sous presse.

— t. XXVIII (1901), *Bibliographie*, nouvelle série, t. I, p. 23.

Ouvrages divers, *Bibliographie*, t. I, p. 433, t. V, sous presse, et nouvelle série, t. I, p. 24.

XXIX. — Bulletin de la Société historique et archéologique du Périgord, t. XXIX. (Périgueux, 1902, in-8°, 599 p.)

4042. Divers. — Procès-verbaux des séances du 5 décembre 1901 au 6 novembre 1902, p. 31, 81, 181, 273, 405, et 517.

[Sarcophages découverts à Cumond, p. 37. — Épitaphe de François du Cluzel, mestre de camp († 1782), p. 39. — Cloche Font-peyrine (1670), p. 186. — Étui à ciseaux et dé du xviiie siècle, *fig.*, p. 193. — Acte d'émancipation d'Antoine-Paul et Louis-René de Ranconnet (1746), p. 296. — Os gravé portant une figure de femme, trouvé aux Eyzies, *fig.*, p. 415. — Antiquités gallo-romaines trouvées à Tocane-Saint-Apre, p. 423. — Sur le Lieu-Dieu, p. 522. — Inscription de l'orgue de l'ancienne cathédrale de Périgueux, p. 535.]

4043. Durand (Ch.). — [Tête de] Pomone [trouvée] à Vésone, *pl.*, p. 51 à 55.

4044. Rouméjoux (A. de). — Miremont-Mauzens, *pl.*, p. 55 à 57.

4045. Biran (Élie de). — Troubles et guerres de religion à Bergerac (1576-1577), p. 57 à 61.

4046. Villepelet (Ferd.). — L'exécution de la révocation de l'édit de Nantes dans une petite paroisse du Périgord, p. 61 à 68.

4047. Dubieux (Joseph). — Le Père Pierre Boutin, de la Compagnie de Jésus, apôtre de Saint-Domingue, (1673 † 1742), p. 68 à 75.

4048. Aublant (Ch.). — Un mot sur M. Lasserre, à propos de ses armoiries [1810], *fig.*, p. 75 à 80.

4049. Cumond (Marquis de). — Sarcophages du vieux cimetière de Cumond, 2 *pl.*, p. 101 à 108.

4050. Hermann (Gustave). — Notes de géographie historique du Périgord. La prise de Thiviers en 1211, p. 108 à 110.

4051. Rouméjoux (A. de). — Essai sur les guerres de religion en Périgord (1551-1598), p. 111, 221, 336, 428, et 543.

4052. Charrier (G.). — Lettre du roi Henri III au roi de Navarre [23 novembre 1582], p. 164 à 169.

4053. Anonyme. — Correspondance relative aux protestants, à la famille du duc de la Force, et à Vivans, p. 169, 268, 402, et 503.

[Extrait de la *Correspondance administrative sous le règne de Louis XIV*, publiée par Depping.]

4054. Mège-Lavignotte (A.). — M. Léon Léonardon [† 1902], p. 177.

4055. D. D. [Dujarric-Descombes (A.)]. — M. Vacquand [Charles-Félix, 1827 † 1902], p. 178 à 179.

4056. Huet (Paul). — Information ordonnée en 1310 par

le roi d'Angleterre, au sujet des surprises faites à son préjudice par le roi de France en Périgord, Limousin et Quercy, p. 195 à 215.

4057. Dujarric-Descombes (A.). — Le premier livre imprimé à Périgueux (1498), p. 215 à 220.

4058. Hermann (Gustave). — La chanson nouvelle de la défaite et mort du prince de Condé [1569], p. 256 à 265.

4059. Saint-Saud (Comte de). — A propos de deux *ex libris* périgourdins, p. 265 à 268.

4060. Charrier (Gustave). — Domme [notice historique], *pl.*, p. 299 à 332, et 471 à 497.

4061. Pasquet (L.). — Le château du Lieu-Dieu [près Périgueux], *pl.*, p. 332 à 336.

4062. Dujarric-Descombes (A.). — François de Montsalard, médecin d'Henri IV, p. 399 à 402.

4063. Béler (Albéric de). — Le fer à gaufres de Bayac, *pl.*, p. 497 à 500.

4064. Vigié (A.). — Commission du roi Louis XIII au capitaine de Sizeault [1628], p. 500 à 503.

4065. Divers. — A. de Rouméjoux [† 1902], *pl.*, p. 509 à 514.

4066. Biran (Élie de). — M. Hoaran de la Source, [1823 † 1902], p. 514 à 516.

4067. Du Rieu de Maynadié (J.). — La seigneurie de Jayac en Sarladais, *pl.*, p. 538 à 543.

4068. Biran (Élie de). — Lettre relative à l'exercice de la religion protestante à Bergerac en 1672, p. 567 à 569.

4069. Dujarric-Descombes (A.). — La comédie au Collège de Périgueux, *pl.*, p. 569 à 575.

4070. D. — M. Viellemord [1823 † 1902], p. 577.

4071. D. — M. Eyssalet [1825 † 1902], p. 578 à 579.

4072. Poutaud (H.). — M. Jules Clédat [1840 † 1902], p. 579 à 580.

4073. P. S. — M. le baron Lapeyre de Lapagégie [† 1902], p. 580 à 584.

4074. Rouméjoux (A. de), de Bosredon (P.) et Villepelet (F.). — Bibliographie générale du Périgord, t. V, années 1900-1901 et renseignements complémentaires. (Périgueux, 1902, in-8°, vii-86 p.)

[Les tomes I à IV ont paru de 1897 à 1901.]

DOUBS. — BESANÇON.

ACADÉMIE DES SCIENCES, BELLES-LETTRES ET ARTS DE BESANÇON.

Les publications antérieures de cette Académie sont analysées dans notre *Bibliographie générale*, savoir :
Procès-verbaux et mémoires, t. I à CXXXIV (1754-1885), *Bibliographie*, t. I, p. 446.
— — t. CXXXV à CXLIX (1886-1900), *Bibliographie*, t. V, sous presse.
— — t. CL (1901), *Bibliographie*, nouvelle série, t. I, p. 24.
Mémoires et documents inédits, t. I à VII (1838-1876), *Bibliographie*, t. I, p. 459.

CLI. — Académie des sciences, belles-lettres et arts de Besançon. Procès-verbaux et mémoires, année 1902. (Besançon, 1903, in-8°, xliv-326 p.)

4075. Gauthier (Jules). — Notice sur M. Georges Jourdy [1835 † 1902], p. xiv.

4076. Truchis de Varennes (Vicomte A. de). — La chasse en Franche-Comté avant le xixe siècle, p. 24 à 61.

4077. Girardot (Dr Albert). — M. [Auguste-Napoléon] Parandier, inspecteur général des Ponts et Chaussées, sa vie et ses œuvres [1804 † 1901], *portr.*, p. 67 à 100.

4078. Suchet (Le chanoine). — Les almanachs historiques de Besançon et de la Franche-Comté (1743 à 1793), p. 101 à 124.

4079. Lebon (Dr). — A propos du centenaire de Victor Hugo à Besançon, p. 144 à 155.

[La maison natale de Victor Hugo à Besançon.]

4080. Gauthier (Jules). — L'abbaye de Saint-Vincent de Besançon, son église, ses monuments et leur histoire, 3 *pl.*, p. 177 à 205.

[Inventaire de 1645.]

4081. Baudin (Dr L.). — Charles Nodier, médecin et malade, p. 206 à 233.

4082. Vaulchier (Marquis de). — Le maréchal Moncey, p. 244 à 264.

4083. Gauthier (Jules). — Les châteaux et les châtelains domaniaux en Franche-Comté sous les comtes et ducs de Bourgogne (xiiie-xve s.), *pl.*, p. 265 à 302.

DOUBS. — BESANÇON.

SOCIÉTÉ D'ÉMULATION DU DOUBS.

Les publications antérieures de cette Société sont analysées dans notre *Bibliographie générale*, savoir :
Mémoires, t. I à XL (1841-1884), *Bibliographie*, t. I, p. 463.
— t. XLI à LVI (1885-1900), *Bibliographie*, t. V, sous presse.
— t. LVII (1901), *Bibliographie*, nouvelle série, t. I, p. 25.

LVIII. — Mémoires de la Société d'émulation du Doubs, 7e série, VIIe volume, 1902. (Besançon, 1903, in-8°, XXXVI-368 p.)

4084. Drout (L'abbé Paul). — Une cloche franc-comtoise du XVe siècle [à Voillans, près Baume-les-Dames], 2 *pl.*, p. 11 à 16.

4085. Vaissier (Alfred). — Porte-Noire [de Besançon] et ses commentateurs, *fig.* et *pl.*, p. 17 à 42.

4086. Gauthier (Jules). — Donat Nonnotte, de Besançon, peintre de portraits [1706 † 1785], *portr.*, p. 43 à 56.

4087. Guillemin (Victor). — Étude sur la peinture anglaise, p. 57 à 163.

4088. Gauthier (Jules). — Le saint Suaire de Besançon et ses pèlerins, 2 *pl.*, p. 165 à 185.

4089. Gauthier (Jules). — Du degré de confiance que méritent les généalogies historiques, *facs.*, p. 186 à 200.
[Famille Lallemand.]

4090. Bruchon (Dr Henri). — Un médecin gouverneur de Besançon au XVIIe siècle. Étude sur Jean Garinet (1575-1657), 3 *pl.*, p. 201 à 223.

4091. Bourdin (Dr). — Le maréchal duc de Randan [Guy-Michel de Durfort de Lorges], lieutenant-général au gouvernement de Franche-Comté (1741-1773), *portr.*, p. 224 à 259.

4092. Drout (L'abbé Hermann). — Les fouilles de Chatelneuf-en-Vennes, *pl.*, p. 260 à 277.
[Vestiges du château; objets divers (XVIIe s.).]

4093. Gauthier (Jules). — Édouard Grenier (1819 † 1901), p. 278 à 290.

4094. Gauthier (Jules). — Trois églises romanes du Jura franco-suisse. Jougne (Doubs), Romain-Môtier (Suisse), Saint-Ursanne (Suisse), 3 *pl.*, p. 310 à 330.

DOUBS. — MONTBÉLIARD.

SOCIÉTÉ D'ÉMULATION DE MONTBÉLIARD.

Les publications antérieures de cette Société sont analysées dans notre *Bibliographie générale*, savoir :
Comptes rendus et mémoires, t. I à XXIV (1852-1886), *Bibliographie*, t. I, p. 471.
Mémoires, t. XXV à XXXV (1887-1900), *Bibliographie*, t. V, sous presse.
— t. XXXVI (1901), *Bibliographie*, nouvelle série, t. I, p. 25.

XXXVII. — Mémoires de la Société d'émulation de Montbéliard, XXIXe volume. (Montbéliard, 1902, in-8°, XL-106 p.)

4095. Viénot (Le pasteur John). — Charles Lalance (1827-1901), *portr.*, p. 3 à 18.

4096. Duvernoy (Clément). — Note sur le temple Saint-Martin [à Montbéliard], 2 *pl.*, p. 56 à 70.

4097. Berger (Samuel). — Une Bible copiée à Porrentruy [1467], p. 78 à 84.

4098. Magnin (Dr Ant.). — Notes sur les jardins botaniques de Montbéliard, d'Étupes et de Porrentruy, *facs.*, p. 85 à 92.

4099. Mauveaux (Julien). — Note sur l'occupation de Montbéliard par les troupes françaises au mois de janvier 1699, p. 93 à 103.

XXXVIII. — Mémoires de la Société d'émulation de Montbéliard, XXXe volume. (Montbéliard, 1903, in-8°, xxxiv-239 p.)

4100. Fallot (Emmanuel). — Un voyage à la cour de Prusse en 1775 par David-Charles-Emmanuel Berdot, docteur en médecine, conseiller de régence et physicien adjoint de la principauté de Montbéliard, d'après un manuscrit de l'auteur, *portr.*, p. 1 à 71.
4101. Sahler (Léon). — L'industrie cotonnière au pays de Montbéliard et ses origines, 10 *pl.*, p. 73 à 159.
4102. Mauveaux (Julien). — Rixes entre les habitants de Montbéliard et d'Héricourt à la fin du xviiie siècle, p. 161 à 171.
4103. Beaulieu (E.-F.-P.) et Lods (Georges). — Essai sur la vie et les œuvres de Christophe de Forstner (1598 † 1668), humaniste et chancelier de la principauté de Montbéliard (fragments), p. 173 à 238.

4104. Anonyme. — Mémoires de la Société d'émulation de Montbéliard. Table générale des matières pour la période 1850-1900. (Montbéliard, 1902, in-8°, 38 p.)

DRÔME. — ROMANS.

COMITÉ D'HISTOIRE ECCLÉSIASTIQUE ET D'ARCHÉOLOGIE RELIGIEUSE DES DIOCÈSES DE VALENCE, GAP, GRENOBLE ET VIVIERS.

Les publications antérieures de ce Comité sont analysées dans notre *Bibliographie générale*, savoir :
Bulletin, t. I à V (1880-1885), *Bibliographie*, t. I, p. 474.
— t. VI à XX (1885-1900), *Bibliographie*, t. V, sous presse.

XXI. — Bulletin d'histoire ecclésiastique et d'archéologie religieuse des diocèses de Valence, Gap, Grenoble et Viviers, t. XXI. (Romans, 1901[-1903], in-8°, 224 et 41 p.)

4105. Vernet (Félix). — Une bulle de Clément VI sur la fête des fous à Vienne [1344], p. 5 à 6.
4106. Perrossier (Cyprien). — Nomination d'un curé d'Alixan (1339), p. 7 à 8.
4107. Martin (J.-B.). — Nécrologe des couvents de capucins de la custodie de Dauphiné, p. 9 à 22.
4108. [Perrossier (Cyprien)]. — Traversée du Bas-Dauphiné par un voyageur du xviie siècle [*Voyage de la Terre sainte*, par J. Dourdan], p. 23 à 24.
4109. [Lagier (L'abbé) et Guetffier]. — La baronnie de Bressieux, p. 25, 96, et 113. — Suite de XVI, p. 89, 147, 161, 224; XVII, p. 13, 52, 127, 179, 219; XVIII, p. 34, 76, 130, 188; XIX, p. 37, 78, 126, 215; et XX, p. 49, 96, et 137.
4110. Perrossier (Cyprien). — Description du Dauphiné d'après un auteur flamand du xviie siècle [*Les Délices de la France*], p. 38 à 43.
4111. Chabert (Joseph). — Histoire de la commune de Beauregard, comprenant les paroisses de Beauregard, Jaillans et Meymans, pendant la Révolution, d'après les registres municipaux et d'autres documents authentiques, p. 44, 80, 159, et 169. — Suite de XVIII, p. 147, 208; XIX, p. 21, 93, 158; et XX, p. 40, 103, et 209.
4112. Chevalier (Jules). — L'abbaye de Saint-Tiers de Saou, des chanoines réguliers de Saint-Augustin, au diocèse de Valence ou de Die, p. 57, 145, et 214.
4113. Grospellier (Alexandre). — Mélanges d'hagiographie dauphinoise, p. 74 à 80. — Suite de XX, p. 5, 57 et 169.

[Passio sancti Juliani Brivatensis, XXI, p. 74.]

4114. Perrossier (Cyprien). — Requête du chapitre de Valence au Parlement de Grenoble au sujet des ravages des protestants dans cette ville en 1567, p. 110 à 112.
4115. Anonyme. — Table générale des matières par ordre alphabétique des noms d'auteurs I-XXI, 1880-1902, p. 215 à 224.

Appendice.

4116. Chevalier (Le chanoine Ulysse). — Le Saint-Suaire de Lirey-Chambéry-Turin et les défenseurs de son authenticité, p. 1 à 41.

DRÔME. — VALENCE.

SOCIÉTÉ D'ARCHÉOLOGIE ET DE STATISTIQUE DE LA DRÔME.

Les publications antérieures de cette Société sont analysées dans notre *Bibliographie générale*, savoir :
Bulletin, t. I à XIX (1866-1885), *Bibliographie*, t. I, p. 477.
— t. XX à XXXIV (1886-1900), *Bibliographie*, t. V, sous presse.
— t. XXXV (1901), *Bibliographie*, nouvelle série, t. I, p. 26.
Ouvrages divers, *Bibliographie*, t. I, p. 477, et nouvelle série, t. I, p. 26.

XXXVI. — Bulletin de la Société départementale d'archéologie et de statistique de la Drôme, t. XXXVI, 1902. (Valence, 1902, in-8°, 450 p.)

[4133]. Chevalier (Le chanoine Jules). — Mémoires pour servir à l'histoire des comtés de Valentinois et de Diois, p. 5, 163, 270, et 371.

4117. Villard (Marius) et Tavenas (Jules). — Nouvelle étude critique sur Championnet, p. 41, 113, 225, 344; et XXXVII, p. 17, 121, 225, et 398.

4118. Emblard (Léon). — Les imprimeurs et les journaux à Valence, p. 49 à 56. — Suite et fin de XXXIV, p. 149, 229, 339; et XXXV, p. 45, 129, 233, et 333.

4119. Lacroix (A.). — Les péages de la Drôme avant 1790, p. 57 à 71.

4120. Grégoire (Félix). — Un torrent, la Drôme, p. 72, 193, 324, et 420. — Suite de XXXII, p. 394; XXXIII, p. 114, 229, 271, 361; XXXIV, p. 41, 161, 263, 351; et XXXV, p. 57, 170, 269, et 362.

4121. Maillet-Guy (Dom Germain). — Les notaires Piémont et la famille de Nulli de Frize, de Saint-Antoine, p. 83 à 94. — Suite et fin de XXXIV, p. 242, 289; et XXXV, p. 65, 142, 259, et 304.

4122. Perrossier (Cyprien). — Essai de bibliographie romanaise, p. 95 à 101. — Suite de XXVI, p. 306, 406; XXVII, p. 82, 154, 282, 381; XXVIII, p. 36, 152, 295, 397; XXIX, p. 211, 313, 405; XXX, p. 66, 163, 244, 363; XXXI, p. 191, 300, 412; XXXII, p. 99 [*lisez* : 69], 161, 249, 354; XXXIII, p. 106, 218, 297, 421; XXXIV, p. 53, 270; et XXXV, p. 76, 161, 245, et 344.

[Procès de la Serre pour la terre de Triors. — Procès Espie.]

4123. Lacroix (A.). — L'invasion du duc de Savoie en 1692, p. 102.

4124. Lacroix (A.). — Une lettre d'étudiant dauphinois au XVIe siècle [Antoine Rambaud], p. 103 à 104.

4125. Mellier (Étienne). — Les ponts anciens et modernes sur le Rhône à Valence, p. 133, 249, 395; et XXXVII, p. 89, 183, 273, et 422.

4126. Emblard (Léon). — La famille de Bressac, sa généalogie, son histoire, p. 154, 287, 385; et XXXVII, p. 61, 169, 265, et 388.

4127. Maillet-Guy (Dom Germain). — Le cardinalat de Charles Anisson, religieux de Saint-Antoine [XVIe s.], p. 180 à 192, et 297 à 309.

4128. Perrossier (Cyprien). — Pierre Davity, géographe et bel esprit du XVIIe siècle, p. 199, 310, et 438.

4129. Lacroix (A.). — Nécrologie. Fillet (Jean-Louis-Alexis) [1840 † 1902], p. 220.

4130. Lacroix (A.). — Châtillon et ses alentours, p. 317, 409; et XXXVII, p. 80, 199, 289, et 438.

[Châtillon, Creyers, Glandage, Bonneval, Boulc, Sobberoche et Sérionne.]

4131. J. B.-D. [Brun-Durand (J.)]. — Nécrologie. M. le chanoine Cyprien Perrossier († 1902), p. 329 à 331.

XXXVII. — Bulletin de la Société départementale d'archéologie et de statistique de la Drôme, t. XXXVII, 1903. (Valence, 1903, in-8°, 450 p.)

4132. Champavier (Maurice). — Louis Deschamps [peintre, 1846 † 1902], p. 5 à 16.

[4117]. Villard (Marius) et Tavenas (Jules). — Nouvelle étude critique sur Championnet, p. 17, 121, 225, et 398.

4133. Chevalier (Le chanoine Jules). — Mémoires pour servir à l'histoire des comtés de Valentinois et de Diois, p. 44, 151, et 256. — Suite de XXII, p. 151, 277; XXIII, p. 115, 309, 440; XXIV, p. 280, 345; XXV, p. 73; XXVI, p. 5, 184, 266; XXVII, p. 134, 270, 328; XXVIII, p. 47, 137, 264, 358; XXIX,

p. 71, 177, 295, 361; XXX, p. 28, 115, 200, 295; XXXI, p. 56, 158, 261, 367; XXXII, p. 21, 123, 257, 305; XXXIII, p. 81; XXXIV, p. 68, 116, 205, 317; XXXV, p. 13, 105, 217, 313; et XXXVI, p. 5, 163, 270, et 371.

[4126]. Emblard (Léon). — La famille de Bressac, sa généalogie, son histoire, p. 61, 169, 265, et 388.

4134. Mellier (Étienne). — Balthazard Bard, sa filiation, p. 73 à 79.

[4130]. Lacroix. — Châtillon et ses alentours, p. 80, 199, 289, et 438.

[4125]. Mellier (Étienne). — Les ponts anciens et modernes sur le Rhône à Valence, p. 89, 183, 273, et 422.

4135. Lacroix (A.). — L'Ile-Adam [au Bourg-lès-Valence], p. 214 à 216.

4136. Bellet (Charles-Félix). — Histoire de la ville de Tain, p. 301 à 320, et 337 à 374.

4137. Lacroix (A.). — Plan-de-Baix, p. 321 à 327, et 375 à 387.

4138. Caprais-Favier. — Sépulture gallo-romaine de Lachau, p. 328 à 330.

EURE. — ÉVREUX.

SOCIÉTÉ LIBRE D'AGRICULTURE, SCIENCES, ARTS ET BELLES-LETTRES DE L'EURE.

Les publications antérieures de cette Société sont analysées dans notre *Bibliographie générale*, savoir :
Bulletin, *Journal* et *Recueil*, t. I à XL (1822-1881), *Bibliographie*, t. I, p. 489.
Recueil, t. XLI à LIII (1882-1900), *Bibliographie*, t. V, sous presse.
— t. LIV (1901), *Bibliographie*, nouvelle série, t. I, p. 27.
Ouvrages divers (1827-1886), *Bibliographie*, t. I, p. 489.

LV. — **Recueil des travaux de la Société libre d'agriculture, sciences, arts et belles-lettres de l'Eure**, 5e série, t. X, année 1902. (Évreux, 1903, in-8°, CXII-92 p.)

4139. Broc (Comte de). — Notice sur un évêque d'Évreux du XIVe siècle (Bernard Cariti ou Chariti) présumé d'origine italienne, p. 1 à 13.

4140. Guéry (L'abbé C.). — Quelques célébrités ébroïciennes, p. 27 à 40.

[P.-P. Le Brasseur, Thomas Adam, P.-C.-F. Annillon, Nicolas de Bonneville, J.-F. de Chambray, Hilaire Courtois, Guillaume Costeley, P.-L. Siret, Jourdain Guibelet.]

4141. Broglie (Duc de). — Discours prononcé à l'inauguration d'une plaque commémorative en l'honneur de Michel Odieuvre à Romilly-la-Puthenaye, le 26 octobre 1902, p. 41 à 44.

4142. L'Hopital (Joseph). — Discours prononcé sur la tombe de M. Victor Souty [1835 † 1902], p. 45 à 49.

EURE. — ÉVREUX.

SOCIÉTÉ DES AMIS DES ARTS DE L'EURE.

Les publications antérieures de cette Société sont analysées dans notre *Bibliographie générale*, savoir :
Bulletin, t. I à XVI (1885-1900), *Bibliographie*, t. V, sous presse.

Bulletin, t. XVII (1901), *Bibliographie*, nouvelle série, t. I, p. 27.
Album, 1re série (1899), *Bibliographie*, t. V, sous presse.

XVIII. — Société des Amis des arts du département de l'Eure, Bulletin XVIII, 1902. (Évreux, 1903, in-8°, 97 p.)

4143. Hérissay (Émile). — Compte rendu des travaux de la Société en 1902, p. 5 à 27.

[Benjamin-Constant († 1902), Léopold Chaureau (1839 † 1902), P.-G. Gattier († 1902); C.-E. Piot († 1902); T.-F. Leseur († 1902); le comte Robert de Burey († 1902).]

4144. Montier (A.). — Les vitraux de la chapelle Saint-Firmin à Saint-Martin-Saint-Firmin, *pl.*, p. 33 à 39.

4145. Besnier (G.). — L'œuvre de Georges Bourbon, p. 40 à 72.

II. — Société des Amis des arts du département de l'Eure. Album artistique et archéologique, 2e série. (Évreux, 1902, gr. in-4°, 35 p. et 15 *pl.*)

4146. Prévost (Gustave-A.). — Statuette de génie ailé, bronze, musée d'Évreux, *pl.*, p. 9.

4147. Régnier (L.). — Notre-Dame-de-Pitié, pierre, église Notre-Dame de Verneuil, *pl.*, p. 11.

4148. Régnier (L.). — Statue de saint Jacques le Majeur, pierre, église Notre-Dame de Verneuil, *pl.*, p. 13.

4149. Régnier (L.). — Statue d'ange, bois, église Notre-Dame de Verneuil, *pl.*, p. 15.

4150. Régnier (L.). — Statues d'anges, bois, collection de M. le chanoine P.-L. Dubois, *pl.*, p. 17.

4151. Montier (A.). — Vitraux de la chapelle Saint-Firmin, à Saint-Martin-Saint-Firmin [xvie s.], 2 *pl.*, p. 19.

4152. Montier (A.). — Vitraux de l'église de Bosbénard-Commin [xvie s.], *pl.*, p. 21.

4153. Régnier (L.). — Porte de l'église de Fatouville-Grestain [xiie s.], *pl.*, p. 23.

4154. Régnier (L.). — Portail de l'église de Saint-Pierre de Bailleul [xve s.], *pl.*, p. 25.

4155. Régnier (L.). — Fonts baptismaux, pierre, église d'Ivry-la-Bataille, *pl.*, p. 27.

4156. Blanquart (L'abbé F.). — Lambris et stalles de l'église d'Ecouis [xvie s.], 2 *pl.*, p. 29.

4157. Régnier (L.). — Vantaux de porte, église d'Aubevoie [xvie s.], *pl.*, p. 33.

4158. Coutil (L.). — Lutrin, bois, église du Manoir [xvie s.], *pl.*, p. 35.

EURE. — LOUVIERS.

SOCIÉTÉ D'ÉTUDES DIVERSES DE L'ARRONDISSEMENT DE LOUVIERS.

Les tomes I à V du *Bulletin* de cette Société publiés de 1893 à 1898 seront analysés dans le tome V de notre *Bibliographie générale*.

VI. — Bulletin de la Société d'études diverses de l'arrondissement de Louviers, t. VI, année 1902. (Louviers, 1903, in-8°, 127 p.)

4159. Leroy (Charles). — La famine à Tourville en 1794 et 1795, p. 26 à 73.

4160. Barbe (Lucien). — Louviers décorée au xve siècle, ses armoiries, p. 74 à 86.

4161. Barbe (Lucien). — Acte de baptême de Pierre-Noël Le Cheron, dit le Père d'Incarville [1706], p. 87 à 88.

4162. Quesné (Victor). — Le désert des Carmes déchaussés de la Garde-Châtel, proche Louviers, *plan*, p. 89 à 117.

IMPRIMERIE NATIONALE.

EURE-ET-LOIR. — CHÂTEAUDUN.

SOCIÉTÉ DUNOISE.

Les publications antérieures de cette Société sont analysées dans notre *Bibliographie générale,* savoir :
Bulletins, t. I à IV (1864-1884), *Bibliographie,* t. I, p. 502.
— t. V à IX (1885-1900), *Bibliographie,* t. V, sous presse.
Ouvrages divers (1874-1884), *Bibliographie,* t. I, p. 502, et t. V, sous presse.

4163. Augis (L'abbé J.). — Essai historique sur la ville et châtellenie de la Ferté-Villeneuil. (Châteaudun, 1902, in-8°, xx-464 p. et *pl.*)
[Préface par René Merlet.]

FINISTÈRE. — BREST.

SOCIÉTÉ ACADÉMIQUE DE BREST.

Les publications antérieures de cette Société sont analysées dans notre *Bibliographie générale,* savoir :
Bulletin, t. I à XVIII (1858-1885), *Bibliographie,* t. I, p. 505.
— t. XIX à XXXIII (1885-1900), *Bibliographie,* t. V, sous presse.
— t. XXXIV (1900-1901), *Bibliographie,* nouvelle série, t. I, p. 29.

XXXV. — Bulletin de la Société académique de Brest..., 2e série, t. XXVII, 1901-1902. (Brest, 1902, in-8°, 378 p.)

4164. Keisser (P.). — Étude historique sur Chardon de Courcelle, premier médecin du port de Brest (1741-1775), p. 5 à 82. — Suite de XXXIV, p. 225.

4165. Lorme (A. de). — L'art breton du XIIIe au XVIIIe siècle. Guimiliau et ses monuments, p. 83 à 113. — Suite de XXXIV, p. 103.

4166. Amante (Bruto). — La mort d'Esmenard [Joseph-Alphonse, 1767 † 1811], p. 115 à 133.
[Traduction par Jules Lemoine.]

4167. Kernéis. — L'ancien Brest. Propriétaires et locataires anciens de la maison n° 25 rue de la Rampe, p. 155 à 182.

4168. Kernéis (A.). — Plan de la ville de Brest, sa date et le nom de l'auteur, 2 *pl.*, p. 307 à 328.

FINISTÈRE. — QUIMPER.

COMMISSION DIOCÉSAINE D'ARCHITECTURE ET D'ARCHÉOLOGIE.

La Commission diocésaine d'architecture et d'archéologie du diocèse de Quimper et de Léon a été créée par ordonnance de l'évêque de Quimper du 5 novembre 1900; cette Commission a entrepris la publication d'un *Bulletin*, dont les deux premiers volumes ont paru en 1901 et 1902.

I. — **Diocèse de Quimper et de Léon, Bulletin de la Commission diocésaine d'architecture et d'archéologie,** 1re année. (Quimper, 1901, in-8°, 306 p.)

4169. Abgrall (L'abbé J.-M.). — Statistique monumentale du diocèse de Quimper et de Léon, p. 23, 60, 104, et 149.

4170. Peyron (Le chanoine). — Cartulaire de l'église de Quimper, p. 30, 73, 126, 177, 226, 276; et II, p. 39, 99, 159, 225, 262, 346. — Tables, p. 380.

4171. Peyron (Le chanoine). — Enquête de 1698 touchant l'union des sept vicariats du Minihy de Léon en une seule paroisse, p. 47, 86, 138, 187, 233, 284; et II, p. 49, 106, 170, et 236.

4172. Anonyme. — Musée d'art religieux [à l'évêché de Quimper], p. 56, 101, 201, 247; et II, p. 5 et 193.

4173. Abgrall (L'abbé J.-M.). — Architecture bretonne. Étude des monuments du diocèse de Quimper, 8 *pl.*, p. 159, 202, 248; et II, p. 13, 72, 129, 195, 257, et 321.

[Saint-Pol-de-Léon, *pl.*; Berven en Plouzevédé, 2 *pl.*; Ploaré, *pl.*; Pleyben, *pl.*; Notre-Dame des Fontaines à Morlaix, *pl.*; ruines de Languidou, Plovan, *pl.*; ossuaire de Pleyben, *pl.*]

II. — **Diocèse de Quimper et de Léon. Bulletin de la Commission diocésaine d'architecture et d'archéologie,** 2e année. (Quimper, 1902, in-8°, 382 p.)

[4172]. Anonyme. — Musée d'art religieux, p. 5 et 193.

4174. Favé (L'abbé Antoine). — Orationes jaculatoriae ad vitam ecclesiasticam et religionem pertinentes, p. 8 à 12.

[Liturgie de Landerneau, ms. du XVIIIe siècle.]

[4173]. Abgrall (L'abbé J.-M.). — Architecture bretonne. Étude des monuments du diocèse de Quimper, 8 *pl.*, p. 13, 72, 129, 195, 257, et 321.

[4170]. Peyron (Le chanoine). — Cartulaire de l'église de Quimper, p. 39, 99, 159, 225, 262, et 346. — Tables, p. 380.

[4171]. Peyron (Le chanoine). — Union des sept vicariats du Minihy de Léon, enquête de commodo et incommodo, p. 49, 106, 170, et 236.

4175. Peyron (Le chanoine) et Abgrall (L'abbé). — Notices sur les paroisses du diocèse de Quimper et de Léon, p. 55, 113, 177, 239, 272, et 356.

[Argol, p. 55. — Arzano, p. 113. — Audierne, p. 177 et 239. — Bannalec, p. 272. — Bas-Corlay, Corlay, p. 356. — Bayes, p. 357. — Benodet-Perguet, p. 365.]

4176. Anonyme. — Le nouveau cloître du grand séminaire, p. 65 à 66.

[Reconstitution à Quimper du cloître des Carmes de Pont-l'Abbé.]

GARD. — ALAIS.

SOCIÉTÉ SCIENTIFIQUE ET LITTÉRAIRE D'ALAIS.

La Société scientifique et littéraire d'Alais, fondée en 1868, a publié de 1868 à 1901 un recueil intitulé *Comptes rendus*, puis *Mémoires et comptes rendus*; il forme 32 volumes. Nous avons donné l'analyse des tomes I à XVI dans notre *Bibliographie générale*, t. I, p. 517, et celle des tomes XVII à XXXI (1885-1900), dans notre tome V. Nous donnons ici l'analyse du tome XXXII.

En 1902, la Société d'Alais a commencé la publication d'une *Revue cévenole* qui remplace le recueil précédent. Nous donnons ici l'analyse du premier volume de cette *Revue*.

XXXII. — Mémoires et comptes rendus de la Société scientifique et littéraire d'Alais, année 1901, t. XXXII, 1er semestre. (Alais, 1901. in-8°, 133 p.)

[Le 2e semestre n'a pas paru.]

4177. Rouvière (F.). — Un épisode de l'histoire de Castelnau [1683], p. 5 à 10.

4178. Sabran d'Allard (Louis de). — Un Portugais ami de la France. Manuel Pinheiro Chagas [1842 † 1895], p. 13 à 37.

4179. Pagès (E.). — Dante et la Divine Comédie, p. 39 à 100. — Suite de XXXI, p. 120.

4180. Delfieu (Emile). — Notice biographique sur Jean-Pierre Goirand [1822 † 1898], p. 114 à 132.

I. — Revue cévenole. Bulletin de la Société scientifique et littéraire d'Alais, 1902. (Alais, 1902, in-8°, 195 p.)

4181. Carli (Euclide). — Le félibre Paul Gaussen [1845 † 1893], p. 19 à 40.

4182. Troublias (Numa). — Sur un petit trésor gallo-romain [ampoule et anneau sigillaire en bronze], *fig.*, p. 73 à 81.

4183. Colomb (Maurice). — Adrien Dadre, ancien bâtonnier du barreau d'Alais (1823 † 1902), *portr.*, p. 103 à 106.

4184. Patin (Martial). — La Garde nationale à Alais pendant la Révolution, p. 111 à 131.

4185. Gilly (J. Prosper). — Notes pour servir à l'histoire de l'ancienne commune de Laval et de Saint-Vincent-des-Salles. Ordonnances de visite des églises de Saint-Vincent-des-Salles, des 11 septembre 1738 et 6 septembre 1749, et de Saint-Pierre-de-la-Tour, du 25 novembre 1749, par Mgr l'évêque d'Uzès [Bonaventure Baüyn], p. 133 à 145.

4186. Rouchette (Paul). — Sur quelques découvertes archéologico-préhistoriques faites au Camp de César, près Bagnols-sur-Cèze, p. 147 à 149.

4187. Bourinet (L.). — Henri Murger, p. 153 à 186.

GARD. — NIMES.

ACADÉMIE DE NIMES.

Les publications antérieures de cette Académie sont analysées dans notre *Bibliographie générale*, savoir :

Recueil (1756), *Bibliographie*, t. I, p. 520.

Notices et *Mémoires*, t. I à XLIX (1805-1885), *Bibliographie*, t. I, p. 520.

Mémoires, t. L à LXIV (1886-1900), *Bibliographie*, t. V, sous presse.

Mémoires, t. LXV (1901), *Bibliographie*, nouvelle série, t. I, p. 29.
Procès-verbaux et *Bulletin*, t. I à XL (1842-1885), *Bibliographie*, t. I, p. 530.
Bulletin, t. XLI à LV (1886-1900), *Bibliographie*, t. V, sous presse.
— t. LVI (1901), *Bibliographie*, nouvelle série, t. I, p. 29.

LXVI. — Mémoires de l'Académie de Nimes, 7ᵉ série, t. XXV, année 1902. (Nimes, s. d., in-8°, LX-192 p.)

4188. Reinaud (Émile). — La jeunesse de Charles Jalabert, p. xxvii à li.
4189. Bondurand (Édouard). — Jupiter Héliopolitain, p. 1 à 16.
4190. Carrière (Gabriel). — Les cimetières de l'époque du Bas-empire de Pouzilhac, Arpaillargues et autres lieux du département du Gard, *tableau* et 2 *pl.*, p. 17 à 23.
4191. Carli (Euclide). — Le félibre Paul Gaussen, influence de son séjour à Nimes sur son développement littéraire, p. 25 à 36.
4192. Marignan (A.). — Quelques notes sur le midi de la France [Provence] par un voyageur de Vic-le-Comte, en 1688, p. 37 à 52.
4193. Balincourt (Comte E. de). — Les œuvres tragiques inédites de Jean Reboul, p. 53 à 80.
4194. Simon (Joseph). — Bibliographie du département du Gard (1902), p. 81 à 89.
4195. Simon (Joseph) et Mingaud (G.). — Le tombeau dit des Porcelets aux environs d'Aiguesmortes, *pl.*, p. 91 à 93.
4196. Nicolas (L'abbé C.). — Notes de M. Delmas sur l'église de Saint-Gilles (1843), *pl.*, p. 95 à 121.
4197. Nicolas (L'abbé C.). — Le manuscrit de Jean Raybaud à Aix. [Histoire des grands prieurs et du prieuré de Saint-Gilles], p. 123 à 136.

LVII. — Bulletin des séances de l'Académie de Nimes, année 1902. (Nimes, 1902, in-8°, 75 p.)

GARONNE (HAUTE-). — SAINT-GAUDENS.

SOCIÉTÉ D'ÉTUDES DU COMMINGES, DU NÉBOUZAN ET DES QUATRE-VALLÉES.

Les publications antérieures de cette Société sont analysées dans notre *Bibliographie générale*, savoir :
Revue de Comminges, t. I à II (1885-1886), *Bibliographie*, t. I, p. 541.
— — t. III à XV (1887-1900), *Bibliographie*, t. V, sous presse.
— — t. XVI (1901), *Bibliographie*, nouvelle série, t. I, p. 30.

XVII. — Revue de Comminges, Pyrénées centrales. Bulletin de la Société des études du Comminges, du Nébouzan et des Quatre-Vallées, t. XVII, année 1902. (Saint-Gaudens, 1902, in-8°, 264 p.)

4198. Périssé (F.). — Le procès de la réformation dans la ville et le consulat d'Aspet, p. 1 à 12.
4199. Cau-Durban. — Le clergé du diocèse de Couserans pendant la Révolution, p. 13, 101, 182, et 201. — Suite de XVI, p. 218.
4200. Bourdette (Jean). — Notice du Nébouzan, p. 40 à 55, et 82 à 94. — Suite de XIV, p. 211, 253; XV, p. 1, 77, 124, 201; et XVI, p. 14, 75, 143, et 207.
4201. Bacalerie (E.). — Iconographie de saint Exupère, p. 56 à 64.
4202. Franquès. — A propos de l'excursion du 12 juin 1901 à Montespan, p. 65 à 67.

[Documents concernant la chapelle Capérète (1616-1618).]

4203. Lestrade (J.). — Mgr de Donadieu de Griet et l'abbé de Saint-Cyran, témoignage de saint Vincent de Paul, un panégyriste de M. de Griet, p. 73 à 81.
4204. Espénan (Célestin). — Charles-Antoine-Gabriel d'Osmond, avant-dernier évêque de Saint-Bertrand [1722 † 1806], p. 95 à 100. — Cf. n° 4210.
4205. J. L. [Lestrade (J.)]. — Deux cloches à Montrejeau [xviiᵉ s.], p. 119 à 126.

4206. Périssé (F.). — Le cardinal Sourrieu [1825 † 1899], p. 137 à 156.
4207. Espénan (C.). — Lettres de Messire Barthélemy de Donnadieu, évêque de Saint-Bertrand [1625-1637], p. 157 à 178.
4208. Fabre d'Envieu (Le chanoine E.). — Étymologie de Tibiran-Jaunac, ou un Tibre dans le Comminges, avec un appendice sur le Tibre de Rome et les Celtes cofondateurs de Rome, p. 211 à 217; et XVIII, p. 23 à 34.
4209. Marsan (François). — Arrevasces et Calaguritains [lettre de Sailhan (1723)], p. 218 à 227.
4210. Dulon (J.). — Charles-Antoine Gabriel d'Osmond, avant-dernier évêque de Comminges (1723 † 1806), p. 228 à 236. — Cf. n° 4204.
4211. Lestrade (J.). — Testament de Mgr de Griet [1637], p. 237 à 240.
4212. Bagnéris. — Saint Germier à Frouzins, traditions et légendes, p. 241 à 257; et XVIII, p. 1 à 22.
4213. Anonyme. — Vieilles recettes commingeoises, p. 258 à 259.
4214. Anonyme. — Les sinistrés sous l'ancien régime [Muret, 1779], p. 259 à 260.

XVIII. — Revue de Comminges, Pyrénées centrales. Bulletin de la Société des études du Comminges, du Nébouzan et des Quatre-Vallées, t. XVIII, année 1903. (Saint-Gaudens, 1903, in-8°, 256 p.)

[4212]. Bagnéris (V.). — Saint Germier à Frouzins, traditions et légendes. p. 1 à 22.
[4208]. Fabre d'Envieu (Le chanoine). — Étymologie de Tibiran-Jaunac, ou un Tibre dans le Comminges, p. 23 à 34.
4215. Lestrade (J.) — Coutumes de Salerm [1708], p. 35 à 39.
4216. Couret (L'abbé). — Histoire de Montmaurin, et suite des Recherches archéologiques dans la haute vallée de la Save, *pl.*, p. 40, 77, 129, et 207.
4217. Gorsse (Bertrand de). — Documents sur le Nébouzan, le Comminges et les Quatre-Vallées [tirés du Trésor des chartes de Pau], p. 56 à 60, et 106 à 111.
4218. Dulon. — Note sur le maréchal Miles de Noyers et sur Jeanne d'Albret, p. 61 à 63.
4219. Périssé (F.). — Un hobereau commingeois [Giraud d'Encausse de Save, la baronnie d'Aspet, XVIe-XVIIe s.], p. 116 à 124.
4220. Bacalerie (E.). — Le chapitre cathédral de Rieux, règlements, usages, etc., p. 149 à 164.
4221. Bouche (L'abbé). — Les de Bachos, p. 165 à 177, et 193 à 206.
4222. Vié (Louis). — Une commune rurale pendant la Révolution, Castelnau-Picampeau, p. 178 à 184.
4223. Picot (J.). — Entre la Garonne et l'Arbas, excursion, p. 185 à 188.
4224. Couget (Alphonse). — Les armoiries du Nébouzan, *fig.*, p. 189 à 191.
4225. Espénan (C.). — Le district de Saint-Gaudens pendant la Révolution (1789-1795), p. 218 à 238.
4226. Gorsse (Bertrand de). — Les huguenots à Saint-Bertrand [1577], p. 239 à 241.
4227. Vié (Louis). — A propos d'un vieux livre, notes d'histoire locale, p. 242 à 248.

[Sur quelques paroisses du diocèse de Rieux.]

4228. Lestrade (J.). — Prise de possession de l'évêché de Comminges par Donadieu de Griet [1626], p. 249 à 250.
4229. Couget (Alphonse). — Clément V en Comminges [1309], p. 251 à 252.

GARONNE (HAUTE-). — TOULOUSE.

ACADÉMIE DES JEUX FLORAUX.

Les publications antérieures de cette Académie sont analysées dans notre *Bibliographie générale*, savoir :
Recueil, t. I à CLVI (1696-1886), *Bibliographie*, t. I, p. 542.
— t. CLVII à CLXX (1887-1900), *Bibliographie*, t. V, sous presse.
— t. CLXXI (1901), *Bibliographie*, nouvelle série, t. I, p. 30.
Ouvrages divers (1715-1844), *Bibliographie*, t. I, p. 542.

CLXXII. — Recueil de l'Académie des jeux floraux, 1902. (Toulouse, 1902, in-8°, XVI-253 et 96 p.)

4230. Gélis (F. de). — Étude sur l'œuvre d'Alphonse Daudet, 1re partie, p. 183 à 251.
4231. Cartailhac (E.). — Éloge de Clémence Isaure, 2e partie, p. 77 à 87.

GARONNE (HAUTE-). — TOULOUSE.

ACADÉMIE DES SCIENCES, INSCRIPTIONS ET BELLES-LETTRES DE TOULOUSE.

Les publications antérieures de cette Académie sont analysées dans notre *Bibliographie générale*, savoir :
Recueil (1692-1694), *Bibliographie*, t. I, p. 557.
Histoire et *Mémoires*, t. I à LVI (1782-1885), *Bibliographie*, t. I, p. 557.
Mémoires, t. LVII à LXVIII (1886-1897), *Bibliographie*, t. V, sous presse.
— t. LXIX (1901), *Bibliographie*, nouvelle série, t. I, p. 31.
Annuaire, t. I à XLVI (1814-1885), *Bibliographie*, t. I, p. 572.
Bulletin, t. I à III (1897-1900), *Bibliographie*, t. V, sous presse.

LXX. — Mémoires de l'Académie des sciences, inscriptions et belles-lettres de Toulouse, 10e série, t. II. (Toulouse, 1902, in-8°, XXIV-549 p.)

4232. ROSCHACH. — Un voyage princier en 1535, passage à Toulouse du roi de Navarre Henri d'Albret et de la reine Marguerite, p. 54 à 70.
4233. LAPIERRE (E.). — Les portraits gravés de Molière, p. 82 à 95.
4234. CROUZEL (A.). — Études de bibliothéconomie. II. Ouvrages à suites et recueils, inventaires et registres, p. 108 à 149. — Suite de LXIX, p. 167.
4235. SANTI (L. DE). — Le combat de Souilhe (3 novembre 1627), p. 150 à 172. — Cf. nos 4239 et 4241.
4236. ANTOINE. — Les avocats à Rome sous l'Empire, p. 217 à 236.
4237. PRADEL. — Puylaurens, *fig.*, p. 237 à 264.
4238. DESAZARS DE MONTGAILHARD (Baron). — Les salons de peinture de Toulouse au XVIIIe siècle, p. 265 à 294.
4239. SANTI (L. DE). — Le château de Montmaur, p. 295 à 320. — Cf. nos 4235 et 4241.
4240. BRISSAUD. — De l'application des lois wisigothiques dans le midi de la France, p. 321 à 328.
4241. SANTI (L. DE). — La maison de Lévis-Montmaur, p. 351 à 376. — Cf. nos 4235 et 4239.
4242. JOULIN (Léon). — Les stations antiques des coteaux de Pech-David, près de Toulouse, *carte*, p. 377 à 394.
4243. BAUDOUIN (Adolphe). — Bertrand de Got, archevêque de Bordeaux, et les libertés gallicanes, p. 403 à 413.
4244. CARTAILHAC (Émile). — Nos cavernes ornées de dessins préhistoriques, p. 458 à 472.
4245. JUPPONT (P.). — Note sur un essai de bibliographie du magnétisme [1621-1802], p. 473 à 488.
4246. HALLBERG. — Éloge de M. Deschamps [1820 † 1899], p. 497 à 510.

LXXI. — Mémoires de l'Académie des sciences, inscriptions et belles-lettres de Toulouse, 10e série, t. III. (Toulouse, 1903, in-8°, XVI-478 p.)

4247. ROSCHACH. — Un souvenir d'Ingres (1760-1799), p. 1 à 26.
4248. SANTI (L. DE). — Michel de Paulo, seigneur de Grandval [† 1583], p. 49 à 109.

[Les guerres de religion dans le Lauraguais.]

4249. LAPIERRE (E.). — Le vrai portrait de Molière, p. 138 à 149.
4250. GESCHWIND (Dr). — L'abbaye d'Andlau en Alsace, sa désaffectation en 1790, p. 150 à 163.
4251. JOULIN (Léon). — Un torse antique du musée de Toulouse, *fig.*, p. 174 à 176.
4252. DELOUME (Antonin). — Note sur l'hôtel d'Assezat et de Clémence Isaure [à Toulouse], p. 210 à 244.
4253. DESAZARS DE MONTGAILHARD (Baron). — L'iconographie des incunables imprimés à Toulouse, p. 303 à 355.
4254. LÉCRIVAIN (Ch.). — La loi des astynomes de Pergame, p. 363 à 378.
4255. BRISSAUD (J.). — L'histoire du droit dans le midi de la France, p. 403 à 419.
4256. NEUMANN. — Éloge de M. C. Baillet [† 1900], p. 420 à 425.

GARONNE (HAUTE-). — TOULOUSE.

SOCIÉTÉ ARCHÉOLOGIQUE DU MIDI DE LA FRANCE.

Les publications antérieures de cette Société sont analysées dans notre *Bibliographie générale*, savoir :
Mémoires, t. I à XIII (1832-1885), *Bibliographie*, t. I, p. 576.
— t. XIV à XV (1889-1896), *Bibliographie*, Supplément sous presse.
Bulletin (in-4°), t. I à XIII (1869-1886), *Bibliographie*, t. I, p. 582.
— (in-8°), t. I à XII (1887-1899), *Bibliographie*, Supplément sous presse.
— — t. XIII (1899-1901), *Bibliographie*, nouvelle série, t. I, p. 32.

XIV. — Bulletin de la Société archéologique du midi de la France, série in-8°, n° 29 à 31, 19 novembre 1901 au 7 juillet 1903. (Toulouse, 1903, in-8°, 419 p.)

4257. Anonyme. Compte rendu des séances du 19 novembre 1901 au 8 juillet 1902, p. 15 à 192.

4258. Rochigneux. — Extraits du Livre de nouvelles de Barthélemy et Jean Puy concernant la Gascogne (1512-1524), p. 16 à 17.

4259. Cartailhac (Émile). — Bijoux wisigoths de Teilhet (Ariège) au Musée de Toulouse, *fig.*, p. 17 à 19.

4260. Cartailhac (É.). — Deux statues de la chapelle de Rieux [église des Cordeliers à] Toulouse, retrouvées, 2 *pl.*, p. 19 à 21.

4261. Lestrade (L'abbé). — Registre paroissial de Vacquiers (Haute-Garonne) [1616-1788], p. 22 à 30.

4262. Cartailhac (E.). — Pierre sculptée, aux armes de Toulouse, *fig.*, p. 31.

4263. Rivières (Baron de). — Deux ouvriers toulousains au xviiie siècle, maître fondeur [Arnault Boudret] et orfèvre [Antonin Troy], p. 32 à 35.

4264. Cartailhac (É.). — Le cimetière barbare de Saint-Affrique (Aveyron), *pl.*, p. 35 à 37.

4265. Nivedeau (Albert). — Les portes et l'enceinte d'Alet (Aude), p. 38.

4266. Lestrade (L'abbé). — La suette à Muret, Frouzins et Montgeard (Haute-Garonne) [1782] p. 39 à 42.

4267. Galabert (L'abbé F.). — Jean de Touchebeuf, abbé du Mas-Grenier, et les églises bâties par lui (1523-1554), p. 42 à 46.

4268. Lestrade (L'abbé J.). — Portrait gravé de J.-L. de Buisson de Beauteville, évêque d'Alais. Cloche du château de Castelnau d'Estrétefonds (Haute-Garonne), p. 46.

4269. Jeanroy. — Un sirventès historique de Peire de Vilar, p. 47 à 48.

4270. Barrière-Flavy. — Sépultures barbares de Venerque (Haute-Garonne), p. 52 à 54.

4271. Hermet (L'abbé). — Cimetière wisigoth de Briadels, près Saint-Georges de Luzençon (Aveyron), *pl.*, p. 54 à 58.

4272. Cartailhac (É.). — Un cubitus humain percé par une flèche en silex [trouvé à Caunes (Aude)], p. 61.

4273. Durbach. — Bustes inédits d'Hermès [marbre] aux musées de Toulouse, 2 *pl.*, p. 62 à 65.

4274. Lamouzèle (Edmond). — Collection du conseiller [au Parlement de Toulouse] Fr. de Montégut, xviiie siècle, p. 65 à 66.

[Monnaies diverses.]

4275. Coust (L'abbé). — Durand d'Henri de Bredon, abbé de Moissac et évêque de Toulouse [xie s.], p. 67 à 69.

4276. Taillefer (L'abbé). — Recettes médicinales populaires du xviie siècle, p. 87 à 88.

4277. Cau-Durban (L'abbé). — L'art français en Navarre sous Charles le Noble (1361-1425), p. 91.

4278. Pasquier. — Le vandalisme au château de Montségur (Ariège), p. 92.

4279. Saltet (L'abbé). — Vivien d'Aliscans et la légende de saint Vidian, p. 94.

4280. Desazars de Montgaillard (Baron). — Note sur deux portraits de saint Vincent de Paul, p. 95.

4281. Degert (L'abbé A.). — Contribution à l'histoire de l'imprimerie à Toulouse, p. 96.

[Bréviaire de Tarbes.]

4282. Lahondès (J. de). — Les projets de restauration de l'église Saint-Étienne [de Toulouse], p. 97 à 99.

4283. Couderc (C.). — Sur un missel ayant appartenu à l'église de la Daurade, p. 100.

4284. Decap. — La régence des écoles de Muret avant la Révolution (1451-1790), p. 100 à 112.

4285. Pasquier. — Notes relatives au château de Saint-Elix et au marquis de Montespan, son propriétaire au XVIIe siècle, d'après les archives notariales, p. 114 à 117.

4286. Lahondès (De). — Une hypothèse sur le tombeau du cardinal Briçonnet [tombeau à la cathédrale de Narbonne et statue tombale au musée de Toulouse], p. 118 à 119.

4287. Lamouzèle (Edmond). — Le bourreau de Perpignan en 1790, p. 120 à 125.

4288. Galabert (L'abbé). — Lettres de grâce accordées par François II à Charles de Gozon (1559), p. 126.

4289. Mély (De). — Origine de quelques reliques de Saint-Sernin de Toulouse, p. 128.

4290. Lestrade (L'abbé). — Une œuvre du maître serrurier B. Ortet [à l'église Saint-Sauveur, près Saint-Jory, 1770], p. 130.

4291. Vignaux. — Inventaire du trésor et du mobilier de Saint-Étienne [de Toulouse] p. 133.

4292. Joulin. — Les stations antiques des coteaux de Pech-David, près Toulouse, p. 145 à 148.

4293. Lahondès (J. de). — Les vierges sculptées du musée de Toulouse, p. 149.

4294. Rivières (Baron de). — Bail de sonnerie des cloches à Saint-Salvy d'Alby [1678], p. 152 à 154.

4295. Delorme. — Note sur un moule arabe découvert en Espagne [à Castillo de Lobon, prov. de Badajoz], *fig.*, p. 155 à 161.

4296. Lahondès (J. de). — Excursion à Saint-Hilaire et Alet, dans l'Aude, *fig.*, p. 162 à 168.

4297. Batiffol (Mgr). — Le Saint-Suaire à Toulouse et à Carcassonne, p. 168 à 172.

4298. Rivières (Baron de). — Fouilles sur l'emplacement de l'église Saint-Julien à Albi, p. 172.

4299. Rivières (Baron de). — Travaux divers à Albi, cathédrale, hôtels privés, p. 174.

4300. Galabert (L'abbé). — Villes et institutions religieuses de la généralité de Montauban avant 1715, p. 179 à 190.

4301. Anonyme. — Compte rendu des séances du 25 novembre 1902 au 17 mars 1903, p. 193 à 310.

4302. Lamouzèle. — Inventaire du mobilier de l'hôtel de Jean Dubarry, à Toulouse (1794), p. 197 à 209.

4303. Galabert (L'abbé). — Un tremblement de terre dans le Midi, le 21 juin 1660, p. 210.

4304. Rivières (Baron de). — Sur deux fontes de cloches au XVIIIe siècle [à Quarante (Hérault)], p. 214.

4305. Auriol (L'abbé). — Crosse dite de saint Louis d'Anjou à Saint-Sernin de Toulouse, *pl.*, p. 216 à 220.

4306. Rivières (Baron de). — Trois pierres sacrées, ou autels portatifs, conservées dans le trésor de l'ancienne cathédrale de Saint-Just et Saint-Pasteur à Narbonne, p. 220 à 223.

4307. Santi (Louis de). — Statue de Jupiter, [pierre], Avignonet (Haute-Garonne), p. 228 à 230.

4308. Delorme. — Un double sol parisis [de Henri III] poinçonné par Genève, *fig.*, p. 233.

4309. Desazars de Montgailhard (Baron). — Les antiquaires, les collectionneurs et les archéologues d'autrefois à Toulouse, p. 234 à 256.

4310. Delorme. — La bataille de Toulouse [10 avril 1814], une médaille anglaise commémorative, *fig.*, p. 269 à 279.

4311. Lestrade (L'abbé). — Particularités inédites du siège de Villemur (1592), destruction des fortifications de cette place (1631), p. 279 à 283.

4312. Lestrade (L'abbé). — Trois retables faits à Toulouse pour les Cordeliers de Mont-de-Marsan, d'Agen et de Bordeaux (1624), p. 283.

4313. Lahondès (De). — Le calice du château de Cabaret [XVe s.] (Aude), *fig.*, p. 288 à 291.

4314. Barrière-Flavy. — Fouilles de l'église de Saint-Paul d'Auterive, p. 291 à 294.

4315. Bourdès (Colonel de). — Deux pièces d'or trouvées à Quint, près Toulouse, p. 295.

[Monnaie de Sévère III et de François Ier.]

4316. Lestrade (L'abbé). — Bail de besoigne de Mrs les capitoulz à Chalette, peintre de l'hôtel de ville [de Toulouse, 1634], p. 297.

4317. Vidal (L'abbé). — Notice sur les œuvres du pape Benoît XII, p. 298.

4318. Lamouzèle (Ed.). — Quelques documents inédits sur les chirurgiens barbiers de Toulouse [XVIe-XVIIe s.], p. 304 à 310.

4319. Anonyme. — Compte rendu des séances du 24 mars au 7 juillet 1903, p. 311 à 410.

4320. Cau-Durban (L'abbé). — Le Dr Charles Le Palenc [1840 † 1902], p. 311 à 313.

4321. Desazars de Montgailhard (Baron). — Prix décernés [médailles] au XVIIe siècle aux élèves de l'École de dessin instituée [à Toulouse] par Dupuy du Grez, p. 313 à 315.

4322. Lestrade (L'abbé). — Deux lettres de Sermet, évêque constitutionnel de Toulouse, p. 315 à 317.

4323. Desazars de Montgaillard (Baron). — Étude iconographique des miniatures de l'hôtel de ville de Toulouse, p. 317 à 319.

4324. Lannes. — Un hausse-col d'officier à singulières armoiries, p. 320.

4325. Rivières (Baron de). — Derniers travaux à la cathédrale d'Albi, p. 325.

4326. Cartailhac (E.). — M. Alfred Caraven-Cachin [† 1903], p. 329.

4327. Lahondès (De). — Trois pierres tumulaires d'abbés de Saint-Sernin, *fig.*, p. 331 à 335.

[Bernard de Gensiac († 1268), *fig.*; Raymond Ranulphe de Valignac († 1375), *fig.*; Bernard d'Aurival († 1412), *fig.*]

4328. Lahondès (De). — Excursion à Villefranche de Rouergue, p. 335 à 338.

4329. Rey-Pailhade (J. de). — Deux montres décimales anciennes, p. 341 à 344.

4330. Lahondès (De). — Documents sur la consécration

de l'église Saint-Étienne par le cardinal de Joyeuse [1592], p. 345 à 347.

4331. Lestrade (L'abbé J.). — Inventaire des ornements et vases sacrés de l'église de Saint-Rome à Tholose [1603], p. 347 à 350.

4332. Lestrade (L'abbé J.). — Tableau pour les Ursulines de Toulouse [par Jacques La Carrière], en 1608, p. 350.

4333. Degert (L'abbé). — Origine de la vierge noire de la Daurade, p. 355 à 358.

[Statue de bois.]

4334. Lestrade (L'abbé). — La prière d'un notaire toulousin [Louis Adenet, 1603], p. 358.

4335. Seymour de Ricci. — Notes d'onomastique pyrénéenne, p. 362 à 374.

4336. Delorme (Antonin). — Note sur l'hôtel d'Assezat et de Clémence Isaure (1895-1903), p. 375 à 400.

4337. Cartailhac (E.) et Delorme (Louis). — Martres Tolosane. La Société archéologique du midi de la France et son œuvre (1831-1901), p. 401 à 410.

GARONNE (HAUTE-). — TOULOUSE.

SOCIÉTÉ DE GÉOGRAPHIE DE TOULOUSE.

Les dix-neuf premiers volumes du recueil publié par cette Société, parus de 1882 à 1900, sont analysés dans le tome V, sous presse, de notre *Bibliographie générale*.

XX. — Société de géographie de Toulouse, 20e année. (Toulouse, 1901, in-8°, XVI-464 p.)

4338. Roule (Dr Louis). — Les bêtes dans l'art japonais, p. 125 à 152.

4339. Malafosse (De). — Le pays d'Aubrac et le plateau des Lacs, *fig.* et *carte*, p. 237 à 304.

XXI. — Société de géographie de Toulouse, 21e année. (Toulouse, 1902, in-8°, XVI-496 p.)

4340. Cabayex-Cachin. — Quelques notes sur l'exploitation des sources thermales dans le midi de la Gaule, p. 89 à 100.

4341. Castagné (J.). — Province du Térek (Caucase), p. 189 à 225.

4342. Foureau (Fernand). — De l'Algérie au Congo par l'Aïr et le Tchad, p. 269 à 297.

4343. Cabayex-Cachin (Alfred). — La vierge du saule de Cadalen [Tarn], légende religieuse du IVe siècle, p. 333 à 362.

4344. Adher. — Les établissements militaires de Toulouse en l'an II et en l'an III, p. 421 à 424.

4345. Guénot. — La navigation de la Garonne dans les temps anciens, p. 424 à 426.

GERS. — AUCH.

SOCIÉTÉ ARCHÉOLOGIQUE DU GERS.

Cette Société a été fondée en 1891 et reconnue par arrêté préfectoral du 29 mai 1894. Elle a publié, de 1891 à 1899, 8 volumes qui seront analysés dans le tome V de notre *Bibliographie générale*, ainsi que le tome I de son *Bulletin* paru en 1900.

II. — Bulletin de la Société archéologique du Gers, 2e année. (Auch, 1901, in-4°, 284 p.)

4346. Mazéret (Ludovic). — Voyage d'un jurat de Montréal à Saint-Jean-de-Luz, avec une analyse des comptes consulaires pour l'année 1522, p. 13 à 21.

4347. Larroux (J.). — Contributions d'une commune

rurale pendant la Révolution [Pessan], impôts divers; p. 21 à 28. — Suite de I, p. 185, et 214.
4348. Lavergne (A.). — Carrelages historiés du département du Gers, *pl.*, p. 29 à 32.
4349. Lagleize (L'abbé). — Une page de l'histoire de Saint-Clar pendant les guerres de la Fronde, p. 36 à 43.
4350. Aveillé (H.). — L'intendant d'Étigny et les Juifs de Bayonne d'après sa correspondance [1751-1753], p. 43 à 51.
4351. Brégail. — Les «curés rouges» et la Société montagnarde d'Auch, p. 56 à 68.
4352. Branet. — Inscription du cardinal de Polignac sur l'escalier de la Trinité des Monts à Rome (1725), p. 69 à 70.
4353. Ditandy (A.). — Les contes populaires de la Gascogne de J.-F. Bladé, p. 70, 158, 240; et III, p. 16. — Cf. n° 4398.
4354. Palanque (Ch.). — Un Gascon en Danemark en 1517 [Arnaud de Pardaillan de Castillon, seigneur de Gondrin], p. 87 à 90.
4355. Pagel (R.). — Itinéraire et séjour à Paris d'Hugues de Bar, évêque élu de Lectoure (1671-1672), *portr.*, p. 92 à 98.
4356. Saint-Martin (L.). — Notes sur Lasseuble-Noble [c^ne de Villefranche d'Astarac], p. 98 à 101.
4357. Villain. — M. d'Étigny, l'évêque de Dax et les jurats de Cap-Breton (le gascon à l'église et à l'école) [1752], p. 102 à 108.
4358. Lavergne. — Remarques sur le gascon et l'instruction primaire avant la Révolution, p. 120 à 125, et 199.
4359. Pagel (R.). — L'intendant d'Étigny et l'agriculture [1751-1759], p. 125 à 133.
4360. Labroux (J.). — Procès de la dîme entre la communauté et le chapitre de Pessan [1790-1791], p. 133 à 140, et 170 à 172.
4361. Brégail. — Une insurrection de bordiers dans le Gers, en 1793, p. 173 à 177.
4362. Mazéret (L.). — Statuts de la confrérie des saints Fabien et Sébastien de Sainte-Christie [d'Auch] en 1624, p. 177 à 181.
4363. Breuils (L'abbé). — Quatre pouillés du diocèse d'Auch, des xive et xve siècles, p. 181 à 194, et 214 à 219. — Suite de I, p. 196.
4364. Branet (A.). — Inscriptions des vitraux des chapelles de Sainte-Marie [d'Auch], p. 194 à 195.
4365. Branet. — Poids de la ville d'Auch, p. 198 à 199.
4366. Lavergne (Adrien). — M. Frix Taillade [1819 † 1901], p. 199 à 201.
4367. Métivier. — A propos de l'olifant dit de saint Orens [ivoire], *pl.*, p. 201 à 204.
4368. Samaran (Ch.). — Quelques lettres missives de Charles, dernier comte d'Armagnac, p. 204 à 209.
4369. Palanque (Ch.). — Les Gascons à l'armée d'Égypte, p. 209 à 211.
4370. Pagel (René). — Bernard VII, comte d'Armagnac, dans le Noyonnais en 1414, p. 212 à 213.
4371. Mastron et Branet (Alphonse). — Le trésor de Saint-Araïlles, p. 221 à 225.

[Monnaies d'or françaises et étrangères du moyen âge.]

4372. Labroux (J.). — Rapports du clergé avec la municipalité de Pessan après 1789 [en 1790], p. 226 à 235.

[Inventaire du chapitre (1790).]

4373. Despaux (C.). — Fonte de la cloche d'Idrac (5 avril 1518), p. 235 à 237.
4374. Lagleize (L'abbé). — Aventures d'un brigand espagnol à Mauroux [xviie siècle], p. 237 à 239.
4375. Lavergne (Adrien). — Alcée Durrieux [1819 † 1901], p. 252 à 258.
4376. Pagel (R.). — Le Dr Desponts [1820 † 1901], p. 259 à 260.
4377. Barada (J.). — Le général Castex (1771 † 1842), p. 261 à 273.
4378. Branet (A.). — Les droits sur les vins à Nogaro, en 1632-1634, p. 273 à 277.
4379. Pagel (R.). — Tapisseries d'Aubusson à Auch, au xviie siècle, p. 277 à 281.
4380. Saint-Martin (L.). — La peste bovine à Villefranche-d'Astarac [1775-1776], p. 282.

III. — Bulletin de la Société archéologique du Gers, 3e année. (Auch, 1902, in-4°, 296 p.)

4381. Lapasse (R. de). — Les coutumes de Touille [1296], p. 6 à 15.
[4353]. Ditandy (A.). — Les contes populaires de la Gascogne, p. 16 à 28.
4382. Brégail. — Luttes politiques des Girondins et des Montagnards dans le département du Gers, p. 28 à 45, 78 à 96, et 159 à 171.
4383. Ditandy. — La mort de M. Léonce Couture [† 1902], p. 49 à 52.
4384. Lavergne (A.). — M. Léonce Couture. Notice biographique et bibliographique [1832 † 1902], p. 52 à 56.
4385. Lauzun (Ph.). — Le parc du château de Beaumont-sur-l'Osse, *fig.* et *pl.*, p. 56 à 63.
4386. Mastron (J.). — Documents relatifs à Saint-Jean-d'Angles [xvie s.], p. 63 à 69.
4387. Lagleize (L'abbé). — La tombe d'un chevalier de Saint-Jean de Jérusalem dans l'église de Saint-Créac, un héros de Nerwinde [Roger de Verdusan de Miran † 1735], p. 70 à 74.
4388. Maumus (J.). — Arrêté de Dartigoeyte [représentant en mission] sur le théâtre de Mirande [an ii], p. 74 à 76.
4389. Lapasse (R. de). — Diverses monnaies en usage en Gascogne, d'après le P. Mongaillard, *tableau*, p. 96 à 99.

4390. PAGEL (R.). — Lettre du pape Clément VII à Jean II, comte d'Armagnac [1379], p. 99 à 103.

4391. ANONYME. — Clôture du porche de Sainte-Marie d'Auch, p. 103.

4392. LABADIE et LAVERGNE (A.). — Restauration de l'église paroissiale de Vic-Fezensac (1615-1619), *fig.*, p. 105 à 112.

4393. BRANET (A.). — *Le grand Roi amoureux* de Pierre de Sainte-Gemme [Lyon, 1603], p. 113 à 119, et 172 à 183.

4394. PAGEL (R.). — Livres liturgiques manuscrits du diocèse d'Auch aux XV° et XVI° siècles, p. 119 à 123.

4395. ANONYME. — Victimes innocentes des révolutionnaires du Gers, p. 124.

4396. MASTRON. — La pile gallo-romaine de Saint-Arailles, *pl.*, p. 125 à 129.

4397. PAGEL (René). — Le roi de la science, Joseph Lacomme, de Crastes [1792 † (?)], p. 129 à 136.

4398. DITANDY. — M. Cénac-Moncaut. Contes populaires de la Gascogne, p. 137 à 146. — Cf. n° 4353.

4399. ANONYME. — Jean de Beaujeu, bibliophile, p. 146 à 147.

4400. MAZÉRET (Ludovic). — Les consuls de Montréal et les Mercier, seigneurs de Balarin, p. 183 à 197.

4401. SAMARAN (Ch.) et BRANET (A.). — Le château et les deux tours de Bassoues d'après les comptes de construction inédits (1370-1371), *fig.* et *pl.*, p. 197 à 221.

4402. ANONYME. — Jean de Labriffe, p. 221.

4403. ANONYME. — Feu de joie de la Saint-Jean-Baptiste [à Miramont-Latour, 1553], p. 222.

4404. ANONYME. — Frais de funérailles au XII° siècle, p. 223 à 224.

4405. LAMAZOUADE (L'abbé). — La peste à Plaisance en 1654, p. 227 à 231.

4406. CASTEX (Émile). — Coutumes ou for de Pardelhan [XIII° s.], p. 231 à 252.

4407. LAVERGNE (A.). — M. Auguste Ditandy [† 1902], notice biographique et bibliographique, p. 254 à 257.

4408. BRÉGAIL. — Un révolutionnaire gersois, Lantrac, p. 257 à 272.

4409. MÉTIVIER. — Église de Simorre, 3 *pl.*, p. 274 à 276.

4410. MAZÉRET (Ludovic). — Lettres de rémission pour Alexandre de Galard, seigneur de Balarin (1614), p. 277 à 280.

4411. DESPAUX (Ch.). — Mandement inédit de Mgr de la Mothe-Houdancourt (1670), p. 281 à 283.

4412. PAGEL (R.). — Marques extérieures de deuil en Gascogne (XVI° et XVII° s.), p. 283 à 286.

4413. LAMAZOUADE (L'abbé). — Le clergé d'Auch pendant la Révolution, p. 286 à 291.

4414. LAGLEIZE (L'abbé). — Le château féodal de Tournecoupe, p. 291 à 294.

GERS. — AUCH.

SOCIÉTÉ HISTORIQUE DE GASCOGNE.

Les publications antérieures de cette Société sont analysées dans notre *Bibliographie générale*, savoir :

Archives historiques de Gascogne (1883-1900), *Bibliographie*, t. I, p. 589, et t. V, sous presse.

Bulletin (devenu en 1864 la *Revue de Gascogne*), t. I à IV (1860-1863), *Bibliographie*, t. I, p. 589.

Revue de Gascogne, t. V à XXVII (1864-1886), *Bibliographie*, t. I, p. 592.

— — t. XXVIII à XLI (1887-1900), *Bibliographie*, t. V, sous presse.

— — t. XLII (1901), *Bibliographie*, nouvelle série, t. I, p. 34.

XLIII. — Revue de Gascogne. Bulletin mensuel de la Société historique de Gascogne, nouvelle série, t. II. (Auch, 1902, in-8°, 584 p.)

4415. JULLIAN (Camille). — Notes sur l'Aquitaine [d'après la Cosmographie de Qaswini, X° s.], p. 5 à 11.

[Bordeaux et Dax au X° siècle.]

4416. L. C. [COUTURE (Léonce)]. — Sur M. de Cérisy, évêque de Lombez [XVIII° s.], p. 11.

4417. COUTURE (Léonce). — Le soldat de Saint-Sever, conte de Rabelais, étude de linguistique gasconne, p. 12 à 34.

4418. L. C. [COUTURE (Léonce)]. — Propos d'un ministre de Puymirol, p. 34.

4419. DEGERT (A.). — La généalogie d'une erreur. Un concile gascon à rayer ou à déplacer, p. 35 à 46.

[Synode de Saint-Sever attribué à l'année 1881.]

4420. ANONYME. — M. de Chaumont, évêque de Dax, historien de Louis XIV, p. 46.

4421. Cézérac (C.). — Le sceau du chapitre de la cathédrale de Lectoure, *fig.*, p. 47 à 49.
4422. Anonyme. — M. Thore, prêtre de Saint-Sulpice [† 1879], p. 49.
4423. Lestrade (J.). — L'archiprêtré de Lussan et le jubilé auscitain de 1701, p. 50 à 52.
4424. Anonyme. — Deux centenaires béarnais [à Morlas (1771) et à Pau (1779)], p. 56.
4425. Secheyron (Dr L.) et Lavergne (Adrien). — Le Dr Édouard Desponts (1820 † 1901), p. 57 à 69, et 79 à 85.
4426. Cézérac (C.). — Le clocher de Lectoure en 1761, p. 70 à 78.
4427. Anonyme. — Le rituel de Couserans [xiie s.], p. 85 à 86.
4428. Anonyme. — Un ouvrage oublié de M. Isidore Salles, p. 86 à 88.

[Histoire des professeurs du Jardin des plantes.]

4429. Anonyme. — Sentetz, d'Auch, constituant, p. 88.
4430. Lestrade (J.). — Critique des notices commingeoises du *Gallia Christiana* (1730), p. 93 à 95.
4431. Anonyme. — Armand Marrast et Castaliat, p. 99.
4432. J. L. [Lestrade (J.)]. — Bibere et vivere, p. 112.
4433. Batcave (Louis). — Contrat d'engagement d'un médecin municipal à Orthez au xvie siècle [Mathurin Renoul], p. 113 à 119.
4434. Lestrade (J.). — A propos du crocodile de Saint-Bertrand [de Comminges], p. 120. — Cf. XXXVIII, p. 137.
4435. L. C. [Couture (Léonce)]. — Une plaquette auscitaine du capucin Joseph de Labitte-Toupière, p. 121 à 127.
4436. L. C. [Couture (Léonce)]. — Un chapelain du château de Lourdes [l'abbé Lasherons], p. 127.
4437. Guérard (Louis). — La désolation de l'abbaye de Saint-Pé-de-Bigorre à la fin du moyen âge, p. 128 à 144.
4438. Degert (A.). — Premier serment prêté au Roi par les évêques de Gascogne. Formule inédite [du serment de Bertrand Boérie, 1474], p. 145 à 148.
4439. Degert (A.). — Les derniers jours de M. Couture, p. 153 à 157.
4440. L. C. [Couture (Léonce)]. — Une recette culinaire, p. 157 à 158.
4441. T. de L. [Tamizey de Larroque]. — Dom Bernard de Sédirac est-il né dans le diocèse d'Agen ou dans le diocèse d'Auch? p. 158.
4442. La Plagne-Barris (Cyprien). — Lauraet, p. 159 à 166.
4443. L. C. [Couture (Léonce)]. — Sur la bibliographie des *Maximes* du P. Gaichiés, p. 166.
4444. Gardère (Joseph). — La mort et les obsèques de M. de Jumilhac de Cubjac, évêque de Lectoure [† 1772], p. 167 à 170.
4445. Degert (A.). — Lettres inédites de Le Boux, évêque de Dax, à Colbert, p. 171 à 180.
4446. Anonyme. — Deux centenaires béarnais de l'année 1767 [à Bizanos et à Arros], p. 181.
4447. Lestrade (J.). — Le duc H. de Mayenne et Garaison, p. 181 à 182.
4448. F. G. — Beaumarchés et Marciac, pays de francsalé, p. 183 à 190.
4449. Lestrade (J.). — A propos de la conversion du vicomte de Fontrailles, p. 191 à 192.
4450. Lamazouade (P.) — Épisodes révolutionnaires. Persécution contre M. l'abbé Bladé, vicaire de Bajonnette, p. 193 à 195.
4451. Gardère (Joseph). — L'abbé Jaubert, évêque nommé de Saint-Flour [1769 † 1825], p. 202, 308, 410, et 562.
4452. J. L. [Lestrade (J.)]. — La première pierre du palais épiscopal de Lombez [1781], p. 220.
4453. Couture (Léonce). — Les correspondants de Chaudon, p. 221 à 236. — Suite de XLI, p. 481.

[L'abbé Trublet.]

4454. Samaran (Charles). — Charles d'Armagnac, vicomte de Fezensaguet, et la vie de château en Gascogne au xve siècle, p. 249, 297, et 366.
4455. Degert (A.). — A propos de l'iconographie de saint Vincent de Paul, *fig.*, p. 266 à 278.
4456. La Plagne-Barris (Cyprien). — Saint-Arailles, p. 279 à 288.
4457. L. C. [Couture (Léonce)]. — Si Coeffeteau a été nommé évêque de Lombez, p. 291.
4458. Cézérac (C.). — La prieure du Carmel de Lectoure à l'abbaye de Grandselve, [la Mère Thérèse de la Croix, 1730], p. 318 à 328.
4459. A. D. [Degert (A.)]. — Le mot historique du général Tartas, p. 328.
4460. Tauzin (J.-J.-C.). — Les Landes dans les rôles gascons d'Édouard Ier, p. 329 à 334.
4461. A. D. [Degert (A.)]. — Rectifications à la *Gallia Christiana*, Abbés de Saint-Pé : Jean (?) de la Porte et Jean d'Estornès [xvie s.], p. 334. — Évêques de Condom : Robert de Gontaud et Jean de Monluc [xvie s.], p. 433 à 434.
4462. Lestrade (J.). — Lettre d'un ancien évêque de Comminges [Charles-Antoine-Gabriel d'Osmond de Médavi, 1801], p. 335 à 336.
4463. Lestrade (J.). — Les poésies de M. Bordages, prêtre commingeois (xviiie s.), p. 345 à 365.
4464. Cézérac (C.). — L'archevêque d'Auch [Henri de la Mothe-Houdancourt] en conflit de préséance avec l'archevêque de Paris [Hardouin de Beaumont de Péréfixe, 1665], p. 376 à 381.
4465. C. C. [Cézérac (C.)]. — Le nom du directeur des biens et de la personne de Charles d'Armaignac [Jean-Pierre d'Estaing], p. 381.
4466. Degert (A.). — Le jansénisme à Dax, p. 382 à 397.
4467. Laplagne-Barris (Cyprien). — Saint-Jean d'Angles, p. 398 à 409.
4468. Lamazouade (P.). — Épisodes révolutionnaires.

L'abbé François Montégut, curé de Sainte-Gemme, p. 430 à 433.

4469. Laclavère (M.).—La vie de M. Couture [Léonce, 1832 † 1902], *portr.*, p. 441 à 488.

4470. Lahargou (Paul). — M. Couture, et son enseignement, p. 489 à 499.

4471. Maisonneuve (L.).—La philosophie de M. Couture, p. 500 à 522.

4472. Jeanroy (A.). — M. Couture, philologue, p. 523 à 529.

4473. Cézérac (C.). — M. L. Couture et l'hagiographie gasconne, p. 530 à 547.

4474. Degert (A.). — M. Couture et la *Revue de Gascogne*, p. 548 à 567.

ARCHIVES HISTORIQUES DE LA GASCOGNE.

4475. Guérard (L'abbé Louis). — Documents pontificaux sur la Gascogne d'après les archives du Vatican. Pontificat de Jean XXII (1316-1334). T. II. (Auch, 1903, in-8°, 164 p.)

[Le tome I a paru en 1896.]

GIRONDE. — BORDEAUX.

ACADÉMIE DES SCIENCES, BELLES-LETTRES ET ARTS DE BORDEAUX.

Les publications antérieures de cette Académie sont analysées dans notre *Bibliographie générale*, savoir :
Séances publiques (1820-1837), *Bibliographie*, t. I, p. 619.
Actes, t. I à XLVI (1839-1885), *Bibliographie*, t. I, p. 621.
— t. XLVII à LX (1886-1900), *Bibliographie*, t. V.

LXI. — Actes de l'Académie nationale des sciences, belles-lettres et arts de Bordeaux... 3e série, 63e année, 1901. (Paris, 1901, in-8°, 287-104 p.)

4476. Jullian (Camille). — Le gui et les Bituriges Vivisques, p. 5 à 10.

4477. Labat (Gustave).— Nicolas Beaujon [1718 † 1786] et les tableaux de la Chambre de commerce de Bordeaux [légués par lui], p. 47 à 108.

4478. Labat (Gustave). — Notes sur quelques peintures en grisaille de Pierre Lacour fils, p. 139 à 145.

4479. Bouvy. — Sur une version italienne de la fable *Le Meunier, son Fils et l'Âne* [sermon de saint Bernardin de Sienne], p. 147 à 155.

4480. Jullian (Camille). — Notes bibliographiques sur l'œuvre du Dr Azam (1822 † 1899), p. 157 à 201.

GIRONDE. — BORDEAUX.

SOCIÉTÉ ARCHÉOLOGIQUE DE BORDEAUX.

Les publications antérieures de cette Société sont analysées dans notre *Bibliographie générale*, savoir :
Recueil, t. I à IX (1874-1884), *Bibliographie*, t. I, p. 639.
— t. X à XXII (1885-1897), *Bibliographie*, t. V.

XXIII. — Société archéologique de Bordeaux, t. XXIII. (Bordeaux, 1898 [à 1902], in-8°, LIII-348 p.)

4481. Brion (André). — Un atelier de potier néolithique (Canissac-Bégadan), p. 1 à 4.

4482. Corbineau (E.). — Lussac gallo-romain, *fig.* et *pl.*, p. 7 à 18.

4483. Mensignac (Camille de). — Confrérie bordelaise de monseigneur saint Jacques de Compostelle à l'église Saint-Michel de Bordeaux, 4 *pl.*, p. 19 à 43.

4484. Nicolaï (Alexandre). — Note sur un nom de potier présumé Aquitain (Andoca), *fig.*, p. 45 à 53.

4485. Mensignac (C. de). — Note sur trois amulettes gallo-romaines contre les serpents, p. 55 à 60.

4486. Dast Levacher de Boisville. — La fontaine de l'hôtel Duplessis [à Bordeaux], *fig.*, p. 61.

4487. Mensignac (Camille de). — Note sur deux herminettes à tranchant oblique de l'époque robenhausienne, p. 63.

4488. Mensignac (C. de). — Pulvérin du XVIe siècle découvert dans les ruines de château de Guilleragues, p. 81 à 83.

4489. Meller (P.). — Monnaies et jetons en argent [XVIIIe s.], p. 83 à 85.

4490. Jullian (Camille). — Éloge funèbre de M. le comte A. de Chasteigner, p. 112.

4491. Daleau (François). — Une visite au musée Pérès à Libourne, p. 131 à 134.

4492. Mensignac (C. de). — Note sur la découverte de l'aqueduc gallo-romain de la place Sainte-Eulalie à Bordeaux, *fig.*, p. 134 à 138.

4493. Meller (P.). — Le mobilier d'une famille parlementaire sous Louis XIV, à Bordeaux, p. 142 à 158.

[Inventaire après décès du président Jean Daffis, † 1687.]

4494. Brun (L'abbé). — La matrice du sceau du Concordat de 1517, *fig.*, p. 255 à 260.

4495. Brun (L'abbé). — Une page de l'histoire de l'archéologie de Bazas, la porte du Gisquet et la fontaine Bragoux, p. 260 à 269.

4496. Daleau (François). — Une fibule à arc plat, *pl.*, p. 270 à 273.

[Trouvaille d'Aveyres (Gironde).]

4497. Meller (Pierre). — La porte d'Aquitaine [à Bordeaux], p. 273 à 288.

4498. Mensignac (Camille de). — Notice sur le cimetière gallo-romain du cours Pasteur, à Bordeaux, p. 289 à 313.

4499. Fourché (P.). — Les jetons [de Bordeaux] dits de *l'Ormée* (1653), *pl.*, p. 315 à 336.

4500. Daleau (F.). — Pied de roi en ivoire monté en argent, p. 337.

4501. Mensignac (Camille de). — Découverte de haches de bronze au moulin Gaillon, commune de Pauillac (Gironde), p. 338.

4502. Dussaut. — L'église de Montussan (Gironde), *pl.*, p. 338 à 341.

4503. Mensignac (Camille de). — Statuette de Mercure, découverte à Bordeaux, p. 341.

GIRONDE. — BORDEAUX.

SOCIÉTÉ DES ARCHIVES HISTORIQUES DE LA GIRONDE.

Les publications antérieures de cette Société sont analysées dans notre *Bibliographie générale*, savoir :

Archives historiques, t. I à XXIV (1859-1885), *Bibliographie*, t. I, p. 644.
— — t. XXV à XXXV (1887-1900), *Bibliographie*, t. V.
— — t. XXXVI (1901), *Bibliographie*, nouvelle série, t. I, p. 35.

XXXVII. — Archives historiques du département de la Gironde, 37e volume. (Bordeaux, 1902, in-4°, 6 ff. non chiffrés, XVI-595 p.)

4504. Abbadie (François). — Le Livre noir et les établissements de Dax, 8 *pl.*, p. 1 à XVI, et 1 à 594.

XXXVIII. — Archives historiques du département de la Gironde, 38e volume. (Bordeaux, 1903, in-4°, XXIII-597 p.)

4505. Tallet et la Martinière (de). — Cartulaire du prieuré de Sainte-Geneviève de Fronsac, p. 1 à 35.

4506. Piganeau (E.). — Documents sur la ville de Saint-Émilion [1400-1790], p. 36 à 122.

4507. Meller (Pierre). — État des gentilshommes et des possesseurs de fiefs nobles dans les juridictions dépendant des sénéchaussées de Guienne et de Libourne [vers 1690], p. 123 à 163.

4508. Corbineau (E.). — Documents sur l'abbaye de Faize [1618-1791], p. 164 à 222.

4509. Divers. — Documents concernant la ville de Bordeaux, *plan*, p. 223 à 320.

[État des navires arrivés d'Angleterre en janvier 1452, p. 223. — Lettre de François Ier relative aux Cordeliers, p. 228. — Recouvrement de 25,000 livres sur les biens de Pierre Secondat, général des finances (1561), p. 280. — Mémoire de Vauban, devis des travaux, et comptes pour les fortifications du Château-Trompetto, du fort Sainte-Croix et du château du Hâ (1680-1681), p. 231. — Contrat pour la réparation du palais de l'Ombrière (1690), p. 275. — Délibérations de la Jurade, p. 280. — Travaux d'édilité (1744-1765), etc., p. 280.]

4510. Cosme (Léon). — L'industrie et le commerce en Guienne sous le règne de Louis XVI, journal de tournée de François-de-Paule Latapie, inspecteur des manufactures, en 1778, p. 321 à 509.

4511. Marion. — Cahiers de doléances rédigés en 1789 par les paroisses de la sénéchaussée de Libourne, p. 510 à 561. — Suite de XXXV, p. 351; et XXXVI, p. 433.

[Libourne, Guîtres. — Canton de Pujols : Pujols, Civrac, Mouliets, Villemartin, Sainte-Florence, Saint-Jean de Blagnac, Rauzan, Saint-Vincent. — Charente-Inférieure : la Barde.]

4512. Barrère (Joseph). — Les filleules de Bordeaux : Rions, p. 562 à 565.

4513. Nicolaï (Alexandre). — Les filleules de Bordeaux : Cadillac, p. 566 à 567.

GIRONDE. — BORDEAUX.

SOCIÉTÉ DES BIBLIOPHILES DE GUYENNE.

Les publications antérieures de cette Société sont analysées dans notre *Bibliographie générale,* savoir :

Ouvrages divers (1870-1881), *Bibliographie,* t. I, p. 665, et Supplément sous presse.

Publications, t. I à III (1868-1882), *Bibliographie,* t. I, p. 665.

Tablettes, t. I à IV (1869-1881), *Bibliographie,* t. I, p. 666.

4514. Bordes de Fortage (L. de). — Montesquieu. Histoire véritable, publiée d'après un nouveau manuscrit avec une introduction et des notes. (Bordeaux, 1902, in-4°, XVI-77 p.)

GIRONDE. — BORDEAUX.

SOCIÉTÉ DE GÉOGRAPHIE COMMERCIALE DE BORDEAUX.

Les tomes I à XXV du recueil de cette Société seront analysés dans le Supplément, sous presse, de notre *Bibliographie générale,* ainsi que les tomes I à V du *Bulletin* de la Société d'anthropologie de Bordeaux, qui s'est fondue en 1894 avec la Société de géographie commerciale.

XXVI. — Groupe géographique et ethnographique du Sud-Ouest. Société de géographie commerciale de Bordeaux réunie en 1894 avec la Société d'anthropologie et d'ethnographie du Sud-Ouest. Bulletin, 2° série, 24° année, 1901. (Bordeaux, 1901, in-8°, x-368 p.)

4515. Saint-Jours. — État ancien du littoral gascon, *fig.,* p. 25 à 34, et 45 à 55.

4516. Descoffre (P.). — La Charente préhistorique, station humaine quaternaire d'Haute-Roche, *fig.,* p. 77 à 84, et 96 à 105.

4517. Humbert (Jules). — Un Gibraltar ignoré [localité de ce nom située sur le lac de Maracaïbo], p. 109 à 112.

4518. Duffart (Charles). — Topographie ancienne et moderne des lacs d'Hourtin et de Lacanau, *fig.,* p. 129 à 145.

4519. Saint-Jours. — L'âge des dunes et des étangs de Gascogne, *fig.,* p. 213, 233, et 253. — Cf. n°s 4520, 4523 et 4533.

4520. Duffart (Ch.). — Sur l'âge des dunes et des étangs de Gascogne (Réponse aux articles de M. Saint-Jours), p. 273 à 278. — Cf. n°s 4519 et 4523.

4521. Amnéus (G.). — La ville de Kristiania [son histoire], son commerce, sa navigation et son industrie, *fig.,* p. 293, 333; et XXVII, p. 149, 285, 304, et 361.

4522. GIRARD (B.). — L'île de Metelin [Lesbos], p. 353 à 359.

4523. SAINT-JOURS. — Au sujet des eaux de Hourtin et de Lacanau, p. 364 à 366. — Cf. nᵒˢ 4519 et 4520.

XXVII. — Groupe géographique et ethnographique du Sud-Ouest. Société de géographie commerciale de Bordeaux réunie en 1894 avec la Société d'anthropologie et d'ethnographie du Sud-Ouest. Bulletin, 2ᵉ série, 25ᵉ année, 1902. (Bordeaux, 1902, in-8°, x-392 p.)

4524. PAWLOWSKI (A.). — La Gironde et le golfe de Gascogne au XVIᵉ siècle. Extraits du *Routier de la mer*, de Pierre Garcie, dit Ferrande, p. 65 à 81.

[4520]. AMNÉUS (G.). — La ville de Kristiania, *fig.*, p. 149, 285, 304 et 361.

4525. GIRARD (B.). — Syra [Syros, Cyclades], p. 169 à 172.

4526. GIRARD (B.). — Beyrouth et le Liban, p. 209 à 222.

4527. DAUNAS (Marcel). — La principauté de Samos, p. 325 à 338.

GIRONDE. — BORDEAUX.

SOCIÉTÉ PHILOMATHIQUE DE BORDEAUX.

Les publications antérieures de cette Société sont analysées dans notre *Bibliographie générale*, savoir :
Revue philomathique de Bordeaux, t. I à III (1897-1900), *Bibliographie*, t. V, sous presse.
— — — t. IV (1901), *Bibliographie*, nouvelle série, t. I, p. 36.

V. — Revue philomathique de Bordeaux et du Sud-Ouest, 1902. (Bordeaux, 1902, in-8°, 576 p.)

4528. DUPUCH (R.). — Le parti libéral à Bordeaux et dans la Gironde sous la deuxième Restauration, p. 21, 76, et 172.

4529. CALLEN (J.). — La rue Poitevine [à Bordeaux], p. 49 à 61, et 416 à 421.

4530. MELLER (Pierre). — Les jeux de paume à Bordeaux avant la Révolution, p. 167 à 171.

4531. STROWSKI (Fortunat). — Montaigne lu à Bordeaux. Étude sur l'édition des *Essais* de 1580, p. 193 à 218.

4532. BOPPE (A.). — Les deux tableaux *Turcs* du Musée de Bordeaux, p. 241 à 249.

[Réception du vicomte d'Andrezel par le sultan Ahmed III, peintures de van Mour.]

4533. SAINT-JOURS. — Le littoral de la Gascogne, p. 269 à 278, et 314 à 324. — Cf. n° 4519.

[Étude historique sur les modifications de la côte.]

4534. CALLEN (J.). — Le premier bateau russe à Bordeaux [1725], p. 279 à 288.

4535. CÉLESTE (R.). — Nicolas Beaujon (1718 † 1785), p. 289 à 301.

4536. RENAUD (Léon). — Louis XIV à Bourg-sur-Gironde, p. 325 à 336.

4537. MARION (M.). — La vente des biens nationaux dans le district de Libourne, p. 385 à 405.

4538. PERCEVAL (Émile DE). — Coup d'œil sur de vieux dossiers, p. 422 à 431.

[Étude sur l'éloquence judiciaire à Bordeaux.]

4539. CÉLESTE (Raymond). — Un petit fils de Montesquieu en Amérique (1780-1783), p. 529 à 556.

[Charles-Louis de Montesquieu, lieutenant-général des armées du Roi, 1749 † 1824, *portr.*]

IMPRIMERIE NATIONALE.

HÉRAULT. — BÉZIERS.

SOCIÉTÉ ARCHÉOLOGIQUE ET LITTÉRAIRE DE BÉZIERS.

Les publications antérieures de cette Société sont analysées dans notre *Bibliographie générale*, savoir :
Bulletin, t. I à XXI (1836-1885), *Bibliographie*, t. II, p. 1.
— t. XXII à XXVII (1887-1900), *Bibliographie*, Supplément sous presse.
— t. XXVIII (1901), *Bibliographie*, nouvelle série, t. I, p. 36.
Ouvrages divers (1861-1881), *Bibliographie*, t. I, p. 1.

XXIX. — Bulletin de la Société archéologique, scientifique et littéraire de Béziers (Hérault), 3ᵉ série, t. IV, 1ʳᵉ [-2ᵉ] livraison, vol. XXXI [-XXXII] de la collection. (Béziers, 1901 [-1902], in-8°, 265 p.)

4540. Noguier (L.). — Chronique archéologique, *pl.*, p. 5 à 13, et 245 à 252.

[Sépultures gallo-romaines trouvées à Quarante (Hérault); antiquités gallo-romaines et sculptures du moyen âge entrées au musée, *pl.*; épitaphe de Dorothée Smith Walmesley, à Béziers († 1699), p. 5. — Inscription romaine découverte à Florensac; bronze antique représentant Bacchus; historique des fourches patibulaires de Béziers; la maison Lagarrigue, à Béziers, p. 245.]

4541. Noguier (Louis). — Les anciennes prisons et le château vicomtal à Béziers, *pl.*, p. 87 à 98.

4542. Soucaille (A.). — État paroissial de Béziers sous l'épiscopat de Jean IV de Bonsy (1599), p. 140 à 225.

4543. X. B. — Capitulation de Béziers [1632], p. 226 à 228.

4544. X. B. — Épitaphe [de Madeleine de Bermond du Caylar d'Espondeilhan, dame de Maussac, dans l'église de la Madeleine de Béziers, 1621], p. 228 à 229.

4545. Delouvrier (L'abbé A.). — Autel de l'église de Paulhan (ancien diocèse de Béziers), p. 229 à 232.

4546. Delouvrier (L'abbé A.). — Visite du monastère de Cassan par Jean de Bonsy (1605), p. 232 à 235, et 237 à 242.

4547. Delouvrier (L'abbé A.). — Cloche de l'église de Paulhan, p. 235 à 237.

HÉRAULT. — MONTPELLIER.

ACADÉMIE DES SCIENCES ET LETTRES DE MONTPELLIER.

Les publications antérieures de cette Académie sont analysées dans notre *Bibliographie générale*, savoir :
Mémoires, in-4°, t. I à VII (1847-1886), *Bibliographie*, t. I, p. 7.
— — t. VIII-IX (1887-1892), *Bibliographie*, Supplément sous presse.
Mémoires, in-8°, t. I-II (1893-1899), *Bibliographie*, Supplément sous presse.
Ouvrages divers (1858), *Bibliographie*, t. II, p. 7.

4548. Bonnet (Émile). — Catalogue de la bibliothèque de l'Académie des sciences et lettres de Montpellier. 1ʳᵉ partie : travaux des sociétés et établissements scientifiques, publications officielles, recueils périodiques. (Montpellier, 1901, in-8°, x-195 p.)

HÉRAULT. — MONTPELLIER.

SOCIÉTÉ ARCHÉOLOGIQUE DE MONTPELLIER.

Les publications antérieures de cette Société sont analysées dans notre *Bibliographie générale*, savoir :
Mémoires, t. I à VIII, 1re partie (1835-1884), *Bibliographie*, t. II, p. 9.
— t. VIII, 2e partie, et t. IX (1892-1899), *Bibliographie*, Supplément sous presse.
Ouvrages divers, *Bibliographie*, t. II, p. 9, et Supplément sous presse.

X. — **Mémoires de la Société archéologique de Montpellier**, 2e série, t. II. (Montpellier, 1902, in-8°, III et 469 p.)

4549. Guiraud (L.). — Jacques Cœur, p. 1 à 169.

4550. Cazalis de Fondouce. — La cachette de fondeur de Launac, 11 *pl.*, p. 171 à 208.

4551. Revillout (Ch.). — Les promoteurs de la Renaissance à Montpellier, p. 209 à 384.

4552. Grasset-Morel. — Les projets de Dartain, 5 *pl.*, p. 385 à 400.

4553. Bonnet (Émile). — Les œuvres de l'historien montpelliérain Pierre Serres, p. 401 à 430.

4554. Bonnet (Émile). — Sur un livre liturgique imprimé pour l'église de Maguelonne en 1523, *fig.* et 2 *pl.*, p. 431 à 442.

4555. Fabrège et Bonnet. — Fouilles de Villeneuve-lez-Maguelonne, p. 447 à 449.

4556. Merlu (L'abbé). — Un manuscrit du Traité des oiseaux d'Hugues de Fouilloy, p. 455 à 458.

HÉRAULT. — MONTPELLIER.

SOCIÉTÉ POUR L'ÉTUDE DES LANGUES ROMANES.

Les publications antérieures de cette Société sont analysées dans notre *Bibliographie générale*, savoir :
Revue des langues romanes, t. I à XXVIII (1870-1885), *Bibliographie*, t. II, p. 14.
— — t. XXIX à XLIII (1886-1900), *Bibliographie*, Supplément sous presse.
— — t. XLIV (1901), *Bibliographie*, nouvelle série, t. I, p. 37.
Ouvrages divers (1875-1901), *Bibliographie*, t. II, p. 13, et nouvelle série, t. I, p. 37.

XLV. — **Revue des langues romanes**, publiée par la Société pour l'étude des langues romanes, t. XLV (5e série, t. VII [*lisez :* V]). (Montpellier, 1902, in-8°, 544 p.)

4557. Chabaneau (C.). — Une nouvelle édition du *Roman de Flamenca*, p. 5 à 43.

4558. Stengel (E.). — Le chansonnier de Bernart Amoros, p. 44, 120, et 211. — Suite de XLI, p. 349; XLII, p. 5; XLIII, p. 190; et XLIV, p. 213, 328, 423 et 514.

4559. Castets (Ferdinand). — I dodici canti, épopée romanesque du xvie siècle, p. 65 à 71, et 152 à 173. — Suite de XLI, p. 453; XLII, p. 44; XLIII, p. 71; et XLIV, p. 245, 443, et 531.

[4577]. Pélissier (L.-G.). — Documents sur les relations de l'empereur Maximilien et de Ludovic Sforza en l'année 1499, p. 72, 370, et 470.

4560. Troubat (Fernand). — La danse des treilles [à Montpellier], *fig.* et *musique*, p. 97 à 119.

4561. Jeanroy (A.). — Refrains inédits du xiiie siècle, p. 193 à 208. — Corrections à quelques textes précédemment publiés, p. 208 à 210. — Cf. XXXIX, p. 241; et XL, p. 350.

4562. Anglade (J.). — Gurgus. Lat. Gurgus; formes féminines et masculines en provençal, p. 276 à 278.

4563. Coulet (Jules). — Sur la nouvelle provençale du *Papagai*, p. 289 à 330.
4564. Restori. — Recettes de fauconnerie et éléments de médecine, *fig.*, p. 337 à 347.
4565. Bertoni (Giulio). — Noterelle provenzali, p. 348; XLVI, p. 74. et 245.

[Sur Cercalmon, p. 348. — La chanson à la Vierge *Flors de Paradis* et Paraphrase en vers du *Pater*, p. 352. — Bertrand de Born (80, 14), XLVI, p. 73. — Il *flabel* di Aimeric de Peguilhan a Sordello, p. 245. — Vie provençale de sainte Marguerite, p. 249.]

[4572]. Ulrich (Jacques). — La traduction du nouveau Testament en ancien haut-engadinois par Bifrun, p. 357 à 369.
4566. Sarrieu (B.). — Le parler de Bagnères-de-Luchon et de sa vallée, p. 385 à 446; et XLVI, p. 317 à 398.
4567. Vidal (Auguste). — Les cartulaires d'Albi, p. 447 à 469.
4568. Thérond (Gustave). — Contes lengadoucians, p. 488 à 498. — Suite de XLIII, p. 325; et XLIV, p. 54, 259, 469, et 551.

XLVI. — Revue des langues romanes, t. XLVI (5e série, t. VI). (Montpellier, 1903, in-8°, 608 p.)

4569. Grammont (Maurice). — *Ragotin* [comédie de La Fontaine] et le vers romantique, p. 5 à 29.
4570. Vianey (Joseph). — La robe grise de Macette [de Mathurin Régnier], p. 30 à 32.
4571. Vidal (Auguste). — Les délibérations du Conseil communal d'Albi de 1372 à 1388, p. 33 à 73.
[4565]. Bertoni (Giulio). — Noterelle provenzali, p. 74, et 245.
4572. Ulrich (Jacques). — La traduction du nouveau Testament en ancien haut-engadinois par Bifrun, p. 75 à 93. — Suite de XL, p. 65; XLI, p. 239; XLII, p. 56; XLIV, p. 521 et XLV, p. 357.
4573. Grammont. — Études sur les vers français, p. 97 à 244, et 417 à 532.
4574. Pistolesi (Lucilla). — Del posto che spetta al *Libro de Alexandro* nella storia della letteratura spagnuola, p. 255 à 281.
4575. Berthelé (Jos.). — Le vrai sens du mot *gitare* dans les anciens documents campanaires, p. 282 à 287.
4576. Kastner (L.-E.). — Les grands rhétoriqueurs et l'abolition de la coupe féminine, p. 289 à 297.
4577. Pélissier (L.-G.). — Documents sur les relations de l'empereur Maximilien et de Ludovic Sforza en l'année 1499, p. 298 à 316.. — Suite de XLIV, p. 342; et XLV, p. 72, 370 et 470.
[4566]. Sarrieu (B.). — Le parler de Bagnères-de-Luchon et de sa vallée, p. 317 à 398.
4578. Chichmarev. — Vie provençale de sainte Marguerite, p. 545 à 590.

HÉRAULT. — MONTPELLIER.

SOCIÉTÉ LANGUEDOCIENNE DE GÉOGRAPHIE.

Les publications antérieures de cette Société sont analysées dans notre *Bibliographie générale*, savoir :
Bulletin, t. I à XXIII (1878-1900), *Bibliographie*, Supplément sous presse.
— t. XXIV (1901), *Bibliographie*, nouvelle série, t. I, p. 38.

XXV. — Société languedocienne de géographie. Bulletin, 25e année, t. XXV. (Montpellier, 1902, in-8°, 504 p.)

4579. Grasset-Morel. — Montpellier, ses sixains et ses rues, *pl.*, p. 5 à 42, 159 à 195. — Suite de XXIV, p. 198, 293 et 445.
4580. Calvet (J.). — La Montagne noire, p. 43 à 68. — Suite et fin de XXIV, p. 213, 316 et 467.
4581. Duponchel (A.). — Le colonel Fulcrand [† 1902], p. 340 à 343.

ILLE-ET-VILAINE. — RENNES.

SOCIÉTÉ ARCHÉOLOGIQUE D'ILLE-ET-VILAINE.

Les publications antérieures de cette Société sont analysées dans notre *Bibliographie générale*, savoir :
Extrait des procès verbaux (1844-1857), *Bibliographie*, t. II, p. 23.
Bulletin et mémoires, t. I à XVII (1861-1885), *Bibliographie*, t. II, p. 24.
— t. XVIII à XXX (1888-1901), *Bibliographie*, Supplément sous presse.
— t. XXXI (1902), *Bibliographie*, nouvelle série, t. I, p. 38.
Ouvrages divers (1883-1886), *Bibliographie*, t. II, p. 23.

XXXII. — Bulletin et mémoires de la Société archéologique du département d'Ille-et-Vilaine, t. XXXII. (Rennes, 1903, in-8°, XLVI et 259 p.)

4582. BANÉAT. — La corne de licorne conservée à l'hôpital Saint-Yves de Rennes, p. XIV.
4583. FROTIER DE LA MESSELIÈRE. — Portrait de Pierre Frotier (XVe s.), p. XX.
4584. DECOMBE. — Médaille commémorative de la pose de la première pierre du Palais de justice de Rennes (1618), p. XXIV.
4585. PARFOURU. — Procès verbal de la pose de la première pierre du Palais de justice de Rennes, tiré des registres du Parlement de Bretagne (1618), p. XXVI.
4586. DU PONTAVICE. — Accord entre Yves Robelot, s^r de la Voltais, et Bertrand de Couëdor, s^r de l'Abbaye, relatif à des violences commises dans l'église de Guer (1518), p. XXVII.
4587. SAULNIER. — Charte suspecte relative à la famille de Boisgelin (1294), p. XXVIII à XXX.
4588. PARIS-JALLOBERT (L'abbé). — Cadran solaire à l'usage de Saint-Malo, dressé par l'abbé Manet, p. XXXVI à XXXIX.
4589. PARIS-JALLOBERT (L'abbé). — Pierre Desvallées (XVIIe s.), p. XXXIX à XLII.
4590. GUILLOTIN DE CORSON (L'abbé). — Petites seigneuries du comté de Rennes, p. 1 à 36. — Suite de XXIX, p. 227; et XXXI, p. 87.
[La Villegontier et la Tendraye en Parigné, Cloyes en Clayes. La Bourbansaye en Pleugueneuc.]
4591. ANNE-DUPORTAL (A.). — Hédé, hôpital et maison des retraites, p. 37 à 84.
4592. DU PONTAVICE (Vicomte Paul). — Un enlèvement au temps jadis, p. 85 à 105.
[Jean Le Provost, sieur de la Garenne, et Louise Boschier (1635).]
4593. SAULNIER (F.). — Un prélat au XVIIe siècle. François de Villemontée, évêque de Saint-Malo [1598 † 1670], sa femme et ses enfants d'après des documents inédits, 2 *portr.*, p. 107 à 138.
4594. POCQUET (Barth.). — Un prédicateur poursuivi en 1770, p. 139 à 162.
[Sermon de l'abbé Poisson à Saint-Germain de Rennes.]
4595. DECOMBE (Lucien). — Un artiste rennais du XVIIIe siècle. Jean-François Huguet (1679 † 1749), *portr.*, p. 163 à 225.
4596. JOÜON DES LONGRAIS. — D'Artagnan à Rennes, vers héroïques d'Amette de la Bourdonnaye [1717], p. 229 à 234.
4597. JOÜON DES LONGRAIS. — Le drapeau de Jacques Cartier, p. 235 à 240.

ILLE-ET-VILAINE. — SAINT-MALO.

SOCIÉTÉ HISTORIQUE ET ARCHÉOLOGIQUE DE SAINT-MALO.

Cette Société a été fondée à la fin de l'année 1899 et approuvée par arrêté préfectoral du 3 janvier 1900. Elle a publié depuis cette époque un fascicule annuel d'*Annales*; une table collective pour les fascicules de

1900, 1901 et 1902 termine celui de cette dernière année, nous donnons donc ci-dessous l'analyse de ce premier volume.

I. — Annales de la Société historique et archéologique de l'arrondissement de Saint-Malo. Année 1900 [et années 1901 et 1902]. (Saint-Servan, 1900 [-1902], in-8°, 78, 93, et XII-96 p.)

Année 1900.

4598. Decombe (Lucien). — Un artiste oublié. Hyacinthe Lorette [1794 † 1872], p. 15 à 21.
4599. Herpin (E.). — Le fabuliste malouin François Longuécand [1813 † 1890], p. 22 à 27.
4600. Herpin (E.). — Le peintre Louis Amiel, p. 28 à 30.
4601. Hamon (J.-M.). — La vierge en argent de la cathédrale de Saint-Malo, p. 31 à 34.
4602. Dupont (Étienne). — Simples notes de contribution à l'histoire du pays malouin, p. 35 à 38.
4603. Mathurin (L'abbé Joseph). — Les papegault ou papegai à Cancale (1559-1770), p. 39 à 44.
4604. Harvut. — La pêche à Terre-Neuve [depuis le XVIe siècle], p. 45 à 52.
4605. Dagnet (A.). — La mare Saint-Coulban, p. 61 à 68; et 1901, p. 72 à 78.

Année 1901.

4606. Herpin (E.). — La Compagnie des Indes aux mains des Malouins, p. 13 à 21.
4607. Mathurin (L'abbé Joseph). — Les prairies de Cézembre, p. 23 à 26.
4608. Hervot (D[r]). — La médecine et les médecins à l'Hôpital général de Saint-Malo (1679-1901), p. 27 à 46.
4609. Hamon (J.-M.). — L'amiral Gauttier-Duparc [1772 † 1850], p. 47 à 50.
4610. Boivin (Louis). — Au pays des Curiosolites, *pl.*, p. 51 à 63.
4611. Duchesne (L'abbé Louis). — Le presbytère de Saint-Servan en 1427, p. 64.
4612. Haize (Jules). — La station romaine de l'Arguenon. Voie romaine de Corseul à Tregon. Vestiges des Quatre-Vaux, p. 65 à 71.
[4604]. Dagnet (A.). — La mare Saint-Coulban, p. 72 à 78.

Année 1902.

4613. Herpin (E.). — Les chiens du guet [à Saint-Malo], p. 1 à 6.
4614. Hervot (D[r]). — Les rapports de l'Hôpital général de Saint-Malo avec Saint-Servan (1679-1793), p. 7 à 16.
4615. Saint-Mleux (Georges). — *Les cancans bretons* [pamphlet légitimiste], p. 17 à 29.
4616. Cleret de Langavant (Capitaine). — Simple note pour servir à l'histoire de Saint-Malo [1591], p. 30 à 33.
4617. Dagnet (A.). — Le parler cancalais, p. 34 à 38.
4618. Mathurin (Joseph). — Le Conseil général de Saint-Énogat (1726-1778), p. 39 à 46.
4619. Haize (Jules). — Notice sur les archives communales de Châteauneuf, p. 47 à 55.
4620. Boivin (Louis). — Promenades archéologiques, 2 *pl.*, p. 56 à 69.

[Dol, *pl.*; la Vieuville, *pl.*; Cancale et la Gouesnière.]

4621. Parfouru (P.). — Documents relatifs à la réception de Jean-Baptiste Garnier du Fougeray comme chevalier de l'ordre du Christ de Portugal [1726], p. 71 à 78.
4622. Delarue. — Procès-verbal concernant les chapelles et autels du Mont-Dol ayant servi aux sacrifices des anciens, et depuis, au culte catholique [1804], p. 79 à 83.

INDRE. — CHÂTEAUROUX.

SOCIÉTÉ ACADÉMIQUE DU CENTRE.

Les publications antérieures de cette Société sont analysées dans notre *Bibliographie générale*, savoir :
Bulletin, t. I à VI (1895-1900), *Bibliographie*, Supplément sous presse.
— t. VII (1901), *Bibliographie*, nouvelle série, t. I, p. 39.

VIII. — Bulletin de la Société académique du Centre, 8e année. (Châteauroux, 1902, in-8°, 336 p.)

4623. Lamy (L'abbé). — Archiprêtré du Blanc, p. 1 à 33, et 69 à 103. — Suite de VII, p. 1, 69, et 213.
4624. Moreau (L'abbé P.-S.). — Chapitre de Saint-Silvain de Levroux, p. 34 à 58. — Suite de II, p. 114, 200, 279; III, p. 109, 157; et VII, p. 181.
4625. Laguérenne (Henry de). — Les vignerons d'Issoudun, p. 59 à 65.

4626. Boutonnet (L'abbé Pierre). — Estrées-Saint-Genou, p. 104 à 125.

4627. Laguérenne (A. de). — Une lettre du comte de Brunet de Neuilly (1825; les chasses de Compiègne), p. 126 à 129.

4628. Moreau (S.). — Monographie de la paroisse de Saint-Satur et de ses environs pendant la période révolutionnaire (1789-1800), p. 133 à 150.

4629. Pierre (J.). — Histoire singulière et véridique de cinq bustes en marbre offerts à la ville de Troyes par M. Grosley, avocat, et exécutés par le sculpteur Louis-Claude Vassé, *facs.* et *pl.*, p. 151 à 174, et 217 à 237.

[Bustes de Pierre Mignard, *pl.*; de Girardon, *pl.*; de Pierre Pithou, *pl.*; du P. Le Cointe et de J. Passerat.]

4630. V. H. [Huguenot (V.)]. — Monnaies découvertes à Bretagne, *pl.*, p. 175 à 184.

[Monnaies romaines.]

4631. [Huguenot (V.)]. — Le général A. Fabre, ses campagnes (1854-1871), d'après ses notes et sa correspondance, *portr.* et *pl.*, p. 185 à 202, et 238 à 324.

[Campagne de Crimée.]

4632. Pérot (Francis). — Méreaux de l'abbaye de Bussière-les-Nonains, à Saint-Désiré (Allier), dans l'ancien diocèse de Bourges, p. 325 à 332.

INDRE-ET-LOIRE. — TOURS.

SOCIÉTÉ D'AGRICULTURE, SCIENCES, ARTS ET BELLES-LETTRES D'INDRE-ET-LOIRE.

Les publications antérieures de cette Société sont analysées dans notre *Bibliographie générale*, savoir :

Recueil des séances, t. I à VI (an XI-1810), *Bibliographie*, t. II, p. 30.

Annales, t. I à LXIII (1821-1885), *Bibliographie*, t. II, p. 31.

— t. LXIV à LXXVII (1886-1900), *Bibliographie*, Supplément sous presse.

— t. LXXVIII (1901), *Bibliographie*, nouvelle série, t. I, p. 39.

Ouvrages divers (1763-1863), *Bibliographie*, t. II, p. 30.

LXXIX. — Annales de la Société d'agriculture, sciences, arts et belles-lettres du département d'Indre-et-Loire, publiées sous la direction de M. Auguste Chauvigné,... 2e série, 141e année, t. LXXXII, année 1902. (Tours, 1902, in-8°, 124 p.)

4633. Guerlin (Henri). — L'art religieux et l'œuvre de James Tissot, p. 70 à 78.

LXXX. — Annales de la Société d'agriculture, sciences, arts et belles-lettres du département d'Indre-et-Loire, publiées sous la direction de M. Auguste Chauvigné..., 2e série, 142e année, t. LXXXIII, année 1903. (Tours, 1903, in-8°, 124 p.)

INDRE-ET-LOIRE. — TOURS.

SOCIÉTÉ ARCHÉOLOGIQUE DE TOURAINE.

Les publications antérieures de cette Société sont analysées dans notre *Bibliographie générale*, savoir :

Mémoires in-8°, t. I à XXXIII (1842-1885), *Bibliographie*, t. II, p. 36.

— in-8°, t. XXXIV à XLI (1888-1900), *Bibliographie*, Supplément sous presse.

Mémoires in-8°, t. XLII (1901), *Bibliographie*, nouvelle série, t. I, p. 40.
Mémoires in-4°, t. I à II (1869-1887), *Bibliographie*, t. II, p. 44.
— in-4°, t. III à IV (1888-1897), *Bibliographie*, Supplément sous presse.
Bulletin, t. I à VI (1869-1885), *Bibliographie*, t. II, p. 44.
— t. VII à XII (1886-1900), *Bibliographie*, Supplément sous presse.
Ouvrages divers (1871-1881), *Bibliographie*, t. II, p. 36 et 49.

XIII. — Bulletin trimestriel de la Société archéologique de Touraine, t. XIII, 1901-1902. (Tours, 1903, in-8°, 604 p.)

4634. Bossebœuf (L'abbé L.). — L'église abbatiale de Marmoutier, p. 28. — Les statues de Saint-Paterne, p. 31.

4635. Bossebœuf (L'abbé L.). — La famille de Rabelais, p. 38 à 39.

4636. Alousque. — L'ancien presbytère de Boussay, p. 47 à 48.

4637. B. de la M. (Comte) [Boulay de la Meurthe (Comte Alfred)]. — Translation des restes de Descartes à l'abbaye de Saint-Germain-des-Prés, p. 55 à 80.

4638. Beaumont (Ch. de). — Communications archéologiques, p. 83 à 85.

[Sceau de Saint-Martin-de-Maillé-Laillé; statue de Vénus Anadyomène; fouilles de Chatigny.]

4639. Bossebœuf (L'abbé L.). — Sur un buste du Christ au Carroi-Voguet, commune de Saint-Pierre-des-Corps (xvᵉ s.), p. 85 à 86.

4640. Langlois (L.). — Obligations passées à Tours par Henri IV, au profit de ses régiments suisses (mars 1593), p. 102 à 165.

4641. Gatian de Clérambault (E.). — Note sur les jetons des maires de Tours, p. 165 à 167.

4642. Grimaud (Henri). — Les propriétés de la famille Rabelais (1480-1650), p. 168 à 181.

4643. Anonyme. — Les proches parents de Descartes en Touraine, p. 181 à 184.

4644. Beaumont (Comte Ch. de). — La ferme des Roulets ou Roulais, à Fondettes, p. 189 à 190.

4645. Bossebœuf (L'abbé). — Le château de la Vallière, p. 191 à 193.

4646. Hardion (J.) et Bossebœuf (L.). — Les maisons historiques de Tours, 2 *pl.*, et *fig.*, p. 201 à 268. — Suite de XII, p. 195 et 230.

[L'hôtel Gouin.]

4647. Boulay de la Meurthe (Comte). — Les peintres du château des Montils et d'Amboise, p. 271. — La Saint-Barthélemy à Tours, p. 272.

4648. Grandmaison (Louis de). — Inscriptions de la cloche de Couesmes (1787), p. 272.

4649. Bossebœuf (L'abbé). — Fragment d'un livre des recettes de Marmoutier relatif à la famille Descartes, p. 273.

4650. Bossebœuf (L'abbé). — Découverte d'un four à poteries à Tours, p. 274.

4651. Faye. — Excursion à Vendôme, p. 278 à 280.

4652. Grandmaison (Louis de). — Jean-Baptiste Gault, évêque de Marseille († 1643), p. 280.

4653. Faye (H.). — M. Malardier [Pierre-Louis, 1848 † 1901], p. 293 à 295.

4654. Faye (H.). — M. Auguste Martin [1817 † 1901], p. 295 à 297.

4655. Dubreuil-Chambardel (Louis). — La rivière de Ligueil, p. 297 à 300.

4656. Grimaud (Henri). — La sibylle de Panzoult, p. 301 à 305.

4657. Beaumont (Comte Charles de). — Note sur les seigneurs de Rochecot, p. 306 à 344.

4658. Gabeau (Alfred). — Étude sur le marquisat de la Vallière et les fiefs qui en dépendent, p. 362 à 392, et 435 à 473.

4659. Beaumont (Comte Charles de). — Nouveau document sur l'hôtel Gouin [à Tours, 1599], p. 393 à 402.

4660. Grandmaison (Louis de). — La naissance de l'historien Jacques Dupuy (Tours, 24 septembre 1591), p. 403 à 405.

4661. Fay (Paul). — La confrérie des agonisants à Luynes [xviiᵉ s.], p. 405 à 408.

4662. Langlois (Ludovic). — L'Atlas de [Maurice] Bouguereau [*Théâtre françois*, Tours, 1594], p. 408 à 412.

4663. Beaumont (Comte Charles de). — La carte du duché de Touraine en 1592, p. 412 à 415.

4664. Bousrez (Louis). — L'emplacement exact de N.-D. de l'Écrignole [à Tours], p. 415.

4665. Bossebœuf (L.). — Notes sur quelques artistes de Touraine [xvᵉ-xviiiᵉ s.], p. 473 à 488.

4666. Clérambault (De). — Les cimetières des protestants à Tours, p. 488 à 491.

4667. Beaumont (Comte Charles de). — Découvertes de monnaies à Luynes, p. 491 à 492.

[Monnaies françaises (xvᵉ-xviᵉ s.).]

4668. Lépinaist (De). — Excursion de la Société archéologique au Mans, p. 500 à 514.

4669. Faye (H.). — Pierre Damien [1824 † 1902], p. 514 à 515.

4670. Faye (H.). — Le comte Jules-Auguste de Marolles [1809 † 1902], p. 516 à 520.

4671. Beaumont (Comte Charles de). — Note sur les tapisseries de la cathédrale de Tours, p. 520 à 524.

4672. Grimaud (Henri). — Le statut municipal de Chinon [1560], p. 524 à 543.

4673. Grandmaison (Louis de). — Inscriptions des églises de Crissay et de Rivière, p. 559 à 562.

4674. Boulay de la Meurthe (Comte). — Notes sur les imprimeurs et libraires de Tours pendant la Ligue, p. 563 à 571.

4675. Vitry (P.). — A propos du coffre d'Azay-le-Rideau [les stalles de la chapelle du château d'Ussé, xvie s.], p. 571 à 573.

4676. Grandmaison (Ch. de). — Deux points de la biographie de Michel Colombe, p. 574 à 585.

4677. Faye (H.). — M. Louis Camus [1851 † 1902], p. 585 à 586.

4678. Boutineau (F.-Émile). — Note sur l'église Saint-Pierre-le-Puellier à Tours [vente en 1791], p. 587 à 589.

4679. Fay (Paul). — Un collège à Luynes, p. 590 à 592.

4680. Beaumont (Comte Charles de). — Découvertes archéologiques à Fondettes, *fig.*, p. 593 à 597.

[Antiquités gauloises et gallo-romaines.]

ISÈRE. — GRENOBLE.

ACADÉMIE DELPHINALE.

Les publications antérieures de cette Académie sont analysées dans notre *Bibliographie générale*, savoir :

Bulletin, t. I à XXVIII (1836-1885), *Bibliographie*, t. II, p. 51.
— t. XXIX à XLII (1886-1900), *Bibliographie*, Supplément sous presse.
— t. XLIII (1901), *Bibliographie*, nouvelle série, t. I, p. 40.
Documents inédits, t. I à III (1865-1875), *Bibliographie*, t. II, p. 59.
Mémoires, t. I à III (1787-1789), *Bibliographie*, t. II, p. 51.
Recueil, t. I à III (an vii-1807), *Bibliographie*, t. II, p. 51.

XLIV. — Bulletin de l'Académie delphinale, 4e série, t. XVI, 1902. (Grenoble, 1903, in-8°, xl-488 p.)

4681. Juster (Capitaine Émile). — Deux années de commandement [de Leroy, dit Blondel] à Château-Queyras (1822-1824), p. 17 à 64.

4682. Miribel (Comte de). — Monographie de la famille de la Morte-Laval, 7 *portr.*, 1 *pl.*, et 2 *tableaux*, p. 73 à 116.

4683. Ferrand (Henri). — Un problème de géographie dauphinoise [cartographie], *cartes dont 2 hors texte*, p. 117 à 134.

4684. Juster (Émile). — Une fête municipale à Grenoble. Mariage de dix anciens militaires le 29 avril 1810 [à l'occasion du mariage de Napoléon Ier et de Marie-Louise], p. 135 à 145.

4685. Boudet (Marcellin). — Documents inédits sur les chartes coutumières et gardiennes. Aspres-sur-Buech et ses chartes de coutumes (1276-1439), p. 173 à 475.

ISÈRE. — GRENOBLE.

SOCIÉTÉ DAUPHINOISE D'ETHNOLOGIE ET D'ANTHROPOLOGIE.

Les tomes à I à VII des Bulletins de cette Société publiés de 1894 à 1900 seront analysés dans le Supplément de notre *Bibliographie générale.*

VIII. — Bulletins de la Société dauphinoise d'ethnologie et d'anthropologie, t. VIII, 1901. (Grenoble, 1901, in-8°, 364 p.)

4686. Jacquot (Lucien). — De quelques usages chez les indigènes de l'Afrique australe, p. 6.

4687. Jacquot (Lucien). — Etymologie des noms de lieu en Chablais, p. 8 à 45. — Suite et fin de VII, p. 178.

4688. Genton. — Notes ethnographiques sur la Corse, p. 45 à 54.

4689. Beylié (De). — Notes sur les corporations en Dauphiné dans la seconde moitié du XVIIIe siècle, p. 56 à 70.

4690. Lachmann. — Origine du mot Dalhia, p. 72.

4691. Flandrin (D[r]). — Le premier disciple de Pasteur en Dauphiné : M. Pierre Sirand, p. 73 à 91.

4692. Chabrand (E.). — Coup d'œil général sur l'extraction et la métallurgie de l'or dans l'antiquité, p. 91 à 104.

4693. Morel (Jules). — Le vagabondage et la mendicité au XVIe siècle, p. 104 à 122.

4694. Roux (Émile). — Les Précieuses à Grenoble au XVIIe siècle, Claude de Chaulnes, à propos de son manuscrit inédit de la bibliothèque de Grenoble, p. 133 à 160.

4695. Muller. — Présentation d'un vase funéraire romain en plomb, trouvé à la Bâtie-Mont-Saléon (Hautes-Alpes), *pl.*, p. 163 à 166.

4696. Jacquot. — Fêtes traditionnelles des indigènes de l'Algérie, p. 211.

4697. Bonnet (Dr J.). — A propos de quelques chapiteaux, 2 *pl.*, p. 213 à 229.

[Chapiteaux provenant de l'église de Boreins (Ain), et de l'ancien cloître de la cathédrale de Grenoble.]

4698. Verne (Claude). — A travers les Indes anglaises, *fig.* et 6 *pl.*, p. 232 à 319.

4699. Picaud (A.). — Ethnologie des jeux populaires, p. 331 à 352.

IX. — Bulletin de la Société dauphinoise d'ethnologie et d'anthropologie, t. IX, 1902. (Grenoble, 1902, in-8°, 264 p.)

4700. Girard. — Dessèchement des marais de Bourgoin, Jallieu, Brangues, le Bouchage, la Verpillière et leurs dépendances [XVIIe s.], p. 10 à 13.

4701. Muller. — Présentation d'objets en bronze trouvés en Dauphiné, *pl.*, p. 14 à 20.

4702. Delacroix. — Notes pour servir à l'histoire des protestants en Dauphiné après la révocation de l'Édit de Nantes (notes extraites des archives communales de Mens), p. 24 à 28.

4703. Muller. — Note sur une pointe de flèche en bronze trouvée au pied de la cheminée de Chamechaude [massif de la Grande-Chartreuse], p. 28 à 30.

4704. Jacquot. — Notes diverses d'ethnographie, *pl.*, p. 30 à 34.

4705. Jacquot (L.). — Notes ethnographiques sur les Boers, p. 43 à 47.

4706. Jacquot. — La découverte de l'Amérique [IX-XIe s.], p. 47 à 51.

4707. Delaloye (L'abbé). — Démembrement de la paroisse de la Garde en Oisans, p. 52 à 56, 199 à 209.

4708. Beylié (J. de). — Une arrestation sensationnelle à la Mure, en 1792, p. 64 à 75.

4709. Delacroix. — Privilèges et libertés de Mens [1282-1687], p. 78 à 82.

4710. Bordier (D[r]). — Analyse ethnique des populations de l'Isère par l'étymologie des noms propres, p. 90 à 101.

4711. Muller. — Notes pour servir à l'histoire de l'organisation du corps pharmaceutique et médical militaire dans les Alpes, du 27 juin 1792 au 14 pluviôse an VIII, p. 102 à 117.

4712. Bordier (D[r]). — Un chapitre de l'évolution de l'art, l'art préhistorique, *fig.* et *pl.*, p. 118 à 129.

4713. Delmas (Dr P.). — Les Hadjrat Mektoubat ou les pierres écrites du Djebel Amour dans le Sud-Oranais, *fig.*, p. 130 à 147.

4714. Jacquot. — Amulettes algériennes, *fig.* et 2 *pl.*, p. 195 à 198.

4715. Chalvin. — Règlements de la commune d'Huez en Oysans [1733], p. 210 à 217.

4716. Bolot (Louis). — Les campagnards de l'arrondissement de Lure. Leur histoire, leur patois, leurs superstitions, leur thérapeutique, p. 217 à 241.

ISÈRE. — GRENOBLE.

SOCIÉTÉ DE STATISTIQUE, DES SCIENCES NATURELLES ET DES ARTS INDUSTRIELS DE L'ISÈRE.

Les publications antérieures de cette Société sont analysées dans notre *Bibliographie générale*, savoir :
Bulletin, t. I à XXIV (1838-1885), *Bibliographie*, t. II, p. 60.
— t. XXV à XXXI (1889-1900), *Bibliographie*, Supplément sous presse.

XXXII. — Bulletin de la Société de statistique, des sciences naturelles et des arts industriels du département de l'Isère, 4ᵉ série, t. VI (XXXIIᵉ de la collection). (Grenoble, 1902, in-8°, 433 p.)

4717. Roman (J.). — Les peuples des Alpes, *carte*, p. 9 à 21.

4718. Roman (J.). — Legs faits par Abbon dans son testament dans les pagi de Briançon, Embrun, Chorges et Gap [739], p. 23 à 46.

4719. Gerbet (A.). — Les monnaies incuses de la Grande Grèce, p. 103 à 118.

4720. Duhamel (H.). — Voyage d'inspection de la frontière des Alpes en 1752 par le marquis de Paulmy, secrétaire d'État, adjoint au ministre de la Guerre, le comte d'Argenson, *fig.*, p. 119 à 264.

[Relation rédigée par Charles Benoît, comte de Guibert, suivie de mémoires sur les travaux de fortification, par Pierre Bourcet.]

ISÈRE. — GRENOBLE.

SOCIÉTÉ DES TOURISTES DU DAUPHINÉ.

Les publications antérieures de cette Société sont analysées dans notre *Bibliographie générale*, savoir :
Annuaire, t. I à XI (1875-1885), *Bibliographie*, t. II, p. 64.
— t. XII à XXVI (1886-1900), *Bibliographie*, Supplément sous presse.

XXVII. — Annuaire de la Société des touristes du Dauphiné, 27ᵉ année, 1901, 2ᵉ série, t. VII. (Grenoble, 1902, in-8°, 323 p.)

4721. Coolidge (W.-A.-B.). — Le mont Pelvoux, monographie historique, *4 pl.*, p. 69 à 150.

4722. Coolidge (W.-A.-B.). — La Meije et ses noms divers, p. 180 à 196.

4723. Anonyme. — Le Briançonnais, p. 239 à 255.

XXVIII. — Annuaire de la Société des touristes du Dauphiné, 28ᵉ année, 1902, 2ᵉ série, t. VIII. (Grenoble, 1903, in-8°, 327 p.)

4724. Ferrand (H.). — Le Dauphiné inconnu, p. 98 à 110.

JURA. — LONS-LE-SAUNIER.

SOCIÉTÉ D'ÉMULATION DU JURA.

Les publications antérieures de cette Société sont analysées dans notre *Bibliographie générale*, savoir :
Travaux et *Mémoires*, t. I à XLIX (1819-1885), *Bibliographie*, t. II, p. 66.
Mémoires, t. L à XLIII (1886-1900), *Bibliographie*, Supplément sous presse.
— t. LXIV (1901), *Bibliographie*, nouvelle série, t. I, p. 41.
Ouvrages divers (1883-1885), *Bibliographie*, t. II, p. 60.

LXV. — Mémoires de la Société d'émulation du Jura, 7ᵉ série, 2ᵉ volume, 1902. (Lons-le-Saunier, 1902, in-8°, 403 p.)

4725. Grosjean (Mˡˡᵉ) et Briot (Dʳ). — Glossaire du patois de Chaussin, p. 1 à 60.

4726. Perrod (Maurice). — Étude sur la vie et sur les œuvres de Guillaume de Saint-Amour, docteur en théologie de l'Université de Paris, chanoine de Beauvais et de Mâcon (1202-1272), *pl.*, p. 61 à 252.

4727. Longin (Émile). — Augustin Vuillerme. Relation de l'incendie de Saint-Claude (1639), publiée avec une introduction et des notes, p. 253 à 320.

4728. Lautrey (Louis). — La baronnie de Chevreau, terrier de 1659, p. 321 à 366.

JURA. — POLIGNY.

SOCIÉTÉ D'AGRICULTURE, SCIENCES ET ARTS DE POLIGNY.

Les publications antérieures de cette Société sont analysées dans notre *Bibliographie générale*, savoir :
Bulletin, t. I à XXVI (1860-1885), *Bibliographie*, t. II, p. 73.
— t. XXVII à XLI (1886-1900), *Bibliographie*, Supplément sous presse.
— t. XLII (1901), *Bibliographie*, nouvelle série, t. I, p. 41.

XLIII. — Bulletin de la Société d'agriculture, sciences et arts de Poligny..., 43ᵉ année, 1902. (Poligny, 1902, in-8°, 144 p.)

LANDES. — DAX.

SOCIÉTÉ DE BORDA.

Les publications antérieures de cette Société sont analysées dans notre *Bibliographie générale*, savoir :
Bulletin, t. I à X (1876 à 1885), *Bibliographie*, t. II, p. 80.

Bulletin, t. XI à XXV (1886-1900), *Bibliographie,* Supplément sous presse.
— t. XXVI (1901), *Bibliographie,* nouvelle série, t. I, p. 42.
Ouvrages divers (1887), *Bibliographie,* t. II, p. 80.

XXVII. — Bulletin de la Société de Borda. Dax (Landes), 27ᵉ année, 1902. (Dax, 1902, in-8°, LX-282 p.)

4729. Arnaudin (Félix). — Un mot sur Labouheyre, p. xxv à xxvii.
4730. Laporterie (Joseph de). — Mosaïque du Gleyza, à la Hounade, p. xxxiv.
4731. Cuzacq. — Prix des matières résineuses dans les Landes durant une période de plus de cent ans, avec des notes explicatives et historiques, p. 1 à 33. — Suite de XXVI, p. 249.
4732. Degert (A.).— Histoire des évêques de Dax, p. 37, 85, 141 et 249. — Suite de XXIV, p. 37, 89, 141; XXV, p. 1, 53, 117, 217; et XXVI, p. 1, 41, 119, et 189.
4733. Foix (V.). — Où est né Lahire? *fig.*, p. 69 à 81.
4734. Abbadie (F.). — Programme d'une fête scolaire au xviiiᵉ siècle, p. 125 à 138.

[Au collège des Barnabites, à Dax, 1768.]

4735. Haristoy (P.). — Fondation de la paroisse et de la commune de Ciboure (Basses-Pyrénées), aux xvᵉ et xviiᵉ siècles, p. 181 à 192, et 201 à 222.
4736. Daugé (C.). — Numismatique. Collection de M. le Dʳ Levrier à Aire-sur-l'Adour (Landes), p. 223 à 246.

[Monnaies mérovingiennes, romaines et du moyen âge; poids monétaires.]

LOIR-ET-CHER. — BLOIS.

SOCIÉTÉ DES SCIENCES ET LETTRES DE LOIR-ET-CHER.

Les publications antérieures de cette Société sont analysées dans notre *Bibliographie générale,* savoir :
Mémoires, t. I à XI (1833-1885), *Bibliographie,* t. II, p. 86.
— t. XII à XIV (1888-1900), *Bibliographie,* Supplément sous presse.
— t. XV (1901), *Bibliographie,* nouvelle série, t. I, p. 42.

XVI. — Mémoires de la Société des sciences et lettres de Loir-et-Cher, 16ᵉ volume. (Blois, 1902, in-8°, 295 p.)

4737. Belton (Louis). — Victor Hugo et son père, le général Hugo à Blois, d'après les lettres de Victor Hugo conservées à la Bibliothèque de Blois et divers documents inédits, *pl.*, p. 9 à 85.
4738. Bersomen (André). — Une famille blésoise : les de Brisacier, *pl.*, p. 89 à 148.
4739. Brosset (Jules). — La musique de la Garde nationale de Blois [1789 † 1885], p. 149 à 167.
4740. Houssay (Dʳ François). — Les silex du tertiaire de Thenay et l'œuvre de l'abbé Bourgeois, *portr.*, 4 *pl.*, p. 169 à 219.
4741. Thibault (Adrien). — Nouvelles notes sur les protestants blaisois, p. 221 à 267. — Cf. XI, p. 61.
4742. Soyer (Jacques). — Les Bretons à Blois à la fin du vᵉ siècle, la prise de la ville par les Francs, l'histoire et la légende, p. 268 à 271.
4743. Trouëssart (A.). — La galerie de Henri IV dans les jardins du château de Blois, *pl.*, p. 272 à 276.
4744. Ubald d'Alençon (Le Fr.). — Description de Montfraut, près Chambord, en 1327, p. 277 à 288.
4745. Soyer (Jacques). — Un saint du Blésois : Victor, évêque du Mans, son identité, p. 289 à 293.

LOIR-ET-CHER. — VENDÔME.

SOCIÉTÉ ARCHÉOLOGIQUE DU VENDÔMOIS.

Les publications antérieures de cette Société sont analysées dans notre *Bibliographie générale*, savoir :
Bulletin, t. I à XXIV (1862-1885). *Bibliographie*, t. II, p. 88.
— t. XXV à XXXIX (1886-1900), *Bibliographie*, Supplément sous presse.
— t. XL (1901), *Bibliographie*, nouvelle série, t. I, p. 43.
Ouvrages divers (1883). *Bibliographie*, t. II, p. 88; et Supplément sous presse.

XLI. — Bulletin de la Société archéologique, scientifique et littéraire du Vendômois.., t. XLI, 1902. (Vendôme, 1902, in-8°, 292 p.)

4746. Haugon (L'abbé). — Troo, de 1790 à 1795, d'après les registres municipaux, p. 5 à 35, et 250 à 275.
4747. Dupré. — César de Vendôme en Guyenne, p. 36 à 47. — Suite et fin de XL, p. 89, et 293.
4748. Saint-Venant (R. de). — La municipalité de la Chapelle-Vicomtesse (canton de Droué, Loir-et-Cher) de 1787 à 1792, p. 48 à 76. — Suite de XL, p. 251.
4749. Chanteaud (G.). — La fontaine Godineau [à Vendôme], p. 77 à 79.
4750. Bonhoure (G.). — Histoire du collège et du lycée de Vendôme, p. 91 à 103, et 175 à 190.
4751. Martellière (J.). — Analyse de quelques autographes et documents faisant partie de la collection A. Maître, p. 104 à 132.

[Sauvegarde de Charles de Vendômois (1527), p. 105. — Quittance de Henriette de Nevers (1564), p. 109. — Ordre de mise en liberté donné par Catherine de Médicis (1572), p. 111. — Lettre de Charles IX au duc de Longueville (1572), p. 118. — Lettres d'Eugène et d'Hortense de Beauharnais à leur mère, p. 125.]

4752. Trémault (A. de). — Hôtel de Langey [à Vendôme], p. 144 à 147.
4753. Nouel (E.) et Peltereau (E.). — M. Émilien Renou (1815 † 1902), *portr.*, p. 156 à 174, et 214 à 222.
4754. Rochambeau (Marquis de). — Notice biographique sur le Dr Jonquet de Mondoubleau [François-Félix, 1813 † 1876], p. 191.
4755. Saint-Venant (R. de). — La paroisse de la Chapelle-Vicomtesse et sa fondation, *fig.*, p. 223 à 249. — Suite de XXXIX, p. 162.
4756. Rotau (Ph.). — Notice sur les fouilles et recherches effectuées en 1902 dans l'ancien prieuré de Saint-Pierre-la-Motte, p. 276 à 281.
4757. Renault (G.). — Note sur la découverte d'un atelier néolithique au Neufmanoir près de Danzé, p. 282 à 285.
4758. Letessier (L.). — Monnaie vendômoise inédite, *fig.*, p. 287 à 289.

LOIRE. — SAINT-ÉTIENNE.

SOCIÉTÉ D'AGRICULTURE DU DÉPARTEMENT DE LA LOIRE.

Les publications antérieures de cette Société sont analysées dans notre *Bibliographie générale*, savoir :
Annales, t. I à XXIX (1857-1885), *Bibliographie*, t. II, p. 100.
— t. XXX à XLIV (1886-1900), *Bibliographie*, Supplément sous presse.
— t. XLV (1901), *Bibliographie*, nouvelle série, t. I, p. 44.

XLVI. — Annales de la Société d'agriculture, industrie, sciences, arts et belles-lettres du département de la Loire...., 2e série, t. XXII, 46e volume de la collection, année 1902. (Saint-Étienne, 1902, in-8°, 291 p.)

4759. Biron (Joseph). — M. Louis de Lapala [1836 † 1902], *portr.*, p. 139 à 142.

4760. [Dumas (Joseph)]. — Tableau des conspirateurs et suspects du district d'Armeville, ci-devant Saint-Étienne; évaluation de la fortune des principaux habitants de Saint-Étienne et montant des sommes taxées par le représentant en mission Javogues, p. 211 à 220.

4761. Thiollier (Noël). — Document relatif au transport en franchise des charbons destinés aux Compagnies de colonisation [1664-1726], p. 221 à 224.

4762. Dumas (Joseph). — Élections nationales de l'an IX. Liste des notables du département de la Loire, élus pour faire partie de la liste de notabilité nationale, p. 263 à 265.

4763. Thiollier (Noël). — Sculptures de la Renaissance trouvées à Saint-Étienne, *fig.* et 2 *pl.*, p. 267 à 272.

LOIRE (HAUTE-). — LE PUY.

SOCIÉTÉ D'AGRICULTURE, SCIENCES, ARTS ET COMMERCE DU PUY.

Les publications antérieures de cette Société sont analysées dans notre *Bibliographie générale*, savoir :

Annales, t. I à XXXIII (1826-1877), *Bibliographie*, t. II, p. 106.

— t. XXXIV et XXXV (1878-1897), *Bibliographie*, Supplément sous presse.

Almanach, t. I à XV (1851-1865), *Bibliographie*, t. II, p. 111.

Bulletin, t. I et II (1899-1901), *Bibliographie*, Supplément sous presse.

Ouvrages divers (1869-1885), *Bibliographie*, t. II, p. 106.

III. — Bulletin de la Société d'agriculture, sciences, arts et commerce du Puy, 3e année, nos 1 [à 6], novembre-décembre 1901 [à septembre-octobre 1902]. (Le Puy, 1902, in-8°, 144 p.)

4764. Dienne (Comte de). — Le monastère de Saint-Théofrède de Cervère et le culte de saint Théofrède en Piémont, p. 8 à 15.

4765. Le Blanc (Paul). — La construction de l'hôtel de ville actuel du Puy, en 1763, p. 16 à 20.

4766. Boudon (G.). — Le rapt de Gasparde de Chevrières, marquise de Canillac, par Claude de l'Aubépine, marquis de Châteauneuf; le vœu de Jacques de Chevrières à Notre-Dame du Puy, p. 22 à 24, et 25 à 28.

4767. Absac (J.-B.). — Chapelle de Saint-Préjet, p. 45 à 48.

4768. Anonyme. — Les Castellane dans le Velay, p. 49 à 50.

4769. Brive (A. de). — Médaille de l'expédition du duc d'Angoulême en Espagne (1823), p. 51.

4770. Boudon (G.). — Cession de droits contre les enfants Vaneau (1709); contrat de mariage de Pierre Vaneau, fils de Pierre Vaneau, sculpteur, avec Antoinette Martin (1712), p. 54 à 58.

4771. Bastide (L'abbé). — Signature cryptographique de Jean du Périer, sur un missel du XVe siècle (Bibliothèque du Puy), p. 58 à 61.

4772. Terrasse (L'abbé Auguste). — La seigneurie de Saint-Quentin ou les seigneurs de la Loire, depuis le Pont de Brives jusqu'à la Voûte, p. 72, 111, et 121.

4773. Absac (G.). — Gilbert de Malafayda, abbé de Saint-Chaffre (1375-1386), p. 98 à 100.

4774. Anonyme. — Armand de Béthune, évêque du Puy (1661-10 décembre 1703), *portr.*, p. 124.

4775. Anonyme. — Cahier des doléances et demandes, instructions et pouvoirs de l'Assemblée élémentaire et particulière du Tiers État de la ville et mandement du Monastier Saint-Chaffre en Velay (1789), p. 125 à 144.

LOIRE-INFÉRIEURE. — NANTES.

SOCIÉTÉ ACADÉMIQUE DE NANTES.

Les publications antérieures de cette Société sont analysées dans notre *Bibliographie générale*, savoir :
Annales, t. I à LVI (1830-1885), *Bibliographie*, t. II, p. 115.
— t. LVII à LXXI (1886-1900), *Bibliographie*, Supplément sous presse.
— t. LXXII (1901), *Bibliographie*, nouvelle série, t. I, p. 45.
Séances publiques et *Procès-verbaux*, t. I à XVI (1798-1828), *Bibliographie*, t. II, p. 113.

LXXIII. — Annales de la Société académique de Nantes et du département de la Loire-Inférieure . . ., volume 3ᵉ de la 8ᵉ série, 1902. (Nantes, 1903, in-8°, 271-LXXX p.)

4776. Tyrion (Julien). — Grégoire de Tours et son temps (540-595), p. 34 à 59.

4777. Libaudière (Félix). — Les élections législatives à Nantes sous la Restauration (1815-1830), p. 138 à 151.

4778. Libaudière (Félix). — La presse à Nantes sous la Restauration et les Mangin, p. 152 à 167.

4779. Caillé (Dominique). — Journal de marche du 5ᵉ bataillon de chasseurs à pied [1840-1841, campagne d'Algérie, par le général Émile Mellinet], p. 181 à 236.

4780. Guillou (Dʳ). — Notice nécrologique sur M. le Dʳ Chartier, p. 265 à 267.

4781. Guillou (Dʳ). — Discours prononcé sur la tombe de M. le marquis de Granges de Surgères, p. 268 à 271.

LOIRE-INFÉRIEURE. — NANTES.

SOCIÉTÉ ARCHÉOLOGIQUE DE NANTES.

Les publications antérieures de cette Société sont analysées dans notre *Bibliographie générale*, savoir :
Bulletin, t. I à XXIV (1861-1885), *Bibliographie*, t. II, p. 124.
— t. XXV à XXXIX (1886-1900), *Bibliographie*, Supplément sous presse.
— t. XL (1901), *Bibliographie*, nouvelle série, t. I, p. 45.

XLI. — Bulletin de la Société archéologique de Nantes et du département de la Loire-Inférieure, année 1902, t. XLIII. (Nantes, 1902, in-8°, 325 p.)

4782. Senot de la Londe (J.) et Quilgars. — Procès-verbaux des séances du 14 janvier au 2 décembre 1902, p. IX à LII.

[Médaille de saint Mabieuc, p. XVI. — Cryptes du Poitou, p. XIX, et XXIII. — Commencement de l'année en Bretagne au XVIᵉ siècle, p. XXX.]

4783. Wismes (Baron Christian de). — Notre ancien président d'honneur, Mᵍʳ Fournier [1803 † 1877], d'après l'ouvrage offert à notre bibliothèque par M. l'abbé Pothier, son secrétaire, p. 26 à 43.

4784. Wismes (Armel de). — Les mosaïques de Rome. Rapport sur la fabrique du Vatican et la possibilité d'introduire en France l'industrie des mosaïques [1875], p. 44 à 53.

[Notice biographique sur Armel de Wismes, par son frère le baron Christian de Wismes.]

4785. Senot de la Londe (J.). — Les origines de l'insurrection vendéenne sur la rive droite de la Loire entre Ancenis et Nantes, p. 54 à 66.

4786. Pied (Ed.). — Histoire des corporations d'arts et métiers de la ville de Nantes, p. 67 à 86.

4787. Veillechèze (A. de). — Le Croisic. Vieux logis, vieilles gens, *fig.*, p. 87 à 118.

4788. Mollat (G.). — L'institution de la prévôté dans

l'église collégiale de Saint-Aubin de Guérande, p. 119 à 122.

[Bulle de Clément V, instituant cette prévôté, 1312.]

4789. Laprade (De). — Notice sur les haches en pierre trouvées dans la province de Bienhoa (Cochinchine), et offertes au musée par M. de Laprade, p. 123.

4790. Wismes (Baron Gaëtan de). — Combat de mouvance entre l'évêque de Nantes et Armand du Pé, marquis d'Orvault, *pl.*, p. 125 à 175, et 322 à 323.

[Vitrail de l'église d'Orvault, *pl.*]

4791. Veillechèze (A. de). — Madame de Bulkeley [1753 † 1832] et le château de Givre, *fig.*, p. 179 à 186.

4792. Veillechèze (A. de). — Le manoir de Kervandu [commune du Croisic] et ses anciens propriétaires, *fig.*, p. 186 à 192.

4793. Veillechèze (A. de). — Mise à la côte, au Croisic, du vaisseau le *Soleil royal* [1759], p. 193 à 197.

4794. Senot de la Londe (J.). — Les bénéfices de l'abbaye de Toussaint (d'Angers), dans le pays nantais, p. 198 à 209.

4795. Senot de la Londe (J.). — Excursion archéologique en Auvergne. Les églises de style roman auvergnat, p. 210 à 225.

4796. Wismes (Baron Gaëtan de). — Interrogatoire d'un vagabond détenu dans les prisons de Guérande (18 août 1734), p. 226 à 234.

4797. Boceret (E. de). — Arrestation de dom Louvard, moine de Saint-Gildas [1728], p. 235 à 248.

4798. Boceret (E. de). — Arrestation du docteur Mellinet [1728], p. 249 à 256. — Prise de possession de la baronnie de Retz par M. le marquis de Brie-Serrant en 1780, p. 257 à 305.

4799. Maître (Léon). — De la nécessité de terminer les travaux de restauration de l'église de Saint-Philbert-de-Grandlieu (Loire-Inférieure), *pl.*, p. 306 à 316.

4800. Soullard (L.). — Imbert Dorléans, échevin de Nantes (1602-1605), p. 317 à 321.

LOIRE-INFÉRIEURE. — NANTES.

SOCIÉTÉ DES BIBLIOPHILES BRETONS ET DE L'HISTOIRE DE BRETAGNE.

Les publications antérieures de cette Société sont analysées dans notre *Bibliographie générale*, savoir :
Bulletin, t. I à VIII (1878-1885), *Bibliographie*, t. II, p. 133.
— t. IX à XIII (1885-1897), *Bibliographie*, Supplément sous presse.
Mélanges historiques, t. I à II (1878-1883), *Bibliographie*, t. II, p. 134.
Archives de Bretagne, t. I à III (1883-1885), *Bibliographie*, t. II, p. 134.
— — t. IV à IX (1889-1900), *Bibliographie*, Supplément sous presse.
Revue de Bretagne, *de Vendée et d'Anjou*, t. I à XXIV (1889-1900), *Bibliographie*, Supplément sous presse.
— — — t. XXV et XXVI (1901), *Bibliographie*, nouvelle série, t. I, p. 46.
Ouvrages divers (1877-1900), *Bibliographie*, t. II, p. 132 et Supplément sous presse.

X. — Archives de Bretagne. Recueil d'actes, de chroniques et de documents inédits, publiés par la Société des bibliophiles bretons et de l'histoire de Bretagne, t. X. (Nantes, 1901, in-4°, 314 p.)

4801. Maître et Berthou (de). — Dubuisson-Aubenay, itinéraire de Bretagne en 1636 (t. II), p. 1 à 314.

LOIRET. — ORLÉANS.

ACADÉMIE DE SAINTE-CROIX D'ORLÉANS.

Les publications antérieures de cette Académie sont analysées dans notre *Bibliographie générale*, savoir :
Lectures et mémoires, t. I à V (1865-1886), *Bibliographie*, t. II, p. 136.
— — t. VI à VIII (1891-1899), *Bibliographie*, Supplément sous presse.
Bulletin (1891-1896), *Bibliographie*, Supplément sous presse.

IX. — **Académie de Sainte-Croix d'Orléans. Lectures et mémoires**, t. IX. (Orléans, 1902, in-8°, 543 p.)

4802. Jarossay (L'abbé). — Abbaye de Micy-Saint-Mesmin-lez-Orléans (1502-1790), 4 *pl.*, p. 1 à 543.

LOIRET. — ORLÉANS.

SOCIÉTÉ D'AGRICULTURE, SCIENCES, BELLES-LETTRES ET ARTS D'ORLÉANS.

Les publications antérieures de cette Société sont analysées dans notre *Bibliographie générale*, savoir :
Annales, t. I à XIV (1818-1837), *Bibliographie*, t. II, p. 138.
Mémoires, t. I à XXXV (1837-1885), *Bibliographie*, t. II, p. 140.
— t. XXXVI à XLVIII (1886-1900), *Bibliographie*, Supplément sous presse.
— t. XLIX (1901), *Bibliographie*, nouvelle série, t. I, p. 47.

L. — **Mémoires de la Société d'agriculture, sciences, belles-lettres et arts d'Orléans**, 5e série des travaux de la Société. t. I, 72e vol. de la collection. (Orléans, 1902, in-8°, 323 p.)

[Les indications de tomaison données ci-dessus sont prises sur le titre; les deux fascicules qui forment le volume fournissent des indications discordantes. Ainsi la couverture du fascicule correspondant au 1er semestre porte : *t. I n° 3, 5e série des travaux, 71e volume de la collection*; celle du 2e semestre porte : *t. II, n° 2, 5e série des travaux, 71e volume de la collection*; enfin, pour comble de confusion, la table est intitulée : *Table du 2e volume de la 3e série des mémoires*.]

4803. Cuissard (Ch.). — Le siège de l'Académie [d'Orléans, 1837], poème héroï-comique du Dr Lhuillier, publié avec des notes, p. 1 à 16.

4804. Garsonnin (Dr). — Cahier des doléances de l'École royale de chirurgie d'Orléans [1789], p. 17 à 29.

4805. Michau (Charles). — Jacob (Denis-Philippe-Abraham-Isaac), professeur à l'École de dessin, conservateur du musée d'Orléans (1788 † 1855), p. 39 à 53.

4806. Croze-Lemercier (Comte de). — Monseigneur Desnoyers [1806 † 1902], p. 54 à 75.

4807. Baillet (Aug.). — Le nom de quelques vases égyptiens, *fig.*, p. 91 à 117.

4808. Cuissard (Ch.). — Origine de la gouttière de cire présentée par les quatre barons orléanais [à l'évêque d'Orléans] et liste des fiefs de l'évêché d'Orléans (1292-1312), p. 129 à 219.

4809. Lalbalettrier. — Pascal et les lois de l'attraction, résumé de la discussion soulevée devant l'Académie des Sciences au sujet de la gravitation universelle [Michel Chasles et les faux de Vrain-Lucas (1867-1869)], p. 220 à 239.

LOIRET. — ORLÉANS.

SOCIÉTÉ ARCHÉOLOGIQUE ET HISTORIQUE DE L'ORLÉANAIS.

Les publications antérieures de cette Société sont analysées dans notre *Bibliographie générale*, savoir :
Mémoires, t. I à XX (1851-1885), *Bibliographie*, t. II, p. 145.
— t. XXI à XXVII (1886-1898), *Bibliographie*, Supplément sous presse.
Bulletin, t. I à VIII (1848-1886), *Bibliographie*, t. II, p. 151.
— t. IX à XI (1887-1897), *Bibliographie*, Supplément sous presse.
— t. XII (1898-1901), *Bibliographie*, nouvelle série, t. I, p. 47.
Ouvrage divers (1853), *Bibliographie*, t. II, p. 145.

XXVIII. — Mémoires de la Société archéologique et historique de l'Orléanais, t. XXXVIII. (Orléans, 1902, in-8°, 633 p.)

4810. Desnoyers. — Les tessères du musée d'Orléans, *pl.*, p. 1 à 11.

4811. Dumuys (Léon). — Les fouilles de la rue Coquille [antiquités romaines, gallo-romaines et mérovingiennes], p. 13 à 31.

[Lettre de M. Prou sur l'épitaphe de Lantrudes.]

4812. Cuissard (Ch.). — Nicolas Thoynard et son testament (1629-1706), p. 33 à 57.

4813. Cuissard (Ch.). — Les chanoines et les dignitaires de la cathédrale d'Orléans, d'après les nécrologes manuscrits de Sainte-Croix, p. 59 à 257.

[Suivi de documents inédits concernant Sainte-Croix d'Orléans (856-1640).]

4814. Cuissard (Ch.). — Chartes originales de l'ancien Hôtel-Dieu d'Orléans [1122-1774], p. 259 à 388.

4815. Desnoyers. — Fouilles de la Loire en 1894 [monnaies gauloises et romaines], p. 389 à 392.

4816. Desnoyers. — Les fouilles de la Loire en 1898 [monnaies gauloises, romaines et franques], p. 393 à 402.

4817. Basseville (Anatole). — Un autographe de Pothier. Pothier, archer de la lieutenance criminelle de robe courte, p. 403 à 409.

4818. Maître (Léon). — Les cryptes mérovingiennes d'Orléans, 2 *pl.*, p. 411 à 416.

4819. Baguenault de Puchesse, Auvray (Lucien) et Lacombe (Bernard de). — Documents inédits sur les guerres de religion dans l'Orléanais, 1re série : 1560-1565, p. 417 à 571.

[Philibert de Marcilly de Sipierre; Jean de Losse.]

4820. Croy (J. de). — Quelques renseignements inédits sur les maîtres maçons des châteaux de Chambord et d'Amboise, p. 573 à 607.

4821. Chollet (Alfred). — Vestiges gallo-romains du canton de Châtillon-sur-Loire. Le puits d'Havenas, Gannes, 2 *pl* et *fig.*, p. 609 à 632.

LOT. — CAHORS.

SOCIÉTÉ DES ÉTUDES LITTÉRAIRES, SCIENTIFIQUES ET ARTISTIQUES DU LOT.

Les publications antérieures de cette Société sont analysées dans notre *Bibliographie générale*, savoir :
Procès-verbaux, t. I à IV (1875-1877), *Bibliographie*, t. II, p. 159.

Bulletin, t. I à X (1873-1885), *Bibliographie*, t. II, p. 159.
— t. XI à XXV (1886-1900), *Bibliographie*, Supplément sous presse.
— t. XXVI (1901), *Bibliographie*, nouvelle série, t. I, p. 49.

XXVII. — Bulletin trimestriel de la Société des études littéraires, scientifiques et artistiques du Lot, t. XXVII. (Cahors, 1902, in-8°, 262 p.)

4822. Fontenilles (P. de). — Recueil d'épigraphie quercynoise, p. 1 à 15. — Suite de XXVI, p. 48, 93, 157, et 221.

4823. Combarieu (L.). — Construction d'une église paroissiale au XVIIe siècle. Extrait des archives de l'église de Vaysse, p. 16 à 22.

4824. Fourastié (V.). — Privilèges, franchises et libertés de la ville de Sainte-Spérée, de tout le château et de la châtellenie de Saint-Céré (Sanctus Serenus), p. 23, 65, 156; et XXVIII, p. 10.

4825. Esquieu (L.). — Une bulle du pape Jean XXII [pour la chapelle Saint-Michel, à Cahors] (13 janvier 1324), p. 38 à 47.

4826. Cadiergues (D^r). — Estat de dénombrement de Mollières, actuellement canton de Lacapelle-Marival (1684), p. 90.

4827. Albe (L'abbé). — Notes pour servir à l'histoire de l'abbaye de Leyme, p. 91 à 112, 141 à 155; et XXVIII, p. 3 à 9.

4828. Combes (A.). — Transaction entre le curé de Fraissines et ses paroissiens (30 juin 1495), p. 113 à 123, et 192 à 201.

4829. Esquieu (L.). — Essai d'un armorial quercynois, p. 176 à 191; et XXVIII, p. 37 à 63.

4830. Albe (L'abbé). — Quelques-unes des dernières volontés de Jean XXII, p. 205 à 219.

4831. Albe (L'abbé). — Bulle de Jean XXII, concernant Espagnac[en Quercy] (27 juillet 1330), p. 227 à 233.

LOT-ET-GARONNE. — AGEN.

SOCIÉTÉ D'AGRICULTURE, SCIENCES ET ARTS D'AGEN.

Les publications antérieures de cette Société sont analysées dans notre *Bibliographie générale*, savoir :
Recueil des travaux, t. I à XVIII (an XII-1885), *Bibliographie*, t. II, p. 62.
— — t. XIX à XXIII (1887-1900), *Bibliographie*, Supplément sous presse.
Revue de l'Agenais, t. I à XII (1874-1885), *Bibliographie*, t. II, p. 165.
— — t. XIII à XXVII (1886-1900), *Bibliographie*, Supplément sous presse.

XXVIII. — Revue de l'Agenais. Bulletin de la Société d'agriculture, sciences et arts d'Agen, t. XXVIII, année 1901. (Agen, 1901, in-8°, 553 p.)

4832. Lauzun (Ph.). — La commune à Agen en 1514, *pl.*, p. 5 à 14.

4833. Granat. — L'amélioration des voies navigables en Agenais au XVIIIe siècle, p. 15 à 35.

4834. Marboutin (J.-R.). — Fête célébrée à Laroque-Timbaut en l'honneur de la naissance du duc de Bordeaux en 1820, p. 36 à 44.

[4854]. Lauzun (Philippe). — Itinéraire raisonné de Marguerite de Valois en Gascogne (1578-1586), p. 45, 140, 330, 441, et 521.

4835. Tholin (G.). — Le capitaine Henri Pouydebat (4 mai 1859 † 8 juillet 1900), p. 60 à 76.

4836. Dubourg. — La Fronde en Gascogne et dans le Brulhois, p. 77 à 80. — Suite et fin de XXVII, p. 202, 306, 399, et 495.

4837. Anonyme. — Certificat de santé (Penne, 1721), p. 81.

4838. Lauzun (Ph.). — Le commandant Lac de Bosredon [1883 † 1901], p. 93 à 96.

4839. Tholin (G.). — Le vieux château de Lafox, *pl.*, p. 104 à 107.

4840. J. de la J. — Impressions de voyage [en Chine], p. 108, 480; et XXIX, p. 46 et 140.

4841. Tholin (G.). — Lettres de volontaires de Laroque-Timbaud [1793], p. 117 à 133.

4842. Chaux (C.). — Les premiers troubles dans l'Agenais [1790], p. 134 à 139.

4843. Couyba (Dr). — Le registre paroissial de Casseneuil (1614-1638). Note complémentaire, p. 154 à 157. — Suite de XXVII, p. 513.

4844. Marboutin (J.). — Notice historique sur la Sauvetat-de-Savères, p. 158, 347, et 459.

4845. G. T. [Tholin (G.)]. — Livre de raison de Jean de Lorman [1622-1623], p. 179 à 194. — Suite et fin de XXIII, p. 167.

4846. Bonnat (René). — Le Congrès archéologique d'Agen (juin 1901), *pl.*, p. 285 à 322.

4847. Servières (L.) et Bouillet (A.). — Sainte Foy, vierge et martyre à Agen, 2 *pl.*, p. 323 à 329, et 469 à 479.

4848. Dubois (J.). — Régime pour une dame de l'Agenais en 1600, p. 367 à 369.

4849. Lauzun (Philippe). — Le château de la Grange-Monrepos (commune de Nérac, Lot-et-Garonne), *pl.*, p. 381 à 402.

4850. Hébrard (P.). — Querelles et démêlés d'un curé avec ses paroissiens [à Casseneuil] (1652-1682), p. 403 à 424, et 494 à 520. — Cf. n° 4867.

4851. Granat. — Essai sur le commerce dans un canton de l'Agenais au xviie siècle, d'après le livre de comptes et de raisons de Hugues Mario, marchand de Montaigut-en-Agenais, aujourd'hui Montaigut-du-Quercy (1648-1654), p. 425 à 440.

XXIX. — Revue de l'Agenais. Bulletin de la Société d'agriculture, sciences et arts d'Agen, t. XXIX, année 1902. (Agen, 1902, in-8°, 541 p.)

4852. Lauzun (Ph.). — Le portrait de Théophile de Viau, p. 5 à 11.

4853. Momméja (Jules). — Les journaux de mer de Florimond Boudon de Saint-Amans [aux Îles-sous-le-vent et aux Antilles, 1767-1769], *pl.*, p. 12, 202, 393, et 453. — Cf. n° 4869.

4854. Lauzun (Ph.). — Itinéraire raisonné de Marguerite de Valois en Gascogne (1578-1586), p. 27, 107, 241, 328, 417, et 484. — Suite de XXVI, p. 202, 306, 399, 495; XXVII, p. 57, 107, 324, 423, 476; et XXVIII, p. 45, 140, 330, 441, et 521.

[4840]. J. de la J. — Impressions de voyage [en Chine], p. 46 à 59, et 140 à 147.

4855. Chaux (C.). — Le château de Lusignan, *pl.*, p. 60 à 64.

4856. Massip (Lucien). — Une station préhistorique du Haut-Agenais [collines de la Sède], p. 65 à 68.

4857. Momméja (J.). — Archéologie agenaise, p. 72, 153, 263, 359, et 518.

[Épée à Antonnes de Tayrac, p. 72. — Ruines gallo-romaines de la Mourrasse, p. 73. — Épitaphe de Bernard de Cuzorn à Montauban (1242), p. 153. — Poterie romaine à Agen, p. 155. — Les sarcophages en pierre du moyen âge, p. 156, et 264. — Inscription du temple de Tournon-d'Agenais, p. 158 et 264. — Trouvaille de monnaies du xviie siècle, à Sermet, p. 158. — Statue antique trouvée à Saint-Hilaire, p. 263. — Inscription de G. Peitavin, à Agen [xiiie s.], p. 359. — Un nouveau faux archéologique de Théodore Chrétin, p. 361. — Un moule du potier Cinnamus, p. 518. — Sigillographie révolutionnaire du Lot-et-Garonne, p. 519.]

4858. Lauzun (Ph.). — L'abbé Léopold Dardy [1826 † 1901], p. 88 à 92.

4859. Marboutin (J.-R.). — Le château de Fontirou (commune de Castella, Lot-et-Garonne), 2 *pl.*, p. 93 à 106.

4860. Chaux (C.). — Une affaire judiciaire au xvie siècle, maistre Jehan de Bagetz, p. 130 à 139.

4861. L. D. — Réception de Mgr Jean IX Louis d'Usson de Bonnac, évêque et comte d'Agen, dans l'église collégiale de Saint-Caprais où il vint selon l'usage prêter serment et recevoir le bâton pastoral de la main du prieur [1768], p. 148 à 152.

4862. Lauzun (Ph.). — Léonce Couture [1832 † 1902], p. 172 à 176.

4863. Lauzun (Ph.). — Statistique du département de Lot-et-Garonne [Industrie] pour l'année 1789 et l'an ix [par Claude Lamouroux], p. 221, 376, et 510.

4864. La Combe (Eugène de). — Le château de Saint-Puy, ses anciens seigneurs et la famille de Monluc, p. 294 à 313.

4865. Granat. — La manufacture de toiles à voiles d'Agen (1764-18..), p. 314 à 327, et 466 à 483.

4866. Momméja (Jules). — Retable de Fongrave, *pl.*, p. 369 à 375.

4867. Couyba (L.). — Une avanie de messire Jean de Fleurans, curé de Casseneuil, p. 410 à 416. — Cf. n° 4850.

4868. Marboutin (J.). — Document sur une invasion des Normands en Agenais [ixe s.], p. 435 à 437.

4869. Momméja (Jules). — Quelques documents inédits sur Boudon de Saint-Amans, p. 438 à 440. — Cf. n° 4853.

LOZÈRE. — MENDE.

SOCIÉTÉ D'AGRICULTURE, INDUSTRIE, SCIENCES ET ARTS DU DÉPARTEMENT DE LA LOZÈRE.

Les publications antérieures de cette Société sont analysées dans notre *Bibliographie générale*, savoir :
Mémoires, t. I à XVI (1827-1849), *Bibliographie*, t. II, p. 172.
Bulletin, t. I à XXXVI (1850-1885), *Bibliographie*, t. II, p. 173.
— t. XXXVII à LI (1886-1900), *Bibliographie*, Supplément sous presse.
— t. LII (1901), *Bibliographie*, nouvelle série, t. I, p. 49.
Ouvrages divers, *Bibliographie*, t. II, p. 172, et nouvelle série, t. I, p. 49.

Le tome LIII du *Bulletin* paru en 1902 n'est mentionné ici que pour mémoire, car il ne contient rien qui rentre dans le cadre de notre *Bibliographie ;* mais aux divers fascicules de ce volume étaient annexées des feuilles destinées à constituer des volumes ou fascicules isolés ; ceux que nous mentionnons sous les n°s 4871 à 4880 ont été achevés ou publiés intégralement en 1902 ; nous y joignons en tête, sous le n° 4870, un fascicule paru en 1901, mais que nous avions négligé parce qu'il se termine par la mention *à suivre;* il n'a cependant rien paru de ce travail en 1902.

LIII. — **Bulletin de la Société d'agriculture, industrie, sciences et arts du département de la Lozère**, t. LIV [lisez : LIII], 1902. (Mende, 1902, in-8°, 118 p.)

OUVRAGES DIVERS.

4870. Barbot (J.). — Zigzags en Lozère du Nord au Sud, notes d'archéologie. (S. l. n. d. [1901], in-8°, 55 p., *fig.*)

4871. Roucaute (Jean). — La formation territoriale du domaine royal en Gévaudan, 1161-1307, avec la carte des terres propres du Roi au temps de Philippe le Bel. (Mende, 1901[-1902], in-8°, 127 p.)

4872. [Germer-Durand]. — Mémoire concernant la baronnie de Meyrueys (documents du XVIIIe siècle). (S. l. n. d. [1901-1902], in-8°, 254 et XXXIX p.)

[Cartulaire du prieuré de Notre-Dame de Bonheur (XIIe-XVIIIe s.), p. 17 à 248 et XXXIX pages de table. — Règlement sur les mines d'argent et de cuivre de la terre d'Hierle autorisé par Pierre Bermond, de Sauve (1227-1228), p. 249 à 254.]

4873. Porée (Charles). — Le consulat et l'administration municipale de Mende (des origines à la Révolution), documents publiés avec une introduction et des notes. (Mende, 1901, in-8°, CXXXV-622 p.)

4874. Reisser (Edmond). — Le premier serment des prêtres lozériens après le Concordat, documents inédits. (Mende, 1902, in-8°, 30 p.)

4875. [Pourcher (L'abbé)]. — Mémoire d'une partie de ce qui s'est fait et passé à la montagne de Grèzes depuis 90 ans ou environ, recueilli de la mémoire des plus anciens habitants dudit lieu de Grèzes, par Pierre Ribes, aussi habitant dudit lieu (en l'année 1640). (S. l. n. d. [1902], in-8°, 40 p.)

4876. Barbot (J.). — Documents d'histoire gévaudanaise extraits de divers ouvrages et périodiques. (Mende, 1902, in-8°, 111 p.)

[La famille d'Apchier, p. 1. — Guerres de religion (1560-1564), p. 78. — Siège de Meyrueis par Rohan (1628), p. 89. — Mission de M. de Machault en Gévaudan (1632-1633), p. 94. — Notice sur Mende et son diocèse, par François Graverol (1696), p. 105.]

4877. Cord (Ernest). — Contribution à l'étude de la préhistoire. Une station néolithique dans la Lozère [à Marazel, commune d'Ispagnac]. (S. l. n. d. [1902], in-8°, 10 p.)

4878. Barbot (J.). — Les anciennes drayes [routes suivies par les troupeaux]. (S. l. n. d. [1902], in-8°, 16 p.)

4879. Boyer (Dr Pierre). — Documents sur l'histoire de la Révolution en Lozère recueillis aux Archives nationales. (S. l. n. d. [1902], in-8°, 104 p.)

4880. Germer-Durand (Fr.). — Notes bibliographiques sur la Lozère (ancien Gévaudan) avec table alphabétique des noms de personnes et des noms de lieux (supplément aux notes bibliographiques publiées en 1901). (Mende, 1902, in-8°, 32 et 4 p.)

MAINE-ET-LOIRE. — ANGERS.

SOCIÉTÉ D'AGRICULTURE, SCIENCES ET ARTS D'ANGERS.

Les publications antérieures de cette Société sont analysées dans notre *Bibliographie générale*, savoir :
Mémoires, t. I à XLI (1831-1885), *Bibliographie*, p. 187.
— t. XLII à LVI (1886-1900), *Bibliographie*, Supplément sous presse.
— t. LVII (1901), *Bibliographie*, nouvelle série, t. II, p. 50.
Documents historiques, t. I et II (1896-1899), *Bibliographie*, Supplément sous presse.
Procès-verbaux de la Commission archéologique, t. I à XIII (1846-1854), *Bibliographie*, t. II, p. 197.
Nouvelles archéologiques, t. I à LIV (1847-1857), *Bibliographie*, t. II, p. 198.
Répertoire archéologique, t. I à XI (1858-1869), *Bibliographie*, t. II, p. 202.
Ouvrages divers (1832-1847), *Bibliographie*, t. II, p. 187.

LVIII. — Mémoires de la Société nationale d'agriculture, sciences et arts d'Angers, ancienne Académie d'Angers, fondée en 1685, 5e série, t. V, année 1902. (Angers, 1902, in-8°, 334 p.)

4881. Rondeau (L'abbé E.). — Le sacre d'Angers [procession], p. 5 à 44.

4882. Farcy (L. de). — Les bonnes fortunes d'un archéologue, p. 45 à 58.

[Les flabella de la cathédrale d'Angers; testament de Louis Ier, duc d'Anjou (1383); la chape anglaise du musée de Vich (Espagne), XIVe siècle; le cœur de Mgr Gault, évêque de Marseille, découvert à Grézillé; la couronne d'argent de Notre-Dame des Gardes.]

4883. Du Brossay. — Ménage et la généalogie des seigneurs de Château-Gontier, p. 87 à 105.

4884. Halphen (Louis). — L'histoire de l'Anjou, Xe et XIe siècles, étude bibliographique, p. 106 à 120.

4885. Du Mas (Henri). — Cadets de province au XVIIIe siècle, p. 121 à 165.

[Antoine Tartas de Romainville.]

4886. Espinay (G. d'). — Les statues de Fontevrault et la Société d'agriculture, sciences et arts d'Angers [1866-1867], p. 175 à 182.

4887. Pavie (Eusèbe). — M. Cosnier et les statues de Fontevrault, p. 183 à 186.

4888. La Perraudière (R. de). — Un chant populaire annamite, p. 187 à 206.

4889. Uzureau (F.). — L'enseignement secondaire en Anjou. Programmes, prospectus et réclame (XVIIIe s.), p. 207 à 283.

4890. La Combe (Louis). — Les toilettes d'une bourgeoise d'Angers, au XVIIIe siècle [Marie-Perrine Ollivier], p. 284 à 308.

III. — Documents historiques sur l'Anjou, III.

4891. Bertrand de Broussillon et Lelong (Eugène). — Cartulaire de l'abbaye de Saint-Aubin d'Angers. Avec une table des noms de personnes et de lieux par Eugène Lelong, t. III : table des noms de personnes et de lieux. Angers, (1903, in-8°, 243 p.)

[Les tomes I et II ont paru en 1896 et 1899.]

IV. — Documents historiques sur l'Anjou, IV.

4892. Planchenault (Adrien). — Cartulaire du chapitre de Saint-Laud d'Angers (actes du XIe et du XIIe siècle), suivi de la vie de saint Silvestre et l'invention de la Sainte Croix, poème français du XIIe siècle. (Angers, 1903, in-8°, XXIV-201 p.)

4893. Bretaudeau (L'abbé A.). — Histoire des Ponts-de-Cé. (Angers, 1901-1903, in-8°, 357 p.)

[Cet ouvrage a paru par fragments annexés aux volumes de *Mémoires* publiés en 1901, 1902 et 1903.]

MAINE-ET-LOIRE. — ANGERS.

SOCIÉTÉ D'ÉTUDES SCIENTIFIQUES D'ANGERS.

Cette Société publie, depuis 1871, un *Bulletin* dont les onze premiers volumes parus avant 1885 ont été omis dans le tome II de notre *Bibliographie générale*, parce qu'ils ne contiennent pas de travaux rentrant dans notre cadre; cependant la Société ayant, par la suite, inséré dans ce *Bulletin* des notices sur des questions d'archéologie préhistorique, nous donnerons dans notre Supplément sous presse l'analyse des vingt-six volumes parus de 1871 à 1900.

XXVII. — Bulletin de la Société d'études scientifiques d'Angers, nouvelle série, 31e année, 1901. (Angers, 1902, in-8°, XLVII-250 p.)

4894. Desmazières (O.). — Notice sur la partie scientifique des travaux de M. Célestin Port, p. 47 à 50.
4895. Desmazières (O.). — Essai sur le préhistorique dans le département de Maine-et-Loire, 3e supplément. Nouvelles découvertes, bibliographie, collections, p. 175 à 201.
4896. Préaubert (E.). — M. E. Aubert (1827 † 1901), p. 219 à 224.
4897. Surrault. — M. Colas († 1901), p. 224 à 225.
4898. Surrault (Th.). — Table décennale du Bulletin de la Société d'études scientifiques d'Angers (1891-1900), p. 229 à 248.

XXVIII. — Bulletin de la Société d'études scientifiques d'Angers, nouvelle série, 32e année, 1902. (Angers, 1903, in-8°, XLI-189 p.)

4899. Fraysse. — Le préhistorique dans la commune de Pontigné, p. 45 à 56.
4900. [Préaubert]. — Le Dr Laumonier [Arthur, † 1903], p. 181 à 182.
4901. [Bouvet (G.)]. — Albert Gaillard [1858 † 1903], p. 183 à 185.

MANCHE. — AVRANCHES.

SOCIÉTÉ D'ARCHÉOLOGIE, LITTÉRATURE, SCIENCES ET ARTS D'AVRANCHES ET DE MORTAIN.

Les publications antérieures de cette Société sont analysées dans notre *Bibliographie générale*, savoir :

Bulletin, t. I à IV (1844-1847), *Bibliographie*, t. II, p. 215.
Bulletins des séances publiques, 7 vol. (1844-1851), *Bibliographie*, t. II, p. 215.
Mémoires, t. I à VII (1842-1885), *Bibliographie*, t. II, p. 215.
— t. VIII à XIV (1886-1899), *Bibliographie*, Supplément sous presse.
Revue de l'Avranchin, t. I à II (1882-1884), *Bibliographie*, t. II, p. 218.

Revue de l'Avranchin, t. III à IX (1886-1899), *Bibliographie*, Supplément sous presse.
— — t. X (1900-1901), *Bibliographie*, nouvelle série, t. I, p. 51.

XV. — Mémoires de la Société d'archéologie, littérature, sciences et arts des arrondissements d'Avranches et de Mortain, t. XV, années 1900-1902. (Avranches, 1902, in-8°, 344 p.)

4902. Tesson (A. de). — La noblesse de l'Avranchin (élections d'Avranches et de Mortain) d'après les recherches officielles, p. 1 à 64.

4903. Deschamps du Manoir (Mgr). — Notes au sujet de l'armorial de l'Avranchin, par M. Alfred de Tesson, p. 78. — Cf. XIII, p. 1.

4904. Tesson (Alfred de). — Réception d'un écuyer du Roi, le comte de Tesson, écuyer ordinaire de Louis XVI (1778), p. 81 à 97.

4905. Deschamps du Manoir (Mgr). — Réminiscences avranchoises, p. 99 à 199.

4906. Tesson (Alfred de). — Les biens des émigrés dans l'Avranchin (districts d'Avranches et de Mortain) en 1792, p. 201 à 332.

XI. — Revue de l'Avranchin, bulletin trimestriel de la Société d'archéologie, de littérature, sciences et arts d'Avranches et de Mortain, t. XI. (Avranches, 1902 [-1903], in-8°, 343 p.)

4907. Sauvage (Hippolyte). — Deux chroniques d'Avranches, p. 8 à 15.

[Chronique des évêques d'Avranches et des abbés du Mont-Saint-Michel (1230-1359); les évêques d'Avranches au temps de Charles V.]

4908. Sauvage (Hippolyte). — Les trésors cachés dans le comté de Mortain [pendant l'invasion anglaise, 1337-1450], p. 16 à 36.

4909. Mauduit (Sosthène). — Rectification [les tours de la porte Baudange, à Avranches], p. 38 à 39. — Cf. X, p. 368.

4910. Guéroult (F.). — Observations au sujet de la note concernant les prisonniers de guerre écossais internés au château de Cherbourg et au Mont-Saint-Michel en 1547, p. 40 à 44. — Cf. X, p. 380.

4911. [Deschamps du Manoir (Mgr)]. — Remarques au sujet des notes granvillaises, p. 51 à 52. — Cf. X, p. 88.

4912. Sauvage (Hippolyte). — Récits légendaires, p. 53, 96, et 240.

[Le Château-Ganne, de Periers-en-Beauficel, p. 58. — Les drames de la forêt de Mortain, p. 96. — La viole d'amour et le donjon d'Avranches, p. 240.]

4913. [Deschamps du Manoir (Mgr Joseph)]. — A propos de l'arrestation du chevalier des Touches, p. 78 à 80. — Cf. VI, p. 107.

4914. Lecacheux (Paul). — Bulles du pape Urbain V concernant le diocèse d'Avranches (1362-1370), p. 81 à 96.

4915. Sauvage (Hippolyte). — Monsieur le président Le Faverais [Julien-Henri, 1825 † 1902], p. 117 à 121.

4916. Tesson (A. de). — Le blason populaire de l'Avranchin. Dictons, proverbes et sobriquets des communes des arrondissements d'Avranches et de Mortain et de leurs habitants, p. 122 à 153.

4917. Tesson (A. de). — Une page d'histoire en 1831-1832. La duchesse de Berry dans la Vendée, *portr.*, p. 178 à 232.

4918. Deschamps du Manoir (Mgr). — Notes pour servir à l'histoire de Granville, p. 262 à 311. — Suite de X, p. 88.

4919. Anonyme. — Table pour les années 1900-1903, p. 332 à 342.

[*Mémoires de la Société* et *Revue de l'Avranchin*.]

MANCHE. — CHERBOURG.

SOCIÉTÉ ARTISTIQUE ET INDUSTRIELLE DE CHERBOURG.

Les publications antérieures de cette Société (1872-1900) sont analysées dans notre *Bibliographie générale*, t. II, p. 223, et Supplément sous presse.

Bulletin de la Société artistique et industrielle de Cherbourg..., n°s 25 et 26, années 1901-1902. (Cherbourg, 1903, in-8°, LXXVI-48 p.)

4920. Anonyme. — Exposition rétrospective (1789-1848), p. LVIII à LXXVI, et 1 à 48.

IMPRIMERIE NATIONALE.

MANCHE. — SAINT-LÔ.

SOCIÉTÉ D'AGRICULTURE, D'ARCHÉOLOGIE ET D'HISTOIRE NATURELLE DE LA MANCHE.

Les publications antérieures de cette Société sont analysées dans notre *Bibliographie générale*, savoir :
Notices, t. I à VI (1851-1885), *Bibliographie*, t. II, p. 225.
— t. VII à XVIII (1887-1900), *Bibliographie*, Supplément sous presse.
— t. XIX (1901), *Bibliographie*, nouvelle série, t. I, p. 51.
Ouvrages divers (1864), *Bibliographie*, t. II, p. 225.

XX. — Notices, mémoires et documents publiés par la Société d'agriculture, d'archéologie et d'histoire naturelle du département de la Manche, XXe volume. (Saint-Lô, 1902, in-8°, 81 p.)

4921. Sauvage (Hippolyte). — Le château de Saint-Lô (Manche) et ses capitaines gouverneurs, p. 1 à 40.

4922. Du Boscq de Beaumont (G.). — Le fief du Buret en la paroisse de Rampan, p. 41 à 50.

4923. Lepingard. — Saint-Lô, places et rues, p. 51 à 55.

4924. Lepingard. — Saint-Lô, sa poterne et les rues y accédant, p. 56 à 58.

4925. Lepingard. — Gourfaleur, p. 59 à 70.

MANCHE. — VALOGNES.

SOCIÉTÉ ARCHÉOLOGIQUE, ARTISTIQUE, LITTÉRAIRE ET SCIENTIFIQUE DE VALOGNES.

Les publications antérieures de cette Société sont analysées dans notre *Bibliographie générale*, savoir :
Mémoires, t. I à IV (1878-1886), *Bibliographie*, t. II, p. 227.
— t. V (1886-1899), *Bibliographie*, Supplément sous presse.

VI. — Mémoires de la Société archéologique, artistique, littéraire et scientifique de l'arrondissement de Valognes, t. VI, 1900-1903. (Valognes, 1903, in-8°, 129 p.)

4926. Fontaine de Resbecq (Vicomte de). — Jean Marie [1841 † 1899], professeur à la Faculté de droit de Caen, avocat à la Cour d'appel, sa vie, ses œuvres, p. 1 à 26.

4927. Lemarquand. — Note sur la découverte d'un vase ancien à Valognes, *fig.*, p. 27 à 29.

4928. Le Cannellier. — Procès entre les seigneurs de Carteret, de la Haye, d'Ectot et de Graffard, sur la nature et l'étendue de leur droit de gravage en la paroisse de Carteret avant la Révolution (1766), p. 31 à 45.

4929. Lemarquand. — Alleaume, exploration des sources du Castelet, p. 47 à 51.

4930. Lerosier (L'abbé P.). — L'ermitage de Sainte-Anne à Bricquebec, p. 53 à 60.

4931. Le Cannellier (Albert). — Doléance, plainte et remontrance de la communauté de Cartret, élection de Vallogne [1789], p. 61 à 70.

4932. Lerosier (L'abbé P.). — M. Eustache, curé de Bricquebec (1718 † 1793), p. 71 à 77.

4933. Lemarquand. — La propriété de la Fosse, à Lieusaint, p. 79 à 84.

4934. Adam (L'abbé). — Note sur l'inscription gallo-romaine de l'arche de Chiffrevast, *fig.*, p. 85 à 93.

4935. Lerosier (L'abbé P.). — Les seigneurs du Mont en Sauxemesnil, d'après d'anciens titres de propriété et autres documents inédits, p. 95 à 108.

MARNE. — CHÂLONS-SUR-MARNE.

SOCIÉTÉ D'AGRICULTURE, COMMERCE, SCIENCES ET ARTS DE LA MARNE.

Les publications antérieures de cette Société sont analysées dans notre *Bibliographie générale*, savoir :
Comptes annuels et *Séances publiques*, t. I à XLVI (1807-1856), *Bibliographie*, t. II, p. 229.
Mémoires, t. I à XXIX (1855-1885), *Bibliographie*, t. II, p. 232.
— t. XXX à XLIV (1885-1900), *Bibliographie*, Supplément sous presse.
— t. XLV (1901), *Bibliographie*, nouvelle série, t. I, p. 52.

XLVI. — Mémoires de la Société d'agriculture, commerce, sciences et arts du département de la Marne... 2e série, t. V, 1901-1902. (Châlons-sur-Marne, 1903, in-8°, 332 p.)

4936. Lucot (Le chanoine P.). — L'antique cuve baptismale de la cathédrale de Châlons, p. 65 à 71.

4937. Coyon. — Étude sur l'art du fer dans la Marne à l'époque gauloise, *pl.*, p. 87 à 110.

4938. Pelicier (P.). — Archives départementales de la Marne, à Châlons. Copie d'un cahier manuscrit. Valeur des rentes de l'évêché de Châlons en 1312, p. 123 à 158.

MARNE. — REIMS.

ACADÉMIE NATIONALE DE REIMS.

Les publications antérieures de cette Académie sont analysées dans notre *Bibliographie générale*, savoir :
Annales, t. I et II (1842-1844), *Bibliographie*, t. II, p. 237.
Séances et travaux, t. I à LXXX (1845-1886), *Bibliographie*, t. II, p. 238.
Travaux, t. LXXXI à CVIII (1886-1902), *Bibliographie*, Supplément sous presse.
— t. CIX et CX (1900-1901), *Bibliographie*, nouvelle série, t. I, p. 52.
Ouvrages divers (1843-1882), *Bibliographie*, t. II, p. 237.

CXI. — Travaux de l'Académie nationale de Reims, CXIe volume, année 1901-1902, t. I. (Reims, 1903, in-8°, 310 p.)

4939. Divers. — Nécrologie. Henri Paris (1821 † 1902), p. 105 à 120.

[Discours de MM. L. Mennesson-Champagne, Paul Douce, H. Jadart.]

4940. Margotin-Thiérot (L.). — Le carillon de la cathédrale et la restauration de son garde-corps, p. 159 à 162.

4941. Bigot (L'abbé). — Notice sur les droits des seigneurs de Roucy, p. 163 à 174.

4942. Jadart (Henri). — Inventaire des richesses d'art de Reims. Hôpital Saint-Marcoul, notes sur ses origines et ses curiosités (1645-1900), *fig.*, p. 175 à 241.

4943. Chamberland (Albert). — Recherches sur les réformes financières en Champagne à l'époque de Henri IV et de Sully, p. 243 à 271.

4944. Demaison (L.). — L'église Saint-Rémi, histoire abrégée de sa construction, p. 273 à 290.

4945. Jadart (H.). — Les notes de statistique recueillies par l'abbé Hillet en 1783 [diocèse de Reims], p. 291 à 303.

CXII. — Travaux de l'Académie nationale

de Reims, CXII° volume, année 1901-1902, t. II. (Reims, 1903, in-8°, 298 p.)

4946. Brouillon (L.). — L'abbaye de Châtrices (diocèse ancien de Châlons-sur-Marne), p. 1 à 108.

4947. Bouis (Dr R. de). — Les Gaulois et les Scythes sur le Danube (étymologie des noms de ce fleuve), p. 109 à 149.

4948. Rondot (Natalis). — Excursion en Champagne, 4 *pl.*, p. 151 à 185.

[Laon, Reims, Arcis-sur-Aube, Châlons-sur-Marne, Troyes. — Introduction, par H. Jadart.]

4949. Gosset (Paul). — Armorial de l'élection de Reims, dressé par Ch. d'Hozier, juge d'armes, *fig.*, p. 187 à 286.

MARNE. — VITRY-LE-FRANÇOIS.

SOCIÉTÉ DES SCIENCES ET ARTS DE VITRY-LE-FRANÇOIS.

Les publications antérieures de cette Société sont analysées dans notre *Bibliographie générale*, savoir *Mémoires*, t. I à XIII (1861-1884). *Bibliographie*, t. II, p. 256.
— t. XIV à XX (1885-1900). *Bibliographie*, Supplément sous presse.

XXI. — Société des sciences et arts de Vitry-le-François, t. XXI, 1902. (Vitry-le-François, 1902, in-8°, 775 p.)

4950. Joly (E.). — François Tissard et Jérôme Aléandre. Contribution à l'histoire des origines des études grecques en France, p. 1 à 138. — Suite de XIX, p. 317.

4951. Joly (E.). — Bossuet et la Visitation de Meaux, d'après quelques lettres circulaires de ce monastère, p. 139 à 155.

4952. Joly (E.). — Une biographie inédite de Jacques-Bénigne Bossuet, évêque de Troyes, p. 157 à 507.

4953. Mougin (Dr L.). — Biographie. [Louis-Rémy] Aubert-Roche (1810 † 1874), *portr.*, p. 509 à 591, et 754 à 759.

4954. Mougin (Dr L.). — Variétés iconographiques sur l'arrondissement de Vitry [-le-François], 6 *pl.*, p. 593 à 614.

[Médaille de bronze frappée à l'occasion du discours de Royer-Collard sur la septennalité, et sceau du district de Vitry-sur-Marne, *pl.* — Anciennes tombes de l'église de Vitry-le-François, 2 *pl.* — La fête de l'âne, en 1793, à Vitry-le-François, *pl.* — Médaille commémorative du séjour à Paris, en juin 1848, de la garde nationale de Vitry-le-François et revue de départ, 2 *pl.*]

4955. Vast (Dr L.). — Notice sur le Dr Louis Valentin (de Soulanges), médecin en chef des armées françaises à Saint-Domingue, en 1793 [1758 † 1829], *portr.*, p. 615 à 619.

4956. Millard (L'abbé A.). — Saint Chrodegand et le Pertois, p. 621 à 629.

4957. Millard (L'abbé A.). — Comment Hugues de Montfélix bâtit un château à Vanault [xii° s.], p. 630 à 641.

4958. Capitan (Dr). — La trouvaille de Frignicourt [antiquités préhistoriques], *fig.*, p. 643 à 654.

4959. Joly (E.). — Lettre circulaire de Monseigneur Monyer de Prilly, évêque de Châlons, sur le clergé de l'arrondissement de Vitry-le-François [1828], p. 661 à 670.

4960. Joly (E.). — Ravages causés par la grêle à Vitry-le-François en 1774, p. 670.

4961. Joly (E.). — Contribution à l'histoire médicale de Vitry-le-François, p. 670 à 692.

4962. Joly (E.). — L'histoire religieuse de Vitry et les *Nouvelles ecclésiastiques* [xviii° s.], p. 692 à 693.

4963. Joly (E.). — Le séminaire de Soudé-Sainte-Croix, p. 693 à 716.

4964. Grosseteste (William). — Les protestants de Vitry établis à Erlangen, p. 718 à 721.

4965. Royer-Collard (Paul). — Lettres de Royer-Collard relatives au Champenois Gillet, conseiller d'État du Gouvernement russe (1840-1842), p. 721 à 723.

4966. Joly (E.). — Pierre Jacobé, de Vitry-le-François, poète latin (xvi° s.), p. 726 à 727.

4967. Joly (E.). — Notes historiques et bibliographiques sur Vitry-le-François, p. 742 à 753.

MARNE (HAUTE-). — LANGRES.

SOCIÉTÉ HISTORIQUE ET ARCHÉOLOGIQUE DE LANGRES.

Les publications antérieures de cette Société sont analysées dans notre *Bibliographie générale*, savoir :
Mémoires, t. I et II (1847-1862), *Bibliographie*, t. II, p. 255.
— t. III (1880-1901), *Bibliographie*, nouvelle série, t. I, p. 53.
Bulletin, t. I et II (1872-1885), *Bibliographie*, t. II, p. 257.
— t. III (1887-1892), *Bibliographie*, Supplément sous presse.
Ouvrages divers (1876-1886), *Bibliographie*, t. II, p. 255.

4968. Piépape (Général de). — Une châtellenie du pays de Langres. Les anciens seigneurs de l'ancienne seigneurie de Piéopape (Piépape, Haute-Marne). Étude publiée sous les auspices de la Société historique et archéologique de Langres. (Paris, 1903, in-8°, 209 p. et *pl.*)

IV. — Bulletin de la Société historique et archéologique de Langres, t. IV. (Langres, s. d. [1893-1902], in-8°, 460 p.)

4969. Brocard (Henry). — M. Girault de Prangey [1804 † 1892], p. 15 à 21.
4970. Rosebot (A.). — Bonne-Encontre, p. 22 à 39.
4971. Ch. R. [Royer (Ch.)]. — Claude-Émile Jolibois (1813 † 1894), p. 47.
4972. Chénot (Le P. H.). — Une lettre autographe du Père Pierre Le Moyne, retrouvée au musée de Chaumont, p. 49 à 54.
4973. Royer (Ch.). — Notice sur le village de Bourg et sur sa nouvelle église, p. 55 à 60.
4974. Marchal (S.). — Une page du nobiliaire du Bassigny. La famille Sarazin de Germainvilliers, p. 66 à 78.
4975. Multier (V.). — Fouilles faites au mont Mercure, près Andilly, p. 86 à 88.
4976. Ch. R. [Royer (Ch.)]. — Découverte de cercueils en plomb, à Langres, p. 114 à 116.
4977. H. B. [Brocard (H.)]. — Un bénitier du xiie siècle [à Douy, commune de Courcelles-val-d'Esnoms], p. 116.
4978. Brocard (H.). — Charte d'affranchissement de Breuvannes (1551), p. 118 à 134.
4979. Brocard (H.). — Les privilèges de Langres, p. 134 à 144.
4980. Brocard (H.). — Le sculpteur Antoine Besançon, de Langres (1731 † 1811), p. 146 à 164.
4981. Royer (Ch.). — Un manuscrit du xviie siècle [sur Langres et ses environs], p. 164 à 183.
4982. Ch. R. [Royer (Ch.)]. — Sépultures mérovingiennes, à Cusey, p. 186 à 187.
4983. Rosebot (A.). — Quelques inscriptions du département de la Haute-Marne, *fig.*, p. 188 à 199.
4984. Royer (Ch.). — Épitaphe d'Odot ou Odon Ferri à la cathédrale Saint-Mammès, de Langres (xiiie s.), *fig.*, p. 199.
4985. Girard (A.). — Prise du château de Nogent-en-Bassigny par les Bourguignons, en 1417, p. 201 à 213.
4986. Brocard (Henry). — Le docteur Perron [Nicolas], p. 216 à 220.
4987. Royer (Camille). — Le tumulus des Charmoiselles, *fig.*, p. 221 à 236, et 244 à 247.
4988. Humblot (J.-C.). — Le chapitre de Langres et le bois de Haute-Oreille (1564), p. 239 à 242.
4989. J.-C. H. [Humblot (J.-C.)]. — Épitaphe de Jean Blachot, à Chantraines (1378), p. 243.
4990. Royer (Charles) et Daguin (Arthur). — Inventaire sommaire des sceaux et cachets (matrices, empreintes, fac-similés) figurant dans les diverses vitrines du musée de la ville de Langres, p. 248 à 264.
4991. Rosebot (A.). — Lettres missives de rois et reines de France, etc., pour la collation des prébendes du chapitre de Langres, de 1527 à 1575, extraites des archives de la Haute-Marne et de la bibliothèque de Chaumont, p. 265 à 304.
4992. Humblot (J.-C.). — Ambroise-Edme Magnien [1750 † 1837]. Un recteur d'école à la fin du xviiie siècle, p. 309 à 316.
4993. H. B. [Brocard (H.)]. — M. Charles Godard († 1899), p. 317.
4994. Anonyme. — Certificat concernant le prévôt des maréchaux de Langres (1667), p. 325.
4995. Royer (Camille). — Deux pierres tombales d'Aubigny [Elvis de Vaus, † 1336], et de Montsaugeon [Étienne de Boulot de Lègres, † 1599], *fig.*, p. 327 à 331.

4996. Royer (Camille). — La tombe de Louvières [Claude Dorge, s[r] de Louvière, † 1627], *fig.*, p. 332 à 338.
4997. Royer (Ch.). — Tombe de Jeanne de Fonchier, femme de Philippe d'Anglure, seigneur de Guyonvelle (1583), *pl.*, p. 339.
4998. H. B. [Brocard (H.)]. — Henri Villard [† 1900], p. 345 à 347.
4999. Royer (Camille). — Deux manuscrits langrois [inscriptions trouvées dans les fortifications de Langres; antiquités de Langres], *fig.*, p. 348 à 356.
5000. Barthélemy (A. de). — Deux méreaux de Langres, *fig.*, p. 357.
5001. Brocard (Henry). — L'Annonciation [ivoire] du musée de Langres (xive s.), 2 *pl.*, p. 359 à 368.
5002. Brocard (Henry). — La croix de Brennes, p. 373 à 377.
5003. Brocard (Henry). — Henri Revoil [1822 † 1900], p. 378 à 380.

[Sceau de la Trésorerie de Langres, *pl.*]

5004. Serrigny (Ern.). — Les Verseilles et Valpelle, p. 381 à 422.
5005. Arbigny (F. d'). — Des cimetières de Langres avant la Révolution, p. 451 à 458.

MAYENNE. — LAVAL.

COMMISSION HISTORIQUE ET ARCHÉOLOGIQUE DE LA MAYENNE.

Les publications antérieures de cette Commission sont analysées dans notre *Bibliographie générale*, savoir :
Procès-verbaux, t. I à IV (1878-1885), *Bibliographie*, t. II, p. 260.
Bulletin, t. V à XXI (1886-1900), *Bibliographie*, Supplément sous presse.
— t. XXII (1901), *Bibliographie*, nouvelle série, t. I, p. 53.

XXIII. — Bulletin de la Commission historique et archéologique de la Mayenne,... 2e série, t. XVIII, 1902. (Laval, 1902, in-8°, 516 p.)

5006. Galland (A.). — Les sociétés populaires de Laval et de Mayenne (1791-1795), p. 15 à 40.
5007. Beauchesne (Marquis de). — Le château du Coudray et les châtellenies de Chemeré et de Saint-Denis-du-Maine, p. 41, 174, 303, et 389; et XXIV, p. 90. — Suite de XXI, p. 249, 378; et XXII, p. 15, 129, 268, et 409.
5008. Bertrand de Broussillon (Comte). — La maison de Laval. Cartulaire de Laval, *fig.*, p. 75, 198, 334, et 476. — Suite de XIII, p. 62, 199; XIV, p. 64, 183; XV, p. 82, 244; XVI, p. 168; XVII, p. 47, 166, 297; XVIII, p. 152, 286, 434; XIX, p. 41, 144, 349; XX, p. 33, 203, 302, 390; XXI, p. 12, 178, 310, 442; et XXII, p. 63, 187, 328, et 455.
5009. Delaunay (Paul). — La pierre levée de la Chablère [commune d'Oisseau], *fig.*, p. 124 à 126.
5010. Queruau-Lamerie (E.). — Lettres de Michel-René Maupetit, député à l'Assemblée nationale constituante (1789-1791), p. 133, 321, 447; et XXIV, p. 205 et 348. — Suite de XXII, p. 302 et 439.
5011. Guilloreau (Dom Léon). — L'obituaire des Cordeliers d'Angers, p. 164, 278, et 417.
5012. Moreau (Émile). — E.-M.-L. Leblanc (1844 † 1902), p. 248 à 251.
5013. Barthélemy (Anatole de). — Les reliques de saint Tudual, évêque de Tréguier, *fig.*, p. 261 à 277.
5014. Moreau (Émile). — Henri de la Broise (1835 † 1902), p. 378 à 380.
5015. Moreau (Émile). — J.-J.-M.-F. Raulin (1843 † 1902), p. 505 à 509.

MEURTHE-ET-MOSELLE. — NANCY.

ACADÉMIE DE STANISLAS.

Les publications antérieures de cette Académie sont analysées dans notre *Bibliographie générale*, savoir :

Mémoires, 4 vol. (1754-1759), *Bibliographie*, t. II, p. 264.
Précis analytique, 15 vol. (an XI-1831), *Bibliographie*, t. II, p. 265.
Mémoires, t. I à LIV (1834-1885), *Bibliographie*, t. II, p. 266.
— t. LV à LXVIII (1886-1900), *Bibliographie*, Supplément sous presse.
— t. LXIX (1900-1901), *Bibliographie*, nouvelle série, t. I, p. 54.

LXX. — Mémoires de l'Académie de Stanislas, 1901-1902. 152ᵉ année, 5ᵉ série, t. XIX. (Nancy, 1902, in-8°, CXLIV-576 p.)

5016. Floquet (G.). — L'astronome Messier [Charles, 1730 † 1817], *portr.*, p. XXIII à LXVII.

5017. Des Robert (Ferdinand). — Campagnes de Turenne en Allemagne, d'après des documents inédits (1672-1675), p. 1 à 249. — Suite de LXVIII, p. 193; LXIX, p. 227.

5018. Deglin (Henri). — A propos d'une lettre de Madeleine Plantin, p. 250 à 268.

5019. Fliche (P.). — Henri Nanquette [1815 † 1899], *portr.*, p. 269 à 317.

5020. Collignon (Albert). — Notes sur l'*Argenis*, de Jean Barclay, p. 329 à 507.

5021. Roche du Teilloy (Alexandre de). — Un poète nancéien oublié, Eugène Hugo [1800 † 1837], p. 508 à 530.

LXXI. — Mémoires de l'Académie de Stanislas, 1902-1903. 153ᵉ année, 5ᵉ série, t. XX. (Nancy, 1903, in-8°, CXLIII-242 p.)

5022. Villard (E.). — Henri Maguin, avocat à l'ancienne cour de Metz [1830 † 1876]. Notice biographique, p. XXXII à LXX.

5023. Friot (Dʳ A.). — La mutualité à Nancy, historique, évolution et efflorescence des sociétés de secours mutuels, p. LXXI à CIII.

5024. Souhesmes (Raymond de). — Le mariage de Louis XIV et les Messins, p. 1 à 23.

5025. Lombard (A.). — Platon, la poésie dans *la République* et dans *les Lois*, p. 24 à 75.

5026. Thoulet (J.). — La notion de la mer chez les peuples anciens, Chaldéens, Égyptiens et Hébreux, p. 140 à 161.

5027. Meixmoron de Dombasle (Ch. de). — Claude le Lorrain, p. 162 à 194.

5028. Favier (J.) et Pfister (Chr.). — Table alphabétique des publications de l'Académie de Stanislas (1750-1900), rédigée par les soins de J. Favier, précédée de l'Histoire de l'Académie, par Chr. Pfister. (Nancy, 1902, in-8°, 225 p.)

MEURTHE-ET-MOSELLE. — NANCY.

SOCIÉTÉ D'ARCHÉOLOGIE LORRAINE ET DU MUSÉE HISTORIQUE LORRAIN.

Les publications antérieures de cette Société sont analysées dans notre *Bibliographie générale*, savoir :

Bulletin, t. I à VIII (1849-1858), *Bibliographie*, t. II, p. 277.
Mémoires, t. IX à XXXV (1859-1885), *Bibliographie*, t. II, p. 278.

Mémoires, t. XXXVI à L (1886-1900), *Bibliographie*, Supplément sous presse.
— t. LI (1901), *Bibliographie*, nouvelle série, t. I, p. 55.
Journal, t. I à XXXIV (1853-1885), *Bibliographie*, t. II, p. 287.
— t. XXXV à XLIX (1886-1900), *Bibliographie*, Supplément sous presse.
Bulletin mensuel, t. L (1901), *Bibliographie*, nouvelle série, t. I, p. 55.
Recueil de documents, t. I à XV (1855-1870), *Bibliographie*, t. II, p. 309.

LII. — Mémoires de la Société d'archéologie lorraine et du musée historique lorrain, t. LII (4ᵉ série, 2ᵉ volume). (Nancy, 1902, in-8°, 487-xxviii p.)

5029. Fourier de Bacourt (Comte E.). — Monuments funéraires de la cathédrale et de l'église des Célestins, de Metz, p. 5 à 21.

5030. Chatton (L'abbé Ed.). — Notice sur Relécourt, commune de Moriviller, du xiiᵉ au xviiiᵉ siècle, p. 22 à 66.

5031. Boyé (Pierre). — Étude historique sur les Hautes-Chaumes des Vosges, *pl.*, p. 66 à 208. — Suite et fin de L, p. 185; et LI, p. 368.

5032. Lefebvre (H.). — Les sires de Pierrefort, de la maison de Bar, 2 *pl.*, p. 209 à 487.

LI. — Bulletin mensuel de la Société d'archéologie lorraine et du musée historique lorrain, 2ᵉ série, t. II (51ᵉ volume), 1902. (Nancy, 1902, in-8°, 288 p.)

5033. Chatton (L'abbé Ed.). — La terre de Saint-Denis au xiiᵉ siècle (commune de Moriviller), p. 5 à 13, et 26 à 32.

[Terre du prieuré de Salone, dépendance de Saint-Denis en France.]

5034. Wiener (René). — Portraits lorrains à la galerie des Offices de Florence, p. 13 à 17.

5035. Duvernoy (E.). — Chartes lorraines pour l'abbaye de Cluny, p. 17 à 22.

5036. Poirot (Aug.). — Note sur la mise à jour d'une villa romaine à Pont-Saint-Vincent, et sur l'une des causes probables de la rareté des découvertes de stations préhistoriques humaines, dans les vallées de nos régions, p. 22.

5037. E. D. [Duvernoy (E.)]. — Le fondeur de cloches Pierre Huart (1637), p. 23.

5038. Duvernoy (E.). — Le droit de grenouillage, p. 32 à 35.

5039. Clanché (L'abbé). — François Bracquet, de Nancy, sculpteur (xviiiᵉ s.), p. 36.

5040. L. G. [Germain (Léon)]. — Le nécessaire de table du nain Bébé donné au Musée lorrain, p. 37 à 39.

5041. Pfister (Ch.). — Un mémoire de l'abbé de Rulle sur les tombeaux des ducs de Lorraine et sur Nancy pendant la Révolution, p. 43 à 66.

5042. Braux (G. de). — Une lettre de Fabert (1649), p. 66 à 69.

5043. Nicolas (J.). — Une inscription dans la citadelle de Stenay (Meuse) [1734], p. 70.

5044. Mangenot (E.). — Manuscrit grec des Évangiles, d'Hector d'Ailly, évêque de Toul [Bibl. nat., Coislin 197], p. 79 à 83.

5045. Marchal (J.). — Noms de fondeurs de cloches, extraits des registres du bailliage du Bassigny [xviᵉ-xviiiᵉ s.], p. 83 à 92, et 108 à 110.

5046. Nicolas (J.). — Inscriptions funéraires de l'église de Brouennes [xvi-xixᵉ s.], p. 92 à 95.

5047 L. G. [Germain (Léon)]. — Bénédiction d'une cloche de Boncourt-sur-Orne, en 1738, p. 95.

5048. Germain (Léon). — Fragment d'études sur l'église de Saint-Nicolas de Port, les vitraux du chœur, d'après feu M. A. Bretagne, p. 99 à 107.

5049. Germain (Léon). — Note sur les armoiries de Mirecourt, p. 111 à 113.

5050. Germain (Léon). La cloche ancienne de Mont-Saint-Martin [1549], p. 113 à 115.

5051. Quintard (L.). — Nécrologie. Raymond des Godins de Souhesmes [1850 † 1902], *portr.*, p. 116 à 120.

5052. Des Robert (Edmond). — Sceau du maire de Neufchâteau en 1298, *fig.*, p. 123.

5053. Nicolas (J.). — Inscriptions funéraires de l'église d'Inor [xviiiᵉ-xixᵉ s.], p. 125 à 130.

5054. Clanché (L'abbé G.). — Notes historiques sur les proses, les hymnes et les récitatifs du supplément tullo-nancéien de 1887 au graduel et à l'antiphonaire, p. 131 à 139.

5055. Germain (Léon). — Metz en Lorraine, p. 140 à 143. — Cf. n° 5058.

5056. Nicolas (J.). — Inscriptions funéraires de l'église de Petit-Verneuil [xviiᵉ-xviiiᵉ s.], p. 147 à 149.

5057. Germain (Léon). — La famille des médecins Callot, p. 150 à 160.

5058. Des Robert (F.). — Metz en Lorraine, p. 160 à 163. — Cf. n° 5055.

5059. Germain (Léon). — Louis d'Avocourt [xiiiᵉ s.], p. 163 à 168. — Gilles Iᵉʳ, Jacques, Conrad et Burnequin d'Avocourt [xiiiᵉ-xivᵉ s.], p. 178 à 186. — Perrin, Renaud et Isabelle d'Avocourt [xivᵉ s.], p. 211 à 213.

5060. Germain (Léon). — Un acte de Jean d'Aix, évêque de Verdun (1250), p. 168, et 174 à 177.

5061. Des Robert (Edmond). — Sceau de Jean de Bourlémont, grand archidiacre de Toul, *fig.*, p. 172 à 174.

5062. Germain (L.). — Note sur les armoiries de Gérardmer, p. 186 à 188.
5063. Germain (L.). — Une cloche de Romans (Drôme), fondue par Nicolas Dubois, de Neufchâteau (1545), p. 189 à 192.
5064. Robert (L.). — Notice historique et descriptive sur le château de Prény, 2 *pl.*, p. 193 à 211.
5065. Nicolas (J.). — Inscriptions funéraires de l'église de Bazeilles [xvie-xviiie s.], p. 213 à 217.
5066. Des Robert (Edmond). — Un lieu dit : Les Jolis fous, près de Remilly, p. 217 à 219.
5067. Germain (Léon). — Recherches sur les actes de Robert de Baudricourt depuis 1432 jusqu'à 1454, p. 219 à 230. — Cf. n°s 5074 et 5077.
5068. Germain (Léon). — Le sceau de Salomon et le monogramme de Diane de Dommartin, *fig.*, p. 230 à 235.
5069. Germain (Léon). — Épitaphe de Claudine de Rune, veuve de Louis de Heumont, à Rébon, xvie siècle, *fig.*, p. 235 à 238.
5070. Martin (Eug.). — Nécrologie. Dom Edmond Didier-Laurent [† 1902], p. 239 à 240.
5071. Wiener (L.). — Panpan Devaux et Eustache Pointu, *pl.*, p. 243 à 247.
5072. Souhesmes (R. de). — Le panonceau de Xonville, p. 247 à 257.
5073. Germain (L.). — Identifications de quelques localités pour la liste des vassaux du comté de Bar, en 1311, p. 257 à 259. — Suite de L, p. 251.
5074. Pange (Comte Maurice de). — Sur Robert de Baudricourt, p. 260 à 261. — Cf. n° 5067.
5075. Bernard (Henri). — Une tête d'ange de l'école sammielloise, *pl.*, p. 269 à 271.
5076. Beaupré (J.). — Compte rendu des fouilles exécutées en 1902 dans des tumulus situés dans le bois communal de Serres, 2 *pl.*, p. 272 à 278.
5077. Germain (L.). — Sur l'origine de la famille de Baudricourt, p. 278 à 285. — Cf. n° 5067.

MEURTHE-ET-MOSELLE. — NANCY.

SOCIÉTÉ DE GÉOGRAPHIE DE L'EST.

Les publications antérieures de cette Société sont analysées dans notre *Bibliographie générale*, savoir :
Bulletin, t. I à VII (1879-1885), *Bibliographie*, t. II, p. 311.
— t. VIII à XXI (1886-1900), *Bibliographie*, Supplément sous presse.
Congrès des sociétés françaises de géographie (1901), *Bibliographie*, nouvelle série, t. I, p. 121.

XXII. — Société de géographie de l'Est..., Bulletin trimestriel, nouvelle série, 22e année, 1901. (Paris et Nancy, 1901, in-8°, xxxvi-383 p.)

[5080]. Fournier (A.). — Les vallées vosgiennes, p. 23, 167, et 277.
5078. Rambaud (Pierre). — Voyage au Sénégal, *carte*, p. 61 à 71.
5079. André (Émile). — Impressions de voyage en Perse, p. 139 à 166.

XXIII. — Société de géographie de l'Est..., Bulletin trimestriel, nouvelle série, 23e année, 1902. (Nancy, 1902, in-8°, 495 p.)

5080. Fournier (A.). — Les vallées vosgiennes, p. 39, 202 et 293. — Suite de XXI, p. 51, 205, 357, 522; et XXII, p. 23, 167, et 277.
5081. Hagen (Dr A.). — Quelques mots sur la province de Chantoung (Chine), p. 53 à 83.
5082. Bougon (D^r). — Les anciens Écossais, p. 95 à 99.
5083. Froidevaux (Henri). — Comment nous connaissons Madagascar, p. 180 à 201.
5084. Mansuy (A.). — Les religions dans l'ouest de l'Empire russe, p. 279 à 292, et 373 à 392.
5085. Vialet (D^r). — Note d'ethnographie sur Quang-Tchéou-Wan, p. 393 à 408.

IMPRIMERIE NATIONALE.

MEUSE. — BAR-LE-DUC.

SOCIÉTÉ DES LETTRES, SCIENCES ET ARTS DE BAR-LE-DUC.

Les publications antérieures de cette Société sont analysées dans notre *Bibliographie générale*, savoir :
Mémoires, t. I à XIV (1871-1885), *Bibliographie*, t. II, p. 314.
— t. XV à XXIX (1886-1900), *Bibliographie*, Supplément sous presse.
— t. XXX (1901), *Bibliographie*, nouvelle série, t. I, p. 56.

XXXI. — Mémoires de la Société des lettres, sciences et arts de Bar-le-Duc, 4e série, t. I. (Bar-le-Duc, 1902, in-8°, CIV-320 p.)

5086. Comte (F.). — Notice sur les façons de la vigne sous les Côtes, en 1344, p. VIII.
5087. A. L. [Lesort (André)]. — Notes bibliographiques sur la *Relevatio* du B. Pierre de Luxembourg (1397), p. XVIII à XX.
5088. Robinet de Cléry. — A propos de la trouvaille de pièces d'or à Dun, p. XXXVI à XLII.

[Florins du Rhin (XVe s.).]

5089. Maxe-Werly (L.). — Monnaies de bronze romaines trouvées à Erize-la-Grande, p. XLVII.
5090. Comte (F.). — Le *pagus Ornensis* dans le cartulaire de Gorze, p. LIV.
5091. Maxe-Werly (L.). — Ex-voto gallo-romains du musée de Bar-le-Duc, p. LVI.
5092. Lesort (A.). — Sceau de Jean, deuxième fils de Thiebaud II, comte de Bar (XIIIe-XIVe s.), p. LXX.
5093. Labourasse (H.). — Donation du bois des Embannieux [territoire de Senon], par Édouard, comte de Bar, aux habitants d'Amel et de Senon (1351), p. LXXVI à LXXIX.
5094. F. de B. [Fourier de Bacourt]. — Galerie de portraits lorrains de Mme Vaultier, à Ligny-en-Barrois, p. LXXXIV à LXXXVI.
5095. A. L. [Lesort (André)]. — Archives du prieuré de Saint-Thiébaut de Veaucouleurs [aux archives de la Côte-d'Or], p. LXXXVI.
5096. H. D. [Dannreuther (H.)]. — M. Léon Maxe-Werly [1831 † 1901], p. LXXXVIII.
5097. Germain (Léon). — La légende d'Amel, p. XCII à CI.
5098. Labourasse (H.). — Anciens us, coutumes, légendes, superstitions, préjugés, etc., du département de la Meuse, p. 3 à 225.
5099. Fourier de Bacourt. — Dominique Dordelu avocat de Bar-le-Duc, député du Tiers aux États de 1579, p. 227 à 245.
5100. Anthouard-Vraincourt (Comte d'). — Généalogie en vers de la famille de Saint-Vincent (1717), p. 247 à 256.
5101. Chévelle (C.). — Vente à Saint-Mihiel de la cave du commandeur de Marbotte (13-17 février 1786), p. 257 à 270.
5102. Lesort (André). — Excursion archéologique à Blénod et Toul, *fig.*, p. 271 à 288.

MEUSE. — MONTMÉDY.

SOCIÉTÉ DES NATURALISTES ET ARCHÉOLOGUES DU NORD DE LA MEUSE.

Cette Société a été fondée en 1889.

On trouvera dans le Supplément de notre *Bibliographie générale*, l'analyse des douze volumes qu'elle a publiés de 1889 à 1900. Nous donnons ci-après le sommaire de la partie archéologique du tome XIII qui porte la date de 1901, mais qui nous est parvenu trop tard pour figurer dans le fascicule de notre *Bibliographie* correspondant à cette année.

XIII. — Société des naturalistes et archéologues du nord de la Meuse, t. XIII, 1901. (Montmédy, s. d., in-8°, sciences naturelles, 82 p.; archéologie et histoire locale, 120 p.)

Archéologie et histoire locale.

5103. Leburaux (P.). — Excursion archéologique à Dun-Haut, 2 *pl.*, p. 1 à 18.

5104. Biguet (E.). — Excursion à Pouilly et Inor (6 juin 1901), *pl.*, p. 19 à 38.

5105. Biguet (E.). — Excursion à Montfaucon (27 juin 1901), *pl.*, p. 39 à 49, et 118 à 119.

5106. Houzelle (F.). — De Montmédy à Virton par Saint-Mard et Latour, excursion, p. 57 à 117.

[Verneuil-Grand, Écouviez, Montquintin, Lamorteau, Rouvroy, Harnoncourt, Dampicourt, Saint-Mard, Latour, Virton.]

XIV. — Société des naturalistes et archéologues du nord de la Meuse, t. XIV, 1902. (Montmédy, s. d., in-8°, sciences naturelles, 62 p.; archéologie et histoire locale, 99 p.)

Archéologie et histoire locale.

5107. Biguet (E.). — Damvillers, excursion du 21 septembre 1902, *pl.*, p. 1 à 47, et 96 à 97.

5108. Houzelle (F.). — De Margut à Thonne-le-Thil, par Tassigny-Sapogne (excursion du 5 juin 1902), p. 49 à 95.

[Margut, Moiry, Sapogne, Tassigny, Thonne-le-Thil, Hiauquemine.]

MORBIHAN. — VANNES.

SOCIÉTÉ POLYMATHIQUE DU MORBIHAN.

Les publications antérieures de cette Société sont analysées dans notre *Bibliographie générale*, savoir :

Comptes rendus, t. I à VII (1826-1833), *Bibliographie*, t. II, p. 320.
Bulletin, t. I à XXXI (1857-1885), *Bibliographie*, t. II, p. 321.
— t. XXXII à XLVI (1886-1900), *Bibliographie*, Supplément sous presse.
— t. XLVII (1901), *Bibliographie*, nouvelle série, t. I, p. 57.
Ouvrages divers (1878-1881), *Bibliographie*, t. II, p. 320.

XLVIII. — Bulletin de la Société polymathique du Morbihan, année 1902. (Vannes, 1902, in-8°, 420-56 p.)

5109. Le Mené (J.). — Abbaye de Rhuys, *fig.* et *pl.*, p. 26 à 119.

5110. Aveneau de la Grancière. — Le préhistorique et les époques gauloise, gallo-romaine et mérovingienne dans le centre de la Bretagne armorique. Dernières explorations dans la région montagneuse de Quénécan, entre le Blavet et le Sar (1899-1900), *fig.* et *carte*, p. 120 à 170, et 371 à 414. — Suite et fin de XLVII, p. 276.

5111. Sageret (Émile). — Du 23 septembre au 25 octobre 1799. Préliminaires de l'insurrection, p. 171 à 189.

5112. Quilgars (Henri). — La question des augets de terre découverts sur les côtes de la Bretagne armoricaine [poteries gallo-romaines], *fig.*, p. 191 à 202.

5113. Le Mené (J.-M.). — Abbaye de Lanvaux, 2 *pl.*, p. 203 à 255.

5114. Gibon (L. de). — Fouilles au Haut-Bézy en Saint-Jacut, *fig.*, p. 256 à 259.

[Antiquités gallo-romaines.]

5115. Closmadeuc (D^r^ de). — Chouannerie. Conspiration

de 1804. Deux Vannetais (un apothicaire [R.-V.-B. Blouet] et un chirurgien [Pierre Querelle]), sauveurs du Premier Consul, p. 260 à 288.

5116. Le Rouzic (Z.). — Carnac, fouilles faites dans la région en 1901 et 1902, *fig.*, p. 289 à 304.

[Antiquités préhistoriques.]

5117. Closmadeuc (Dr de). — Découverte de cists tumulaires à Belle-Île en 1896, *fig.* et *pl.*, p. 305 à 309.

[Antiquités préhistoriques et poteries romaines.]

5118. Le Mené (J.-M.). — Temple [gaulois] du Mur en Carentoir, *fig.*, p. 310 à 311.

5119. Sageret (Émile). — Insurrection royaliste du Morbihan le 25 octobre 1799 (jusqu'au 18 brumaire), p. 312 à 370.

MOSELLE. — METZ.

ACADÉMIE DE METZ.

Les publications antérieures de cette Académie sont analysées dans notre *Bibliographie générale*, savoir :

Séances, t. I à VII (1819-1827), *Bibliographie*, t. II, p. 330.

Mémoires, t. VIII à LXX (1827-1885), *Bibliographie*, t. II, p. 331.

— t. LXXI à LXXXIV (1885-1899), *Bibliographie*, Supplément sous presse.

LXXXV. — **Mémoires de l'Académie de Metz**, lettres, sciences, arts et agriculture..., 2e période, 81e année, 3e série, 29e année, 1899-1900. (Metz, 1902, in-8°, XII-156 et 192 p.)

5120. Schuster (Aimé). — Notice sur M. le colonel du génie Livet [1808 † 1860], p. 91 à 97.

5121. Schuster (A.). — Souvenirs d'un bibliothécaire, p. 99 à 104.

[Jacques-Philippe-François de Masson, chevalier d'Autume, 1746 † 1828.]

Supplément.

5122. Box (N.). — Mémoires de l'Académie de Metz. Tables générales récapitulatives de 1819 à 1895. (Metz, 1895, in-8°, 192 p.)

LXXXVI. — **Mémoires de l'Académie de Metz, lettres, sciences, arts et agriculture...**, 2e période, 82e année, 3e série, 30e année, 1900-1901. (Metz, 1903, in-8°, XVII-285 p.)

5123. Schuster (Aimé). — Notice sur M. E.-A. Remoissenet, opticien constructeur à Metz, p. 121 à 129.

5124. Collin (L'abbé H.). — M. l'abbé Auguste Bérard (1835 † 1899), p. 131 à 140.

5125. Schuster (Aimé). — Notice sur M. Charles-Louis-Emmanuel Raillard, inspecteur général des ponts et chaussées en retraite, p. 141 à 165.

5126. Meyer (Dr J.). — Notice biographique sur M. le Dr Ch. Marchal, de Mondelange († 1900), p. 167 à 178.

5127. Choppé. — Sur Rabelais, p. 179 à 190.

5128. Lametz. — Présentation avec explications d'une épée à deux mains (imitation du moyen âge), 2 *pl.*, p. 191 à 198.

5129. Huber (Émile). — Lettres inédites de Robespierre, 2 *facs.* et *pl.*, p. 211.

MOSELLE. — METZ.

SOCIÉTÉ D'HISTOIRE ET D'ARCHÉOLOGIE LORRAINE.

Cette Société a été fondée postérieurement à l'annexion de l'Alsace-Lorraine à l'Empire allemand; nous croyons cependant devoir comprendre dans notre *Bibliographie générale* l'analyse de son *Annuaire*, parce qu'elle s'est réclamée, lors de sa fondation, en 1888, de l'ancienne *Société d'archéologie et d'histoire de la Moselle* qui n'avait plus alors qu'une existence nominale, et aussi parce que le sujet de ses travaux a une importance trop grande au point de vue de l'histoire et l'archéologie d'une ancienne province française pour que nous ne fassions pas figurer ses publications à côté de celles des anciennes sociétés alsaciennes et lorraines qui ont continué d'exister depuis 1870. Pour nous conformer à l'ordre de classement adopté, c'est sous le nom de l'ancien département de la Moselle que nous insérons ici l'analyse des tomes XIII et XIV des *Annuaires* parus en 1901 et 1902. On trouvera dans notre Supplément au nom du même département le dépouillement des douze premiers volumes de cette collection.

XIII. — Jahrbuch der Gesellschaft für Lothringische Geschichte und Altertumskunde. Annuaire de la Société d'histoire et d'archéologie lorraine, 13e année, 1901. Dreizehnter Jahrgang, 1901. (Metz, s. d., in-4°, VIII-520 p.)

5130. Forrer (R.). — Keltische Numismatik der Rhein- und Donaulande (Numismatique celtique des provinces rhénanes et danubiennes), *fig.*, p. 1 à 35; et XIV, p. 151 à 209.

5131. Thiriot (G.). — Un aventurier messin au XVIIIe siècle, Théodore de Neuhoff, roi de Corse, *carte* et *pl.*, p. 36 à 123.

5132. Zéliqzon (C.). — Patois-Lieder aus Lothringen (Chansons en patois lorrain), p. 124 à 144.

5133. Cuny (L'abbé Franz). — Der Vertrag vom 23 August 1581 zwischen Karl III von Lothringen und Philipp von Nassau-Saarbrücken betreffend die Vogteirechte über die Klöster zu Lubeln, Wadgassen, Fraulautern und Herbitzheim, die Herrschaft Bolchen, die Saline von Salzbronn, etc. (L'accord du 23 août 1581 entre Charles III de Lorraine et Philippe de Nassau, concernant les droits de juridiction sur les abbayes de Lubeln, etc.), p. 145 à 163.

5134. Müsebeck (E.). — Die Benediktinerabtei S. Arnulf vor Metz in der ersten Hälfte des Mittelalters (L'abbaye de Saint-Arnoul de Metz dans la première moitié du moyen âge), 2 *tabl.*, p. 164 à 244.

[Chartes, 956-1315.]

5135. Chatelain (L'abbé V.). — Le comté de Metz et la vouerie épiscopale du VIIIe au XIIIe siècle, p. 245 à 311. — Suite de X, p. 72.

5136. Huber (Émile). — Notes sur le château et la fortification de Sarreguemines, *fig.* et *pl.*, p. 312 à 324.

5137. Keuffer. — Eine französische Urkunde von 1205 (une charte française [d'Isabelle de Montcler] de 1205), *facs.*, p. 325 à 328.

5138. Sommerfeldt (Gustav). — Nikolaus von Butrinto, ein Nachtrag (Nicolas de Butrinto. Appendice), p. 328 à 336. — Cf. V, p. 223.

5139. Sauerland (H. V.). — Vatikanische biographische Notizen zur Geschichte des XIV Jahrhunderts (Notices biographiques pour l'histoire du XIVe siècle, extraites des archives du Vatican), p. 337 à 344.

[Léopold de Bebenburg, Henri de Dissenhofen, Jean Hocsem de Liège, Conrad de Gelnhausen, cardinal Robert de Genève (Clément VII), Leopold de Northof, Jean de Lichtemberg, Guillaume d'Aigrefeuille.]

5140. Müsebeck (E.). — Zur Geschichte von Metz im Anfange des 15 Jahrhunderts (Note pour l'histoire de Metz au début du XVe siècle), p. 345 à 347.

5141. Wolfram (G.). — Vorläufiger Bericht über die Aufdeckung der römischen Mauer zwischen Höllenturm und Römerthor (Rapport provisoire sur la découverte du mur romain entre la tour d'Enfer et la porte des Romains à Metz), *fig.*, et 8 *pl.*, p. 348 à 355.

5142. Keune (J. B.). — Spät-merovingischer Friedhof bei Gross-Moyeuvre (Cimetière de la fin de l'époque mérovingienne découvert à Moyeuvre-le-Grand), *pl.*, p. 355 à 360.

5143. Keune (J. B.). — Römische Skelettgräber und gestempelte Ziegel zu Niederjeutz bei Diedenhofen (Sépultures à inhumation de l'époque romaine et tuile estampée trouvées à Niederjeutz, près Thionville), p. 360 à 363.

5144. Knitterscheid (E.). — Gräberfunde bei Metz (Sépultures franques découvertes près de Metz), *pl.*, p. 363 à 366.

5145. Keune (J. B.). — Das Briquetage im oberen Seillethal, nebst einer vorläufigen Uebersicht über die Ergebnisse der durch die Gesellschaft im Sommer 1901 ausgeführten Ausgrabungen (Le briquetage dans la haute vallée de la Seille, d'après un aperçu provisoire du résultat des fouilles exécutées par la Société dans l'été de 1901), *fig.* et 3 *pl.*, p. 366 à 394.

5146. Grosse (H.). — Neue Versuche über den Zweck des Briquetage (Nouvelles recherches sur le but du briquetage), p. 394 à 401.

5147. Keune. — Silbernes Kesselchen aus römischen Gebäuderesten bei Büdingen (Bassin d'argent provenant des ruines romaines de Budingen), *fig.*, p. 402.

5148. Keune (J. B.). — Bericht über das Museum der Stadt Metz. Geschäftsjahr 1901 (Rapport sur le musée de Metz, exercice 1901), p. 403 à 415.

5149. Paulus (E.). — Tables des treize premiers volumes de l'Annuaire de la Société d'histoire et d'archéologie lorraine, p. 500 à 520.

XIV. — Jahrbuch der Gesellschaft für Lothringische Geschichte und Altertums-

kunde. Annuaire de la Société d'histoire et d'archéologie lorraine, 14e année, 1902. Vierzehnter Jahrgang, 1902. (Metz, s. d., in-4°, XI-591 p.)

5150. Baetcke (A. J.). — Die schottische Abstammung der Lothringer de Blair (L'origine écossaise des Lorrains de Blair), *tabl.*, p. 1 à 47.

5151. Bloch (Hermann). — Die älteren Urkunden des Klosters S. Vanne zu Verdun (Les plus anciens diplômes de l'abbaye de Saint-Vanne), p. 48 à 150. — Suite de X, p. 338.

[Chartes (XIe-XIIe s.), polyptique, nécrologe.]

[5130]. Forrer (R.) — Keltische Numismatik der Rhein- und Donaulande (Numismatique celtique des provinces rhénanes et danubiennes), *fig.*, p. 151 à 209.

5152. Paulus (E.). — Apport à l'histoire des études archéologiques et historiques pendant le XVIIIe siècle, p. 210 à 269.

[Correspondance de dom Théodore Brocq, de Saint-Arnoul de Metz, avec Dom Calmet, et lettres de dom Étienne Pierre, au même.]

5153. Reumont (H.). — Zur Chronologie der Gorzer Urkunden aus Karolingischer Zeit (Sur la chronologie des diplômes carolingiens de Gorze), p. 270 à 289.

5154. Beaupré (Comte J.) — Observations sur les sépultures sous tumulus de la Lorraine, p. 290 à 300.

5155. Erbrich (E.). — Ueber Volks-und Dialektdichtung im Metzer Lande (Sur la poésie populaire en patois messin), p. 301 à 318.

5156. Huber (Émile). — Le Hérapel d'après le résultat général des fouilles (coup d'œil d'ensemble), quatrième et dernière notice, 8 *pl.*, p. 319 à 339. — Suite de VI, p. 296; et XI, p. 314.

[Antiquités romaines.]

5157. Schramm (E.), Wolfram (G.), et Keune (J. B.). — Das grosse römische Amphitheater zu Metz (Le grand amphithéâtre romain de Metz), *fig.*, 22 *pl.*, p. 340 à 430.

5158. Sauerland (H. V.). — Zwei Aktenstücke zur Geschichte des Metzer Bischofs Philipp von Flörchingen (Deux pièces pour l'histoire de l'évêque de Metz, Philippe de Florchingen, 30 décembre 1260 et 24 septembre 1263), p. 431 à 448.

5159. Schiber (Adolf). — Zur deutschen Siedlungsgeschichte und zur Entwicklung ihrer Kritik in den letzten Jahren (Sur l'histoire de la colonisation allemande et le développement de sa critique en ces dernières années), p. 449 à 461.

5160. Sauer (E.). — Notice sur l'hôtel de la Préfecture (ancien hôtel de l'Intendance) [à Metz], p. 461 à 464.

5161. Adam (A.). — Hans Hammer, Erbauer der Kirche in Finstingen (Jean Hammer, constructeur de l'église de Fistingen), p. 465 à 466.

5162. Walter (Theobald). — Zur lothringischen Territorialgeschichte im Oberelsass [un domaine lorrain en haute Alsace], p. 467 à 470.

5163. Welter (P. Symphorien). — Rédange au point de vue archéologique, 3 *pl.*, p. 470 à 473.

5164. Welter (T.). — Die fränkische Grabfeld Haut-Zabès bei Fraquelfing-Lörchingen (Le cimetière franc de Haut-Zabès, près de Fraquelfing-Lörchingen), p. 474 à 475.

5165. Welter (T.). — Mittelalterliche Niederlassung auf dem Schelmenberg (Altmühle) bei Hilbesheim, Kr. Saarburg (Établissement du moyen âge sur le Schelmenberg, près de Hilbesheim, arrond. de Sarrebourg), *pl.*, p. 475 à 476.

5166. Keune (J. B.). — Einige neueste Funde aus der Nähe von Metz und aus Diedenhofen (Découvertes [d'antiquités romaines] dans les environs de Metz et de Thionville), *pl.*, p. 476 à 479.

5167. Doll. — Bauliche Reste im Moselbette (Restes de constructions [romaines] dans le lit de la Moselle), p. 479 à 483.

NIÈVRE. — NEVERS.

SOCIÉTÉ ACADÉMIQUE DU NIVERNAIS.

Les publications antérieures de cette Société sont analysées dans notre *Bibliographie générale*, savoir :
Mémoires, t. I et II (1886-1887), *Bibliographie*, t. II, p. 359.
— t. III à IX (1888-1900), *Bibliographie*, Supplément sous presse.

X. — **Mémoires de la Société académique du Nivernais,** t. X. (Nevers, 1902, in-4°, 107 p.)

5168. [Gueneau (Lucien)]. — L'occupation de Nevers par nos bons alliés, du 22 juillet au 16 octobre 1815. (Extraits des Mémoires de François-Joseph Fourquemin, menuisier à Nevers,) p. 3 à 37.

5169. Gueneau (Victor). — Un mot sur les anciennes écoles de Moulins-Engilbert, p. 38 à 43.

5170. Brocillet (Dr). — Acte de mariage du maréchal Lannes à Dornes [29 fructidor an viii], p. 44 à 45.
5171. L. G. [Gueneau (Lucien)] et Stramoy (Jean). — Chansons populaires glanées en pays nivernais, p. 46 à 74.
5172. Desforges (A.). — La station préhistorique de la Sablière (commune de Saint-Parize-le-Châtel) et la collection de M. Étienne Tardy, p. 75 à 78.
5173. Gueneau (Lucien). — Notes sur les établissements hospitaliers de Luzy, p. 79 à 95.
5174. Gueneau (Lucien). — Le mercredi des cendres à Nevers. La promenade sur le pont de la Loire, son symbolisme, p. 96 à 99.

XI. — Mémoires de la Société académique du Nivernais, t. XI. (Nevers, 1902. in-4°, 93 p.)

5175. Gueneau (Victor). — Notes sur Commagny, p. 16 à 40.
5176. Gueneau (Lucien). — La campagne de Saint-Saulge par la garde nationale de Châtillon-en-Bazois, en 1831, poëme héroï-comique par Jules Regnard, p. 45 à 53.
5177. Jolivet (Louis). — Les artistes nivernais, p. 54 à 88.

NIÈVRE. — NEVERS.

SOCIÉTÉ NIVERNAISE DES LETTRES, SCIENCES ET ARTS.

Les publications antérieures de cette Société sont analysées dans notre *Bibliographie générale*, savoir :
Bulletin, t. I à XII (1854-1886), *Bibliographie*, t. II, p. 360.
— t. XIII à XVIII (1890-1900), *Bibliographie*, Supplément sous presse.
Ouvrages divers (1854-1885), *Bibliographie*, t. II, p. 360, et Supplément sous presse.

XIX. — Bulletin de la Société nivernaise des lettres, sciences et arts, 3e série, t. IX, XIXe volume de la collection. (Nevers, 1901-1902. in-8°, 569 p.)

5178. Lespinasse (René de). — Description du clocher et de l'église de Marzy, p. 1 à 10.
5179. Sery (L'abbé A.). — Le père Placide Gallemant et le couvent des Récollets de Nevers, 3 *pl.*, p. 11 à 57.
5180. Meunier (Paul). — Francis d'Allarde [auteur dramatique (1778 † vers 1840)], p. 58 à 65.
5181. Massillon-Rouvet. — Les Conrade, leurs faïences d'art, *pl.*, p. 66 à 99.
5182. Lespinasse (René de). — À travers les lettres de rémission nivernaises aux xive et xve siècles, p. 100 à 135.
5183. Anonyme. — Méreaux de la collégiale de Saint-Pierre-le-Moutier, p. 141.
5184. Teste. — La tombe de Serène de Crevant, femme de François II de Chabannes, comte de Saignes, baron de Charlus, etc., et de Valentine de Chabannes, leur fille, en l'église de Trucy-l'Orgueilleux, et la tombe de Jacques de Chabannes, baron de Vergers et de Sainte-Colombe, dans l'ancienne église de Vergers, commune de Suilly-la-Tour [xviie s.], *pl.*, p. 145 à 151.
5185. Mirot (Léon). — Fragments de l'obituaire de l'église Saint-Martin de Clamecy, p. 152 à 165. — Suite de XVII, p. 506.
5186. Mabon (Albert). — Promenade archéologique à Cosne, [Villemoison], Saint-Père, Saint-Laurent [l'abbaye], Saint-Verain et ses environs [Cours, Saint-Loup], 3 *pl.*, p. 166 à 210.
5187. Gauthier (Gaston). — La taille et la capitation dans la paroisse de Champvert en 1779, p. 211 à 222.
5188. Saint-Venant (J. de). — Une statuette de la déesse Epona, [à Urzy] près Nevers, *pl.*, p. 223 à 228.
5189. Lespinasse (René de). — Les plus anciennes chartes du Nivernais jusqu'au xe siècle, p. 229 à 245.
5190. Sery (L'abbé A.). — Abbaye des religieuses bénédictines de Notre-Dame de Nevers, 3 *pl.* et *fig.*, p. 246 à 389.
5191. Lespinasse (René de). — Documents nivernais de la collection Duchesne à la Bibliothèque nationale, p. 390 à 406.
5192. R. de L. [Lespinasse (R. de)]. — Notice sur l'abbé Bogros, curé de Marzy († 1901), p. 408 à 410.
5193. Moreau (Victor). — Notice sur Commagny, *pl.*, p. 417 à 448.
5194. Gauthier (Gaston). — Les bains de la villa gallo-romaine de Champvert (Nièvre), 3 *pl.*, p. 449 à 468.
5195. Boyer (Auguste). — La vie municipale à Dampierre pendant la Révolution (1788-1795), p. 469 à 558.

5196. Sery (Le chanoine André). — L'abbaye Saint-Martin de Nevers, des chanoines réguliers de Saint-Augustin, avec une lettre de Mgr Lelong, évêque de Nevers, et une introduction de dom Fourier Bonnard. (Nevers, 1902, in-8°, xvi-286 p. et *pl.*)

NORD. — CAMBRAI.

SOCIÉTÉ D'ÉMULATION DE CAMBRAI.

Les publications antérieures de cette Société sont analysées dans notre *Bibliographie générale*, savoir :
Séances publiques et *Mémoires*, t. I à LVIII (1808-1885), *Bibliographie*, t. II, p. 371.
Mémoires, t. LIX à LXXII (1886-1900), *Bibliographie*, Supplément sous presse.

LXXIII. — Mémoires de la Société d'émulation de Cambrai, t. LVI. Séance publique du 15 décembre 1901... (Cambrai, 1902, in-8°, CV-VI-335 p.)

5197. Coulon (Dr H.). — Proverbes d'autrefois *nl.* p. I à VI, et 1 à 174.

5198. Proyart de Baillescourt (Comte Fernand de). — De l'origine et de l'étymologie du nom de Cambrai, p. 175 à 214.

5199. Berger (Abel). — Découverte de tombes gallo-romaines à Esnes près Cambrai, p. 215 à 217.

5200. Margerin (L'abbé). — Martin Cuper, abbé de Crespin et auxiliaire de Cambrai sous Robert de Croÿ, Maximilien de Berghes et Louis de Berlaymont. Le concile provincial de Cambrai, la part qu'y prend Martin Cuper (1565), mort de Louis de Blois (1566), p. 219 à 256.

5201. Petit (Ch.). — Deux lettres de Henri IV [relatives à l'hôtel Saint-Pol, à Cambrai, 1605], p. 303 à 307.

5202. Boubart (Dr H.). — Le tabellion du Cateau, p. 309 à 329.

NORD. — DOUAI.

UNION GÉOGRAPHIQUE DU NORD DE LA FRANCE.

Les tomes I à XXI du recueil de cette association parus de 1880 à 1900 seront analysés dans le Supplément, sous presse, de notre *Bibliographie générale*.

XXII. — Union géographique du nord de la France, siège à Douai, Bulletin 1901, t. XXII. (Douai, 1901, in-8°, 312 p.)

5203. Noirot. — La Guinée française et le Fouta-Djalon, p. 22 à 43.

5204. Jennepin (A.). — Monographie de l'industrie marbrière dans l'arrondissement d'Avesnes, p. 145 à 186.

XXIII. — Union géographique du nord de la France..., Bulletin 1902, t. XXIII. (Douai, s. d., in-8°, 384 p.)

NORD. — DUNKERQUE.

SOCIÉTÉ DUNKERQUOISE POUR L'ENCOURAGEMENT DES SCIENCES, DES LETTRES ET DES ARTS.

Les publications antérieures de cette Société sont analysées dans notre *Bibliographie générale*, savoir :

Bulletin, 1 vol. (1852), *Bibliographie*, t. II, p. 408.
Mémoires, t. I à XXIV (1853-1885), *Bibliographie*, t. II, p. 408.
— t. XXV à XXXIV (1887-1900), *Bibliographie*, Supplément sous presse.
— t. XXXV (1901), *Bibliographie*, nouvelle série, t. I, p. 58.
Bulletin, t. I à IX (1892-1898), *Bibliographie*, Supplément sous presse.

XXXVI. — Mémoires de la Société dunkerquoise pour l'encouragement des sciences, des lettres et des arts... 1902, 36e volume. (Dunkerque, 1902, in-8°, 638-cxx p.)

5205. Saint-Léger (A. de). — Dunkerque au milieu du xviiie siècle. La ville, les habitants, les institutions, p. 5 à 28.
5206. Ruyssen (A.). — Étude historique sur l'hospice civil de Dunkerque, p. 159 à 185.
5207. Terquem (Henri). — L'authenticité du linceul de Turin, état actuel de la question, *pl.*, p. 257 à 371.
5208. Debacker (Em.) et Terquem (H.). — L'exposition d'art rétrospectif de 1902 [organisée par la Société], 3 *pl.*, p. 607 à 638.

XXXVII. — Mémoires de la Société Dunkerquoise pour l'encouragement des sciences, des lettres et des arts... 1903, 37e volume. (Dunkerque, 1903, in-8°, 434 p.)

5209. Dubiau (Dr G.). — L'hygiène publique à Dunkerque, p. 5 à 89. — Suite de XXXV, p. 5.

[III. Les épidémies.]

5210. Kremp (Georges). — Essai sur l'histoire du collège Jean-Bart, collège communal et universitaire de Dunkerque, [p. 120 à 142. — Suite de XXXIII, p. 422; et XXXV, p. 287.

NORD. — LILLE.

COMITÉ FLAMAND DE FRANCE.

Les publications antérieures de ce Comité sont analysées dans notre *Bibliographie générale*, savoir :

Annales, t. I à XV (1853-1886), *Bibliographie*, t. II, p. 397.
— t. XVI à XXV (1887-1900), *Bibliographie*, Supplément sous presse.
Bulletin, t. I à VII, nos 1-2 (1857-1878), *Bibliographie*, t. II, p. 401.
Bulletin (1890-1899), *Bibliographie*, Supplément sous presse.

XXVI. — Annales du Comité flamand de France, t. XXVI, 1901-1902. (Lille, 1902, in-8°, xxiii-387 p.)

5211. Flahault (Le chanoine R.). — Notre-Dame de Grâce et les trois vierges de Caestre, 2 *pl.* et *fig.*, p. 3 à 52.
5212. Provost (L'abbé). — Saint Vinoc a-t-il demeuré Bergues? p. 53 à 89.
5213. Looten (L'abbé). — Michel de Swaen. Mauritius, treurspel (1702), texte publié d'après le manuscrit du Comité flamand de France, avec une introduction littéraire, p. 91 à 174.
5214. Coussemaker (Félix de). — Thierry Gherbode, secrétaire et conseiller des ducs de Bourgogne et comtes de Flandre, Philippe le Hardi et Jean sans Peur, et premier garde des chartes de Flandre (13..-1421), étude biographique, p. 175 à 385.

NORD. — LILLE.

SOCIÉTÉ D'ÉTUDES DE LA PROVINCE DE CAMBRAI.

Les publications antérieures de cette Société sont analysées dans notre *Bibliographie générale*, savoir :
Bulletin, t. I (1899-1900), *Bibliographie*, Supplément sous presse.
— t. II (1900-1901), *Bibliographie*, nouvelle série, t. I, p. 59.

III. — Société d'études de la province de Cambrai. Bulletin, t. III, 3e année, juillet 1901 à juin 1902. (Lille, 1901-1902, in-8°, 320 p.)

5215. Leclair (Edm.). — La châsse de N.-D. de la Treille, p. 14.

5216. Du Chastel (Comte). — Est-ce Marquillies ou Maclines [chevalier flamand tué à Bouvines]? p. 15 à 17.

5217. Loridan (Le chanoine). — Les reliques de saint Aubert et de saint Géry à Arras; reliquaire de saint Vaast, p. 17 à 20.

5218. Salembier (Le chanoine L.). — Le diocèse de Cambrai durant le Grand Schisme, p. 21 à 27.

5219. Du Chastel de la Howarderie (Comte). — Une preuve pour l'origine de la famille de Beaulaincourt, p. 27 à 29.

5220. Berget (Ed.). — Fontaine-au-Tertre et Briastre. Extrait d'un manuscrit : *Scripta miscellanea* de D. Benoît Marteau, moine de Liessies, écrit de 1738 à 1748, p. 29 à 34.

[5265]. [Leuridan (Th.)]. — Table des noms de lieux mentionnés dans l'*Inventaire sommaire* de la série B des archives départementales du Nord, p. 35, 148, et 249.

5221. Debout (L'abbé P.). — Difficultés entre le chapitre de Cambrai et l'archiduc Albert au sujet de l'élection du successeur de Jean Sarrazin [1598], p. 55 à 71.

5222. Leuridan (L'abbé Th.). — Le cahier de doléances de la communauté de Bachy, p. 71 à 80.

5223. Mortreux (L'abbé). — Inscription du grand séminaire de Gap, p. 84.

5224. Desilve (L'abbé J.). — Chapellenie de Saint-Druon à Sebourg, p. 87 à 92.

5225. Du Chastel de la Howarderie-Neuvireuil (Comte). — Rapport et dénombrement de la seigneurie de le Loire (à Sars et Rosières), par un seigneur inconnu aux historiens de ce fief (29 août 1652), p. 93 à 95.

5226. Leclair (Edm.). — Faits divers extraits d'une chronique lilloise manuscrite de 1600 à 1662, p. 96 à 112, et 289 à 304.

5227. Quarré-Reybourbon. — Les fonts baptismaux de la province de Cambrai, p. 128 à 133.

5228. Leclair (Edm.). — Les processions à Lille, en 1793, p. 135.

5229. Lefebvre (J.). — L'évêque des fous et la fête des Innocents à Lille, *facs.*, p. 138 à 147.

5230. Galametz (Comte de). — Fondation de sonnerie à l'église Saint-Nicolas-sur-les-fossés, à Arras, par Jacques Bosquet, sieur des Coutures (31 août 1592), p. 169 à 171.

5231. Desilve (L'abbé). — Les reliques de saint Amand, p. 171 à 173.

5232. Bocquillet (A.). — Cambrai et le Cateau en 1553, p. 173 à 177.

5233. Leclair (Edm.). — La chapelle de Sainte-Marie-Madeleine à Saint-Étienne de Lille, p. 177.

5234. Broutin (L'abbé). — Séparation des cures de Nivelles et de Thun [1268], p. 178 à 180.

5235. Berget. — Vente de l'abbaye de Liessies à l'époque de la Révolution, p. 180 à 183.

5236. Debout (L'abbé P.). — La campagne de 1712 dans le Cambrésis [lettre de J.-B. Leroy, vicaire de Saint-Vaast, à Cambrai], p. 183.

5237. Du Chastel de la Howarderie-Neuvireuil (Comte). — Un relief du fief de Breuze à Baisieux-en-Ferrain fait le 8 janvier 1419 (1420 n. st.), p. 199 à 202.

5238. Broutin (L'abbé A.-M.). — Le culte de N.-D. des Malades à Saint-Amand, p. 203 à 220.

5239. Debout (L'abbé P.). — Tremblement de terre de 1692, p. 224.

5240. Bataille (L'abbé). — Notre-Dame de Bonne-Fin, p. 224 à 226.

5241. Desilve (L'abbé J.). — Curés du XIVe et du XVe siècles [environs de Valenciennes], p. 226.

5242. Quarré-Reybourbon (L.). — Chapelle de Notre-Dame de la Treille à Douai, p. 227.

5243. Bocquillet (A.). — Séparation des paroisses de Vicq et d'Escaupont [1186], p. 228.

5244. Desilve (J.). — La paroisse de Vicq [1700], p. 228.

5245. Leclair (Edm.). — Chapellenies et bénéfices de Saint-Etienne à Lille, p. 229 à 235.

5246. Leclair (Edm.). — Préséance des métiers aux processions [à Lille, 1419-1425], p. 243.
5247. Leclair (Edm.). — Cabinet d'un médecin flamand au xve siècle, *fig.*, p. 245.
5248. Leclair (Edm.). — La mendicité interdite à Saint-Étienne de Lille [1708], p. 246.
5249. Leclair (Edm.). — Fermeture de la chapelle Saint-Michel à Lille [1791], p. 246.
5250. Leclair (Edm.). — Les pharmacopées lilloises, *fig.* et *pl.*, p. 283 à 288.

IV. — Société d'études de la province de Cambrai. Bulletin, t. IV, 4e année, 1902. (Lille, 1902, in-8°, 320 p.)

5251. Debout (P.). — Le confessionnal de Saint-Géry d'Arras (1496), p. 7.
5252. Griselle (Aug.). — Lille et le palinod de Caen [en 1792], p. 8 à 10.
5253. Leroy (L'abbé N.). — Épitaphe de François de Gouy [d'Arras, † 1576], p. 10.
5254. Flipo (L.). — Le pochonnet [burette d'autel, document de 1583 concernant Deulémont], p. 22.
5255. Broutin (L'abbé). — Médailles de Marie-Antoinette [procès-verbal du Directoire de Valenciennes, 2 brumaire an iv], p. 23.
5256. Broutin (L'abbé). — Le dixième ecclésiastique de 1441 [extrait de compte concernant Lille], p. 24.
5257. Leuridan (L'abbé Th.). — Un épisode des luttes de la manufacture de Roubaix contre les corporations voisines [1669-1671], p. 26 à 32.
5258. Dubrulle (L'abbé H.). — Le fonds de la cathédrale de Cambrai aux archives départementales du Nord et ses cartulaires indéterminés, p. 33 à 40.
5259. Le Roy (J. de). — Quartiers généalogiques [Germain-François Petitpas, † 1736], p. 40.
5260. Leuridan (L'abbé Th.). — Quelques documents sur Bachy [Nord], p. 41 à 54.
5261. Debout (Le chanoine Henri). — Jean-Baptiste-Alexandre-Louis de Songnis, commandant d'armes et maire de Merville en 1815 [1773 † 1856], contribution à l'histoire des Cent-Jours, *portr.*, p. 55 à 76.
5262. Broutin (L'abbé). — Visites pastorales de l'évêque de Tournai en 1466, p. 76 à 82.
5263. Leclair (Edm.). — Fac-similé d'impressions lilloises, *fig.*, p. 82 à 86.
5264. Berger (Édouard). — La loi de Prisches [1158], et la charte d'Anor [1196], p. 87 à 104.
5265. [Leuridan (L'abbé Th.)]. — Table des noms de lieux mentionnés dans l'*Inventaire sommaire*, de la série B des archives départementales du Nord, p. 105 et 265. — Suite de I, p. 42, 85, 125, 192, 227; II, p. 86, 201, 266; et III, p. 35, 148, et 249.

[Arrondissements de Saint-Omer et de Saint-Pol (Pas-de-Calais), III, p. 85. — Provinces d'Anvers et de Brabant, p. 148; de Flandre occidentale, p. 249. — Provinces de Flandre orientale, IV, p. 105; et du Hainaut, p. 265.]

5266. Rodière (Roger). — Deux vieux registres de catholicité du pays d'Artois, p. 130 à 160.

[Registres d'Ames (1567-1597), chronique du curé (1578-1583), obituaire, notes historiques. — Registres de Werchin (1605-1638), notes historiques.]

5267. Griselle (Eug.). — Un sermon de Fénelon à retrouver; panégyrique de saint François d'Assise, prononcé à Cambrai le 4 octobre 1695, p. 168 à 170.
5268. Anonyme. - - Les arbres de la liberté à Lille, de 1792 à 1797, d'après les documents contemporains, p. 170 à 173.
5269. Anonyme. — Le citoyen Metgy, curé intrus [constitutionnel] d'Armentières, p. 173 à 176.
5270. Anonyme. — Le pillage de Comines en 1792, p. 176 à 180.
5271. Anonyme. — Un épisode de la Révolution à la Bassée, p. 180 à 184.
5272. Leuridan (L'abbé Th.). — Archives et archivistes diocésains, p. 185 à 203.
5273. Anonyme. — Synopse de l'architecture chrétienne, p. 204.
5274. [Leuridan (Th.) et Leuridan (l'abbé Th.)]. — Inventaire sommaire des archives communales de Willems antérieures à 1790, p. 206 à 229.
5275. Broutin (L'abbé A.-M.). — Élection des abbés de Saint-Amand [1551], p. 230 à 232.
5276. Dubrulle (L'abbé H.). — Lettres des rois de France conservées dans le fonds de la cathédrale de Cambrai aux archives départementales du Nord [1179-1328], p. 233 à 255.
5277. Anonyme. — Houplines pendant la Révolution française, p. 255 à 260.
5278. Anonyme. — Le temple de la Raison à Lille, p. 260.
5279. Théodore (Ém.). — Monument commémoratif d'un bourgeois de Lille, Pierre Machon, dit de le Sauch, et de sa femme, Jeanne de Courtray, conservé en l'église paroissiale de Sainte-Catherine, à Lille [† 1473], p. 290 à 295.
5280. Desilve (L'abbé Isidore). — La crédence-piscine de l'église de Sebourg [xie-xiie s.], p. 295.
5281. Griselle (Eug.). — Le maréchal de Boufflers à Lille, p. 297 à 311.

NORD. — LILLE.

SOCIÉTÉ DE GÉOGRAPHIE DE LILLE.

Les publications antérieures de cette Société sont analysées dans notre *Bibliographie générale*, savoir :
Bulletin, t. I à XXXIV (1882-1900), *Bibliographie*, Supplément sous presse.
— t. XXXV et XXXVI (1901), *Bibliographie*, nouvelle série, t. I, p. 61.

XXXVII. — Bulletin de la Société de géographie de Lille (Lille, Roubaix, Tourcoing)..., 1er semestre de 1902, 23e année, t. XXXVII. (Lille, s. d., in-8°, 464 p.)

5282. Dibny (Fidèle). — Excursion à Solre-le-Château : Lessies, Trelon, étang de la Folie, Eppe-Sauvage, Cousolre, Beaumont, Solre-le-Château, p. 73 à 82.

[5288]. Anonyme. — Extraits de la correspondance d'un officier de cavalerie attaché à la mission du Chari, p. 133 à 146, et 196 à 203.

5283. Anonyme. — Nos frontières. Étude de géographie militaire, *cartes*, p. 146, 204, et 269.

5284. Haumant (E.). — Dans les Vosges perdues, 2 *pl.*, p. 181 à 195.

5285. Gallois (Eugène). — La France en Océanie, *fig.*, p. 409 à 434 ; et XXXVIII, p. 23 à 44.

5286. Maitre (Henri). — Le bassin du lac Kivu [Haut-Congo], p. 434 ; et XXXVIII, p. 44, 112, et 162.

XXXVIII. — Bulletin de la Société de géographie de Lille (Lille, Roubaix, Tourcoing), 2e semestre de 1902, 23e année, t. XXXVIII. (Lille, s. d., in-8°, 408 p.)

5287. Lobel (L. de). — L'Alaska, le Klondike, les Esquimaux, les Indiens de l'Alaska et de l'Amérique du Nord. Le trans-alaska-sibérien, p. 5 à 22.

[5285]. Gallois (Eugène). — La France en Océanie, *fig.*, p. 23 à 44.

[5286]. Maitre (Henri). — Le bassin du lac Kivu, p. 44, 112, 162.

5288. Anonyme. — Extraits de la correspondance d'un officier de cavalerie attaché à la mission du Chari, p. 102 à 111. — Suite de XXXV, p. 222 ; XXXVII, p. 133, et 196.

5289. Ferraille (A.). — Compte rendu d'une excursion dans les hospices et hôpitaux de la ville de Lille [leur histoire], p. 292 à 319.

5290. Patouillet (J.). — L'est de la Russie d'Europe, Nijni-Novgorod et la moyenne Volga, Kazan et les populations allogènes, p. 341 à 363.

NORD. — ROUBAIX.

SOCIÉTÉ D'ÉMULATION DE ROUBAIX.

Les publications antérieures de cette Société sont analysées dans notre *Bibliographie générale*, savoir :
Mémoires, t. I à VIII (1868-1885), *Bibliographie*, t. II, p. 430.
— t. IX à XX (1886-1899), *Bibliographie*, Supplément sous presse.
— t. XXI (1900-1901), *Bibliographie*, nouvelle série, t. I, p. 61.

XXII. — Mémoires de la Société d'émulation de Roubaix, 4e série, t. I (t. XXII de la collection) 1902. (Roubaix, 1902, in-8°, 264 p.)

5291. Leuridan (L'abbé Th.). — Inventaire sommaire des archives communales de Bourghelles antérieures à 1790, p. 5 à 68.

5292. Bataille (L'abbé J.). — Saint Évrard, fondateur de l'abbaye de Cysoing, son culte et ses reliques, 2 *pl.*, p. 69 à 192.

5293. Leuridan (L'abbé Th.). — Inventaire sommaire des archives communales de Gondecourt antérieures à 1790, p. 193 à 258.

XXIII. — Mémoires de la Société d'émulation de Roubaix, 4e série, t. II (t. XXIII de la collection), 1903. (Roubaix, 1903, in-8°, 215 p.)

5294. Leuridan (L'abbé Th.). — Inventaire sommaire des archives communales de Bachy antérieures à 1790, p. 157 à 209.

OISE. — BEAUVAIS.

SOCIÉTÉ ACADÉMIQUE DU DÉPARTEMENT DE L'OISE.

Les publications antérieures de cette Société sont analysées dans notre *Bibliographie générale*, savoir :

Mémoires, t. I à XII (1847-1885), *Bibliographie*, t. II, p. 444.

— t. XIII à XVII (1886-1900), *Bibliographie*, Supplément sous presse.

Bulletin, t. I (1854), *Bibliographie*, t. II, p. 449.

Compte rendu, t. I à III (1882-1885), *Bibliographie*, t. II, p. 449.

— t. IV à XVIII (1886-1900), *Bibliographie*, Supplément sous presse.

— t. XIX (1901), *Bibliographie*, nouvelle série, t. I, p. 62.

XVIII. — Mémoires de la Société académique d'archéologie, sciences et arts du département de l'Oise, t. XVIII. (Beauvais, 1901[-1903], in-8°, 770 p.)

5295. Meister (L'abbé L.). — Un neveu de Boileau, Gilles Dongois, conseiller et aumônier du Roi, prieur de Pont-Sainte-Maxence et chanoine de la Sainte-Chapelle [1636 † 1708], p. 5 à 30.

5296. Groult (A.). — Excursion au camp de Catenoy, p. 31 à 45.

5297. Thiot (L.). — Historique de l'ancienne télégraphie aérienne particulièrement dans le département de l'Oise, p. 46 à 60.

5298. Renet. — Monument [romain] du Mont-Capron (Oise), *pl.*, p. 61 à 64.

5299. Renet. — Le Mercure barbu de Beauvais, 2 *pl.*, p. 65 à 114.

5300. Vuilhorgne (L.). — Notice biographique sur Jean Pillet, historien de Gerberoy [1615 † 1691], p. 115 à 130.

5301. Groult (A.). — Station préhistorique de Fouquenies-Montmille, 4 *pl.*, p. 131 à 139.

5302. Muller (L'abbé Eug.). — A propos de quelques stations préhistoriques des environ de Senlis, 2 *pl.*, p. 140 à 150.

5303. Leblond (Dr V.). — Quelques mots sur le château de Rebetz-en-Vexin et son poète Jean Loret (1622), p. 151 à 157.

5304. Elbée (Comte d'). — Notice historique et archéologique sur l'Épine, p. 158 à 245.

5305. Elbée (Comte d'). — Notice historique et archéologique sur Warluis, p. 249 à 354.

5306. Elbée (Comte d'). — Notice historique et archéologique sur Saint-Arnoult, ou Parfondeval, p. 355 à 369.

5307. Leblond (Dr V.). — Note sur quelques monnaies gauloises trouvées au pays des Bellovaques, 2 *pl.*, p. 370 à 386.

5308. Régnier (L.). — Notice archéologique sur la commune de Fleury, *fig.* et 3 *pl.*, p. 387 à 423, et 736 à 742.

5309. Thiot (L.). — Les puits préhistoriques à silex de Velennes (Oise), *pl.*, p. 424 à 428.

5310. Stalin (Georges). — La préhistoire dans l'Oise. L'atelier et la station d'Hodenc-en-Bray, 3 *pl.*, p. 429 à 450.

5311. Tiersonnier (Philippe). — Les gardes du corps à Beauvais, p. 451 à 480.

5312. Baudon (A.). — Le cimetière gallo-romain de Villers-sous-Erquery, *pl.*, p. 481 à 483.

5313. Varenne (Gaston). — Lamartine garde du corps à Beauvais en 1814, p. 489 à 562.

5314. Pihan (L.). — Notice sur Hubert-Ernest Charvet [1838 † 1902], *portr.*, p. 563 à 580.

5315. Hermanville. — Notice historique et archéologique sur la commune de Héricourt-Saint-Samson, canton de Formerie (Oise), 3 *pl.* et *tableau*, p. 581 à 735.

5316. Thiot (L.). — Un tremblement de terre dans l'Oise en 1756, p. 743 à 747.

XX. — Société académique d'archéologie, sciences et arts du département de l'Oise, Compte rendu des séances, 1902. (Beauvais, s. d., in-8°, 99 p.)

5317. François. — Les découvertes de Gerberoy [vestiges de la maladrerie], p. 5.

5318. Pihan. — La correspondance de l'abbé Dubos et celle de Godefroy Hermant (XVII° s.), p. 7 à 10.

5319. Thorel-Perrin. — Récits et légendes picardes, p. 16 à 19.

5320. Vuilhorgne (L.). — Les descendants de Gui Patin, p. 24 à 28.

5321. Quignon. — Le prieuré de Saint-Jean des Viviers, p. 34 à 38.

5322. François (B.-M.). — La statue équestre de Louis XIV à Beauvais, p. 44.

5323. Quignon (C.-M.). — Règlement de 1544 pour la Charité [à Beauvais], p. 45.

5324. Quignon (C.-M.). — Pouillé du diocèse de Beauvais (XIV° s.), p. 47.

5325. Quignon (C.-M.). — Les registres des «Trois-Corps» aux Archives départementales, p. 48 à 49.

5326. Goutel. — Sépultures mérovingiennes à Yaumé-Dampierre, p. 53.

5327. Carrère (De). — Pierre tombale d'Hélène Do, dame Dubec († 1613), p. 63.

5328. Acher. — Fouille dans l'église Saint-Étienne de Bauvais, p. 70 à 73.

5329. Pihan (Le chanoine). — L'abbé Étienne Carion, p. 73.

5330. Marsaux (L'abbé). — Le vieux château de Vez, p. 74 à 76.

5331. Varenne (G.). — Corot sur les bords du Thérain, p. 90 à 97.

OISE. — COMPIÈGNE.

SOCIÉTÉ HISTORIQUE DE COMPIÈGNE.

Les publications antérieures de cette Société sont analysées dans notre *Bibliographie générale*, savoir :

Bulletin, t. I à VI (1869-1884), *Bibliographie*, t. II, p. 450.

— t. VII à IX (1888-1899), *Bibliographie*, Supplément sous presse.

Procès-verbaux, t. I à X (1888-1900), *Bibliographie*, Supplément sous presse.

— t. XI (1901), *Bibliographie*, nouvelle série, t. I, p. 63.

Ouvrages divers (1869-1900), *Bibliographie*, t. II, p. 449, et Supplément.

5332. Caucheмé (V.). — Description des fouilles archéologiques exécutées dans la forêt de Compiègne sous la direction de M. Albert de Roucy. (Compiègne, 1900-1902, in-4°, VI-90 p. et *pl.*)

[I. Rapport de M. Albert de Roucy (1861), p. 1; fouilles du Mont-Berny, 15 *pl.*, p. 25. — II. Fouilles de la Carrière du Roi, 14 *pl.*, p. 61; description d'une statue de Mercure, par M. de Roucy (1875), p. 75; caves gallo-romaines, 12 *pl.*, p. 81.]

X. — Bulletin de la Société historique de Compiègne, t. X. (Compiègne, 1902, in-8°, LVI-211 p.)

5333. Anonyme. — Le comte de Marsy [† 1900], sa mort, ses funérailles, *portr.*, p. XXXIII à LVI.

5334. Palat (Le lieutenant-colonel). — Compiègne en 1814, p. 1 à 146.

5335. Sorel (Alexandre). — Dépenses du duc de Bourgogne au siège de Compiègne en mai 1430, lors de la prise de Jeanne d'Arc, p. 147 à 164.

5336. Gallois (L'abbé). — Les fonts baptismaux et le lutrin de Vandelicourt, 2 *pl.*, p. 165 à 168.

5337. Bonnault (Baron de). — Impressions florentines d'un paysan picard au XVII° siècle [Guillaume Manier], p. 169 à 183.

5338. Roucy (Francis de). — Les armoiries de Compiègne, *pl.*, p. 184 à 188.

5339. Divers. — Le président Sorel [1826 † 1901], *portr.*, p. 189 à 211.

[Discours, et notice biographique par le baron de Bonnault.

XII. — Société historique de Compiègne. Procès-verbaux, rapports et communications diverses, XI, 1902. (Compiègne, 1903, in-8°, 129 p.)

5340. Vattier (L'abbé). — La Tour de la monnaie et le palais royal mérovingien et carolingien à Compiègne, p. 29 à 30.

5341. Morel (E.). — Excursion archéologique à Mouy, Bury, Cambronne, Auviller, Clermont, p. 67 à 73.

5342. Lambin (P.). — Histoire du poste et du domaine forestier de Saint-Corneille (forêt de Compiègne), p. 93 à 106.

OISE. — NOYON.

COMITÉ ARCHÉOLOGIQUE ET HISTORIQUE DE NOYON.

Les publications antérieures de ce Comité sont analysées dans notre *Bibliographie générale*, savoir :

Comptes rendus et mémoires, t. I à VII (1856-1885), *Bibliographie*, t. II, p. 452.

— — t. VIII à XVI (1886-1900), *Bibliographie*, Supplément sous presse.

— — t. XVII (1901), *Bibliographie*, nouvelle série, t. I, p. 64.

Table générale (1856-1900), *Bibliographie*, nouvelle série, t. I, p. 64.

Ouvrages divers (1876-1883), *Bibliographie*, t. II, p. 452.

5343. Pagel (René). — Bibliographie noyonnaise, suivie de la bibliographie de la rosière de Salency. (Noyon, 1903, in-8°, VII-318 p.)

XVIII. — Comité archéologique et historique de Noyon. Comptes rendus et mémoires lus aux séances, t. XVIII. (Chauny, 1903, in-8°, XCIX-264 p.)

5344. Cardon (H.). — Extraits du journal de Charles de Croix, chanoine de l'église collégiale de Saint-Quentin, p. XXIV à XXVIII. — Suite de XVII, p. XXX.

5345. Pontthieux (A.). — Excursion de Laon, p. XXIX-XXXV.

5346. A.P. [Pontthieux (A.)]. — M. Poissonnier [† 1902], p. LIV à LVII.

5347. A. P. [Pontthieux (A.)]. — Excursion à Saint-Quentin, p. LXXXII à LXXXVI.

5348. Pontthieux (A.). — La justice du chapitre cathédral de Noyon, p. 1 à 54. — Suite de XVII, p. 139.

5349. Bougon (Dr G.). — Noyon-Noviodunum, p. 55 à 106.

5350. Bouxin (L'abbé Auguste). — Analyse de quelques pièces d'un cartulaire [du chapitre cathédral] de Laon, concernant Noyon et Ourscamp, p. 107 à 112.

5351. Loire. — Documents pour servir à l'histoire du district de Noyon (1790-1791), p. 113 à 149.

5352. Legrand. — Notes sur l'abbé J.-B. Riquier [1719 † an V], p. 150 à 155.

5353. Baudoux (Augustin). — Les évêques de Noyon, 2 *pl.*, p. 157 à 234.

OISE. — SENLIS.

COMITÉ ARCHÉOLOGIQUE DE SENLIS.

Les publications antérieures de ce Comité sont analysées dans notre *Bibliographie générale*, savoir :

Comptes rendus et mémoires, t. I à XX (1862-1885), *Bibliographie*, t. II, p. 455.

Comptes rendus et mémoires, t. XXI à XXXII (1886-1899), *Bibliographie*, Supplément sous presse.
— — t. XXXIII (1900-1901), *Bibliographie*, nouvelle série, t. I, p. 64.
Ouvrages divers (1870-1884), *Bibliographie*, t. II, p. 455.

XXXIV. — Comité archéologique de Senlis. Comptes rendus et mémoires, 4e série, t. V, année 1902. (Senlis, 1903, in-8°, XVI-15 et 189 p.)

5354. Luppé (Marquis de). — Notes sur les L'Orfèvre [seigneurs de Pont-Sainte-Maxence], p. 3 à 7.
5355. Macon (G.). — Chantilly et le connétable Henri de Montmorency, 4 *pl.*, p. 1 à 72.
5356. Laurain (E.). — Une enquête sur le nombre des feux dans le doyenné de Crépy-en-Valois au milieu du XVe siècle, p. 73 à 80.
5357. Laurain (E.). — Jean-Baptiste-Michel Ouvrard de la Haie ou le Batave heureux [1741 † 1821], p. 81 à 101.
5358. Margry (A.). — Nouvelles recherches sur les origines des grandes baillies royales, p. 102 à 185. — Suite de XXXI, p. 105.

ORNE. — ALENÇON.

LES AMIS DES MONUMENTS ORNAIS.

Cette association est une filiale de la Société historique et archéologique de l'Orne; c'est une transformation de la Commission de protection des monuments instituée par cette Société au mois de juin 1900. Malgré le lien étroit qui unit ces deux groupements, l'analyse de leurs travaux doit faire l'objet dans notre *Bibliographie* de deux paragraphes, car ils ont des adhérents distincts, chacun un budget particulier et font des publications indépendantes. Les Amis des monuments ornais ont commencé en 1901 la publication d'un *Bulletin* trimestriel formant un volume chaque année.

I. — Bulletin des Amis des monuments ornais, t. I. (Alençon, 1901, in-8°, 150 p.)

5359. Tournouer (H.). — La maison d'Ozé [à Alençon], p. 29 à 43.
5360. Desvaux (L'abbé A.). — Les monuments funéraires de Mesdames Louise Rouxel de Médavy [† 1674] et Marie-Louise de Médavy [† 1764], abbesses d'Almenesches, p. 56 à 63.
5361. Du Motey (Vicomte). — Les origines de Jean Goujon, p. 64 à 66.
5362. France de Tersant (Urbain de). — Pierres tombales de l'église Saint-Pierre de Sées, p. 67 à 72.
5363. Anonyme. — Inscription du XVIe siècle à Sept-Forges, p. 84.
5364. Beauchêne (Marquis de) et Adigard (P.). — A la Ferté-Macé et à Domfront, excursion, p. 89 à 96, et 114 à 125.
5365. Lobiot (Florentin). — Les fonts baptismaux de Couterne, p. 97 à 110.
5366. Barret (L'abbé P.). — Le retable peint de l'église de Vitray-sous-Laigle, un primitif français, p. 126 à 136.
5367. Tournouer (H.) et des Noëttes (L.). — A propos de vieux porches dans la Grande-Rue d'Alençon, *fig.*, p. 137 à 141.
5368. Tournouer (H.). — Les fouilles de la Simonnière en Villers-sous-Mortagne, p. 142 à 144.

II. — Bulletin des Amis des monuments ornais, t. II. (Alençon, 1902, in-8°, 142 p.)

5369. Divers. — Inventaire archéologique par communes des arrondissements d'Alençon, d'Argentan et de Domfront, *fig.*, p. 16 à 24, 100 à 106, et 113 à 124.
5370. Blaizot. — Procès-verbal d'apposition et levée de scellés chez M. le curé d'Alençon [Pierre Belard] (1729), p. 25 à 42.
5371. Letacq (A.-L.). — Notice sur l'ancienne chapelle

de Sainte-Catherine du Poitou dans la forêt d'Écouves, p. 43 à 49.

5372. Pernelle (A.). — Vimoutiers. Hôtellerie des moines de Jumièges, *fig.*, p. 63 à 69, et 93 à 95.

5373. Sodancé (Vicomte de). — Bénédiction de cloches et chapelles de l'église Notre-Dame d'Alençon (1644-1791) [et bénédiction de cloches de l'église Saint-Pierre de Montsort (1712-1782) et Saint-Roch de Courteil (1784), p. 70 à 76.

5374. Pernelle (A.). — Le château de Renouard, *fig.*, p. 96 à 99.

5375. Anonyme. — Documents, p. 107 à 109.

[Réparations aux châteaux d'Exmes (1370), d'Alençon (1595), et d'Argentan (1570).]

5376. Desvaux (L'abbé A.). — L'église de Colombiers, *fig.*, p. 125 à 131.

5377. Lefebvre des Noettes. — Les anciens ferraient-ils leurs chevaux? p. 132 à 135.

ORNE. — ALENÇON.

SOCIÉTÉ HISTORIQUE ET ARCHÉOLOGIQUE DE L'ORNE.

Les publications antérieures de cette Société sont analysées dans notre *Bibliographie générale*, savoir :

Bulletin, t. I à IV (1883-1885), *Bibliographie*, t. II, p. 463.

— t. V à XIX (1886-1900), *Bibliographie*, Supplément sous presse.

— t. XX (1901), *Bibliographie*, nouvelle série, t. I, p. 65.

Ouvrages divers (1885), *Bibliographie*, t. II, p. 463.

XXI. — Bulletin de la Société historique et archéologique de l'Orne, t. XXI. (Alençon, 1902, in-8°, xvi-341 [*lisez :* 441] p.)

5378. Le Faverais (A.). — Recherches sur les origines de Domfront et de Saint-Front, p. 17 à 34, et 109 à 120.

5379. Duval (Louis). — Phénomènes météorologiques et variations atmosphériques. Sécheresses, pluies, orages, etc., observés en Normandie, principalement dans l'Orne, d'après les chroniques locales, etc. (1073 à 1893), p. 35 à 50, et 121 à 146. — Suite de XII, p. 385; XIII, p. 337; XIV, p. 257; XIX, p. 5, 111; et XX, p. 10 et 167.

5380. Chollet (A.). — Saint-Arnoult, p. 51 à 70.

5381. Du Motey (Vicomte). — Les origines de Serlon d'Orgères, évêque de Séez [1091 † 1122], p. 71 à 76.

5382. Peschot (L'abbé). — Documents [sur Louise Lamy, abbesse de Saint-Nicolas de Verneuil, 1757 † 1837], p. 77 à 80.

5383. Letacq (A.-L.). — Nécrologie : Ambroise Rétout, professeur au collège de Domfront [1844 † 1901]. L'abbé Diavet, curé de Réveillon [1845 † 1901], p. 91 à 95.

5384. Anonyme. — Bibliographie de l'Orne pendant l'année 1901, p. 147 à 182.

5385. Pernelle (A.). — L'hospice de Vimoutiers, p. 183 à 204, et 228 à 301. — Suite de XX, p. 240.

5386. Beauchesne (Marquis de). — Nécrologie : M. Delarue [† 1902], p. 209.

5387. Du Motey (Vicomte). — M. Eugène Lecointre [ancien maire d'Alençon, † 1901], p. 210 à 214.

5388. Gatry (L'abbé). — Notes biographiques sur M. Auguste Deniset (1809 † 1885), ancien professeur aux collèges de Séez et d'Alençon, p. 221 à 227.

5389. Beauchesne (Marquis de). — Tessé, Coulonges, Mebzon, p. 302 à 319.

5390. Desvaux (L'abbé A.). — A travers la vallée d'Auge et le pays d'Ouche [excursion archéologique], *fig.* et *pl.*, p. 227 à 281 [*lisez :* 327 à 381].

[Châteaux de Médavy, *fig.*; d'O, *fig.*; églises d'Almenesches; de Silly, *pl.*; de Saint-Évroult de Montfort, *fig.*; ruines de l'abbaye de Saint-Évroult, *fig.* et *pl.*, etc.]

5391. Gatry (L'abbé). — Le bourg Saint-Léonard et les seigneurs, p. 282 à 290 [*lisez :* 382 à 390].

5392. Du Motey (Vicomte). — Les origines des Matignon, comtes de Gacé, p. 308 à 310 [*lisez :* 408 à 410].

5393. Richer (A.). — Une école de filles à Gacé au xviiie siècle, p. 311 à 318 [*lisez :* 411 à 418].

5394. Poncher (Jacques). — Gacé pendant la Terreur, p. 322 à 335 [*lisez :* 422 à 435].

IMPRIMERIE NATIONALE.

ORNE. — MORTAGNE.

SOCIÉTÉ PERCHERONNE D'HISTOIRE ET D'ARCHÉOLOGIE.

Cette Société a été fondée au mois d'octobre 1900. Elle a commencé en 1901 la publication d'un *Bulletin* dont le tome I est analysé ci-dessous. Le Rapport mentionné dans notre précédent fascicule sous le numéro 1225 n'est qu'un extrait de ce volume. On doit aussi à cette Société la fondation, à Mortagne, d'un musée-bibliothèque.

I. — **Bulletin de la Société percheronne d'histoire et d'archéologie** (1901-1902). (Bellême, 1902, in-8°, 210 p.)

5395. Barret (L'abbé P.). — Le château de Vauvineux en Perverchères, *pl.*, p. 18 à 23.

5396. Tournouer (H.). — L'église du prieuré de Sainte-Gauburge en Saint-Cyr-la-Rosière, p. 24 à 26.

5397. Anonyme. — Dons faits au Musée percheron, p. 30, 164, et 178.

5398. Tournouer (H.). — Le Musée percheron, p. 38 à 43.

5399. H. T. [Tournouer (H.)]. — La maison de M. de Puisaye, à Mortagne, p. 44 à 47.

5400. Fournier (Louis). — Requête présentée à MM. les maire et échevins par plusieurs bourgeois de Mortagne pour la réception dans cette ville du marquis de Puisaye, en 1759, p. 48.

5401. Tournouer (H.). — Dotation de Napoléon Ier à Regmalard et à Nocé, p. 50.

5402. Godet (L'abbé). — Noels percherons, 2 *facs.*, p. 98 à 133.

5403. Fournier (L.). — Autour du Vieux-Mortagne, *fig.*, p. 149 à 163, et 181 à 203.

PAS-DE-CALAIS. — ARRAS.

ACADÉMIE D'ARRAS.

Les publications antérieures de cette Académie sont analysées dans notre *Bibliographie générale*, savoir :

Mémoires, t. I à LIV (1818-1885), *Bibliographie*, t. II, p. 466.
— t. LV à LXIX (1886-1900), *Bibliographie*, Supplément sous presse.
— t. LXX (1901), *Bibliographie*, nouvelle série, t. I, p. 65.
Ouvrages divers (1852-1878), *Bibliographie*, t. II, p. 466.

5404. Daumet (Georges). — Calais sous la domination anglaise. Ouvrage publié au nom de l'Académie d'Arras avec une subvention spéciale du Conseil général du Pas-de-Calais. (Arras, 1902, in-8°, 211 p.)

LXXI. — **Mémoires de l'Académie des sciences, lettres et arts d'Arras**, 2e série, t. XXXIII. (Arras, 1902, in-8°, 474 p.)

[5410]. Hautecloque (Comte de). — Le maréchal de Lévis, gouverneur général de l'Artois (1765-1787), p. 7 à 164.

5405. Guesnon (A.). — Le cartulaire de l'évêché d'Arras manuscrit du XIIIe siècle avec additions jusqu'au milieu du XVIe, analysé chronologiquement, p. 165 à 323.

5406. Rodière (Roger). — Une condamnation à mort par contumace [contre Charles-Antoine Le Roy, à Pommera-Sainte-Marguerite] en 1789, p. 357 à 366.

5407. Viltart (L.). — Madame Gustave Mesureur (Amélie Dewailly), p. 367 à 374.

5408. Cavrois (Baron Alexandre). — Note sur deux volets de triptyque représentant des chanoines de la Diennée, p. 375 à 391.

5409. Cavrois (Baron). — Discours [sur l'histoire de l'Académie], p. 399 à 408.

LXXII. — Mémoires de l'Académie des sciences, lettres et arts d'Arras, 2ᵉ série, t. XXXIV. (Arras, 1903, in-8°, 479 p.)

5410. Hauteclocque (Comte G. de). — Le maréchal de Lévis, gouverneur général de l'Artois (1765-1787), p. 7 à 156. — Suite de LXX, p. 75; et LXXI, p. 7.

5411. Viltart (L.). — F.-N. Chifflart [peintre] (1825-1901), *portr.* et 3 *pl.*, p. 157 à 192.

5412. Depotter (J.). — Les échevins du pays de Lallœux, p. 201 à 234.

5413. Rodière (Roger). — Essai sur les prieurés de Beaurain et de Maintenay et leurs chartes, p. 235 à 389.

5414. Parenty (Henri). — Exposé sommaire de la science de Descartes, p. 391 à 402.

PAS-DE-CALAIS. — ARRAS.

COMMISSION DES MONUMENTS HISTORIQUES.

Les publications de cette Commission que nous avons analysées antérieurement dans notre *Bibliographie générale*, sont :

Bulletin, série in-4°, t. I à VI (1849-1888), *Bibliographie*, t. II, p. 476.
Bulletin, 2ᵉ série, t. I (1889-1895), *Bibliographie*, Supplément sous presse.
— t. II (1896-1901), *Bibliographie*, nouvelle série, t. I, p. 66.
Statistique monumentale, t. I à III (1850-1877), *Bibliographie*, t. II, p. 482.
Dictionnaire historique (1873-1884), *Bibliographie*, t. II, p. 483.
Épigraphie, t. I (1883-1887), *Bibliographie*, t. II, p. 484.

Ces publications jointes au volume dont nous indiquons ci-dessous le contenu, représentent, croyons-nous, tous les volumes *terminés* que la Commission a fait paraître jusqu'à ce jour. Mais il convient de rappeler qu'elle en a plusieurs autres en cours de publication, car elle a la fâcheuse habitude d'imprimer simultanément plusieurs volumes qui restent sous presse jusqu'à dix et quinze ans et paraissent sans aucun ordre par fascicules dont la pagination ne se suit même pas.

II. — Épigraphie du département du Pas-de-Calais. Ouvrage publié par la Commission départementale des monuments historiques, t. II [arrondissement de Béthune]. (Arras, 1889 [-1901], 6 fascicules in-4°, 344 et 70 p.)

[Fasc. I (1889); II (1890); III (1891); IV (1898); V (1898); VI (1901).]

5415. Loriquet (H.). — Béthune, *pl.*, 1ᵉʳ fasc., p. 1 à 20.

5416. Loriquet (H.). — Canton de Béthune, 3 *pl.*, 1ᵉʳ fasc., p. 21 à 80.

5417. La Giclais (H. de). — Canton de Cambrin, *pl.*, 2ᵉ fasc., p. 81 à 144.

5418. Anonyme. — Canton de Carvin, 3ᵉ fasc., p. 145 à 200.

5419. Loisne (Comte A. de). — Canton de Laventie, 4ᵉ fasc., p. 205 à 219.

5420. Loisne (Comte A. de). — Canton de Lillers, 4ᵉ fasc., p. 221 à 273.

5421. Loisne (Comte A. de). — Canton de Norrent-Fontes, *pl.*, 5ᵉ fasc., p. 275 à 344.

5422. Loisne (Comte A. de). — Canton d'Houdain, 6ᵉ fasc., *pl.*, p. 1 à 70.

PAS-DE-CALAIS. — BOULOGNE-SUR-MER.

SOCIÉTÉ ACADÉMIQUE DE BOULOGNE-SUR-MER.

Les publications antérieures de cette Société sont analysées dans notre *Bibliographie générale*, savoir
Mémoires, t. I à XIII (1864-1886), *Bibliographie*, t. II, p. 484.
— t. XIV à XX (1888-1900), *Bibliographie*, Supplément sous presse.
— t. XXI (1901), *Bibliographie*, nouvelle série, t. I, p. 67.
Bulletin, t. I à IV (1864-1890), *Bibliographie*, t. II, p. 486.
— t. V (1891-1899), *Bibliographie*, Supplément sous presse.
Ouvrages divers (1881-1886), *Bibliographie*, t. II, p. 484.

XXII. — Mémoires de la Société académique de l'arrondissement de Boulogne-sur-Mer, t. XXII, 1903. (Boulogne-sur-Mer, 1903, XVII-638 p.)

5423. Haigneré (Le chanoine D.). — Le patois boulonnais comparé avec le patois du nord de la France. Vocabulaire, p. I à XVII, et 1 à 638. — Suite de XXI.

PAS-DE-CALAIS. — SAINT-OMER.

SOCIÉTÉ DES ANTIQUAIRES DE LA MORINIE.

Les publications antérieures de cette Société sont analysées dans notre *Bibliographie générale*, savoir :
Mémoires, t. I à XIX (1833-1885), *Bibliographie*, t. II, p. 496.
— t. XX à XXVI (1886-1898), *Bibliographie*, Supplément sous presse.
Bulletin, t. I à VII (1852-1886), *Bibliographie*, t. II, p. 502.
— t. VIII à IX (1887-1896), *Bibliographie*, Supplément sous presse.
— t. X (1897-1901), *Bibliographie*, nouvelle série, t. I, p. 67.
Ouvrages divers (1854-1900), *Bibliographie*, t. II, p. 496, et Supplément sous presse.

XXVII. — Mémoires de la Société des antiquaires de la Morinie, t. XXVII (1901-1902). (Saint-Omer, 1902, in-8°, VIII-492 p.)

5424. Le Sergeant de Monnecove (Félix). — Testament et exécution testamentaire de Jean Tabari, évêque de Thérouanne [1400-1421], p. III à VIII, et 1 à 124.

5425. Pagart d'Hermansart. — Les greffiers de l'échevinage de Saint-Omer, 1311 à 1790. Le greffier civil ou principal, le greffier criminel et de police, p. 125 à 196.

5426. Pas (Justin de). — Testaments transcrits à l'échevinage de Saint-Omer de 1486 à 1495, usages testamentaires au XVe siècle, p. 197 à 263.

5427. Pagart d'Hermansart. — Les argentiers de la ville de Saint-Omer. Les rentiers, les clercs de l'argenterie, p. 265 à 468.

PUY-DE-DÔME. — CLERMONT-FERRAND.

ACADÉMIE DES SCIENCES, BELLES-LETTRES ET ARTS DE CLERMONT.

Les publications antérieures de cette Académie sont analysées dans notre *Bibliographie générale*, savoir :
Annales, t. I à XXXI (1828-1858), *Bibliographie*, t. II, p. 515.
Mémoires, t. XXXII à LVIII (1859-1885), *Bibliographie*, t. I, p. 520.
— t. LIX à LXXV (1886-1900), *Bibliographie*, Supplément sous presse.
Bulletin, t. I à V (1881-1885), *Bibliographie*, t. II, p. 527.
— t. VI à XX (1886-1900), *Bibliographie*, Supplément sous presse.
— t. XXI (1901), *Bibliographie*, nouvelle série, t. I, p. 68.
Ouvrages divers (1748-1874), *Bibliographie*, t. II, p. 514.

XXII. — Bulletin historique et scientifique de l'Auvergne, publié par l'Académie des sciences, belles-lettres et arts de Clermont-Ferrand, 2ᵉ série, 1902. (Clermont-Ferrand, 1902, in-8°, 372 p.)

5428. Salveton (Henri). — Étude sur le genre grammatical du nom propre *Brioude*, p. 74 à 85.
5429. Bagès (Capitaine). — Histoire de l'École royale militaire d'Effiat, p. 95 à 132, et 135 à 187.
5430. Jaloustre (Élie). — Un janséniste en exil. Jean Soanen, évêque de Senez, à l'abbaye de la Chaise-Dieu, 3 *portr.*, p. 192 à 224, et 228 à 271.
5431. Dourif. — Une lettre de Sidoine Apollinaire et les volcans d'Auvergne, p. 308 à 325.

LXXVI. — Mémoires de l'Académie des sciences, belles-lettres et arts de Clermont-Ferrand, 2ᵉ série, fascicule 16. (Clermont-Ferrand, 1903, in-8°, VIII-220 p.)

PUY-DE-DÔME. — CLERMONT-FERRAND.

SOCIÉTÉ DES AMIS DE L'UNIVERSITÉ DE CLERMONT.
(ANCIENNE SOCIÉTÉ D'ÉMULATION DE L'AUVERGNE.)

Les publications antérieures de cette Société sont analysées dans notre *Bibliographie générale*, savoir :
Revue d'Auvergne, t. I à II (1884-1885), *Bibliographie*, t. II, p. 529.
— — t. III à XVII (1886-1900), *Bibliographie*, Supplément sous presse.
— — t. XVIII (1901), *Bibliographie*, nouvelle série, t. I, p. 69.

XIX. — Revue d'Auvergne, publiée par la Société des amis de l'Université de Clermont..., t. XIX, 1902. (Clermont-Ferrand, 1902, in-8°, 480 p.)

5432. A. V. — Le docteur F. Pommerol [1839 † 1901], *portr.*, p. 1 à 10.
5433. Baron (Ch.). — L'*Hélène* d'Euripide, p. 11 à 45.
5434. Delmas (Jean). — Les arrêtés du Comité de la Sûreté générale dans la *Révolution du Cantal*, p. 46 à 57. — Suite et fin de XVIII, p. 397.
5435. Laudy (Ant.). — Compte rendu du Congrès

tenu à Aurillac les 18, 19 et 20 mai 1902, p. 177 à 254.

[Collection Aymard, objets provenant des stations préhistoriques des environs d'Aurillac, p. 214. — Deloly. La race néolithique, p. 216. — Pagès-Allary. Tumulus de la vallée d'Allagnon, p. 218. — Grand (Roger). Monuments d'Aurillac, Saint-Cernin, châteaux d'Anjony et de Tournemire, Arpaion, Carlat, p. 221.]

5436. Crégut (L'abbé G. Régis). — Histoire du collège de Riom, p. 257, 458; XX, p. 27, 132, 213, 299, 363, et 435.

5437. Golliard (Claudius). — Notice archéologique sur l'église de Bellaigue et sur les tombeaux des derniers sires de Bourbon, *fig.*, p. 344 à 365.

5438. Desdevises du Dézert (G.). — La Martinique, p. 372 à 381.

5439. Audollent (Aug.). — Notes sur l'Auvergne antique, *fig.*, p. 409 à 435.

XX. — Revue d'Auvergne, publiée par la Société des Amis de l'Université de Clermont, t. XX, 1903. (Clermont-Ferrand, 1903, in-8°, 480 p.)

[5436]. Crégut (L'abbé G.-Régis). — Histoire du collège de Riom, *fig.*, p. 27, 132, 213, 299, 363, et 435.

5440. Du Ranquet. — Les églises romanes de la Haute-Auvergne, d'après un ouvrage récent, *fig.*, p. 98 à 114.

5441. Mège (Francisque). — Les cahiers des bailliages et sénéchaussées d'Auvergne, en 1789, p. 161, 276, et 321.

5442. Biélawski (J.-B.-M.). — Bansat et sa croix processionnelle [XVe s.], *fig.*, p. 205 à 209.

5443. Du Ranquet (H.). — Fouilles de Mozac, p. 210 à 212.

[Vestiges de l'église romane.]

5444. Bréhier (Louis). — Un problème d'iconographie religieuse. L'introduction du crucifix en Gaule au IVe siècle, p. 241 à 253.

5445. Lauby (Ant.) et Pagès-Allary (J.). — L'abri sous roche de la Tourille, près Murat (Cantal), *fig.* et 2 *pl.*, p. 401 à 418.

5446. Biélawski (J.-B.-M.). — Antiquités [gauloises et bronzes romains] d'Auvergne, *pl.*, p. 419 à 434.

PYRÉNÉES (BASSES-). — BIARRITZ.

SOCIÉTÉ DES SCIENCES, LETTRES ET ARTS BIARRITZ-ASSOCIATION.

Les publications antérieures de cette Société sont analysées dans notre *Bibliographie générale*, savoir :
Bulletin mensuel, t. I à V (1896-1900), *Bibliographie*, Supplément sous presse.
— t. VI (1901), *Bibliographie*, nouvelle série, t. I, p. 70.

VII. — Bulletin mensuel de Biarritz-Association. Société des sciences, lettres et arts, 7e année. (Biarritz, 1902, in-8°, 199 p.)

5447. Darricarrère (Capitaine). — Évolution phonétique et sémantique des vocables communs au basque, aux patois romans et aux langues indo-européennes. A : Le mot français *cabane* et ses variantes, leurs formes ancestrales et leur origine, p. 29 à 33, et 44 à 51.

5448. Léon (Henry). — Bismarck à Biarritz [1864]. Correspondance et anecdotes, p. 52 à 57.

5449. [Chudeau]. — Quelques fiches sur le peuple basque, p. 64 à 71.

5450. Chasteigner La Rocheposay (Vicomte P. de). — Sceaux de Bayonne et de Biarritz sur la trêve de 1351 avec les villes de Flandre, charte latine inédite, p. 73 à 80, et 86 à 91.

5451. Léon (Henry). — Biarritz. La paroisse Saint-Martin, p. 111 à 113.

5452. Bailly (A.). — Une excursion à l'île de la Conférence, p. 132 à 134.

5453. Montiton (Victor). — Biarritz préhistorique. Aspect primitif de Biarritz, p. 135 à 136.

5454. [Chasteigner (Vicomte de)]. — Une alliance russe au XIe siècle. Le sang de saint Vladimir et de saint Louis dans la maison impériale de Russie (1049-1902), p. 170 à 178.

[Anne de Russie et Henri Ier.]

PYRÉNÉES (BASSES-). — PAU.

SOCIÉTÉ DES SCIENCES, LETTRES ET ARTS DE PAU.

Les publications antérieures de cette Société sont analysées dans notre *Bibliographie générale*, savoir :
Bulletin, t. I à XIX (1841-1886), *Bibliographie*, t. II, p. 535.
— t. XX à XXXII (1886-1899), *Bibliographie*, Supplément sous presse.
— t. XXXIII (1901), *Bibliographie*, nouvelle série, t. I, p. 70.

XXXIV. — Bulletin de la Société des sciences, lettres et arts de Pau, 2ᵉ série, t. XXX. (Pau, 1902, in-8°, VII-243 p.)

5455. Planté (Adrien). — Registre des délibérations du Comité de surveillance établi à Orthez, p. V à VII, et 1 à 224.

PYRÉNÉES (HAUTES-). — BAGNÈRES-DE-BIGORRE.

SOCIÉTÉ RAMOND.

Les publications antérieures de cette Société sont analysées dans notre *Bibliographie générale*, savoir :
Explorations pyrénéennes, t. I à XX (1866-1885), *Bibliographie*, t. II, p. 540.
— t. XXI à XXXV (1886-1900), *Bibliographie*, Supplément sous presse.
— t. XXXVI (1901), *Bibliographie*, nouvelle série, t. I, p. 70.

XXXVII. — Explorations pyrénéennes... Bulletin de la Société Ramond, 37ᵉ année, 2ᵉ série, t. VII, 1902. (Bagnères-de-Bigorre, s. d., in-8°, XI-293 p.)

5456. Grasset (Lieutenant). — Un guerrier gascon. Maransin [Jean-Pierre, 1770 † 1828], p. 37 à 46, et 87 à 115.

[Guerres de la Révolution et de l'Empire.]

5457. Ricaud (L'abbé Louis). — Journal pour servir à l'histoire de la réclusion des prêtres insermentés du diocèse de Tarbes, p. 47, 116, 167, et 267. — Suite de XXXVI, p. 115.

5458. Marsan (L'abbé François). — Les revenus de l'évêché de Tarbes de 1774 à 1781, p. 143 à 155.

5459. Marcailhou-d'Aymeric (Hippolyte). — Explorations pyrénéennes. Le Mont-Valier, p. 156 à 166, et 246 à 266.

5460. É. M. [Marchand (Émile)]. — Nécrologie. Charles Frossard [1827 † 1903], *portr.*, p. 188 à 196.

[Discours de M. Bourgeois et du Dʳ Dejeasse.]

PYRÉNÉES-ORIENTALES. — PERPIGNAN.

SOCIÉTÉ AGRICOLE, SCIENTIFIQUE ET LITTÉRAIRE DES PYRÉNÉES-ORIENTALES.

Les publications antérieures de cette Société sont analysées dans notre *Bibliographie générale*, savoir :
Bulletin, t. I à XXVIII (1834-1886), *Bibliographie*, t. II, p. 546.
— t. XXVIII *bis* à XLI (1887-1900), *Bibliographie*, Supplément sous presse.
— t. XLII (1901), *Bibliographie*, nouvelle série, t. I, p. 71.

XLIII. — Société agricole, scientifique et littéraire des Pyrénées-Orientales..., XLIIIe volume. (Perpignan, 1902, in-8°, 418 p.)

5461. Calmette (Joseph). — La fin de la domination française en Roussillon au xve siècle, étude d'histoire diplomatique, p. 161 à 192.

5462. Torreilles (L'abbé Ph.). — Le livre de raison d'une famille de paysans rousillonnais au xviie siècle [famille Giuro, de Camélas], p. 193 à 250.

5463. Vidal (Pierre). — Documents relatifs à l'histoire du département des Pyrénées-Orientales pendant le xixe siècle. Documents complémentaires relatifs à l'année 1814, p. 251 à 290. — Suite de XLII, p. 295.

5464. Guibeaud (J.). — Enquête économique sur le Roussillon en 1775, p. 291 à 336.

[Préface par Ph. Torreilles.]

5465. Sèbe (Henri). — Notice sur Justin Pépratx [† 1901], p. 387 à 393.

XLIV. — Société agricole, scientifique et littéraire des Pyrénées-Orientales..., 44e volume, 1903. (Perpignan, 1903, in-8°, 352 p.)

5466. Pratx (Maxence). — Le régime des eaux en Roussillon, p. 115 à 200.

5467. Torreilles (Philippe). — Les testaments des consuls de Perpignan au xviie siècle, p. 249 à 298.

5468. Sarrète (L'abbé). — Notre-Dame de la Cerdagne, p. 299 à 318.

[Madone actuellement à Puycerda.]

5469. Delpont (J.). — Mossen Jacinto Verdaguer, p. 319 à 325.

RHIN (HAUT-). — BELFORT.

SOCIÉTÉ BELFORTAINE D'ÉMULATION.

Les publications antérieures de cette Société sont analysées dans notre *Bibliographie générale*, savoir :
Bulletin, t. I à VII (1872-1885), *Bibliographie*, t. II, p. 573.
— t. VIII à XIX (1886-1900), *Bibliographie*, Supplément sous presse.
— t. XX (1901), *Bibliographie*, nouvelle série, t. I, p. 71.

5470. Toutey (E.). — Charles le Téméraire et la Ligue de Constance. (Paris, 1902, in-8°, 475 p.)

[La couverture imprimée porte : *Supplément au Bulletin de la Société belfortaine d'émulation.*]

XXI. — Bulletin de la Société belfortaine d'émulation, n° 21, 1902. (Belfort, 1902, in-8°, xxix-239 p.)

5471. Dubail-Roy (F.-G.). — Le siège de Belfort en 1653-1654 et la *Gazette de France*, p. 1 à 10.

5472. Herbelin (Louis). — Notice sur les perturbations atmosphériques survenues aux xviie et xviiie siècles dans le territoire de Belfort et les pays circonvoisins, p. 11 à 27. — Suite de XV, p. 53.

5473. D.-R. [Dubail-Roy et Berger (Philippe)]. — Les principales villes d'Alsace [ms. de la Bibliothèque de l'Institut rédigé en 1667], p. 28 à 209.

5474. Pajot (F.). — *Gramatum* et le Mont-Terrible, p. 218 à 233.

5475. Pajot (F.). — Recherches sur l'origine du Mont-Terrible, p. 234 à 238.

XXII. — Bulletin de la Société belfortaine d'émulation, n° 22, 1903. (Belfort, 1903, in-8°, XXVI-145 p.)

5476. Feltin. — L'urbaire de Delle de 1667, p. 1 à 53.

5477. Deschamps (C.-P.-L.) et Dubail-Roy (F.-G.). — La comtesse de la Suze, *portr.*, p. 55 à 99.

5478. Bardy (Henri). — Les trois Guittard de Bellemagny [XVIIIe-XIXe s.], p. 107 à 118.

5479. Bourquin. — Notice sur l'ancien pont de la rivière la Savoureuse au passage de la route nationale n° 19, à Belfort, p. 119 à 122.

5480. Dubail-Roy (F.-G.). — La guerre de Bourgogne en 1474-1475 et les Belfortains, p. 123 à 136.

RHIN (HAUT-). — MULHOUSE.

SOCIÉTÉ INDUSTRIELLE DE MULHOUSE.

Les publications antérieures de cette Société sont analysées dans notre *Bibliographie générale*, savoir :

Bulletin de la Société, t. I à LV (1828-1885), *Bibliographie*, t. II, p. 577.
— — t. LVI à LXX (1886-1900), *Bibliographie*, Supplément sous presse.
— — t. LXXI (1901), *Bibliographie*, nouvelle série, t. I, p. 72.
Bulletin du Musée, t. I à X (1876-1885), *Bibliographie*, t. II, p. 583.
— — t. XI à XXIV (1886-1901), *Bibliographie*, Supplément sous presse.
— — t. XXV (1901), *Bibliographie*, nouvelle série, t. I, p. 72.
Ouvrages divers (1831-1883), *Bibliographie*, t. II, p. 577 et 583.

5481. Waltz (André). — Bibliographie de la ville de Colmar, publiée sous les auspices de la Société industrielle de Mulhouse et de la ville de Colmar. (Mulhouse, 1902, in-8°, XII-539 p.)

LXXII. — Bulletin de la Société industrielle de Mulhouse, t. LXXII. (Mulhouse, 1902, gr. in-8°, XI-462 et 269 p.)

5482. Koechlin (Raymond). — L'art japonais, p. 19 à 29.

5483. Richard (Paul). — Notice nécrologique sur M. Oscar Scheurer [1834 † 1902], p. 337 à 351.

RHÔNE. — LYON.

ACADÉMIE DES SCIENCES, BELLES-LETTRES ET ARTS DE LYON.

Les publications antérieures de cette Société sont analysées dans notre *Bibliographie générale*, savoir :

Comptes rendus, t. I à XXXIV (1806-1853), *Bibliographie*, t. II, p. 587.
Mémoires, section des lettres et arts, t. I à XXIII (1845-1886), *Bibliographie*, t. II, p. 590.

IMPRIMERIE NATIONALE.

Mémoires, section des lettres et arts, t. XXIV à XXVIII (1887-1892), *Bibliographie*, Supplément sous presse.
Mémoires, section des sciences, t. I à XXVII (1845-1885), *Bibliographie*, t. II, p. 597.
— — t. XXVIII à XXXI (1886-1892), *Bibliographie*, Supplément sous presse.
Mémoires, sciences et lettres, t. I à V (1893-1898), *Bibliographie*, Supplément sous presse.
— — t. VI (1901), *Bibliographie*, nouvelle série, t. I, p. 72.
Ouvrages divers (1807-1901), *Bibliographie*, t. II, p. 586, 600, et nouvelle série, t. I, p. 73.

VII. — Mémoires de l'Académie des sciences, belles-lettres et arts de Lyon. Sciences et lettres, 3e série, t. VII. (Lyon, 1903, gr. in-8°, XIX-381 p.)

5484. Beaune (Henri). — Scènes de la vie privée au XVIIIe siècle [Madame d'Épinay et ses amis], p. 1 à 37.
5485. Chevalier (Le chanoine Ulysse). — L'abjuration de Jeanne d'Arc au cimetière de Saint-Ouen et l'authenticité de sa formule, étude critique, p. 87 à 170.
5486. Pariset (E.). — Les tireurs d'or et d'argent à Lyon, XVIIIe et XIXe siècles, p. 171 à 222.
5487. Chevalier (Le chanoine Ulysse). — Autour des origines du suaire de Turin, avec des documents inédits, p. 237 à 285.
5488. Bégule (Lucien). — Un orfèvre lyonnais. T.-J. Armand-Calliat et son œuvre (1822 † 1901), 6 *pl.*, p. 361 à 378.

RHÔNE. — LYON.

SOCIÉTÉ D'ANTHROPOLOGIE DE LYON.

Les publications antérieures de cette Société sont analysées dans notre *Bibliographie générale*, savoir :
Bulletin, t. I à IV (1881-1885), *Bibliographie*, t. II, p. 626.
— t. V à XIX (1886-1900), *Bibliographie*, Supplément sous presse.
— t. XX (1901), *Bibliographie*, nouvelle série, t. I, p. 74.

XXI. — Bulletin de la Société d'anthropologie de Lyon... t. XXI. (Lyon, 1902, in-8°, 170 et 270 p.)

Deuxième partie.

5489. Giraud-Teulon. — Sur les origines de la famille, p. 40 à 51.
5490. Savoie. — Le mégalithe de Vergisson (Saône-et-Loire), p. 77 à 78.
5491. Dumarest (Noel). — Les Indiens du Nouveau-Mexique, p. 79 à 102.
5492. Chantre (Ernest). — Notice sur la vie et les travaux d'Albert Falsan [1833 † 1902], *portr.*, p. 109 à 117.
5493. Chantre (Ernest). — Notice nécrologique de Charles Letourneau [1831 † 1902], p. 119 à 121.
5494. Chantre (Ernest). — La nécropole protohistorique de Cagnano, près Luri (Corse), *pl.*, p. 178 à 189.
5495. Chantre (E.) et Bourdaret. — Esquisse anthropologique des Coréens. Ethnogénie et ethnographie, 2 *pl.*, p. 222 à 238.
5496. Bourdaret (Émile). — Note sur les dolmens de la Corée, p. 243 à 245.

RHÔNE. — LYON.

SOCIÉTÉ DES BIBLIOPHILES LYONNAIS.

Les publications antérieures de cette Société sont analysées dans notre *Bibliographie générale*, t. II, p. 628, et Supplément sous presse.

5497. Galle (Léon) et Guigue (Georges). — Histoire du Beaujolais. Manuscrits inédits des XVIIe et XVIIIe siècles. Mémoires de Louvet. (Lyon, 1903, 2 vol. in-8°, LXXXIV-461 p. et 498 p.)

[Galle (Léon). Pierre Louvet (1617 † vers 1684); sa vie et ses travaux, *portr.*, p. XXIII à LXXXIV. — Histoire du Beaujolais, t. I, p. 1 à 461; et t. II, p. 1 à 374. — Mémoires contenant ce qu'il y a de plus remarquable dans Villefranche, capitale du Beaujolais, p. 375 à 498.]

5498. Boissieu (Maurice de). — William Poidebard, sa vie et ses travaux. (Lyon, 1903, in-4°, 37 p., *fig.* et 2 *pl.*)

RHÔNE. — LYON.

SOCIÉTÉ DE GÉOGRAPHIE DE LYON.

Les publications antérieures de cette Société sont analysées dans notre *Bibliographie générale*, savoir :
Bulletin, t. I à V (1875-1885), *Bibliographie*, t. II, p. 630.
— t. VI à XVI (1886-1900), *Bibliographie*, Supplément sous presse.

XVII. — Bulletin de la Société de géographie de Lyon et de la région lyonnaise, t. XVII. (Lyon, 1901[-1903], in-8°, 1052 p.)

5499. Perreau (Capitaine). — Le Grand Saint-Bernard et Napoléon, *carte*, p. 205 à 214.

5500. Privat-Deschanel (Paul). — Les influences géographiques dans la répartition de la population en Écosse, p. 545 à 559.

5501. Torquan (Mme). — De Lyon aux Portes de fer par l'Adriatique (souvenirs d'un voyage en Croatie et au pays des Huns), p. 741 à 764.

5502. Maitre (Henri). — North-Eastern Rhodesia. Une page d'histoire, p. 783 à 802, et 861 à 872.

[Mission catholique du sud-est du Nyassa.]

RHÔNE. — LYON.

SOCIÉTÉ LITTÉRAIRE, HISTORIQUE ET ARCHÉOLOGIQUE DE LYON.

Les publications antérieures de cette Société sont analysées dans notre *Bibliographie générale*, savoir :
Mémoires, t. I à XIV (1860-1885), *Bibliographie*, t. II, p. 631.

Mémoires, t. XV à XVII (1886-1897), *Bibliographie*, Supplément sous presse.
Ouvrages divers (1839-1880), *Bibliographie*, t. II, p. 631.

XVIII. — Mémoires de la Société littéraire, historique et archéologique de Lyon, années 1898 à 1902. (Lyon, 1903, gr. in-8°, CXLII-326 p.)

5503. Poidebard (Alexandre). — Les premiers essais d'assurances et le service contre les incendies à Lyon avant la Révolution, p. 1 à 16.

5504. Vingtrinier (Emmanuel). — L'étranger à Lyon, *fig.*, p. 17 à 63.

[Les voyages au temps jadis.]

5505. Gadut (F.). — Les aqueducs construits sous la période gallo-romaine pour Lyon et sa banlieue, *fig.*, p. 65 à 79.

5506. Grand (A.). — Notice historique et descriptive sur l'horloge astronomique de la cathédrale de Lyon, p. 81 à 98.

5507. Martin (L'abbé J.-B.). — Note sur quelques ouvrages lyonnais rares ou inconnus, p. 99 à 106.

5508. Vingtrinier (Joseph). — Cérémonie funèbre en l'honneur du général Léonard Duphot [à Rome en 1798], p. 115 à 126.

5509. Richard (Paul). — Le culte de saint Clair à Lyon, *pl.*, p. 127 à 136.

5510. Beyssac (J.). — Les grands prêtres de l'église de Lyon [XIVe-XVIIIe s.], p. 137 à 156.

5511. Sallès (A.). — Le mouvement musical à Lyon pendant la période contemporaine, p. 157 à 252.

5512. Artaud (Dr Jean). — Une lettre inédite du cardinal de Richelieu, remerciements au roi Louis XIII de la nomination d'Alphonse-Louis du Plessis de Richelieu à l'archevêché de Lyon [1628], p. 253 à 257.

5513. Vachez (A.). — Le comte de Charpin-Feugerolles (1816 † 1894), p. 277 à 289.

5514. Poidebard (A.). — Théodore Camus (1862 † 1896), p. 290 à 295.

5515. Vachez (A.). — Honoré Pallias (1833 † 1896), *portr.*, p. 296 à 303.

5516. Vachez (A.). — Alexandre de Lagrevol (1820 † 1897), p. 304 à 308.

5517. Bleton (Auguste). — Étienne Beauverie (1832 † 1897), *portr.*, p. 309 à 317.

5518. Vachez (A.). — M. Paul Mougin-Rusand (1838 † 1897), *portr.*, p. 318 à 323.

RHÔNE. — VILLEFRANCHE.

SOCIÉTÉ DES SCIENCES ET ARTS DU BEAUJOLAIS.

Le tome I du *Bulletin* de cette Société paru en 1900 sera analysé dans le Supplément, sous presse, de notre *Bibliographie générale.*

II. — Bulletin de la Société des sciences et arts du Beaujolais, 2e année, 1901. (Villefranche, 1901, gr. in-8°, 353 p.)

5519. Clavière (Raoul de). — La prébende de Jarnioux (1335-1789), *fig.*, p. 21 à 43. — Suite de I, p. 273.

5520. Berthier-Geoffray (A.). — Souvenirs de l'invasion de 1814 en Beaujolais, *fig.*, p. 44 à 55.

5521. Prajoux (Joseph). — Le Coteau, autrefois le Coteau Beaujolais, p. 92 à 117.

5522. Santavile (Jean). — La chapelle de Saint-Roch à Gleizé, *fig.*, p. 124 à 131.

5523. Morel de Voleine (J.). — Documents sur la chapelle de Chevennes à Denicé, *fig.*, p. 164 à 183.

5524. Méhu (Eugène). — Documents sur Salles-en-Beaujolais, 2 *pl.*, p. 184 à 211.

5525. Missol (Dr Léon). — L'ancien hôpital de Roncevaux de Villefranche-en-Beaujolais, p. 245 à 288.

[Inventaire des meubles (1600), p. 284.]

5526. Cabra (J.-A.). — Le hameau de Saint-Clair à Ville-sur-Jarnoux, ses restes archéologiques et sa légende, *fig.*, p. 289 à 299.

[Antiquités gauloises et romaines.]

III. — Bulletin de la Société des sciences et arts du Beaujolais, 3e année, 1902. (Villefranche, 1902, in-8°, 354 p.)

5527. Morel (L.-B.). — Notes et réflexions archéologiques sur Chazay-d'Azergues, *fig.* et 2 *pl.*, p. 25 à 56, et 100 à 128.

5528. Longevialle (L. de). — La chapelle du château de Mongré et sa prébende (1641-1789), p. 57 à 69.

5529. Morel (L.-B.). — Excursion archéologique à Chazay-d'Azergues, *fig.*, p. 84 à 89.

5530. Morel de Charnay (J.). — Excursion archéologique à Charnay, p. 90.

5531. Longin (E.). — La milice bourgeoise de Villefranche, p. 129 à 149, 207 à 232, et 321 à 335.

5532. Prajoux (Joseph). — Vougy, *fig.*, p. 175 à 206.

5533. Sabatier (Antoine). — Un fragment de poterie rouge à couverte lustrée, décor au corbeau, *fig.*, p. 289 à 299.

5534. Missol (Dr Léon). — J.-B. Martiny, médecin de Villefranche-en-Beaujolais (1673 † 1751), p. 300 à 308.

5535. Desvernay (Félix). — Catalogue des manuscrits de la bibliothèque de Lyon concernant le Beaujolais, ses communes, ses seigneurs et ses familles. (Villefranche, 1901, in-8°, 73 p.)

SAÔNE (HAUTE-). — GRAY.

SOCIÉTÉ GRAYLOISE D'ÉMULATION.

Les publications antérieures de cette Société sont analysées dans notre *Bibliographie générale*, savoir :
Bulletin, t. I à III (1898-1900), *Bibliographie*, Supplément sous presse.
— t. IV (1901), *Bibliographie*, nouvelle série, t. I, p. 74.

V. — **Bulletin de la Société grayloise d'émulation**, n° 5, année 1902. (Gray, 1902, in-8°, 226 p.)

5536. Louvot (L'abbé). — Notice sur M. Jourdy, bibliothécaire de la ville de Gray, *portr.* [1835 † 1902], p. 17 à 24.

5537. Leroy (Stephen). — Vue générale sur l'histoire de la Haute-Saône, p. 29 à 117.

[5545]. Linotte (A.). — La Franche-Comté et ses voisins, p. 118.

5538. Simonnet (Louis). — Notes sur l'abbaye de Theuley, p. 152 à 162.

5539. Gasser (A.). — Étude préhistorique de la vallée de la Saône supérieure. L'homme paléolithique dans la région circumvosgienne, *cartes*, p. 163 à 195.

5540. Bouchet (Dr). — Le camp du Chatelard, *pl.*, p. 196 à 199.

5541. Gasser (A.). — Un tableau de Gresly à l'église de Mantoche (Haute-Saône), *pl.*, p. 200.

5542. Feuvrier (Julien). — Un épisode de la rivalité entre les capitaines et les vicomtes-mayeurs de Gray (1609), p. 206 à 210.

5543. Gascon (R.-E.). — Une excursion à Blidah et aux gorges de la Chiffa dans la tribu des Béni-Salah, p. 211 à 223.

VI. — **Bulletin de la Société grayloise d'émulation**, n° 6, année 1903. (Gray, 1903, in-8°, 221 p.)

5544. Leroy (Stephen). — Ternaux, Rouget de Lisle et Saint-Simon, *musique gravée*, p. 17 à 40.

5545. Linotte (A.). — La Franche-Comté et ses voisins, p. 41 à 76. — Suite de III, p. 104; IV, p. 128; et V, p. 118.

5546. Godard (Ch.). — Les Annonciades de Gray, 2 *pl.*, p. 77 à 91.

5547. Bouchet (Dr). — Recherches préhistoriques aux environs de Gray, *pl.*, p. 92 à 100.

5548. Bouchet (Dr). — Découverte d'une pirogue à Apremont (Haute-Saône). Les pirogues dans la vallée de la Saône supérieure, *pl.* et *carte*, p. 101 à 111.

5549. Leroy (Stephen). — Notice sur la borne milliaire du Vergy, *pl.*, p. 113 à 124.

5550. Leroy (Stephen). — Essai d'un classement chronologique des milliaires trouvés dans la Séquanie, p. 125 à 179.

SAÔNE (HAUTE-). — VESOUL.

SOCIÉTÉ D'AGRICULTURE, SCIENCES ET ARTS DE LA HAUTE-SAÔNE.

Les publications antérieures de cette Société sont analysées dans notre *Bibliographie générale*, savoir :
Bulletin, t. I à X (1869-1885), *Bibliographie*, t. II, p. 641.
— t. XI à XXV (1886-1900), *Bibliographie*, Supplément sous presse.
— t. XXVI (1901), *Bibliographie*, nouvelle série, t. I, p. 75.
Autres recueils (1806-1824), *Bibliographie*, t. II, p. 640 et 641.

XXVII. — **Bulletin de la Société d'agriculture, sciences et arts du département de la Haute-Saône**, 4e série, n° 2. (Vesoul, 1902, in-8°, xxiv-472 p.)

5551. Bertin (J.). — Histoire généalogique de la maison de Beaujeu-sur-Saône, 2e partie. Branche cadette, 9 *pl.* et 2 *tableaux*, p. 1 à 432. — Suite de XXVI, p. 63.

SAÔNE-ET-LOIRE. — AUTUN.

SOCIÉTÉ ÉDUENNE.

Les publications antérieures de cette Société sont analysées dans notre *Bibliographie générale*, savoir :
Mémoires, t. I à XIV (1872-1885), *Bibliographie*, t. II, p. 648.
— t. XV à XXVIII (1887-1900), *Bibliographie*, Supplément sous presse.
— t. XXIX (1901), *Bibliographie*, nouvelle série, t. I, p. 75.
Autres recueils (1836-1864), et ouvrages divers (1866-1900), *Bibliographie*, t. II, p. 645 et 646. et Supplément sous presse.

XXX. — **Mémoires de la Société éduenne**, nouvelle série, t. XXX. (Autun, 1902, in-8°, xxix-499 p.)

5552. Boëll (Ch.). — Un chapitre de l'histoire d'Autun. L'année 1815, p. 1 à 68.

5553. Charmasse (A. de). — La Maison-Dieu des Quatre-frères, p. 69 à 83.

5554. Bazin (J.-L.). — La Bourgogne sous les ducs de la maison de Valois (1361-1478), p. 85 à 160. — Suite de XXIX, p. 33.

5555. Frot (Eugène). — La châtellenie de Montcenis, p. 161 à 249. — Suite et fin de XXIX, p. 289.

5556. Graillot (Henri). — Poculum et Lagena. Un type de stèles funéraires en pays éduen, 2 *pl.*, p. 251 à 280.

5557. Montarlot (P.). — Les députés de Saône-et-Loire aux assemblées de la Révolution (1789-1799), p. 281 à 365.

5558. Charmasse (A. de). — Note sur une commune jurée à Autun en 1098, p. 367 à 370.

5559. Déchelette (Joseph). — La sépulture de Chassenard et les coins monétaires de Paray-le-Monial, *fig.*, p. 371 à 397.

5560. Anonyme. — Sully, Morlet et le Val-Saint-Benoît, p. 399 à 429.

5561. Charmasse (A. de). — Nécrologie, p. 432 à 437.
[M. Bulliot; J.-B Mangematin.]

5562. Boëll (Charles). — Émile Martin (1859 † 1902), p. 443.
5563. Gillot (André). — Acte de rémission autunois, [1469], p. 447 à 454.
5564. Charmasse (A. de). — Nécrologie, p. 457 à 459.

[Le comte Bérold Costa de Beauregard († 1902); Henri de Fontenay († 1902); Louis Mallard († 1902).]

5565. Dumay. — Henri Marc (1869 † 1902), p. 459 à 461.
5566. Romiszowski. — Monnaies autunoises mérovingiennes et carolingiennes, p. 461.
5567. Charmasse (A. de). — Sculptures du moyen âge provenant de Saint-Pierre-de-Lestrier, p. 462 à 464.
5568. Boëll (Charles). — Les foires de la seigneurie de Montmort, p. 464 à 466.
5569. Rérolle (Joseph). — Nécrologie, p. 471 à 478.

[Pierre Grenot (1826 † 1902); l'abbé Pierre Rousset (1833 † 1902).]

5570. Charmasse (A. de). — Album de miniatures provenant de manuscrits (XIIe-XVe s.), p. 479 à 483.
5571. Rérolle (Joseph). — Nécrologie, p. 490 à 494.

[Comte Ernest d'Aboville (1819 † 1902); Ch. Gadant (1820 † 1902).]

5572. Anonyme. — Le serment de Théotard, abbé de Saint-Martin d'Autun (XIe s.), p. 494 à 495.

SAÔNE-ET-LOIRE. — CHALON-SUR-SAÔNE.

SOCIÉTÉ D'HISTOIRE ET D'ARCHÉOLOGIE DE CHALON-SUR-SAÔNE.

Les publications antérieures de cette Société sont analysées dans notre *Bibliographie générale*, savoir :
Mémoires, t. I à VII (1844-1888), *Bibliographie*, t. II, p. 656.
— t. VIII (1895-1901), *Bibliographie*, nouvelle série, t. I, p. 76.
Ouvrages divers (1850-1863), *Bibliographie*, t. II, p. 656.

5573. Niepce (Léopold). — Histoire du canton de Sennecey-le-Grand (Saône-et-Loire) et de ses dix-huit communes (topographie, géologie, organisation religieuse et administrative), t. III. (Chalon-sur-Saône, 1903, in-8°, VIII-156 p.)

[Le tome I a paru en 1875, et le tome II en 1877.]

SAÔNE-ET-LOIRE. — MÂCON.

ACADÉMIE DE MÂCON.

Les publications antérieures de cette Académie sont analysées dans notre *Bibliographie générale*, savoir :
Comptes rendus, t. I à XVIII (1806-1847), *Bibliographie*, t. II, p. 660.
Annales, t. I à XX (1851-1885), *Bibliographie*, t. II, p. 663.
— t. XXI à XXXII (1886-1900), *Bibliographie*, Supplément sous presse.
— t. XXXIII (1901), *Bibliographie*, nouvelle série, t. I, p. 76.
Ouvrages divers (1851-1900), *Bibliographie*, t. II, p. 660, et Supplément sous presse.

XXXIV. — Annales de l'Académie de Mâcon, Société des arts, sciences, belles-lettres et agriculture de Saône-et-Loire, 3e série, t. VII. (Mâcon, 1902, in-8°, LXXII-458 p.)

5574. Rameau (Mgr). — Liste chronologique des baillis de Mâcon [1239-1789], p. 1 à 25.
5575. Virey (Philippe). — Sur quelques données égyptiennes introduites par les Grecs dans le développement de leur mythe d'Hercule, *fig.* et *pl.*, p. 27 à 38.
5576. Huot (D^r). — Dans l'Oubangui et le Bahr el Ghazal; la mission Chari-Sanga, p. 39 à 95.
5577. Lex (L.). — Les enseignes de la tavernerie de Mâcon au XIIIe siècle, *pl.*, p. 97 à 100.

5578. VINGTRINIER (Aimé). — Lettre au sujet de la prise d'Ambérieu par le comte Amédée V de Savoie, en 1316, p. 101 à 106.

5579. SANDRE (J.). — Notice sur la maison Perrin, 2 *pl.* et 5 *tableaux*, p. 121 à 171.

5580. DUNÉAULT (A.). — Paroles prononcées le 13 juillet 1902, à Coupy-Bellegarde, dans la cérémonie d'inauguration du buste de M. Joseph Marion [† 1899], p. 177 à 187.

5581. PLASSARD (J.). — L'œuvre sociale de Mme Boucicaut, p. 189 à 196.

5582. DÉCHELETTE (Joseph). — Gabriel Bulliot [1817 † 1902], p. 197 à 204.

5583. MARTIN (J.). — Nouvelles découvertes de sépultures barbares aux environs de Tournus, 8 *pl.*; p. 205 à 217.

5584. DERVIEU (Commandant). — Les origines de l'art bourguignon, p. 287 à 305.

5585. DÉCHELETTE (J.). — Visites pastorales des archiprêtres de Charlieu et du Rousset, p. 315 à 418. — Suite et fin de XXX, p. 444; XXXI, p. 547; XXXII, p. 439; et XXXIII, p. 403.

SARTHE. — LE MANS.

SOCIÉTÉ D'AGRICULTURE, SCIENCES ET ARTS DE LA SARTHE.

Les publications antérieures de cette Société sont analysées dans notre *Bibliographie générale*, savoir :

Séances publiques, t. I à VII (an XI-1825), *Bibliographie*, t. II, p. 670.
Bulletin, t. I à XXX (1833-1886), *Bibliographie*, t. II, p. 671.
— t. XXXI à XXXVIII (1887-1900), *Bibliographie*, Supplément sous presse.
Mémoires, t. I à II (1855-1878), *Bibliographie*, t. II, p. 681.
Ouvrages divers (1877-1881), *Bibliographie*, t. II, p. 670.

XXXVIII. — Bulletin de la Société d'agriculture, sciences et arts de la Sarthe, fondée en 1761, 2e série, t. XXX (38e de la collection). Années 1901 et 1902. (Le Mans, 1902, in-8°, 431 p.)

5586. DESCHAMPS LA RIVIÈRE. — Recherches historiques sur Dollon, p. 20 à 37, et 401 à 409. — Suite et fin de XXXVI, p. 459; et XXXVII, p. 51, 284, et 400.

5587. LEGEAY. — Inventaire des registres de Saint-Benoît, naissances de 1563 à 1792, p. 38 à 129.

5588. REBUT (D.). — Essai sur l'histoire de la culture de la vigne dans le département de la Sarthe, 2 *pl.*, p. 151 à 224, et 259.

[Vitrail des vignerons à la cathédrale du Mans, 2 *pl.*]

5589. GENTIL. — Notice sur Pierre Diard, botaniste manceau [1784 † 1849], p. 229 à 252.

5590. LHERMITTE. — Un contingent de l'armée de Charles VI au Mans en 1392, p. 253 à 256.

SARTHE. — LE MANS.

SOCIÉTÉ DES ARCHIVES HISTORIQUES DU MAINE.

Les publications antérieures de cette Société ou de l'Union historique et littéraire du Maine dont elle a repris les travaux, sont analysées dans notre *Bibliographie générale*, savoir :

Union historique du Maine, t. I à II (1893-1894), *Bibliographie*, Supplément sous presse.

La Province du Maine, t. III à VIII (1895-1900), *Bibliographie*, Supplément sous presse.
— — t. IX (1901), *Bibliographie*, nouvelle série, t. I, p. 77.
Archives historiques du Maine, t. I (1900), *Bibliographie*, Supplément sous presse.

X. — Société des Archives historiques du Maine. La province du Maine. Revue mensuelle fondée sous les auspices de M. de la Rochefoucauld, duc de Doudeauville, t. X. (Laval, 1902, in-8°, 400 p.)

5591. Ledru (Amb.). — La procession des Rameaux au Mans, ou *Le Mistaire de la Croix aourée*, p. 17, 49, et 81.
5592. Fleury (Gabriel). — La légende d'un portrait [Marie Prullay, dame Boivin des Donatières, 1640], *pl.*, p. 40 à 45.
5593. Chambois (Em.-Louis). — Le bœuf villé [bœuf gras du carnaval] de Montfort-le-Rotrou en 1729, p. 46 à 48.
5594. Bertrand de Broussillon (Comte). — Lettre écrite en 1612 par Richelieu à David Rivault de Florence, p. 67 à 69.
5595. Coutard (Alb.) et Jaguelin (René). — Les seigneurs manceaux à la troisième croisade (1190-1192), p. 70 à 74, et 195 à 201. — Suite de IX, p. 305.
5596. Froger (L.). — Une réception d'évêque [Christophe de Chauvigné], à la Ferté-Bernard, en 1529, p. 75 à 78.
5597. Amb. L. [Ledru (Amb.)]. — Note sur saint René, p. 79.
5598. Bertrand de Broussillon (Comte). — Cinq pièces de vers de Jean Gesland [xvie s.], p. 99 à 104.
5599. Froger (L.). — Le testament de Jean Leclerc, sieur des Fossés [1404], p. 105 à 108.
5600. Ledru (Amb.). — Le château royal et le manoir du Gué de Maulny, notes et documents sur le Maine, p. 109 à 112. — Suite et fin de IX, p. 383.
5601. Ledru (Amb.). — Saint Pavin [le saint et le monastère], p. 113 à 128, et 145 à 156.
5602. Bertrand de Broussillon (Comte). — Le cartel de La Roche-Baritaud au comte du Lude (1581), p. 129 à 133.
5603. Froger (L.). — Le presbytère de la Ferté-Bernard, p. 134 à 139.
5604. Chambois (Em.-L.). — Inventaire du château de Montreuil-le-Henry en 1724, p. 140 à 142, et 157 à 160.
5605. Froger (L.). — La confrérie des prêtres à Château-du-Loir, p. 161 à 163.

[Acte de Charles de Valois (1294).]

5606. Chambois (Em.-Louis). — Les Thibergeau de la Motte de Flée au xve siècle, p. 164 à 172.
5607. Denis (L.). — Compte de Pierre Sainsot [receveur pour le Roy des quatrièmes de certains vins au Mans, la Ferté-Bernard, Lucé, etc.] (1427-1428), p. 173, 204, 235, et 331.
5608. Ledru (Amb.). — Le premier miracle attribué à saint Julien (la fontaine Centonomius), p. 177 à 185.
5609. Montesson (C.-H., vicomte de). — Portraits du château des Arcis (Mayenne), 3 ou 4 *pl.*, p. 186 à 194.
5610. Chambois (Em.-L.). — Les torches de la Fête-Dieu au Mans, p. 202.
5611. Vallée (Eugène). — Les seigneurs de Bouloire (1037-1466), p. 209, 241, et 287.
5612. Ledru (Amb.). — Note sur François-Michel de la Rue, maire de la Flèche, de 1735 à 1741, p. 223 à 225.
5613. Chambois (Em.-Louis). — Émeute populaire à Laval relativement à la cherté des grains [1725], p. 226 à 234.
5614. Chambois (Em.-L.). — Les bedeaux et l'horloge de Saint-Benoît du Mans [1742], p. 239.
5615. Anonyme. — Enchère de quarantaine de la baronnie du Château-du-Loir et dépendances (1748), p. 259 à 269.
5616. Ledru (A.). — Les reliques insignes [et reliquaires] de la cathédrale du Mans, 2 *pl.*, p. 273 à 280.
5617. Candé (D^r). — Raillon, son prieuré, son hospice, sa léproserie, sa foire, p. 281 à 286.
5618. Chambois (Em.-L.). — Lettre de Jacques de Vendômois, seigneur d'Alleray, à sa fiancée, Marguerite de Marescot [1584], p. 294.
5619. Froger (L.). — Un revenu de fabrique (la Ferté Bernard) [xve-xvie s.], p. 296 à 302.
5620. Ledru (Amb.). — Les pèlerinages à la Sainte-Vierge dans le diocèse du Mans, p. 305, 337, et 386. — Suite de V, p. 261.

[Notre-Dame de la Faigne.]

5621. Candé (D^r). — Le prieuré de Saint-Vincent du Lude, p. 319 à 330.
5622. Ledru (Amb.). — Note sur les premiers vicomtes du Maine, p. 335 à 336.
5623. Froger (L.). — La fabrique de l'église paroissiale de la Flèche au xiiie siècle, p. 346 à 350.
5624. Ledru (A.). — A propos du tombeau de saint Pavin [à Saint-Pavin des Champs, au Mans], 2 *pl.*, p. 351 à 357.
5625. Ledru (A.). — La villa de Tournay à Teloché, p. 358 à 361.
5626. Chambois (Em.-Louis). — Notes et remarques extraites des registres de la paroisse du Crucifix, au Mans (1680-1789), p. 362 à 366, et 388 à 390.
5627. Angot (A.). — Le faussaire Audiguer, p. 367 à 368.

IMPRIMERIE NATIONALE.

5628. Menjot d'Elbenne (Vicomte). — Note sur les premiers vicomtes du Mans, p. 369 à 373.

5629. Ledru (A.). — Le culte de saint Léon-Fort, à la Couture et dans le diocèse du Mans, p. 374 à 383.

5630. Chambois (Em.-Louis). — Le bailli de Coulonge et l'insolent vassal [1506], p. 384.

II. — Archives historiques du Maine, II. (Le Mans, 1902, in-8°, CXLVII-606 p.)

5631. Busson (L'abbé G.), Ledru (l'abbé A.) et Vallée (Eugène). — Actus pontificum Cenomannis in urbe degentium, publiés par l'abbé G. Busson et l'abbé A. Ledru, avec une table alphabétique des noms, dressée par Eugène Vallée, *facs.*, p. I à CXLVII, et 1 à 606.

III. — Archives historiques du Maine, III. (Le Mans, 1902, in-8°, 168 p.)

5632. Bertrand de Broussillon et du Brossay. — Cartulaire d'Assé le Riboul, publié par le comte Bertrand de Broussillon. Cartulaire d'Azé et du Géneteil publié par M. du Brossay, p. 1 à 168.

SARTHE. — LE MANS.

SOCIÉTÉ HISTORIQUE ET ARCHÉOLOGIQUE DU MAINE.

Les publications antérieures de cette Société sont analysées dans notre *Bibliographie générale*, savoir :
Revue historique du Maine, t. I à XVIII (1876-1885), *Bibliographie*, t. II, p. 683.
— — t. XIX à XLVIII (1886-1900), *Bibliographie*, Supplément sous presse.
— — t. XLIX et L (1901), *Bibliographie*, nouvelle série, t. I, p. 78.
Ouvrages divers (1876-1885), *Bibliographie*, t. II, p. 682.

LI. — Revue historique et archéologique du Maine, t. LI. Année 1902. 1er semestre. (Le Mans, 1902, in-8°, 312 p.)

5633. Beauchesne (Marquis de). — Le bois de Maine, 3 *pl.*, p. 30 à 53.

5634. Fleury (Gabriel). — Le rôle du commissaire du Directoire exécutif près de l'administration municipale du canton rural de Mamers, p. 54 à 80.

5635. Roquet (Henri). — Moncé-en-Belin, *fig.*, p. 81 à 98. — Suite de L, p. 26, 196, et 313.

[Appendice : généalogie de la famille de Maridort, p. 93.]

5636. Deschamps La Rivière (Robert). — Le théâtre au Mans pendant la Révolution, p. 99, 157, et 237. — Suite de XLIX, p. 78; et L, p. 71.

5637. Lefèvre-Pontalis (Eugène). — L'église de Fresnay-sur-Sarthe, *fig.* et 2 *pl.*, p. 121 à 131.

5638. Fleury (Gabriel). — Note archéologique sur l'église des Loges en Coudrecieux (Sarthe), *fig.* et 2 *pl.*, p. 137 à 149.

5639. Triger (Robert). — Une mitrailleuse d'infanterie au XVIIIe siècle, p. 150 à 156.

5640. Froger (L.). — Le paroisse de Fyé en 1586, p. 217 à 223.

LII. — Revue historique et archéologique du Maine, t. LII, année 1902, 2e semestre. (Le Mans, 1902, in-8°, 320 p.)

5641. Chappée (J.). — L'église et le tombeau de saint Pavin au Mans, *fig.* et *pl.*, p. 5 à 48.

5642. Triger (Robert). — Notes et souvenirs sur l'ancienne église Saint-Pavin des Champs [au Mans], p. 49 à 72.

5643. Laurain (F.). — Les doléances de Saint-Aignan-sur-Roë [1789], p. 73 à 92.

5644. Heurtebize (Dom B.). — Un pèlerin manceau en Palestine. Greffin Affagard (1533-1534), p. 93 à 108.

5645. Delisle (Léopold). — Une édition inconnue de la grammaire de Gui Jouennaux, p. 110.

5646. Calendini (L'abbé). — Sur l'usage de la paille dans les églises, p. 112.

5647. Guilloreau (Dom Léon). — L'abbaye d'Étival-en-Charnie et ses abbesses (1109-1790), p. 121 à 160. — Suite de XLIX, p. 113.

5648. Triger (Robert). — Le donjon de Courmenant, *fig.* et 3 *pl.*, p. 161 à 176.

5649. Fleury (Gabriel). — De l'organisation des assemblées municipales créées par l'édit de juin 1787, p. 177 à 193.

5650. Brière (Louis). — Bibliographie du Maine. Année 1901, p. 194 à 217.
5651. Besnard (Auguste). — Le drapeau vendéen de la ville de Cholet (1793), p. 220.
5652. Triger (Robert). — L'administration municipale au Mans de 1530 à 1545. Premier registre de l'hôtel de ville, *fig.*, p. 225 à 274.
5653. Beaumont (Comte Charles de). — Les tapisseries de l'église de la Couture au Mans, 3 *pl.* [XVIe-XVIIIe s.], p. 275 à 286.
5654. Uzureau (F.). — Une visite pastorale [de Jacques de Grasse, évêque d'Angers], à la Flèche en 1773, p. 287 à 297.

SAVOIE. — CHAMBÉRY.

ACADÉMIE DES SCIENCES, BELLES-LETTRES ET ARTS DE SAVOIE.

Les publications antérieures de cette Académie sont analysées dans notre *Bibliographie générale*, savoir :
Mémoires, t. I à XXXV (1825-1886), *Bibliographie*, t. II, p. 692.
— t. XXXVI à XLIV (1887-1900), *Bibliographie*, Supplément sous presse.
Documents, t. I a V (1859-1883), *Bibliographie*, t. II, p. 699.
— t. VI et VII (1888-1893), *Bibliographie*, Supplément sous presse.

XLV. — Mémoires de l'Académie des sciences, belles-lettres et arts de Savoie, 4e série, t. IX. (Chambéry, 1902, in-8°, XV-CXXIII-606 p.)

5655. Arcollières (D'). — Compte rendu des travaux de l'Académie (1896-1900), p. I à CXXIII.

[Charles Schefer († 1898), p. LXXXVI; P.-F. Genin († 1898), p. LXXXIX; le comte L. Marin († 1899), p. LXXXIX; le Bon G. Clarella († 1900), p. XCI; P.-G. Drevet († 1896), p. XCII; A. Lecoy de la Marche († 1897), p. XCIII; l'abbé Gremaud († 1897), p. XCV; J. Brossard († 1897), p. XCVI; P. Vayra († 1898), p. XCVII; l'abbé F.-M. Lacroix († 1899), p. XCIX.]

5656. Foras (Comte Amédée de). — La clause de mainmorte dans les anciennes chartes, p. III.
5657. Mailland (Le chanoine). — Documents relatifs à la Confrérie des Pénitents noirs de Chambéry, p. V à VIII.
5658. Perrin. — Traité entre le duc de Savoie et le dauphin Louis relatif à la cession du Valentinois et du Diois (1444), p. X.
5659. Perrin. — L'éclairage de la ville de Chambéry autrefois et aujourd'hui, p. XI à XVII.
5660. Oncieu (D'). — Documents relatifs aux Jésuites de Chambéry, p. XVIII à XXI.
5661. Perrin. — Généalogie de la famille Curial, p. XXVII.
5662. Arcollières (D'). — Philibert de Pingon (1525 † 1582), p. XXVIII.
5663. Perrin. — Plats, assiettes et objets en étain du XVIIe et XVIIIe siècle, p. XXXII à XXXV.
5664. Perrin. — Découverte d'une sépulture et de poteries romaines près de Voglans, p. XXXVI.
5665. Perrin. — La chapelle de Nemours dans la chapelle du château de Chambéry, p. XXXVIII à XLI.
5666. Perrin. — Trouvailles de monnaies, p. XLI.

[Monnaies romaines trouvées au cours des travaux du tunnel de l'Épine; monnaies de Savoie trouvées dans l'Ain et à Cruet.]

5667. Borson (Général). — Charles Buet (1846 † 1897), p. LXXXI à LXXXIII.
5668. Perrin. — Francis Molard (1845 † 1897), p. LXXXIV à LXXXVI.
5669. Perrin. — Melleville Glover (1834 † 1897), p. XCVI.
5670. Borson (Général). — Notice nécrologique sur le général Ménabréa, marquis de Val-Dora [1809 † 1896], p. 65 à 123.
5671. Borson (Général). — Notice nécrologique sur le contre-amiral Victor Arminjon (1830 † 1897), p. 181 à 198.
5672. Borson (Général). — Éloge de Victor Barbier [1828 † 1898], *portr.*, p. 199 à 214.
5673. Borson (Général). — Éloge de M. le docteur Caffe [1802 † 1876], p. 215 à 230.
5674. Perrin (A.). — Station romaine de Labisco (Les Échelles, Savoie], commanderie de Saint-Jean de Jérusalem, chronologie historique, p. 277 à 353.

5675. Maillard (L'abbé Joseph). — Les Savoyards et l'église du Saint-Suaire, Rome, p. 355 à 456.

5676. Borson (Général). — Éloge de M. Alexis de Jussieu [1827 † 1899], portr., p. 457 à 476.

5677. Mareschal (Comte de). — Notice biographique sur M. le comte Amédée de Foras [1830 † 1899], portr., p. 477 à 489.

5678. Descotes (François). — Éloge de M. Claudius Blanchard [1836 † 1900], portr., p. 491 à 507.

Académie des sciences, belles-lettres et arts de Savoie. Tableau des membres de l'Académie et tables des noms et des matières contenus dans chacun des volumes des mémoires et des documents. (Chambéry, 1903, in-8°, LVI-205 p.)

5679. Anonyme. — État des membres de l'Académie des sciences, belles-lettres et arts de Savoie depuis sa fondation (1820) jusqu'au 30 juin 1903, p. I à LVI.

5680. Szerlecki (Dr Alphonse-André). — Table des noms mentionnés dans les Mémoires et Documents publiés par l'Académie des sciences, belles-lettres et arts de Savoie de 1825 à 1902, p. 1 à 203.

SAVOIE. — CHAMBÉRY.

SOCIÉTÉ SAVOISIENNE D'HISTOIRE ET D'ARCHÉOLOGIE.

Les publications antérieures de cette Société sont analysées dans notre *Bibliographie générale*, savoir :

Mémoires, t. I à XXIII (1856-1885), *Bibliographie*, t. II, p. 702.

— t. XXIV à XXXIX (1886-1900), *Bibliographie*. Supplément sous presse.

— t. XL (1901), *Bibliographie*, nouvelle série, t. I, p. 79.

XLI. — Mémoires et documents publiés par la Société savoisienne d'histoire et d'archéologie, t. XLI, 2e série, t. XVI. (Chambéry, 1902, in-8°, CXLVI-544 p.)

5681. Mugnier. — Transaction entre Philippe, comte de Genevois, et Jean de Compeys (1442), p. VIII à X.

5682. Mugnier. — Délégation générale donnée par le provincial des Franciscains de Saint-Bonaventure à frère Pierre de Rivo, gardien de Savoie (Mians, 21 août 1589), p. XI.

5683. Mugnier. — Un monitoire au XVIIIe siècle à Rumilly, p. XIII à XVII.

5684. Mugnier. — Duels et rixes en Savoie au XVIIe siècle, p. XVII à XXI.

[Pierre Dinal (1591); Philibert de Rouer (1604).]

5685. Anonyme. — Une institutrice d'Annecy [Mlle Marie Bérard, 1749], p. XXI.

5686. Anonyme. — Noms de religieux de divers ordres relevés dans des documents savoyards (XVIe-XVIIIe s.), p. XXIII.

5687. Mugnier. — Testament de Claude du Coudray de Blancheville, de Sallanches (9 juin 1643), p. XXIV à XXVI.

5688. Anonyme. — Concession par le légat Nicolas, évêque de Modène, en faveur de Jacques Mareschal, seigneur de Senozan, du droit d'avoir un autel privé portatif (25 janvier 1475), p. XXVIII.

5689. Mugnier. — Sauvetage du duc Philibert Ier par le seigneur de Menthon et Geoffroi de Rivarol, et du prince Charles de Savoie par Antoine de la Forest (1476), p. XXX à XXXIII.

5690. Mugnier. — Ours et blaireaux dans les vignes d'Arbin en 1592, p. XXXIII à XXXV.

5691. Mugnier. — Prix des vignes à Aïse, près Bonneville en 1529, p. XXXV.

5692. Perpéchon. — Ventes de maisons à Chambéry (1539-1562), p. XXXVI à XXXVIII.

5693. Létanche (Jean). — Le marquisat d'Yenne, p. XXXIX à LXXXII.

5694. Anonyme. — Bulle du pape Jules II pour Claude et Georges de Charansonnay (15 mai 1508), p. LXXXIII.

5695. Anonyme. — Actes du notaire Noë Chapuys, de Saint-Pierre-de-Soucy (1534-1540), p. LXXXIV.

5696. Mugnier. — Alphonse Delbène [abbé de Hautecombe et évêque d'Alby, XVIe siècle], p. LXXXV à LXXXVIII.

5697. Mugnier. — François III de Fléhard, évêque de Grenoble (1575-1606), p. LXXXVIII à XCII.

5698. Mugnier. — Jules-César Riccardi, nonce à Turin (1595-1601), p. XCII à XCVI.

5699. Mugnier. — Barthélemy Ferrero, évêque d'Aoste († 1607), p. xcvi à xcix.
5700. Mugnier. — Dom Juste Guérin [1598 † 1645]; Charles-Auguste de Sales [1606 † 1660], p. c à civ.
5701. Bruchet (Max). — Saisie des biens d'un usurier à Bonne-en-Faucigny (14 novembre 1683), p. civ à cvii.
5702. Mugnier. — Testament de Jean Vignod, d'Annecy (Rome, 9 septembre 1585), p. cvii à cxvi.
5703. Anonyme. — Trois lettres au P. Chérubin, capucin de Saint-Jean-de-Maurienne (1595-1601), p. xcviii à cxxii.
5704. Arbois de Jubainville (Paul d'). — Abergement d'une terre par Marguerite de Meuillon, abbesse de Sainte-Catherine-d'Annecy (15 janvier 1319), p. cxxiii à cxxvi.
5705. Anonyme. — Un grand mariage de Savoisiens à Bonn-sur-le-Rhin en 1716 [Jean-Joseph de Chabod de Saint-Maurice et Marie-Jeanne-Éléonor de Chabod de Saint-Maurice], p. cxxvi à cxxviii.
5706. Anonyme. — Note sur le comte Pierre de Genevois (1382), p. cxxxii.
5707. Anonyme. — Achat de livres par le chanoine poète Claude-Étienne Nouvellet (1600), p. cxxxiii.
5708. Anonyme. — Procès de Claudine de Bellegarde, veuve du gouverneur de Savoie, Pierre Maillard, avec son fils (1590), p. cxxxiv à cxxxvi.
5709. Mugnier (François). — Antoine Favre, président de Genevois, premier président du Sénat de Savoie (1557 † 1624), *portr.*, p. 3 à 539; et XLII, p. 3 à 545.

XLII. — Mémoires et documents publiés par la Société savoisienne d'histoire et d'archéologie, t. XLII, 2e série, t. XVII. (Chambéry, 1903, in-8°, clxxx-550 p.)

5710. Mugnier. — Inventaire du mobilier de D. Joseph Tarin Impérial, gouverneur de Savoie (1789), p. v à xii.
5711. Mugnier. — Vente d'une partie du mobilier du gouverneur de Savoie, M. de Sinsan (1759), p. xii.
5712. Piccard (L'abbé). — Transaction entre Alexandre de Montluel et Claude de Seyssel (novembre 1486), p. xiii à xv.
5713. Piccard (L'abbé). — Chartes relatives à la famille Malesinans, de Puygros, près Chambéry (1283), p. xvi.
5714. Létanche (Jean). — Documents sur les juifs à Yenne en 1347-1348, p. xvii.
5715. Mugnier. — Plaintif du Rd Benoît de Pontverre, curé de Confignon, contre le sieur Marret, protestant genevois (1730), p. xviii à xxii.
5716. Mugnier. — Plaint de M. Collonges, curé d'Annemasse, contre les seigneurs de Genève (1700), p. xxiii.
5717. Mugnier. — Lettre du duc de Savoie Charles-Emmanuel II, relative à une maladie du sieur Barrillet, prisonnier au fort de Miolans (25 juillet 1664), p. xxiv.
5718. Mugnier. — Visite médicale en un procès d'annulation de mariage en 1628 (la comtesse de la Val d'Isère), p. xxvi.
5719. Mugnier. — Voyage à Avignon du comte de Savoie, Amédée VI, auprès du pape Urbain V en 1362, p. xxvii à xxix.
5720. Pérouse (Gabriel). — Dépenses de voyage de Louis, duc de Savoie, dans la Bresse et le Dauphiné en 1451 et 1452, p. xxx à lxi.
5721. Mugnier. — Refus par le duc Charles-Emmanuel II, d'autoriser une coadjutorerie à un canonicat de la cathédrale de Genève (1664), p. lxi à lxiii.
5722. Mugnier. — Madame Cardinal, bourgeoise d'Annecy (xviiie s.), p. lxv à lxviii.
5723. Mugnier. — Contrats de mariage de la vallée de Bellevaux en Chablais (1695 et 1703), p. lxviii.
5724. Anonyme. — M. Anthonioz, syndic de Rumilly, et son correspondant à Turin, pour exercer l'industrie du vitriol et du natron (juin-août 1767), p. lxxi à lxxv.
5725. Anonyme. — Contrats d'apprentissage de métiers à Rumilly (minutes du notaire Dubosson de 1723), p. lxxv.
5726. Mugnier. — Jean Vallet, sculpteur (1817 † 1903), p. lxxvi à lxxviii.
5727. Mugnier et Pérouse (Gabriel). — Union par Pierre, abbé de Saint-Michel de la Cluse du prieuré de Cravin, au diocèse d'Ivrée, à la chantrerie de ladite abbaye (novembre 1366), p. lxxviii à lxxxii.
5728. Létanche (Jean). — Les cloches à Yenne, p. lxxxiii à xcviii.
5729. Mugnier. — Contrats de mariage du xvie au xviiie siècle, p. ci à cxvii.

[Claude de Chatillon et demoiselle Claude de Charansonnay (1551); Jean Bayet et Jeanne Trollioux (1577); Jean de Fernex et Laure Paschal (1587); Amé Dogier et Claudine Delavenay (1594); Claude de Quoex et Françoise de Montferrand (1624); Claude Dijod et Adrienne Musy (1606); Jacques Pellier et Claude-Anthelme de Lespignier (1629); Antoine Gaultier et Jeanne-Antoine Rolland (1644); Bernard Héritier et Hélène Curdel (1721).]

5730. Pérouse (Gabriel). — Dépenses de la maison du prince Amé de Savoie, fils du duc Louis, de 1462 à 1464, p. cxviii à clxvi.
5731. Bruchet (Max). — Bulle du pape Léon X à Pierre Lambert, l'autorisant à construire à ses frais un couvent de Célestins à Annecy, p. clxvii.
[5709]. Mugnier (François). — Antoine Favre, président de Genevois, premier président du Sénat de Savoie (1557 † 1624). Seconde partie. Correspondance du président Favre (t. 1), *facs.*, p. 3 à 545.

SAVOIE. — SAINT-JEAN-DE-MAURIENNE.

SOCIÉTÉ D'HISTOIRE ET D'ARCHÉOLOGIE DE MAURIENNE.

Les publications antérieures de cette Société sont analysées dans notre *Bibliographie générale*, savoir :
Travaux, t. I à VI (1859-1892), *Bibliographie*, t. II, p. 713.
— t. VII à X (1894-1899), *Bibliographie*, Supplément sous presse.
— t. XI (1901), *Bibliographie*, nouvelle série, t. I, p. 81.

XII. — Travaux de la Société d'histoire et d'archéologie de Maurienne, 2ᵉ série, t. III, 2ᵉ partie. (Saint-Jean-de-Maurienne, 1902, in-8°, 270 p.)

5732. Truchet (Le chanoine). — Le fief de Combefort à Montpascal, p. 2.
5733. Buttard (Le chanoine). — Les Chignin de Pontamafrey, p. 4 à 8.
5734. Cazenove (Raoul de). — Rapin-Thoyras, p. 11.
5735. Truchet (Le chanoine). — Documents sur Lanslevillard et Bessans, p. 13 à 15.
5736. Buttard (Le chanoine). — Le pont Renard ou de la Madeleine à Saint-Jean-de-Maurienne, p. 16.
5737. Truchet (Le chanoine). — Un moulin à Saint-Julien en 1326, p. 28 à 30.
5738. Truchet (Le chanoine). — Maisons de Saint-Jean-de-Maurienne, incendiées par les soldats de Lesdiguières en 1597, p. 31. — Cf. X, p. 23; et XI, p. 2.
5739. Truchet (Le chanoine). — Testament de Jean de Pralognan, de Saint-André (1357), p. 33 à 36.
5740. Buttard (Le chanoine). — La mestralie, la châtellenie et les carces de Pontamafrey, p. 37 à 40.
5741. Truchet (Le chanoine). — Les «Enfants de la ville» à Saint-Jean-de-Maurienne, p. 41 à 44.
5742. Truchet (Le chanoine). — Excursion à Saint-Julien, p. 46 à 106.

[La Maison-Blanche, p. 47; châteaux de Lagarde, p. 52; et de la Maladrière, p. 5; le fief Manuel, p. 66; Saint-Julien, p. 70.]

5743. [Truchet (Le chanoine)]. — Échaillon, voie romaine et eaux thermales, *carte*, p. 112 à 165.
5744. [Truchet (Le chanoine)]. — Les nobles de la Balme de Montvernier et leurs fiefs, p. 166 à 209.
5745. [Mottard (L'abbé)]. — Lanslevillard pendant la Révolution, p. 209 à 246.
5746. [Gros (L'abbé)]. — Les redevances féodales de Lanslevillard et la dîme. Acte d'affranchissement [1785], p. 247 à 268.

SAVOIE (HAUTE-). — ANNECY.

ACADÉMIE SALÉSIENNE.

Les publications antérieures de cette Académie sont analysées dans notre *Bibliographie générale*, savoir :
Mémoires, t. I à VIII (1879-1885), *Bibliographie*, t. II, p. 716.
— t. IX à XXIII (1886-1900), *Bibliographie*, Supplément sous presse.
— t. XXIV (1901), *Bibliographie*, nouvelle série, t. I, p. 82.

XXV. — Mémoires et documents publiés par l'Académie salésienne, t. XXV. (Annecy, 1902, in-8°, XVI-486 p.)

5747. Albert (L'abbé Nestor-V.-L.). — Vie de M. l'abbé Jean Mercier, chanoine de la cathédrale d'Annecy, membre agrégé de l'Académie de Savoie [1818 † 1902], suivie d'une étude spéciale des *Souvenirs historiques d'Annecy*, p. 1 à 214, et erratum, p. 479.
5748. Chevalier (Jean-Marie). — Monographie de la commune de Reignier, diocèse d'Annecy (Haute-Savoie) [et de la paroisse de Saint-Romain], 2ᵉ partie, *carte*, p. 215 à 478. — Suite de XXIII, p. 1.

SAVOIE (HAUTE-). — ANNECY.

SOCIÉTÉ FLORIMONTANE D'ANNECY.

Les publications antérieures de cette Société sont analysées dans notre *Bibliographie générale*, savoir :
Séances et *Annales* (1851-1854), *Bibliographie*, t. II, p. 718.
Bulletin et *Revue savoisienne*, t. I à XXVI (1855-1885), *Bibliographie*, t. II, p. 718.
Revue savoisienne, t. XXVII à XLI (1886-1900), *Bibliographie*, Supplément sous presse.
— — t. XLII (1901), *Bibliographie*, nouvelle série, t. I, p. 82.

5749. Constantin (A.) et Désormaux (J.). — Dictionnaire savoyard, publié sous les auspices de la Société florimontane. Ouvrage contenant une carte des localités citées (départements de la Savoie et de la Haute-Savoie), avec une bibliographie des textes patois. (Paris, 1902, in-8°, lxii-447 p.)

5750. Marteaux (Charles). — Table des matières des Bulletins de l'association florimontane et de la Revue savoisienne (année 1851 à 1900). Annecy, 1903, in-8°, vi-88 p.

XLIII. — Société florimontane d'Annecy... Revue Savoisienne..., 1902, 43e année. (Annecy, 1902. in-8°, x-310 p.)

5751. Bruchet. — Toponomastique des environs de Faverges, p. 2.

5752. Désormaux (J.). — Notes de linguistique: Marrons et marrons, p. 9 à 14.

5753. Duval (C.). — Les francs-tireurs du Mont-Blanc, récits de la guerre de 1870-1871 à l'armée des Vosges, p. 18, 69, et 131.

5754. Ritter (Eugène). — Glanures salésiennes. [Les citations des Psaumes par saint François de Sales dans son *Traité de l'amour de Dieu*], p. 27 à 30.

5755. Bruchet. — Testament de Jonod de Veria de Chessenaz (1387); affranchissement de Jean Moret, de Chambéry (1624), etc., p. 41.

5756. Marteaux. — La *Chonziata* du vieux château de Duin, p. 42.

5757. Dussaix. — Charte de franchises accordée aux habitants de Thonnaz, hameau de Mégève, par Amédée VI, comte de Savoie (3 décembre 1375), p. 43 à 45.

5758. Marteaux. — Découverte de sépultures anciennes à Sonney, p. 47.

5759. Bruchet. — Jacques de Savoie, duc de Genevois-Nemours, et Catherine de Médicis, p. 48.

5760. Vuarnet (Émile). — Malheureuse expédition du seigneur de Sallenove et de quelques partisans savoisiens en Auvergne en 1422, p. 54.

5761. Mackey (Dom B.). — Le voyage de Charles-Emmanuel Ier à Paris (décembre 1599), p. 94 à 101.

5762. Cordero de Pamparato (S.). — La dernière campagne d'Amédée VI, comte de Savoie (1382-1383), d'après les comptes des Trésoriers généraux conservés aux Archives de Turin, p. 101, 147, 247; et XLIV, p. 183.

5763. Bruchet. — Destruction de Sallanches par une inondation (1436), p. 120.

5764. Marteaux. — Cloche provenant du prieuré de Viuz-Faverges, p. 170.

5765. Marteaux. — Tombe gallo-romaine trouvée aux Fins, p. 177.

5766. Bruchet (Max). — Difficulté des approvisionnements de Genève à la fin du xvie siècle, p. 244 à 246.

5767. Vuarnet (E.). — Glossaire du livre de Jeanne de Jussy [xvie s.], p. 290 à 293.

5768. Gex (A.). — Un autographe de Jacques Balmat, premier ascensionniste du Mont-Blanc, p. 293 à 297.

5769. Vuarnet (Emile). — Une vieille coutume. La *pesse* de mai ou *lou mai* en Chablais, p. 297.

XLIV. — Société florimontane d'Annecy... Revue savoisienne..., 1903, 44e année. (Annecy, 1903, in-8°, 294 p.)

5770. Bruchet. — Notes sur des feuilles de garde, p. 6.

[Le cours des monnaies (1571-1595); Thonon en 1634; Orage sur le lac Leman (1645).]

5771. Desormaux. — Quelques expressions usitées dans les parlers savoyards, p. 7 à 9.

5772. Constantin (A.) et Désormaux (J.). — Études philologiques savoisiennes. Parabole de l'enfant prodigue, p. 11 à 22, et 102 à 125.

5773. Marteaux (Ch.) et Le Roux (Marc). — Voies romaines de la Haute-Savoie. Voie romaine de Boutae à Casuaria, *fig.* et *pl.*, p. 23, 87, 166, et 278.

5774. Pissard. — Représentation du mystère de saint Bernard de Menthon à Annecy (1626), p. 74.

5775. Le Roux. — Pierre tombale de Jean de Charansonay, infirmier de l'abbaye de Talloires (1551), *fig.*, p. 81 à 83.

5776. Marteaux (Ch.). — Note sur trois fragments d'une inscription romaine à Rumilly, p. 84 à 86.

5777. Buttin (Ch.). — Les anneaux disques préhistoriques et les tchakras de l'Inde, *fig.* et *pl.*, p. 138 et 244.

[5762]. Cordero de Pamparato (S.). — La dernière campagne d'Amédée VI, comte de Savoie (1382-1383), p. 183 à 204.

5778. Bruchet (Max). — Le séjour de Leurs Majestés Sardes [Victor Amédée III] et de Leurs Altesses Royales à Annecy en 1775, p. 204 à 213.

5779. Bruchet (Max). — Les familles d'Annecy au milieu du XVe siècle, p. 234 à 240.

SAVOIE (HAUTE-). — THONON.

ACADÉMIE CHABLAISIENNE.

Les publications antérieures de cette Académie sont analysées dans notre *Bibliographie générale*, savoir :
Mémoires, t. I à XIV (1887-1900), *Bibliographie*, Supplément sous presse.
— t. XV (1901), *Bibliographie*, nouvelle série, t. I, p. 83.

XVI. — Mémoires et documents publiés par l'Académie Chablaisienne..., t. XVI. (Thonon, 1902, in-8°, XXIII-182 p.)

5780. Guyon (Jules). — Quinze années de la vie municipale de la ville de Thonon (1700-1714), 2e partie, p. 1 à 165. — Suite de XV, p. 1 et 1.

SEINE. — PARIS.

ASSOCIATION POUR L'ENCOURAGEMENT DES ÉTUDES GRECQUES.

Les publications antérieures de cette Association sont analysées dans notre *Bibliographie générale*, savoir :
Annuaire, t. I à XIX (1867-1885), *Bibliographie*, t. III, p. 4.
— t. XX à XXI (1886-1887), *Bibliographie*, Supplément sous presse.
Monuments grecs, t. I (nos 1 à 10) (1872-1888), *Bibliographie*, t. III, p. 9.
— — t. II (nos 11 à 25) (1882-1897), *Bibliographie*, Supplément sous presse.
Revue des études grecques, t. I à XIII (1888-1900), *Bibliographie*, Supplément sous presse.
— — t. XIV (1901), *Bibliographie*, nouvelle série, t. I, p. 84.

XV. — Revue des études grecques, publiée par l'Association pour l'encouragement des études grecques, t. XV, année 1902. (Paris, 1902, in-8°, LXX-482 p.)

5781. Bréal (Michel). — Χρόνος, p. 1. — Ἤιθεος, p. 6.

5782. Michon (Étienne). — La Vénus de Milo, p. 11 à 31.

5783. Reinach (Théodore). — Apollon Kendrisos et Apollon Patrôos en Thrace, p. 32 à 36.

5784. Doublet (Georges). — Les *Souvenirs* de Photakos, premier aide de camp de Th. Colocotronis [1821-1828], p. 37 à 59.

5785. T. R. [Reinach (Théodore)]. — Nouveaux fragments de Sappho, p. 60 à 70.

5786. Reinach (Théodore). — Bulletin épigraphique, p. 71 à 95.

5787. Eichthal (Eugène d'). — Hérodote et Victor Hugo, à propos du poème *Les Trois cents*, p. 119 à 131.

5788. Contoléon (Al.-Emm.). — Inscriptions de la Grèce d'Europe, p. 132 à 143.

5789. Legrand (Ph.-E.). — Στρατεύεσθαι μετὰ Ἀθηναίων [privilège des métèques athéniens], p. 144 à 147.

5790. Ruelle (Ch.-Em.). — Bibliographie annuelle des études grecques (1899-1900-1901), p. 172 à 228.

5791. Girard (Paul). — Comment a dû se former l'Iliade, p. 229 à 287.

5792. Dupuis (J.). — Le nombre géométrique de Platon, p. 288 à 301.

5793. Holleaux (Maurice). — Φιλέταιρος Ἀττάλου [Philetairos, roi de Pergame], p. 302 à 310.

5794. Cumont (Franz). — Nouvelles inscriptions du Pont, *fig.*, p. 311 à 335.

5795. Tannery (Paul). — Sur les intervalles de la musique grecque, p. 336 à 352.

5796. Jamot (Paul). — Sur la date de la réorganisation des Mouseia, p. 353 à 356.

5797. Legrand (Ph.-E.). — Pour l'histoire de la comédie nouvelle, p. 357 à 379.

[I. Le Δύσκολος et les Ἐπιτρέποντες de Ménandre. — II. Conjectures sur la composition des Κληρούμενοι de Diphile.]

5798. Ridder (A. de). — Bulletin archéologique n° X, *fig.*, p. 380 à 407.

5799. Seymour de Ricci. — Bulletin papyrologique, p. 408 à 460

SEINE. — PARIS.

ASSOCIATION FRANÇAISE POUR L'AVANCEMENT DES SCIENCES.

Les publications antérieures de cette Association sont analysées dans notre *Bibliographie générale*, savoir :
Comptes rendus, t. I à XIII (1872-1884), *Bibliographie*, t. III, p. 10.
— t. XIV à XXIX (1885-1900), *Bibliographie*, Supplément sous presse.
— t. XXX (1901), *Bibliographie*, nouvelle série, t. I, p. 83.
Ouvrages divers (1879-1900), *Bibliographie*, t. III, p. 10, et Supplément sous presse.

5800. Divers. — Association française pour l'avancement des sciences, 31e session à Montauban en 1902. Publication de la ville de Montauban. Le Tarn-et-Garonne. Histoire, sciences, industrie, commerce, agriculture, viticulture, idiome, mœurs, coutumes, assistance, anciens monuments, instruction, bibliothèque, archives, musées, sociétés savantes, démographie. (Montauban, 1902, in-8°, VI-287 p. et *pl.*)

XXXI. — Association française pour l'avancement des sciences, fusionnée avec l'Association scientifique de France... Conférences de Paris. Compte rendu de la 31e session. 1re partie. Documents officiels. Procès-verbaux. (Paris, 1902, in-8°, CXI-599 p.) — Compte rendu de la 31e session. Montauban, 1902, seconde partie. Notes et mémoires. (Paris, 1903, in-8°, 1423 p.)

Première partie.

5801. Trutat (E.). — Les excursions du Congrès de Montauban. Plaine de la Garonne, vallée de l'Aveyron, vallée du Lot, 3 *pl.*, p. 545 à 563.

Deuxième partie.

5802. Gardès (L.-F.-J.). — La date de Pâques, p. 94 à 96.

5803. Vibé (Armand). — Les fouilles du puits de Padirac (Lot), p. 579 à 584.

[Habitation du moyen âge.]

5804. Gain (Edmond). — L'herbier de Dominique Perrin, médecin lorrain de la première partie du XVIIe siècle, p. 609 à 613.

5805. Bonnet (Dr Ed.). — Documents pour servir à l'histoire de la collection de miniatures d'histoire naturelle connue sous la dénomination de Vélins du Muséum, p. 660 à 672.

5806. Courty (Georges). — Sur les signes gravés des rochers de Seine-et-Oise, *fig.*, p. 752 à 755.

5807. Capitan (Dr). — Un nouveau gisement chelléen, commune de Clérieux, près Curson (Drôme), p. 755 à 757.

5808. Chauvet (G.). — Haches plates, la cachette de Mondouzil (Charente), *fig.*, p. 757 à 765.

5809. Masfrand. — Fouilles faites dans la grotte du Placard, commune de Vilhonneur (Charente), *fig.*, p. 765 à 768.

5810. Capitan (D^r), Breuil (l'abbé) et Peyrony. — La station acheuléenne de la grotte-abri (l'église de Guilhem) près des Eyzies (Dordogne), p. 769.

5811. Capitan (D^r) et Breuil (l'abbé). — Une fouille systématique à Laugerie-Haute [antiquités préhistoriques], p. 771 à 773.

5812. Mortillet (A. de). — Les monuments mégalithiques du département du Nord, *fig.*, p. 773 à 781.

5813. Capitan (D^r) et Breuil (l'abbé). — Les figures gravées de l'époque paléolithique sur les parois de la grotte des Combarelles, près des Eyzies (Dordogne), p. 782 à 784.

5814. Capitan (D^r) et Breuil (l'abbé). — Les figures peintes à l'époque paléolithique sur les parois de la grotte de Font-de-Gaume (Dordogne), p. 784 à 786.

5815. Daleau (François). — Gravures paléolithiques de la grotte de Pair-non-Pair, commune de Marcamps (Gironde), p. 786 à 789.

5816. Labrie (L'abbé). — Sur quelques objets inédits de l'industrie magdalénienne : fourchette, fendeur, etc. [Trouvaille de la caverne de Fontarnaud (Gironde)], *fig.*, p. 789 à 797.

5817. Chantre (Ernest) et Savoye (Claudius). — Répertoire et carte paléoethnologique du département de Saône-et-Loire, p. 798 à 839.

5818. Charencey (Comte de). — Sur les idiomes kolariens [nord de l'Hindoustan], p. 840 à 844.

5819. Drioton (Clément). — Contribution à l'étude de la fortification antique dans l'arrondissement de Dijon. Les retranchements calcinés des châtelets de Val-Suzon et d'Étaules, *fig.*, p. 844 à 848.

5820. Drioton (Cl.) et Galimard (Dr J.). — Répertoire des excavations naturelles et artificielles de l'arrondissement de Dijon, p. 849 à 851.

5821. Drioton (Cl.), Guérre (G.) et Galimard (Dr J.). — Résultat des fouilles et recherches exécutées dans la caverne dite le Trou-de-la-Roche, à Baulme-la-Roche (Côte-d'Or), *fig.*, p. 851 à 855.

[Antiquités néolithiques, gauloises et gallo-romaines.]

5822. Poutiatin (Prince). — Éclats de silex avec conchoïdes (bulbes) par percussion et naturels. Nucleus [Station préhistorique de Bologoïé (Russie)], p. 855 à 860.

5823. Fayenc (B.). — Note sur le paléolithique égyptien, p. 800 à 862.

5824. Gauthiot (Robert). — La maison lithuanienne, p. 862 à 865.

5825. Debruge (A.). — Fouille de la grotte Ali-Bacha [Algérie], *fig.*, p. 866 à 883.

[Antiquités préhistoriques.]

5826. Delisle (Dr Fernand). — Note sur les ossements humains de la grotte Ali-Bacha [Algérie], p. 883 à 885.

5827. Garrisson (Eugène). — Sur un coup de poing en basalte trouvé à Royat [Puy-de-Dôme], *fig.*, p. 886.

5828. Garrisson (Eugène). — Le préhistorique antémagdalénien des environs de Montauban, p. 887 à 895.

5829. Chantre (Ernest) et Bourdaret (Émile). — Les Coréens, esquisse anthropologique, p. 895 à 899.

5830. Sicard (Germain). — Sur quelques explorations nouvelles dans les grottes de l'Aude, *fig.*, p. 899 à 903.

5831. Beaupré (Comte J.). — Dessins gravés au trait sur le dessous d'un sarcophage barbare trouvé à Bislée (Meuse), *fig.*, p. 903 à 905.

5832. Baudouin (Dr Marcel). — Découverte d'un objet de cuivre dans une allée couverte de Vendée [Pierre-Folle, commune de Commequiers], p. 906.

5833. Martel (E.-A.). — Inaptitude des stalagmites à servir d'élément chronologique pour la préhistoire dans les cavernes, p. 908 à 911.

5834. Pallary (P.). — Recherches paletlinologiques dans le nord du Maroc, p. 911 à 917.

5835. Rivière (Émile). — Grottes du Périgord, *fig.*, p. 917 à 921.

5836. Rivière (Émile). — Une lampe préhistorique en pierre trouvée au Moustier (?) (Dordogne), p. 921 à 923.

5837. Rivière (Émile). — L'âge des sépultures de Beaulon (Allier), *fig.*, p. 923 à 926.

[Sépultures gallo-romaines.]

5838. Breuil (L'abbé). — Quelques haches [de bronze] ornées découvertes dans l'ouest de la France, *fig.*, p. 926 à 931.

5839. Breuil (L'abbé). — Quelques bronzes du Périgord [objets préhistoriques], p. 932.

5840. Charencey (Comte de). — De quelques noms de boissons en langue basque, p. 1068 à 1074.

5841. Baudouin (Dr Marcel). — Les côtes de Vendée, des Sables-d'Olonne à Bourgneuf, de la période néolithique au moyen âge, *cartes*, p. 1074 à 1098.

5842. Dessirier de Pauwel (R.). — De Bangui à Carnot et de Carnot à Bangui [centre africain] (30 septembre-28 novembre 1901), p. 1112 à 1129.

5843. Lapeyrière (De). — La Corée, p. 1147 à 1162.

5844. Forestié. — Planches gravées des confréries, *fig.*, p. 1287 à 1291.

5845. Masfrand (A.). — Mothe féodale de Merlis, commune de Vayres (Haute-Vienne), *fig.*, p. 1291 à 1292.

SEINE. — PARIS.

ASSOCIATION POUR L'ENSEIGNEMENT DES SCIENCES ANTHROPOLOGIQUES (ÉCOLE D'ANTHROPOLOGIE DE PARIS).

Cette Association a été fondée vers 1876 par Broca, dans le but de créer à Paris une École d'anthropologie; mais c'est seulement en 1891 qu'elle a commencé, sur l'initiative de M. Hovelacque, la publication d'un recueil intitulé *Revue de l'École d'anthropologie*. Nous donnerons dans le Supplément de notre *Bibliographie* l'analyse des dix premiers volumes de ce recueil.

XI. — Association pour l'enseignement des sciences anthropologiques. Revue de l'École d'anthropologie de Paris. Recueil mensuel fondé par Abel Hovelacque, publié par les professeurs, 11ᵉ année, 1901... (Paris, 1901, in-8°, 412 p.)

5846. Mortillet (A. de). — Distribution géographique des dolmens et des menhirs en France, 2 *cartes*, p. 33 à 45.

5847. Balliot. — Les tumulus d'Essey-les-Eaux (Haute-Marne), *fig.*, p. 87 à 91; et XII, p. 23 à 26.

5848. Capitan (L.). — Les pierres à cupule, *fig.*, p. 114 à 127.

5849. Maboudeau (Pierre-G.) et Capitan (L.). — La question de l'homme tertiaire à Thenay, près Pont-Lèvoy], *fig.*, p. 129 à 153.

5850. Lefèvre (André). — Le saint Graal, p. 178 à 183.

5851. Capitan (L.). — Les cupules à l'époque paléolithique et sur les milliaires romains, *fig.*, p. 184 à 195.

5852. Zaborowski. — De l'influence de l'ancienne civilisation égyptienne dans l'Afrique centrale, p. 197 à 205.

5853. Hervé (G.). — Les Écossais en France, p. 206 à 210.

5854. Pommerol (F.). — Pierres à bassins et à cupules du Puy-de-Dôme, *fig.*, p. 211 à 218.

5855. Capitan (L.). — Histoire du préhistorique. La première hache acheuléenne connue, *fig.*, p. 219 à 226.

5856. Breuil (H.). — Un os gravé de la grotte des Eyzies, *fig.*, p. 226.

5857. Manouvrier (L.). — La protection des antiques sépultures et des gisements préhistoriques, p. 229 à 250.

5858. Breuil (H.) et Dubalen (P.). — Fouilles d'un abri à Sordes en 1900, *fig.*, p. 251 à 268.

5859. Letourneau (Ch.). — La femme à travers les âges, p. 273 à 290.

5860. Capitan (L.). — La trouvaille de Frignicourt [près Vitry-le-François], *fig.*, p. 291 à 298.

[Objets préhistoriques.]

5861. Lefèvre (André). — Quelques années du bon vieux temps, p. 305 à 320, et 351 à 362.

[Louis le Hutin et Philippe le Long, p. 305. — Les lépreux en 1820; Bernard Délicieux; mort de Philippe le Long, p. 351.]

5862. Capitan (L.) et Breuil (H.). — Les grottes à parois gravées ou peintes à l'époque paléolithique, p. 321 à 325.

5863. Stalin (G.). — Curieux disques préhistoriques [découverts à Mouy (Oise)], p. 325.

5864. Capitan (L.). — Les alluvions quaternaires autour de Paris. Géologie, paléontologie, industrie, p. 337 à 350.

5865. Mortillet (A. de). — Supports de vases néolithiques, *fig.*, p. 363 à 371.

XII. — Association pour l'enseignement des sciences anthropologiques. Revue de l'École d'anthropologie de Paris,... 12ᵉ année, 1902. (Paris, 1902, in-8°, 430 p.)

5866. Schrader (F.). — Lois terrestres et coutumes humaines, p. 1 à 10.

[5847]. Balliot (L.). — Les tumulus d'Essey-les-Eaux (Haute-Marne), *fig.*, p. 23 à 26.

5867. Capitan (L.) et Breuil (H.). — Les gravures sur les parois des grottes préhistoriques. La grotte des Combarelles, *fig.*, p. 33 à 46.

5868. Mortillet (Adrien de). — L'or en France aux temps préhistoriques et protohistoriques, *fig.*, p. 47 à 72.

5869. Hervé (Georges). — Charles Letourneau (1831 † 1902), *portr.*, p. 79 à 83.

5870. René (F^re^). — Les dolmens de Roche-Vernaize, commune des Trois-Moutiers (Vienne), *fig.*, p. 107 à 112.

5871. Vinson (Julien). — La science du langage, p. 155 à 167.

5872. Capitan (L.). — Hadjrat-Mektoubat, ou les Pierres écrites, premières manifestations artistiques dans le Nord africain, *fig.*, p. 168 à 174.

5873. Sébillot (Paul). — Le culte des pierres en France, *fig.*, p. 175 à 186, et 205 à 216.

5874. Capitan (L.). — L'histoire de l'Elam [Suse] d'après les derniers travaux de la mission de Morgan, études des séries exposées, *fig.*, p. 187 à 200.

5875. Lefèvre (André). — Treize années d'enseignement, p. 219 à 234, et 265 à 282.

[Ethnographie et linguistique.]

5876. Capitan (L.) et Breuil (H.). — Les figures peintes à l'époque paléolithique sur les parois de la grotte de Font-de-Gaume (Dordogne), 2 *pl.*, p. 235 à 239.

5877. Breuil (H.). — Débris de vase de la fin du néolithique trouvé à Bulles (Oise), *fig.*, p. 246 à 247.

5878. Dussaud (René). — Les premiers renseignements historiques sur la Syrie, p. 251 à 264.

5879. Hervé (Georges). — Le renouvellement de la population alsacienne au XVIIe siècle, p. 283 à 299.

5880. Barthélemy (Lieutenant Raymond) et Capitan (D^r). — Le préhistorique aux environs d'Igli, extrême-Sud algérien, *fig.* et *carte*, p. 300 à 315.

5881. Mahoudeau (Pierre-G.). — Note sur les anciens habitants de la Corse, p. 319 à 333.

5882. Hervé (Georges). — Alsaciens contemporains et Alsaciens du moyen âge, p. 355 à 372.

5883. Letourneau (Ch.). — La femme en Papouasie et en Afrique, p. 373 à 388.

5884. Capitan (L.). — Un instrument poli breton, *fig.*, p. 389.

SEINE. — PARIS.

ASSOCIATION HISTORIQUE POUR L'ÉTUDE DE L'AFRIQUE DU NORD.

Les publications antérieures de cette Société sont analysées dans notre *Bibliographie générale*, savoir :
Publications, fasc. I et II (1899-1900), *Bibliographie*, Supplément sous presse.
— fasc. III (1901), *Bibliographie*, nouvelle série, t. I, p. 85.

IV. — Publications de l'Association historique de l'Afrique du Nord, IV. (Paris, 1903, in-8°.)

5885. Gsell (Stephane). — Fouilles de Gouraya, sépultures puniques de la côte algérienne, exécutées et publiées sous les auspices de l'Association historique pour l'étude de l'Afrique du Nord. (Paris, 1903, in-8°, 51 p., *fig.* et *pl.*)

SEINE. — PARIS.

CLUB ALPIN FRANÇAIS.

Les publications antérieures de cette Société sont analysées dans notre *Bibliographie générale*, savoir :
Bulletin, t. I à XIV (1874-1885), *Bibliographie*, t. III, p. 25.
— t. XV à XXIX (1886-1900), *Bibliographie*, Supplément sous presse.
— t. XXX (1901), *Bibliographie*, nouvelle série, t. I, p. 85.

Annuaire, t. I à XI (1874-1884), *Bibliographie*, t. III, p. 26.
— t. XII à XXVII (1885-1900), *Bibliographie*, Supplément sous presse.
— t. XXVIII (1901), *Bibliographie*, nouvelle série, t. I, p. 85.

XXIX. — Annuaire du Club alpin français, 29e année, 1902. (Paris, 1903, in-8°, xx-624 p.)

5886. Metinger (F.). — Un coin de la frontière, *fig.*, p. 48 à 86.
[Menton, monastère de Sainte-Annonciade, Sainte-Agnès, Vintimille, Tende, etc.]

SEINE. — PARIS.

COMITÉ D'ÉTUDES DE LA MONTAGNE SAINTE-GENEVIÈVE ET SES ABORDS.

Cette Société a été fondée en 1896. Elle publie à intervalles longs et irréguliers un *Bulletin* dont les tomes I II seront analysés dans le Supplément de notre *Bibliographie générale*.

III. — Bulletin de la Montagne Sainte-Geneviève et ses abords, comité d'études historiques, archéologiques et artistiques (ve et xiiie arrondissements), t. III, 1899-1902. (Paris, 1902, in-8°, 294 p.)

5887. Valet (Paul). — La Salpêtrière, histoire et bâtiments, *fig.*, p. 27 à 38.
5888. Valet (Paul). — Le Panthéon, *fig.*, p. 39 à 53.
5889. Gazier (A.). — Essay sur l'idée de peindre la coupe du dôme futur de la nouvelle église de Sainte-Geneviève [ms. de Revol, conseiller au Parlement de Paris], p. 54 à 58.
5890. Valet (Paul). — Le Val-de-Grâce, les bâtiments, la vie au couvent, l'hôpital militaire, *fig.* et *pl.*, p. 59 à 87.
5891. Magne (Charles). — Les divinités païennes sur la rive gauche de l'ancienne Lutèce, *fig.*, p. 90 à 170.
5892. Valet (Paul). — Au musée de Cluny, recherches sur le tableau catalogué sous le n° 1682 [volets de la confrérie de Notre-Dame du Puy d'Amiens], *fig.*, p. 171 à 181.
5893. Legrand (Noé). — L'amphithéâtre de l'ancienne Faculté de médecine et les jetons des doyens, *fig.*, p. 182 à 195.
5894. Legrand (Noé). — Quelques mots sur le quartier de Marat; trouvailles faites sur l'emplacement des démolitions, *fig.*, p. 196 à 200.
5895. Gazier (A.). — Le masque mortuaire de la mère Angélique Arnauld, *pl.*, p. 201 à 206.
5896. Mabille (F.). — Les Feuillantines de Paris (1622-1792), p. 207 à 232.
5897. Ruelle (Ch.-Em.). — Essai d'une bibliographie de la Montagne Sainte-Geneviève et de ses environs (ve et xiiie arrondissements), p. 242 à 280.

SEINE. — PARIS.

COMITÉ DES TRAVAUX HISTORIQUES ET SCIENTIFIQUES.

Les publications antérieures du Comité des Travaux historiques sont analysées dans notre *Bibliographie générale*, savoir :

1° *Documents inédits*, série in-4° (1835-1885), *Bibliographie*, t. III, p. 31.
— séries in-4° et in-8° (1885-1900), *Bibliographie*, Supplément sous presse.
— séries in-4° et in-8° (1901), *Bibliographie*, nouvelle série, t. I, p. 86.

2° *Catalogue des manuscrits*, série in-4°, *Bibliographie*, t. III, p. 44.
— — série in-8°, *Bibliographie*, t. III, p. 45, et Supplément sous presse.
— — *Bibliographie* (1901), nouvelle série, t. I, p. 87.

3° *Dictionnaires topographiques* (1861-1897), *Bibliographie*, t. III, p. 49, et Supplément sous presse.
Répertoires archéologiques (1861-1888), *Bibliographie*, t. III, p. 50, et Supplément sous presse.

4° *Bulletins* et *Revues* (1838-1885), *Bibliographie*, t. III, p. 51.
Bulletin archéologique (1886 à 1900), *Bibliographie*, Supplément sous presse.
— — (1901), *Bibliographie*, nouvelle série, t. I, p. 87.
Bulletin historique et philologique (1886 à 1900), *Bibliographie*, Supplément sous presse.
— — (1901), *Bibliographie*, nouvelle série, t. I, p. 89.
Bulletin de géographie historique et descriptive (1886 à 1900), *Bibliographie*, Supplément sous presse.
— — (1901), *Bibliographie*, nouvelle série, t. I, p. 90.
Bulletin des sciences économiques et sociales (1886 à 1900), *Bibliographie*, Supplément sous presse.
— — (1901), *Bibliographie*, nouvelle série, t. I, p. 91.

5° *Réunion des Sociétés des beaux-arts*, t. I à IX (1877-1885), *Bibliographie*, t. III, p. 162.
— — t. X à XXIV (1886-1900), *Bibliographie*, Supplément sous presse.
— — t. XXV (1901), *Bibliographie*, nouvelle série, t. I, p. 91.

6° *Mémoires lus à la Sorbonne* (1861-1868), *Bibliographie*, t. III, p. 152.

7° *Répertoire des travaux historiques*, t. I à III (1882-1883), *Bibliographie*, t. III, p. 167.

I

DOCUMENTS INÉDITS.

SÉRIE IN-4°.

5898. Robert (Ulysse). — Testaments de l'officialité de Besançon (1265-1500). T. I (1265-1400). (Paris, 1902, in-4°, 551 p.)

5899. Mazerolle (F.). — Les médailleurs français du XVe siècle au milieu du XVIIe. (Paris, 1902, in-4°, t. I, CLXXVIII-680 p.; t. II, 267 p. et atlas.)

5900. Omont (Henri). — Missions archéologiques françaises en Orient aux XVIIe et XVIIIe siècles. (Paris, 1902, in-4°, XVI-1237 p.)

5901. Langlois (Ernest). — Recueils d'arts de seconde rhétorique. (Paris, 1902, in-4°, LXXXVIII-497 p.)

SÉRIE IN-8°.

5902. Perroud (Claude). — Lettres de Madame Roland, t. II, 1788-1793. (Paris, 1902, gr. in-8°, 287 p.)

[Le tome I (1780-1787) a paru en 1900.]

5903. Aulard (A.). — Recueil des actes du Comité de Salut public, avec la correspondance officielle des représentants en mission et le registre du Conseil exécutif provisoire. T. XV, 8 juillet 1794-9 août 1794 (20 messidor an II-22 thermidor an II). (Paris, 1903, in-8°, 845 p.)

[Les tomes I à XIV ont paru de 1889 à 1901.]

II

CATALOGUE DES MANUSCRITS.

XXXVI. — Catalogue général des manuscrits des bibliothèques de France. Départements, t. XXXVI. (Paris, 1902, in-8°, 1156 p.)

5904. Liabastres. — Manuscrits de Carpentras, t. III, 1re partie, p. 1 à 543.

5905. Labande (L.-H.). — Manuscrits de Carpentras, t. III, 2e partie, table générale, p. 544 à 1156.

XL. — Catalogue général des manuscrits des bibliothèques publiques de France,

t. XL. Supplément, t. I : Abbeville-Brest. (Paris, 1902, in-8°, 796 p.)

[Abbeville, par A. Ledieu, p. 1. — Agen, par G. Calvet, p. 39. — Aire, p. 40. — Aix, par Aude, p. 43. — Aix-les-Bains, par Mauvert, p. 84. — Ajaccio, par Marcaggi, p. 85. — Albi, par Portal, p. 86. — Alençon, p. 103. — Alger, par Dujardin, p. 104. — Amiens, par Michel, p. 105. — Annecy, par Le Roux, p. 111. — Annonay, par Nicod, p. 114. — Antibes, p. 121. — Apt, par Sauve, p. 121. — Argentan, par Lévesque, p. 125. — Arles, par Martel, p. 125. — Arras, par Wicquot et Advielle, p. 149. — Autun, par Latieule, p. 429. — Auxerre, par Porée, p. 431. — Auxonne, par Bernard, p. 449. — Avallon, par Chambon, p. 449. — Avignon, par Labande, p. 450. — Bagnères-de-Bigorre, par l'abbé Pepouey, p. 473. — Bagnols, par Mme Garidel, p. 473. — Bar-le-Duc, par Dannreuther, p. 492. — Bastia par le baron Cervoni, p. 497. — Bayeux, par A. Bénet, p. 498. — Bayonne, par Hiriart, p. 544. — Beaune, par Lambert, p. 549. — Beauvais, p. 557. — Béziers, par Barbier, p. 557. — Blois, par Dufay, p. 558. — Bordeaux, par Boucherie, p. 576. — Boulogne-sur-Mer, par Martel, p. 622. — Bourbonne-les-Bains, par Parison, p. 631. — Bourbourg, p. 631. — Bourg, p. 631. — Bourges, par Micou, p. 636. — Brest, par Marion, p. 640.]

III

DICTIONNAIRES TOPOGRAPHIQUES.

5906. Ledain (Bélisaire) et Dupond (Alfred). — Dictionnaire topographique des Deux-Sèvres comprenant les noms de lieux anciens et modernes. (Poitiers, 1902, in-4°, XLII-359 p.)

5907. Rosenot (Alphonse). — Dictionnaire topographique du département de la Haute-Marne, comprenant les noms de lieux anciens et modernes. (Paris, 1903, in-4°, LIX-225 p.)

IV

BULLETINS DU COMITÉ.

SECTION D'ARCHÉOLOGIE.

XX. — Bulletin archéologique du Comité des travaux historiques et scientifiques, année 1902. (Paris, 1902, in-8°, CCXVII-588 p.)

5908. Lasteyrie (R. de) et Prou (M.). — Procès-verbaux des séances, p. XXIV à CXVI.

[Bracelets de bronze préhistoriques trouvés à Colmar, p. XL.]

5909. Lefèvre-Pontalis (Eugène). — Fouilles de la Motte de Merlis (Haute-Vienne), p. XXVI à.

5910. Jadart. — Peintures murales du moyen âge dans l'église de Sermiers (Marne), p. XXXI.

5911. Prou (M.). — Sarcophages trouvés à Moroges (Saône-et-Loire) en 1880, p. XXXIV.

5912. Héron de Villefosse. — Découverte d'une sépulture antique près d'Auch, p. XXXV.

5913. Héron de Villefosse. — Stèle avec inscription romaine découverte à Narbonne, p. XXXVI.

5914. Prou (M.). — Empreintes monétiformes sur d'anciennes reliures de cuir, p. XL.

5915. Perrot (Georges). — Statue de Minerve découverte à Poitiers, p. XLI.

5916. Prou (M.). — Procès-verbaux des séances de la réunion annuelle des délégués des Sociétés savantes à Paris, du 1er au 5 avril 1902, p. XLIV à LXXVIII.

[Girard (L'abbé). — Le mur romain au nord de l'Angleterre, p. XLVI.]

5917. Bousrez (Louis). — Sépulture gallo-romaine découverte aux Ports (Indre-et-Loire), p. L.

5918. Arnaud d'Agnel (L'abbé). — Stations préhistoriques du plateau des Claparèdes (Vaucluse), p. LI.

5919. Parat (L'abbé). — Station préhistorique de l'Étang-Minard (Yonne), p. LIII.

5920. Bizot. — L'église de Saint-Pierre, à Vienne (Isère), p. LV.

5921. Carrière (Gabriel). — Sépultures antiques découvertes dans le département du Gard, p. LV.

5922. Rivières (Baron de). — Inscriptions de cloches de la Haute-Garonne, p. LIX.

5923. Blancard (Louis). — Sur l'inscription phénicienne du musée de Marseille, p. LXI.

5924. Chauvet. — Fibules gallo-romaines provenant du théâtre des Bouchauds (Charente), p. LXII.

5925. Delattre (Le P.). — Bulles de plomb byzantines, p. LXIV.

5926. Moulin. — La station préhistorique de la Baume-des-Peyrards (Vaucluse), p. LXV.

5927. Repelin. — Station chelléo-moustérienne de la Roquebrussane (Var), p. LXV.

5928. Anquetil. — Monuments antiques et objets d'art provenant de la cathédrale de Bayeux, p. LXVII.

5929. Leroux. — Le prétendu vitrail de Jeanne d'Albret à Limoges, p. LXIX.

5930. Magne (Charles). — Antiquités gallo-romaines et du moyen âge, statuette de bronze trouvée dans les fouilles de la rue Dante, à Paris, p. LXXI.

5931. Pottier (Le chanoine). — Objets d'orfèvrerie du diocèse de Montauban, p. LXXII.

5932. Virey (Philippe). — Modèle grec de Bès, forme de l'Hercule égyptien, p. lxxii.

5933. Demiau (Capitaine). — Sur le calendrier gaulois de Coligny, p. lxxii.

5934. Cagnat (René). — Sépultures gallo-romaines trouvées à Argenteuil (Seine-et-Oise), p. lxxx.

5935. Héron de Villefosse. — Fouilles de M. Collard à Preignan, p. lxxxii.

5936. Saglio. — Plaque émaillée limousine, *fig.*, p. lxxxvi à lxxxviii.

5937. Reinach (S.). — L'exploitation agricole des bords de la Cadière (Bouches-du-Rhône) à l'époque romaine, p. c.

5938. Héron de Villefosse. — Sur quelques mosaïques romaines de Provence, p. ciii. — Cf. XIX, p. 336.

5939. Héron de Villefosse. — Inscriptions romaines trouvées à Lyon, p. cxiii à cxvi.

5940. Cagnat (R.). — Procès-verbaux des séances de la Commission de l'Afrique du Nord, de janvier à décembre 1902, p. cxvii à ccxvii.

5941. Gauckler. — Dons faits au musée du Bardo à Tunis, p. cxvii à cxx.

[Pierres gravées, monnaies romaines et arabes, etc.]

5942. Toussaint (Commandant). — Reconnaissances archéologiques exécutées par les officiers des brigades topographiques d'Algérie et de Tunisie en 1901, p. cxx à cxxv.

5943. Gauckler. — Fouilles dans le Sud tunisien, p. cxxv à cxxx.

5944. Delattre (Le P.). — Antiquités romaines découvertes à El-Menchar (Tunisie), p. cxxxi.

5945. Berger (Philippe). — Stèle punique récemment entrée au musée du Bardo, p. cxxxii.

5946. Cagnat. — Inscriptions romaines du musée de Philippeville, p. cxxxiii.

5947. Delattre (Le P.). — Fragments d'inscriptions romaines trouvés à Saniet-Khodja (Tunisie), p. cxxxv à cxxxvii.

5948. Ballu. — Fouilles exécutées en Algérie en 1901, p. cxxxvii à cxl.

5949. Gsell. — Bornes milliaires relevées dans la région du N'gaous (Algérie), p. cxl à cxliv. — Cf. n° 6000.

5950. Houdas. — Inscription arabe trouvée dans l'Oued-Gabès, p. cxliv.

5951. Héron de Villefosse. — Inscription romaine découverte à Thibaris (Tunisie), p. cxlvi.

5952. Gauckler. — Antiquités et inscriptions romaines découvertes en Tunisie, p. cxlix, clxiv, clxxvi, et cxciii.

5953. Carton (D^r). — Inscription romaine trouvée à Aïn-Serrag (Algérie), p. clxxiii.

5954. Ballu. — Mosaïque romaine découverte à Timgad (Algérie), p. clxxiv.

5955. Carton (D^r). — Inscriptions romaines relevées à Sousse (Tunisie), p. cxcii.

5956. Cagnat. — Inscription romaine de Bordj-bou-Baker (Tunisie), p. cxcii.

5957. Héron de Villefosse et Delattre (le P.). — Tombeau carthaginois trouvé à Carthage et inscription romaine découverte à Saniet-Khodja, p. cc.

5958. Héron de Villefosse. — Fragments de sculpture antique conservés à Bône, p. ccii.

5959. Gauckler. — Découvertes céramiques à Sousse, p. cciv à ccx.

[Statuettes, lampes et poteries romaines.]

5960. Gauckler. — Fouilles de Dougga en 1902, p. ccx à ccxvi.

5961. Gsell. — Reliquaires de l'époque byzantine découverts à Henchir-Akrib (Algérie), p. ccxvi.

5962. Breuil (L'abbé). — Rapport sur les fouilles dans la grotte du Mas d'Azil (Ariège), *fig.* et 3 *pl.*, p. 3 à 23.

5963. Vesly (Léon de). — Exploration archéologique de la forêt de Rouvray [Seine-Inférieure], *fig.* et *pl.*, p. 24 à 35.

[Antiquités gallo-romaines.]

5964. Gérin-Ricard (Henry de). — Les pyramides [romaines] de Provence, 2 *pl.*, p. 36 à 50.

5965. Poulaine (L'abbé). — Les souterrains-refuges de Naours (Somme), p. 51 à 60.

5966. Laigue (De). — Notice sur une nécropole préromaine et une inscription latine découverte à Nesazio [Istrie], p. 61 à 64.

5967. Cortez (Fernand). — L'église de Saint-Maximin (Var), note complémentaire sur la date de son achèvement, p. 65 à 68.

5968. Guigue (Georges). — Les méreaux ou palettes de l'église de Lyon du xiiie au xvie siècle, p. 69 à 100.

5969. Fillet (Le chanoine). — Les horloges publiques dans le sud-est de la France [xve-xviiie s.], p. 101 à 119.

5970. Giraud (J.-B.). — L'acier de Carme, p. 120 à 128.

5971. Schulten (A.). — L'arpentage romain en Tunisie, *fig.* et 7 *pl.*, p. 129 à 173.

5972. Chabassière. — Note sur le tombeau de Præcilius à Constantine, *fig.*, p. 174 à 176.

5973. Montier (Amand). — Notice sur les pavés du Pré d'Auge et les pavés de Lisieux, 5 *pl.*, p. 177 à 201.

5974. Du Châtellier (Paul). — Les monuments mégalithiques des îles du Finistère, de Béniguet à Ouessant, p. 202 à 213.

5975. Arnaud d'Agnel (L'abbé). — Notice sur onze maillets de pierre [préhistoriques] découverts à Pichoyet (Basses-Alpes), *fig.*, p. 214 à 221.

5976. Corot (Henry). — Un tumulus hallstattien à Minot (Côte-d'Or), *fig.* et 4 *pl.*, p. 222 à 226.

5977. Eck (Théophile). — Les cimetières gallo-romains de Sissy et de Berthenicourt (Aisne), *fig.*, p. 227 à 247.

5978. Galle (Léon). — Une ancienne chapelle de Savigny-en-Lyonnais, *fig.* et *pl.*, p. 248 à 256.

5979. Triollier (Félix et Noël). — L'église de Ternay (Isère), 8 *pl.*, p. 257 à 264.

5980. Gauthier (Jules). — L'église de Romain-Môtier au canton de Vaud (Suisse), 3 *pl.*, p. 265 à 272.

5981. Brutails (J.-A.). — Tiers-point et quint-point, *fig.*, p. 273 à 279.

5982. Guillibert (Baron). — Deux statuettes polychromées de saint Louis de Provence, évêque de Toulouse, et de sainte Consorce, conservées à Aix en Provence, 4 *pl.*, p. 280 à 289.

5983. Urseau (Le chanoine). — Une statuette de sainte Émerance au Longeron (Maine-et-Loire), *pl.*, p. 290 à 296.

5984. Pottier (Le chanoine). — Tissu historié représentant la légende d'Alexandre, *pl.*, p. 297 à 301.

5985. Chartraire (L'abbé). — Inventaire, après décès, du mobilier de l'archidiacre Jacques Orsini à Sens (1312), p. 302 à 307.

5986. Gsell (Stéphane). — Rapport archéologique sur les fouilles faites en 1901 par le Service des Monuments historiques de l'Algérie, 4 *pl.*, p. 308 à 341.

[Antiquités romaines de Timgad, Lambèse, *pl.*, Tébessa-Khalia, Kherbet-bou-Addoufen, 8 *pl.*]

5987. Ballu (Alb.). — Note sur les fouilles des Monuments historiques en Algérie pendant l'année 1902, p. 342 à 361.

[Antiquités romaines de Lambèse et de Cherchel.]

5988. Merlin (A.). — Les fouilles de Dougga en octobre-novembre 1901, *pl.*, p. 362 à 394.

5989. Poinssot (Louis). — Inscriptions de Dougga, p. 395 à 404.

5990. Saladin (H.). — Fouilles à Henchir-bou-Guerba (Tunisie), exécutées par M. du Breil de Pontbriand, 3 *pl.*, p. 405 à 411.

5991. Goetschy (Général). — Note sur les fouilles effectuées à Sousse et à Sidi-el-Hani [Tunisie], *fig.* et *pl.*, p. 412 à 416.

5992. Audollent (Aug.). — Note sur une nouvelle *tabella devotionis* trouvée à Sousse (Tunisie), *pl.*, p. 417 à 425.

5993. Gauckler (P.). — Inscriptions inédites de Tunisie, p. 426 à 445.

5994. Delattre (Le P. A.-L.). — Marques céramiques grecques et romaines trouvées à Carthage durant l'année 1901, p. 446 à 469.

5995. Viollier (David). — La mosaïque [romaine] de Ferryville [Tunisie], p. 470 à 475.

5996. Gauthier (Gaston). — Les bains de la villa gallo-romaine de Champvert (Nièvre), *pl.*, p. 477 à 489.

5997. Brutails (J.-A.). — Note sur deux croix d'absolution [trouvées à la Justice, près Archiac, Charente-Inférieure (XIe-XIIe s.) et à Saint-Seurin de Bordeaux (1318)], *pl.*, p. 490 à 494.

5998. Loisne (Comte de). — Portraits inédits de Philippe le Bon et d'Isabelle de Portugal, de Charles le Téméraire et de Marguerite d'York, 4 *pl.*, p. 495 à 501.

5999. Fage (René). — Note sur un marché relatif à la confection de tapisseries d'Aubusson (1695), p. 502 à 505.

6000. Gsell (Stéphane). — Notes d'archéologie algérienne, p. 506 à 532.

[Bornes milliaires (n° 5949) et inscriptions. — Emplacement de Tepidae.]

6001. Gauckler. — Note sur un cippe funéraire à bas-relief romain d'Henchir-Souar (Tunisie), 2 *pl.*, p. 533 à 537.

6002. Marçais (W.). — Six inscriptions arabes du musée de Tlemcen, p. 538 à 551.

SECTION D'HISTOIRE.

XX. — Bulletin historique et philologique du Comité des travaux historiques et scientifiques, année 1902. (Paris, 1903, in-8°, 634 p.)

6003. Aulard (A.). — Sur un rapport des commissaires de vingt-quatre sections de Paris sur l'exécution de la loi du 26 juillet 1793 contre les accapareurs, p. 23.

6004. Barthélemy (A. de). — Sur des extraits des registres de l'échevinage de Saint-Valery-sur-Somme (1533-1682), p. 24.

6005. Villepelet. — L'exécution de la révocation de l'édit de Nantes dans une petite paroisse du Périgord [Rouquette (Dordogne)], p. 27 à 33.

6006. Dujarric-Descombes. — Lettre du Grand Conseil de Charles VII à l'évêque de Périgueux (25 avril 1446), p. 36 à 39.

6007. Grand (Roger). — Traité de pariage entre Philippe le Bel et l'abbé de Charroux pour la création d'une ville franche à Pleaux (Cantal) [1282-1290], p. 42 à 52.

6008. Ledieu (Alcius). — Sentences portant mutilation de membres prononcées par l'échevinage d'Abbeville au XIIIe siècle, p. 54 à 60.

6009. Loisne (Comte de). — Ban des échevins ou anciens règlements de police de la ville de Béthune (vers 1350), p. 61 à 72.

6010. Meyer (Paul). — Documents concernant Seyne-les-Alpes (Basses-Alpes) [XVIe s.], p. 73 à 78.

IMPRIMERIE NATIONALE.

6011. Leroux (Alfred). — Nomination d'un lieutenant du sénéchal de Périgord et Quercy en 1340, p. 80.

6012. Delisle (L.). — Sur des documents provenant de la Chambre des comptes (XIVe-XVIIe s.), p. 82.

6013. Tholin (G.). — Documents intéressant le maréchal de Xaintrailles, p. 85 à 94.

6014. Meschinet de Richemond. — Extraits du livre de raison de François Gillet, sergent royal à Saintes (1641-1692), p. 98 à 100.

6015. Birot (J.) et Martin (l'abbé J.-B.). — Notice sur la collection des livres d'heures conservés au Trésor de la primatiale de Lyon, p. 104 à 113.

6016. Chevalier (Le chanoine Ulysse). — L'abjuration de Jeanne d'Arc au cimetière de Saint-Ouen et l'authenticité de sa formule, p. 128.

6017. Lefèvre-Pontalis (Germain). — La question d'Olivier Basselin, p. 131.

6018. Jeanroy. — Le soulèvement de 1242 dans la poésie des troubadours, p. 136 à 138.

6019. Bombart (Dr). — La bataille de 57 avant Jésus-Christ, p. 139.

6020. Depoin (J.). — Sur l'extension des empêchements de consanguinité au moyen âge, p. 140.

6021. Degert (L'abbé). — Sur l'ancien collège de Dax, p. 143.

6022. Rameau (L'abbé) et Jeanton. — Sur les communautés rurales de la paroisse de Prety-en-Mâconnais, p. 146.

6023. Haillant (Nicolas). — Sur les patois vosgiens, p. 147.

6024. Brièle (F.). — Sur les authentiques des reliques de saint Éloi à la cathédrale de Noyon, p. 148.

6025. Blossier. — Sur la convocation des États généraux à Honfleur, p. 150.

6026. Galland. — Sur les fêtes célébrées sous le Directoire à Cossé-le-Vivien (Mayenne), p. 151.

6027. Astier (R.). — Sur le traité *De corpore et sanguine Domini* de Jean Scot Érigène attribué faussement à Gerbert, p. 154.

6028. Guesnon. — Sur un cartulaire de l'évêché d'Arras, p. 156.

6029. Pasquier (F.). — Sur un règlement pastoral du Couserans (XVe s.), p. 158.

6030. Vidal de la Blache. — Routes et chemins de l'ancienne France, p. 165 à 176. — Cf. id. no 6063.

6031. Bouquet de la Grye. — L'île des Pins en 1856, p. 176 à 180. — Cf. id. no 6064.

6032. Morel (Le chanoine E.). — Les livres liturgiques imprimés avant le XVIIe siècle à l'usage des diocèses de Beauvais, Noyon et Senlis, p. 185 à 196.

6033. Grand (Roger). — Les chartes de franchises de Roquerou (1281-1282) et de Conros (1317) (Cantal), p. 197 à 228.

6034. Gauthier (Jules). — Le diplomate Antoine Brun au siège de Dôle de 1636, p. 229 à 255.

6035. Jadart (H.). — Les livres liturgiques du diocèse de Reims imprimés avant le XVIIe siècle et conservés pour la plupart à la bibliothèque de Reims, p. 256 à 297.

6036. Thoison (Eug.). — L'enseignement primaire à Larchant avant 1790, p. 298 à 308.

6037. Poupé (Edmond). — Les opérations de l'assemblée électorale du Var élue en août 1792, p. 309 à 317.

6038. Doucaret (Roger). — Comment finirent les lépreux, p. 318 à 328.

[Lussac et Milhac.]

6039. Bruchet (Max). — Le plébiscite occulte du département du Mont-Blanc en 1815, p. 329 à 371.

6040. Mourlot (Félix). — La question de la mendicité en Normandie à la fin de l'ancien régime, p. 372 à 417.

6041. Finot (Jules). — Le commerce de l'alun dans les Pays-Bas et la bulle encyclique du pape Jules II en 1506, p. 418 à 431.

6042. Boudet (Marcellin). — Note sur le cartulaire de Saint-Flour, p. 436.

6043. Métais (L'abbé). — Une ratification du traité d'Hamptoncourt (1562-1568), *facs.*, p. 440 à 448.

6044. Degert (L'abbé). — L'impression des liturgies gasconnes. Tableau d'ensemble et documents inédits, p. 449 à 463.

6045. Raimbault. — Les dessous d'un traité d'alliance en 1350 (entre le pape Clément VI, le roi de Chypre, Venise et l'ordre de Saint-Jean de Jérusalem, contre les Turcs, p. 469 à 476.

6046. Duvernoy (E.). — Lettre du lieutenant-colonel Lacoste sur la bataille de Valmy, p. 481.

6047. Porée (Ch.). — Note pour établir l'exactitude d'un continuateur de Monstrelet, p. 483 à 488.

6048. Luçay (De). — Sur deux lettres de Guillaume de Lamoignon de Malesherbes (1792), p. 489.

6049. Porée (L'abbé). — Bulle inédite de Célestin III en faveur du prieuré des Deux-Amants au diocèse de Rouen (31 janvier 1192), p. 490.

6050. Lesort. — Lettres inédites de Louis XII, François Ier, Charles IX et Catherine de Médicis, p. 493 à 496.

6051. Chauvet. — Registre de la Société des amies des vrais amis de la constitution à Ruffec (Charente) (1791-1792), p. 500 à 530.

6052. Soyer (Jacques). — Actes inédits au nom de Jean de Luxembourg et de Béatrice, roi et reine de Bohême (1340 et 1342), conservés dans les archives départementales du Cher, p. 531 à 535.

6053. Ledieu (Alcius). — Le roi des grandes écoles à Abbeville au XVe siècle, p. 536 à 538.

6054. Blancard. — Actes apocryphes conservés dans les archives publiques et particulières, p. 544 à 547.

[La consécration de l'église de Saint-Victor de Marseille par Benoît IX. — La charte de Gibellin de Grimaud.]

6055. Couderc (C.). — Sur une collection de pièces offerte à la Bibliothèque nationale par M. Grave, p. 548 à 569.

6056. Laurent (Gustave). — Les archives révolutionnaires de la ville de Reims, p. 575 à 600.
6057. Urseau (Le chanoine). — Un manuscrit liturgique à l'usage d'une communauté de chanoines réguliers [xiie s.], p. 601 à 603.
6058. Paris (G.). — Rapport sur une communication de M. Leroux, p. 604. — Cf. n° 6059.
6059. Leroux (A.). — La légende du roi Aigolant et les origines de Limoges, p. 606 à 619. — Cf. n° 6058.

SECTION DE GÉOGRAPHIE.

XVII. — Bulletin de géographie historique et descriptive, année 1902. (Paris, 1902, in-8°, 423 p.)

6060. Hamy (Dr E.-T.). — Le capitaine René de Laudonnière, nouveaux renseignements sur ses navigations (1561-1572), p. 53 à 63.
6061. Soyer (J.). — Une subdivision administrative du pagus Bituricus sous le règne de Hugues Capet. La vicaria Ernotrensis, p. 66 à 68.
6062. Paris (C.). — Les stations de My-Son, Tra-Keu, Phong-Lé [Indo-Chine], *carte*, p. 69 à 83.

[Ruines tjames.]

6063. Vidal de la Blache. — Routes et chemins de l'ancienne France, p. 115 à 126. — Cf. id. n° 6030.
6064. Bocquet de la Grye. — L'Île des Pins en 1856, p. 126 à 131. — Cf. id. n° 6031.
6065. Pawlowski (Auguste). — Pierre Garcie, dit Ferrande, et son grand routier, p. 155 à 158.
6066. Fournier (Joseph). — Documents pour servir à l'histoire de la marine française au xvie siècle. L'entrée de Léon Strozzi, prieur de Capoue, au service de la France (1539), p. 159 à 175.
6067. Marcel (Gabriel). — Une carte de Picardie inconnue et le géographe Jean Jolivet, p. 173 à 183.
6068. Musset (G.). — J.-B. Le Moyne de Bienville [1680 † 1767], *tableau*, p. 184 à 186.
6069. Pelletier (Fr.). — Un épisode des explorations françaises dans l'Amérique septentrionale pour la découverte de la mer de l'Ouest, p. 187 à 206.

[Expédition de La Verendrye (xviiie s.).]

6070. Saint-Yves. — Les premières relations des Antilles françaises et des Antilles anglaises, p. 207 à 252.
6071. Froidevaux (Henri). — Un arbitrage français en Guyane en l'année 1742, p. 253 à 260.
6072. Saint-Yves (G.). — Documents sur le Canada pendant la Régence, p. 261 à 269.
6073. Chauvigné (Auguste). — Étude comparative des différents pays de Touraine avant 1789, *carte*, p. 270 à 275.
6074. Rabot (Charles). — Essai de chronologie des variations glaciaires, p. 285 à 327.
6075. Hilaire (Capitaine). — La pierre écrite d'Hadjerat el M'Guil (Sud-Oranais), *fig.*, p. 341.
6076. Pawlowski (Auguste). — Les transformations du littoral français. Le pays d'Arvert et de Vaux d'après la géologie, la cartographie et l'histoire, *cartes*, p. 349 à 402.

SECTION DES SCIENCES ÉCONOMIQUES.

XX. — Bulletin du Comité des travaux historiques et scientifiques. Section des sciences économiques et sociales. Congrès des Sociétés savantes de 1902 tenu à Paris. (Paris, 1902, in-8°, 327 p.) — [Séances du Comité. (Paris, 1903, in-8°, 220 p.).]

Congrès.

6077. Bloch (Camille). — Les origines de la taxe du pain à Orléans, p. 143 à 159.
6078. Coulon (D[r]). — La vente des charges et les corps de métiers à Cambrai (1697), p. 159.
6079. Morin (Louis). — La participation des artisans aux affaires publiques avant la Révolution, p. 160 à 172.
6080. Lhomel (De). — La réglementation des heures de travail pour les tisserands au xive siècle, p. 172 à 176.
6081. Mourlot. — Étude sur l'assemblée provinciale de la Basse-Normandie (1787-1790), p. 263 à 280.
6082. Des Cilleuls. — Étude sur le mouvement de la population dans la commune de Vuillafans (Doubs) de 1792 à 1801, p. 281 à 283.
6083. Durand-Lapie. — Étude sur le mouvement de la population à Montauban de 1792 à 1801, p. 283 à 289.
6084. Boulogne (Paul). — Note sur l'histoire du collège de Semur, p. 291.
6085. Pillet (J.). — Notice historique sur le collège de Saint-Maixent, p. 293.
6086. Pitoiset. — Notice historique sur l'École centrale du département de l'Eure, p. 294 à 305.

Séances du Comité.

6087. Tranchant (Charles). — Détails touchant les assemblées d'habitants de l'ancienne France d'après les Documents relatifs aux États généraux et assemblées réunies sous Philippe le Bel, publiés par M. Georges Picot, p. 102 à 118.
6088. Lévy-Morand. — La confrérie de Saint-Fiacre à Jargeau au xvie siècle, p. 119.
6089. Platon (G.). — Du droit de la famille dans ses rapports avec le régime des biens en droit andorran, p. 144 à 214.

V

RÉUNION DES SOCIÉTÉS DES BEAUX-ARTS.

XXVI. — Réunion des sociétés des Beaux-Arts des départements, salle de l'Hémicycle, à l'École nationale des Beaux-Arts, du 1er au 4 avril 1902, 26e session. (Paris, 1902, in-8°, 724 p.)

[A certains exemplaires sont annexés les nos 17 à 19 d'un *Bulletin du Comité des sociétés des Beaux-Arts*, paginés LXIX à LXXX.]

6090. Herluison (H.). — Les débuts de la lithographie à Orléans, 2 *pl.*, p. 75 à 87.

6091. Leymarie (Camille). — La renaissance de la faïence architecturale en France au XIXe siècle, p. 88 à 111.

6092. Roserot (A.). — Église du collège des jésuites à Chaumont-en-Bassigny, 5 *pl.*, p. 112 à 137.

6093. Biais (Émile). — Monuments angoumoisins du temps de la Renaissance, 5 *pl.*, p. 138 à 167.

[Châteaux d'Angoulême, de Montchaude, de Cognac, palais épiscopal, maison de Calvin, château de Larochefoucauld; chapelle de Saint-Gelais, et hôtel de Saint-Simon à Angoulême, château de Bouteville, etc.]

6094. Vesly (Léon de). — Le château du Belley à Hénouville-sur-Seine et ses propriétaires, *pl.*, p. 168 à 174.

6095. Grandmaison (Louis de). — L'arc de triomphe érigé à Tours en l'honneur de Louis XIV (1688-1693), 2 *pl.*, p. 175 à 189.

6096. Bérluc-Pérussis (L. de). — L'architecte Le Doux et le sculpteur Chardigny à Aix, 4 *pl.*, p. 189 à 225.

6097. Veuclin (E.). — Une curieuse miniature de la première moitié du XVIe siècle, *pl.*, p. 225 à 226.

[*Constitutions de la confrérie de S. Roch*, en l'église de Nassandres, au diocèse d'Évreux.]

6098. Brune (L'abbé P.). — Une peinture flamande de l'église de Sirod (Jura), 2 *pl.*, p. 227 à 231.

6099. Lafond (Paul). — Cartons de Rubens pour la suite de tapisserie de l'*Histoire d'Achille*, 3 *pl.*, p. 232 à 238.

6100. Leroy (P.). — Un portrait d'Henriette-Anne d'Angleterre, 2 *pl.*, p. 239 à 241.

6101. Ponsonailhe (Charles). — Une peinture d'Angelica Kauffmann, portrait d'Henri Reboul, *pl.*, p. 242 à 245.

6102. Porée (L'abbé). — Les statues de l'ancienne collégiale d'Écouis (Eure), 4 *pl.*, p. 246 à 252.

6103. Bossebœuf (L.). — Le tombeau de Henri de Bourbon-Montpensier à Champigny-sur-Veude, 2 *pl.*, p. 252 à 255.

6104. Lex (Léonce). — Les anciens mausolées de l'église Saint Pierre-en-Bresse (Saône-et-Loire), 2 *pl.*, p. 255 à 262.

6105. Beaumont (Charles de). — Les œuvres d'art [vitrail] d'une église rurale : Saint-Étienne de Chigny (Indre-et-Loire), *pl.*, p. 262 à 266.

6106. Jadart (H.). — Croix et candélabres des églises et du musée de Reims [XVIIIe s.], 3 *pl.*, p. 266 à 289.

6107. Coubet (A.). — Médaillons-amulettes des Syriennes de Béthléem, *pl.*, p. 290 à 293.

6108. Bossebœuf (L.). — Jouvenet chez le duc de Mazarin, p. 293 à 295.

6109. Gatian de Clérambault (E.). — Les peintures du château de Tournoel [Puy-de-Dôme], 2 *pl.*, p. 295 à 305.

6110. Morin (Louis). — Quelques sculpteurs troyens des XVIIe et XVIIIe siècles, p. 305 à 319.

[Paupelier, Vaulthier, Baugé, Chabouillet, Masson.]

6111. Teissier (Octave). — Pierre Mignard en Provence, 2 *pl.*, p. 320 à 323.

[Portraits de la marquise de Montolieu et de la marquise de Vaihelle.]

6112. Jacquot (Albert). — Essai de répertoire des artistes lorrains. Les luthiers lorrains, 3 *pl.*, p. 324 à 405. — Suite de XXIII, p. 396; XXIV, p. 307; et XXV, p. 297.

6113. Braquehaye (Ch.). — Dessins et inscriptions inédits de monuments funèbres de Bordeaux, de la fin du XVIe siècle, détruits en 1792; par Hermann Hem, peintre flamand (1637 † 1649), 6 *pl.*, p. 405 à 419.

6114. Requin (H.). — Une œuvre de Nicolas Froment, p. 420 à 426.

[Convention de 1470 relative à un retable commandé à Nicolas Froment.]

6115. Thoison (Eug.). — Notes et documents sur quelques artistes intéressant le Gâtinais, IIe série, *pl.*, p. 427 à 451. — Suite de XXIII, p. 153.

6116. Quarré-Reybourbon (L.). — André Corneille Lens, peintre anversois, et ses tableaux conservés à Lille, *pl.*, p. 452 à 462.

6117. Advielle (Victor). — Les peintre d'Arras au XIXe siècle, *pl.*, p. 462 à 497.

[Dominique Doncre et sa famille.]

6118. Pottier (Le chanoine). — A propos d'une enseigne peinte de débit de tabac du XVIIIe siècle, conservée au musée de Montauban, 3 *pl.*, p. 497 à 505.

6119. Veuclin (E.). — Notes inédites sur Jean-Baptiste Carteaux, peintre et soldat. Son séjour en Russie et en Pologne (1782-1788), p. 506 à 509.

6120. Gauthier (Jules). — Le Bisontin Donat Nonnotte, peintre de portraits (1708 † 1785), 2 *pl.*, p. 510 à 540.

6121. Grate (E.). — L'architecte J.-D. Antoine et son élève Vivenel (Cyr-Jean-Marie), p. 540 à 557.

6122. Braquehaye (Ch.). — Les peintres de l'hôtel de ville de Bordeaux, d'après les procès-verbaux de l'Académie de peinture, sculpture et architecture de Bordeaux, p. 557 à 578. — Suite de XXV, p. 586.

6123. Hénault (Maurice). — Le sculpteur Gillet et sa famille, p. 578 à 592.

[Les peintures et les sculptures de la bibliothèque de Valenciennes.]

6124. Guigue (Georges). — Vanloo négociant (1745-1767), *fig.*, p. 593 à 646.

6125. Delignières (Ém.). — Un graveur de 95 ans. Delattre (Jean-Marie), d'Abbeville (1745-1840), *pl.*, p. 647 à 677.

SEINE. — PARIS.

COMMISSION DE L'INVENTAIRE DES RICHESSES D'ART DE LA FRANCE.

Aux publications de cette Commission analysées dans notre *Bibliographie générale*, t. III, p. 168, et nouvelle série, t. I, p. 92, il convient d'ajouter un volume dont nous indiquons le contenu dans notre Supplément.

III. — Inventaire général des richesses d'art de la France. Paris, monuments civils, tome III. (Paris, 1902, gr. in-8°, 537 p.)

6126. Michaux (Léon). — Hôtel de ville de Paris, p. 1 à 76.

6127. Darcel (Alfred) et Guiffrey (Jules). — Manufacture nationale des Gobelins, p. 77 à 184.

6128. Jouin (Henry). — Monuments ou statues érigés par l'État, par la ville ou à l'aide de souscriptions, et sépultures historiques entretenues par la ville dans les cimetières de Paris, p. 185 à 396.

[I. Cimetière du Père-Lachaise, p. 193. — II. Cimetière Montmartre, p. 277. — III. Cimetière Montparnasse, p. 809.]

6129. Jouin (Henry). — Jardin du Luxembourg, *pl.*, p. 397 à 432.

SEINE. — PARIS.

COMMISSION DES MISSIONS SCIENTIFIQUES ET LITTÉRAIRES.

Les publications antérieures de cette Commission sont analysées dans notre *Bibliographie générale*, savoir :
Archives, t. I à XXVII (1850-1885), *Bibliographie*, t. III, p. 170.
— t. XXVIII à XXXI (1887-1890), *Bibliographie*, Supplément sous presse.
Nouvelles archives, t. I à IX (1891-1899), *Bibliographie*, Supplément sous presse.

X. — Nouvelles archives des Missions scientifiques et littéraires. Choix de rapports et instructions publié sous les auspices du Ministère de l'Instruction publique et des Beaux-Arts, t. X. (Paris, 1902, in-8°, 745 p.)

6130. Gsell (Stéphane). — Enquête administrative sur les travaux hydrauliques anciens en Algérie, *fig.*, p. 1 à 143.

6131. Barthélemy (Comte de). — Rapport sur une mission scientifique en Annam et au Laos (région de Xieng-Khouang), *carte*, p. 145 à 166.

6132. Parisot (Dom J.). — Rapport sur une mission scientifique en Turquie et en Syrie, p. 167 à 244.

[Recherches sur la musique ancienne des Syriens.]

6133. Méhier de Mathuisieulx (H.). — Rapport sur une

mission scientifique en Tripolitaine, *carte* et 10 *pl.*, p. 245 à 277.

[Ruines et inscriptions romaines à Leptis Magna et à Sabratha.]

6134. Menant (Mlle). — Rapport sur une mission scientifique dans l'Inde britannique, 3 *pl.*, p. 309 à 351.

[Étude sur les Parsis.]

6135. Gauthiot (Robert). — Rapport sur une mission scientifique en Lithuanie russe, p. 353 à 377.

[Recherches sur le dialecte lithuanien.]

6136. Dussaud (René) et Macler (Frédéric). — Rapport sur une mission scientifique dans les régions désertiques de la Syrie moyenne, *fig.* et 31 *cartes* ou *pl.*, p. 411 à 744.

[Inscriptions safaïtiques et nabatéennes.]

XI. — Nouvelles archives des Missions scientifiques et littéraires. Choix de rapports et instructions publié sous les auspices du Ministère de l'Instruction publique et des Beaux-Arts, t. XI. (Paris, 1903, in-8°, 243 p.)

6137. Merlin (A.). — Les fouilles de Dougga en 1902, *pl.*, p. 1 à 116.

6138. Pernot (Hubert). — Rapport sur une mission scientifique en Turquie, p. 117 à 241.

[Mélodies populaires de l'île de Chio.]

SEINE. — PARIS.

COMMISSION DU VIEUX PARIS.

Les publications antérieures de cette Commission sont analysées dans notre *Bibliographie générale*, savoir :
Procès-verbaux, t. I à III (1898-1900), *Bibliographie*, Supplément sous presse.
— t. IV (1901), *Bibliographie*, nouvelle série, t. I, p. 94.

V. — Ville de Paris. Commission municipale du Vieux Paris. Année 1902. Procès-verbaux. (Paris, 1903, in-4°, 319 p.)

6139. Tesson. — L'hôtel des Miramionnes et la Pharmacie centrale des hôpitaux, 2 *pl.*, p. 4 à 8.

6140. Tesson. — Le musée du magasin central des hôpitaux, p. 8.

6141. Sellier (Charles). — Rapport sur les dernières fouilles exécutées à Paris, p. 11. — Cf. nos 6142, 6157 et 6183.

[Rue Clovis, vestiges de l'église et de l'ancien cimetière Sainte-Geneviève; fragment de l'ancien aqueduc de Marie de Médicis, boulevard Saint-Jacques.]

6142. Capitan (Dr) et Sellier (Charles). — Fouilles le long du mur du quai de l'Archevêché, p. 12. — Cf. n° 6141.

6143. Lambeau (Lucien). — Sur l'ancienne Faculté de médecine, rue de la Bûcherie, 2 *pl.*, p. 16 à 23.

6144. Divers. — Les aspects des maisons de la place Dauphine et de la place du Pont-Neuf, p. 30 à 32.

6145. Tesson. — Le bâtiment de l'ancien château d'eau des eaux de Rungis [rue Denfert-Rochereau], *pl.*, p. 37 à 39.

6146. Tesson. — Les vestiges de l'ancienne porte Saint-Michel ayant fait partie de l'enceinte de Philippe Auguste, p. 40.

6147. Lambeau (Lucien). — Plaque de bornage de l'enceinte de Louis XV, située rue Lamblardie, au coin de la rue de Picpus [1727], p. 41 à 43.

6148. Tesson. — La pompe à feu de Chaillot, *pl.*, p. 48 à 50.

6149. Divers. — Lotissement de la partie désaffectée des fortifications de Paris, p. 58 à 60.

6150. Lambeau (Lucien). — Rapport sur les peintures du XVIIe siècle nouvellement découvertes dans l'église Saint-Nicolas-des-Champs, p. 60 à 64.

6151. Le Vayer (Paul). — Épitaphes des chapelles latérales de l'église Saint-Nicolas-des-Champs, p. 64.

6152. Lambeau (Lucien). — Petite maison de campagne, située à Belleville et ayant appartenu à François Sonflot, dit le Romain, *pl.*, p. 65 à 68.

6153. Divers. — Sur l'ancienne abbaye de Saint-Germain-des-Prés, *pl.*, p. 81.

[Plan de l'abbaye en 1790.]

6154. Lambeau (Lucien). — Rapport sur des objets d'art appartenant à l'église Saint-Denis de la Chapelle, *pl.*, p. 83 à 85.

6155. Tesson. — Sur un obélisque à Nanterre (1783), p. 87 à 89.

6156. Hallays (André). — Rapport relatif au pavillon de Julienne [rue des Gobelins], *pl.*, p. 90.

6157. Sellier (Charles). — Rapport sur des fouilles, p. 91 à 95. — Cf. n° 6141.

[Fouilles des Billettes, de la Bourse, du grand collecteur de Clichy, du boulevard Beaumarchais, n° 41, de la rue Beautreillis, n° 17 (cf. n° 6183).]

6158. Sellier (Charles). — Sur la maison de la rue de la Chapelle, 122, et le cabaret de Le Faucheur, p. 97.

6159. Lambeau (Lucien). — Sur la maison sise rue Beautreillis, n° 17, *pl.*, p. 97 à 100. — Cf. n° 6157.

6160. Le Vayer. — Inscription de pose de première pierre du couvent des Filles-Saint-Thomas, p. 102.

6161. Duprez. — Fouille au carrefour de la Croix-Rouge [les Prémontrés], 2 *pl.*, p. 106.

6162. Lambeau (Lucien). — Borne-limite de 1726, rue de Laborde, n° 4, p. 109.

6163. Lambeau (Lucien). — Ancien rendez-vous de chasse à Clichy-la-Garenne, *pl.*, p. 110 à 112.

6164. Espaullart (Hector). — La statue de Jeanne d'Arc à Noisy-le-Sec, p. 112.

6165. Tesson. — L'aqueduc des eaux de Rungis, p. 112 à 119.

6166. Mentienne. — Découvertes archéologiques faites à Bry-sur-Marne, Champigny-sur-Marne et Villiers-sur-Marne, p. 119.

6167. Sellier (Charles). — Recherches sur les origines domaniales et l'établissement de la propriété du n° 17 de la rue Beautreillis, p. 121 à 128.

6168. Coudray (Léonce). — La fontaine Maubuée, p. 134.

6169. Mercier (Ch.). — Rapport relatif aux chapelles de l'église Saint-Nicolas-des-Champs, p. 135 à 137.

6170. Lambeau (Lucien). — Rapport sur l'apposition d'inscriptions rappelant les anciennes dénominations des rues de Paris, p. 138.

6171. Lambeau (Lucien). — Rapport sur les terrains de l'hôpital Trousseau, anciennement des Enfants-Trouvés, et sur la chapelle d'Aligre, 4 *pl.*, p. 140 à 147.

6172. Tesson. — Anciens numéros de maisons, p. 148.

6173. Tesson. — Le monastère de l'Abbaye-aux-Bois, rue de Sèvres, p. 149.

6174. Tesson. — L'ancien couvent des Prémontrés, p. 149.

6175. Sellier (Charles). — Vestiges du mur d'enceinte de Philippe Auguste rencontrés dans le petit Lycée Charlemagne, p. 150 à 153.

6176. Sellier (Charles). — Découverte de pierres tombales d'abbesses à l'église Saint-Pierre de Montmartre, p. 153.

6177. Capitan (D^r^). — Étude du sous-sol de Paris, boulevard Bonne-Nouvelle, rue de Provence et près des bords de la Seine, rue Dante, 2 *pl.*, p. 154 à 157.

6178. Duprez. — Restauration d'une peinture décorative ancienne [d'Esprit-Antoine Gibelin] à l'École de médecine, p. 166.

6179. Catel. — Découvertes de peintures anciennes dans le temple de l'Oratoire, p. 168.

6180. Tayil. — Sur le pavillon de Julienne, p. 168.

6181. Lambeau (Lucien). — Sur l'hôtel de Sully de la rue Saint-Antoine et sur la place des Vosges, 7 *pl.*, p. 175 à 216, et 262 à 294.

6182. Lenôtre (G.). — Louis-Sébastien Mercier, auteur du *Tableau de Paris*, p. 218.

6183. Sellier (Charles). — Rapport sur les fouilles de la rue Beautreillis, n° 17, p. 219 à 222. — Cf. n°s 6157 et 6184.

6184. Capitan (D^r^). — A propos de la fouille de la rue Beautreillis, p. 222. — Cf. n°s 6157 et 6183.

6185. Sellier (Charles). — Fouilles du métropolitain, ligne n° 3, sous la place de la République et la rue Turbigo, p. 224.

6186. Tesson. — Expropriation des maisons n°s 23, 25, 27 et 29 de la rue de l'École-de-médecine [monographie de cette rue], *pl.*, p. 231 à 241.

6187. Sellier (Charles). — Rapport relatif à Saint-Maur-des-Fossés, 2 *pl.*, p. 241 à 250.

6188. Lefol. — Découverte d'un morceau de marbre sculpté à Saint-Nicolas-des-Champs, p. 259.

6189. Tesson. — Visite rue de l'Ecole-de-Médecine, p. 294.

6190. Tesson. — Visite d'un regard à Pantin, p. 295.

6191. Tesson. — Expropriation rue Vésale et avenue de Breteuil, p. 296.

6192. Tesson. — Sur le plan de Paris, par Jouvin de Rochefort, p. 296.

SEINE. — PARIS.

CONSEIL HÉRALDIQUE DE FRANCE.

Les publications antérieures de cette société sont analysées dans notre *Bibliographie générale*, savoir :
Annuaire, t. I à XIII (1888-1900), *Bibliographie*, Supplément sous presse.
— t. XIV (1901), *Bibliographie*, nouvelle série, t. I, p. 95.

XV. — Annuaire du Conseil héraldique de France, 15e année. (Paris, 1902, in-12, 530 p.)

6193. Poli (Vicomte Oscar de). — Les pages de Jeanne d'Arc, p. 73 à 184.

6194. Le Court (Henry). — Un grand médecin du XVIe siècle, messire Jehan de Goévrot, médecin de François Ier et de Henri II, vicomte du Perche, sa famille et sa postérité; étude biographique d'après des documents inédits, p. 185 à 213.

6195. Hémery (Philippe). — La compagnie de Pierre de Brézé, grand sénéchal de Normandie (8 juillet 1451), p. 214 à 224.

6196. La Guère (Comte Alphonse de). — Sources nobiliaires du Berry, p. 248 à 285.

6197. Bittard des Portes (René). — Le combat des Brouzils (21 février 1796), p. 286 à 292.

6198. Ermerin (R.-J.). — De Toulouse et de Toulouse-Lautrec, p. 293 à 305.

6199. Buret (Comte de). — Denis-Pierre-Jean Papillon de la Ferté, intendant et contrôleur général des Menus-plaisirs de la Chambre du Roi (1727 † 1794), p. 306 à 327.

6200. Carolois (P. de). — Famille de Granier de Cassagnac, p. 328 à 370.

6201. Barral (Adrien de). — Le puits aux squelettes et le duel manqué [à Treuillaut, commune de Villers, près Châteauroux] (chroniques du Berry au XIVe siècle), p. 385 à 393.

SEINE. — PARIS.

INSTITUT DE FRANCE.

Les publications antérieures faites collectivement par les différentes Académies qui forment l'Institut de France sont analysées dans notre *Bibliographie générale*, savoir :
Séances publiques annuelles (1816-1885), *Bibliographie*, t. III, p. 186.
— — (1886-1900), *Bibliographie*, Supplément sous presse.
— — (1901), *Bibliographie*, nouvelle série, t. I, p. 96.
Journal des Savants (1901), *Bibliographie*, nouvelle série, t. I, p. 96.
Ouvrages divers (an V-1802), *Bibliographie*, t. III, p. 185.

LXXXV. — Institut de France. Séance publique annuelle des cinq académies, du samedi 25 octobre 1902, présidée par M. Albert Vandal, directeur de l'Académie française. (Paris, 1902, in-4°, 65 p.)

6202. Joret (Charles). — La correspondance de Millin et de Böttiger, p. 17 à 33.

6203. Saint-Saëns. — Essai sur les lyres et cithares antiques, *pl.*, p. 45 à 52.

6204. Luchaire (Achille). — L'avènement d'Innocent III, p. 53 à 65.

LXXXVI. — Institut de France. Séance publique annuelle des cinq académies, du lundi 26 octobre 1903, présidée par M. Georges Perrot, président de l'Académie des Inscriptions et Belles-Lettres. (Paris, 1903, in-4°, 78 p.)

6205. Gebhart (Émile). — Réflexions sur les légendes relatives au Paradis terrestre, p. 50 à 57.

6206. Haussonville (Comte d'). — La statue de Voltaire de Pigalle, p. 59 à 78.

JOURNAL DES SAVANTS.

Journal des Savants, année 1902. (Paris, 1902, in-4°, 684 p.)

6207. Bréal (Michel). — Grammaire comparée des langues germaniques, p. 5 à 16.

6208. Bloch (G.). — Storia di Roma, p. 16 à 31. — Suite de 1901, p. 748.

6209. Wallon (H.). — Le dernier bienfait de la monarchie [indépendance et neutralité de la Belgique], p. 31 à 45, et 102 à 116.

6210. Delisle (L.). — La prétendue célébration d'un concile à Toulouse, en 1160, p. 45 à 51.

6211. Paris (Gaston). — Cligès [Chrestien de Troyes], p. 57, 289, 345, 438, et 641.

6212. Cagnat (R.). — Les monuments antiques de l'Algérie, p. 69 à 80, et 202 à 209.

6213. Picot (Émile). — Histoire de l'Université de Ferrare, p. 80 à 102, et 141 à 158.

6214. Berthelot. — Les manuscrits de Léonard de Vinci et les machines de guerre, p. 116 à 120.

6215. Sorel (Albert). — Les négociations avec l'Angleterre en 1796, p. 121 à 134.

6216. Weill (Henri). — Histoire de la littérature grecque, p. 134 à 141, et 193 à 202.

6217. Boissier (Gaston). — L'incendie de Rome et la première persécution chrétienne, p. 158 à 167.

6218. Léger (Louis). — La paléographie cyrillique, p. 167 à 174.

6219. Foucart (P.). — Une loi athénienne du IVe siècle, *pl.*, p. 177 à 193, et 233 à 245.

6220. Derenbourg (Hartwig). — Correspondance de Michele Amari, p. 209, 486, et 608.

6221. Delisle (L.). — Historical manuscripts Commission, p. 223 à 228.

[Archives du Chapitre de Cantorbéry. — Étudiants anglais aux Universités de Paris et d'Orléans (XIIIe s.), etc.]

6222. Chatelain (Émile). — Fragments dispersés de vieux manuscrits, p. 271 à 276.

6223. Wallon (H.). — Mémoires de Saint-Simon, p. 309 à 322.

6224. Léger (L.). — Un poème tchèque sur la bataille de Crécy, p. 323 à 331.

6225. Delisle (L.). — Note sur un livre offert à Jean Bourré, conseiller de Louis XI, par Ambroise de Cambrai, chancelier de l'Université de Paris, p. 332 à 338.

6226. Boehmer (Ed.) et Morel-Fatio (A.). — L'humaniste catalan P. Galès, p. 357, 425, et 476.

6227. Havet (Louis). — Les lignes transposées du *Cato maior*, p. 371 à 382, et 401 à 412.

6228. Meillet (A.). — Précis de philologie iranienne, p. 382 à 393.

6229. L. D. B. [Delisle Burnouf (Mme L.)]. — F.-Max Müller, p. 413 à 424.

6230. Delisle (L.). — Les Évangiles de l'abbaye de Prüm, p. 461 à 475.

6231. Barth (A.). — La grammaire palie de Kaccayana, p. 498 à 513.

6232. Dareste (R.). — Le code babylonien d'Hammourabi, p. 517 à 528, et 586 à 599.

6233. Maspero (G.). — Vie de Thoutmôsis III, p. 529 à 539.

6234. Perrot (Georges). — Les Phéniciens et l'Odyssée, p. 539 à 556, et 629 à 641.

6235. Wallon (H.). — Œuvres de saint François de Sales, p. 556 à 571, et 656 à 673.

6236. Maspero (G.). — Imhotep, l'Esculape des Égyptiens, p. 573 à 585.

6237. Bréal (Michel). — Sur la langue de la Loi des XII Tables, p. 599 à 608.

6238. L. D. [Delisle (L.)]. — Le cartographe dieppois Pierre Desceliers [XVIe s.], p. 674.

PIÈCES DIVERSES.

6239. Divers. — Institut de France. Discours prononcés à l'inauguration de la statue de Pasteur, à Dôle le dimanche 3 août 1902. (Paris, 1902, in-4°, 16 p.)

[Discours de MM. Thureau-Dangin et Roux.]

6240. Divers. — Institut de France. Inauguration de la statue de Jules Simon, à Paris, le dimanche 12 juillet 1903. (Paris, 1903, in-8°, 20 p.)

[Discours de MM. Paul Deschanel et Georges Picot.]

IMPRIMERIE NATIONALE.

ACADÉMIE FRANÇAISE.

Les publications de l'Académie française antérieures à la Révolution sont analysées dans notre *Bibliographie générale*, t. III, p. 197 à 229.

Les publications de l'Académie postérieures à sa réorganisation en 1803 sont analysées dans notre *Bibliographie*, savoir :

Recueil des discours, rapports, etc., t. I à XII (1803-1889), *Bibliographie*, t. III, p. 230.
— — t. XIII et XIV (1890-1899), *Bibliographie*, Supplément sous presse.
Séances publiques annuelles, de 1830 à 1885, *Bibliographie*, t. III, p. 243.
— — de 1885 à 1900, *Bibliographie*, Supplément sous presse.
— — de 1901, *Bibliographie*, nouvelle série, t. I, p. 96.
Discours de réception prononcés en 1901, *Bibliographie*, nouvelle série, t. I, p. 96.
Éloges funèbres, de 1799 à 1889, *Bibliographie*, t. III, p. 247.
— de 1890 à 1900, *Bibliographie*, Supplément sous presse.
— prononcés en 1901, *Bibliographie*, nouvelle série, t. I, p. 97.

LXXII. — Institut de France; Académie française. Séance publique annuelle du jeudi 20 novembre 1902, présidée par M. Henry Houssaye, directeur. (Paris, 1902, in-4°, 107 p.)

6241. Houssaye (Henry). — Discours sur les prix de vertu, p. 85 à 107.

LXXIII. — Institut de France; Académie française. Séance publique annuelle du jeudi 26 novembre 1903, présidée par M. Thureau-Dangin, directeur. (Paris 1903, in-4°, 109 p.)

6242. Thureau-Dangin. — Discours sur les prix de vertu, p. 87 à 109.

Institut de France; Académie française. Discours prononcé dans la séance publique tenue par l'Académie française pour la réception de M. le marquis de Vogüé, le 12 juin 1902. (Paris, 1902, in-4°, 61 p.)

6243. Vogüé (Marquis de). — Discours, p. 3 à 36.
6244. Hérédia (De). — Discours, p. 37 à 61.

Institut de France; Académie française. Discours prononcé dans la séance publique tenue par l'Académie française pour la réception de M. Edmond Rostand, le 4 juin 1903. (Paris, 1903, in-4°, 57 p.)

6245. Rostand (Edmond). — Discours, p. 3 à 34.
6246. Vogüé (Vicomte Henri de). — Discours, p. 35 à 57.

CVIII. — Institut de France; Académie française. Funérailles de M. Gaston Paris, membre de l'Académie française et de l'Académie des Inscriptions et Belles-Lettres, le jeudi 12 mars 1903. (Paris, 1903, in-4°, 47 et 5 p.)

6247. Brunetière (F.). — Discours, p. 1 à 11.
6248. Perrot (Georges). — Discours, p. 13 à 23.
6249. Levasseur. — Discours au nom du Collège de France, p. 25 à 34.
6250. Meyer (Paul). — Discours [au nom de l'École des Chartes], p. 35 à 41.
6251. Havet (Louis). — Discours au nom des anciens élèves non romanistes de M. Gaston Paris, p. 43 à 47.
6252. Monod (Gabriel). — Discours au nom de l'École des hautes études, p. 1 à 5.

PIÈCES DIVERSES.

6253. Hanotaux (Gabriel). — Institut de France; Académie française. Centenaire de Victor Hugo, à Paris, le 26 février 1902. Discours de M. Gabriel Hanotaux, directeur de l'Académie française. (Paris, 1902, in-4°, 12 p.)
6254. Claretie (Jules). — Institut de France; Académie française. Centenaire de Victor Hugo célébré à Besançon le dimanche 17 août 1902. (Paris, 1902, in-4°, 9 p.)

[Discours de M. Jules Claretie.]

6255. Claretie (Jules). — Institut de France; Académie française. Inauguration de la maison de Victor Hugo à Paris le mardi 30 juin 1903. Discours de M. Jules Claretie, membre de l'Académie. (Paris, 1903, in-4°, 10 p.)

ACADÉMIE DES INSCRIPTIONS ET BELLES-LETTRES.

Les publications antérieures de cette Académie sont analysées dans notre *Bibliographie générale*, savoir :

Histoire et Mémoires de littérature, t. I à LI (1663-1793), *Bibliographie*, t. III, p. 256.
Mémoires, notices et rapports (an IV-1815), *Bibliographie*, t. III, p. 307.
Histoire et Mémoires, t. I à XXXI (1815-1884), *Bibliographie*, t. III, p. 313.
Mémoires, t. XXXII à XXXV (1886-1893), *Bibliographie*, Supplément sous presse.
— t. XXXVI (1898-1901), *Bibliographie*, nouvelle série, t. I, p. 98.
Mémoires présentés par divers savants, 1re série, t. I à IX (1844-1884), *Bibliographie*, t. III, p. 332.
— — 1re série, t. X (1893), *Bibliographie*, Supplément sous presse.
— — 1re série, t. XI, 1re partie (1901), *Bibliographie*, nouvelle série, t. I, p. 98.
Mémoires présentés par divers savants, 2e série, t. I à VI (1845-1888), *Bibliographie*, t. III, p. 334.
Comptes rendus des séances, t. I à XXIX (1857-1885), *Bibliographie*, t. III, p. 336.
— — t. XXX à XLIV (1886-1900), *Bibliographie*, Supplément sous presse.
— — t. XLV (1901), *Bibliographie*, nouvelle série, t. I, p. 99.
Séances publiques annuelles, t. I à XLV (1840-1885), *Bibliographie*, t. III, p. 366.
— — t. XLVI à LX (1886-1900), *Bibliographie*, Supplément sous presse.
— — t. LXI (1901), *Bibliographie*, nouvelle série, t. I, p. 102.
Éloges funèbres, de 1799 à 1885, *Bibliographie*, t. III, p. 372.
— de 1886 à 1900, *Bibliographie*, Supplément sous presse.
— prononcés en 1901, *Bibliographie*, nouvelle série, t. I, p. 102.
Notices et Extraits des manuscrits, t. I à XXXI (1787-1886), *Bibliographie*, t. III, p. 380.
— — t. XXXII à XXXV (1886-1896), *Bibliographie*, Supplément.
Notices et Extraits des manuscrits, t. XXXVI (1899-1901), *Bibliographie*, nouvelle série, t. I, p. 102.
Histoire littéraire, t. I à XXXII (1733-1898), *Bibliographie*, t. III, p. 396.
Recueil des historiens de la France, in-folio, t. I à XXIII (1738-1876), *Bibliographie*, t. III, p. 437.
Recueil des historiens des Croisades, *Historiens occidentaux*, t. I à V, *Bibliographie*, t. III, p. 464.
— — *Historiens orientaux*, t. I à IV, *Bibliographie*, t. III, p. 466.
— — *Documents arméniens*, t. I, *Bibliographie*, t. III, p. 466.
— — *Historiens grecs*, t. I et II, *Bibliographie*, t. III, p. 467.
— — *Lois*, t. I et II (1841-1843), *Bibliographie*, t. III, p. 467.
Ordonnances des rois de France, t. I à XXI (1723-1849), *Bibliographie*, t. III, p. 468.
Table chronologique des diplômes, t. I à VIII (1769-1876), *Bibliographie*, t. III, p. 471.
Diplomata, t. I et II (1843-1849), *Bibliographie*, t. III, p. 472.
Gallia Christiana, t. XVI (1865), *Bibliographie*, t. III, p. 472.
Œuvres de Borghesi, t. I à X (1862-1897), *Bibliographie*, t. III, p. 472.
Corpus inscriptionum Semiticarum, t. I à IV (1881-1893), *Bibliographie*, t. III, p. 474.
Fondation Piot, monuments et mémoires, t. I à VII (1894-1900), *Bibliographie*, Supplément sous presse.
— — t. VIII (1901), *Bibliographie*, nouvelle série, t. I, p. 103.

COMPTES RENDUS DES SÉANCES.

XLVI. — Académie des Inscriptions et Belles-Lettres. Comptes rendus des séances de l'année 1902. (Paris, 1902, in-8°, 780 p.)

6256. Anonyme. — Compte rendu des séances de janvier et février 1902, p. 1 à 77.

[Hild (J.-A.). Statue d'Athéna découverte à Poitiers, p. 30. — Le portrait de Vercingétorix sur les monnaies, p. 49 à 65.]

6257. Jullian (C.). — Le palais de Julien à Paris, p. 14 à 17.

6258. Schlumberger (Gustave). — Note sur une mission de MM. Perdrizet et Chesnay en Macédoine, p. 33 à 37.

6259. Cagnat (R.). — Note sur les découvertes nouvelles survenues en Afrique, *pl.* et *fig.*, p. 37 à 46.

[Antiquités romaines de Bou-Ghrara (Gigthis) et de Lambèse, *pl.* et *fig.*]

6260. Capitan (D^r) et Breuil (l'abbé). — Figures préhistoriques de la grotte de Combarelles (Dordogne), *fig.*, p. 51 à 56.

6261. Delattre (Le P.). — Sarcophage de marbre avec couvercle orné d'une statue, trouvé dans une tombe punique de Carthage, *fig.*, p. 56 à 64.

6262. Schlumberger (Gustave). — Un reliquaire byzantin portant le nom de Marie Comnène, fille de l'empereur Alexis Comnène, *fig.*, p. 67 à 71.

6263. Hamy (E.-T.). — Meciade Villadestes, cartographe juif majorcain du commencement du xve siècle, p. 71 à 75.

6264. Thureau-Dangin (François). — Note sur la troisième collection de tablettes découvertes par M. de Sarzec à Telloh, p. 77 à 94.

6265. Anonyme. — Comptes rendus des séances de mars et avril 1902, p. 95 à 245.

[Clédat. Antiquités découvertes à Baouît (Égypte), p. 95. — Haussoullier. Osselet de bronze massif avec inscription grecque, trouvé à Suse, p. 97. — Ronzevalle (Le P.). Bas-relief antique trouvé à Homs (Emèse), *pl.*, p. 235. — Müntz (Eug.). Peintures du xive siècle à Notre-Dame-des-Doms et au palais des papes à Avignon, p. 237.]

6266. Menant (Mlle D.). — L'entretien du feu sacré dans le culte mazdéen, *pl.* et *fig.*, p. 101 à 111.

6267. Jobet (Charles). — Notice sur la vie et les travaux de M. de la Borderie, p. 125 à 185. — Cf. id. n°s 6350 et 6868.

6268. Heuzey (Léon). — Archéologie orientale [musée du Louvre], 3 *pl.*, p. 190 à 206.

[Un dieu cavalier de Syrie, *pl.*; stèles phéniciennes, 2 *pl.*]

6269. Lair (Jules). — Notice sur la vie et les travaux de M. Célestin Port, p. 206 à 233. — Cf. id. n°s 6351 et 6874.

6270. Anonyme. — Comptes rendus des séances de mai et juin 1902, p. 247 à 356.

[Vercoutre (Dr A.). Le lai d'Aristote à l'ancien Hôtel-Dieu d'Issoudun, p. 268. — Reinach (S.). Antiquités de Tralles, p. 284; et XLVII, p. 78. — Arbois de Jubainville (D'). Les ruines de Tara, en Irlande, p. 343.]

6271. Dussaud (René). — Rapport sur une mission dans le désert de Syrie, p. 251 à 264.

6272. Delattre (Le P.). — Le quatrième sarcophage de marbre blanc trouvé dans la nécropole punique voisine de Sainte-Monique à Carthage, *fig.*, p. 89 à 295. — Cf. n°s 6279, 6283, 6292 et 6293.

6273. Audollent (Auguste). — Note sur les fouilles du Puy-de-Dôme (1901), *fig.*, p. 299 à 316.

6274. Gauckler (Paul). — Le centenarius de Tibuci (Ksar-Tarcine, Sud Tunisien), *fig.*, p. 321 à 340.

6275. Jouguet (Pierre). — Rapport sur deux missions au Fayoûm, p. 346 à 359.

6276. Oppert. — Le cylindre A de Gudéa, p. 368 à 412.

6277. Anonyme. — Comptes rendus des séances de juillet et août 1902, p. 413 à 474.

[Tumulus entre Tombouctou et Goundam, p. 414. — Reinach (S.). La légende de la mort d'Orphée, p. 417. — Barbier de Meynard. Inscription turque de la mosquée de Pékin, p. 439. — Inscriptions hittites de Palangeh (Asie Mineure), *carte*, p. 452. — Inscriptions grecques chrétiennes du Mont des Oliviers, p. 454. — Reinach (S.). La statue équestre de Milo, p. 455. — Clermont-Ganneau. Inscription phénicienne du Musée du Louvre, p. 469. — Pottier. Canthare de terre cuite émaillée d'époque gréco-romaine, au Musée du Louvre, p. 470. — Clermont-Ganneau. Sur le dieu oriental Gennéas, p. 472.]

6278. Pottier (Edmond). — Sur un vase grec trouvé à Suse par la mission J. de Morgan, p. 428 à 438; et XLVII, p. 216 à 219.

6279. Delattre (Le P.). — Rapport sur les fouilles de la nécropole punique voisine de Sainte-Monique, découverte d'un cinquième sarcophage de marbre blanc, *fig.*, p. 443 à 450. — Cf. n° 6272.

6280. Oppert. — Six cent cinquante-trois ; les quarrés mystiques chaldéens, p. 457 à 468.

6281. Anonyme. — Comptes rendus des séances de septembre et octobre 1902, p. 475 à 559.

[Reinach (S.). La renonciation à Satan et à ses pompes dans le baptême des adultes, p. 484. — Reinach (S.). Les légendes grecques relatives aux peines éternelles, p. 506. — Babelon (E.). Poids monétaire de l'époque constantinienne trouvé à Carthage, p. 508. — Delattre (Le P.). Épitaphe punique trouvée à Carthage, p. 522. — Clermont-Ganneau. Sur une dynastie sidonienne, p. 550. — Berger (Ph.). E. Müntz (1845 † 1902), p. 555 (cf. id. n° 6348).]

6282. Cartailhac. — Note sur les dessins préhistoriques de la grotte de Marsoulas, p. 478 à 483.

6283. Delattre (Le P.). — Sixième sarcophage de marbre blanc peint trouvé à Carthage, *pl.*, p. 484 à 491. — Cf. n° 6272.

6284. Lagrange (Le P.). — Deux hypogées macédo-sidoniens à Beit-Djebrin (Palestine), p. 497 à 505.

6285. Clédat (Jean). — Recherches sur le Kôm de Baouît, 4 *pl.*, p. 525 à 546.

6286. Anonyme. — Comptes rendus des séances de novembre et décembre 1902, p. 561 à 750.

[Gauckler. Antiquités romaines de l'Henchir Douemis, *pl.*, p. 562. — Berger (Ph.). Inscriptions puniques trouvées à Carthage, p. 672. — Homolle. Stèles funéraires du musée de Thèbes, p. 715. — Omont (H.). Le manuscrit de l'Évangile de saint Marc en onciale d'or, conservé au Caire, p. 725. — Héron de Villefosse. Découverte de sarcophages antiques à Carthage, p. 729. — Reinach (S.). Les supplices des enfers, p. 748.]

6287. Wallon (Henri). — Notice sur la vie et les travaux de M. Jacques-Auguste-Adolphe Régnier (1804 † 1884), p. 606 à 647. — Cf id. n° 6344.

[Suivi d'une note de M. Barth.]

6288. Lair (Jules). — La captivité de Pouqueville en Morée, p. 648 à 664. — Cf. id. n° 6345.

6289. Valois (Noël). — Notice sur la vie et les travaux de M. Jules Girard (1825 † 1902), p. 674 à 711. — Cf. id. n° 6353.

XLVII. — Académie des Inscriptions et Belles-Lettres. Comptes rendus des séances de l'année 1903. (Paris, 1903, in-8°, 686 p.)

6290. Anonyme. Comptes rendus des séances de janvier et février 1903, p. 1 à 102.

[Heuzey. Le sceau de Goudéa, p. 87. — Dieulafoy. Statue de Diane découverte à Santiponce, p. 88. — D. Serruys. La correspondance du patriarche Ignace dans la bibliothèque du monastère de Vatopedi (Mont-Athos), p. 38 (cf. n° 6333). — Clermont-Ganneau. Inscription latine des Croisades trouvée à Saint-Jean d'Acre, *fig.*, p. 72. — Schlumberger (G.). Tessère au nom de l'empereur Zénon et d'Odoacre, p. 81. — Clermont-Ganneau. Statues de Jupiter Héliopolitain, *fig.*, p. 89 et 91. — Clermont-Ganneau. Stèle de granit de Djebaïl, p. 91. — Aymonier. Phya Ruang, le libérateur du Siam, p. 93.]

6291. Gauckler. — Lettre sur les découvertes faites à Carthage par le R. P. Delattre, p. 6 à 10.

6292. Delattre (Le P.). — Carthage. Nécropole punique voisine de Sainte-Monique. Le septième et le huitième sarcophage de marbre, couvercle anthropoïde, épitaphes de prêtresses, *fig.*, p. 11 à 23. — Cf. n° 6272.

6293. Delattre (Le P.). — Carthage. Nécropole punique voisine de Sainte-Monique. Deux sarcophages anthropoïdes en marbre blanc, *fig.*, p. 23 à 33. — Cf. n° 6272.

6294. Gérin-Ricard (Henry de) et Arnaud d'Agnel (l'abbé). — Une sépulture à incinération avec inscription grecque découverte dans la vallée de l'Arc (Bouches-du-Rhône), p. 58 à 61.

6295. Perdrizet (Paul). — Une inscription d'Antioche qui reproduit un oracle d'Alexandre d'Abonotichos, p. 62 à 66.

6296. Brémier (Louis). — L'introduction du crucifix en Gaule, p. 67 à 70.

6297. Collignon (Maxime). — Rapport sur les fouilles exécutées par M. Degrand dans la vallée de la Toundja, en Bulgarie, p. 81 à 87.

6298. Berger (Philippe). — Note sur une nouvelle inscription [punique] funéraire de Carthage, *fig.*, p. 94 à 97.

6299. Omont (Henri). — Un plagiat littéraire au XII° siècle. La vie de saint Willibrord, évêque d'Utrecht, par le prêtre Egbert, p. 98 à 100.

6300. Anonyme. — Comptes rendus des séances de mars et avril 1903, p. 103 à 179.

[Héron de Villefosse et Delattre (le P.). Inscription de l'amphithéâtre de Carthage, p. 106. — Reinach (Théodore). Le papyrus des *Perses* de Timothée, p. 136. — Serruys (D.). Système de métrique verbale appliquée à l'étude des mètres lyriques, p. 138. — Clermont-Ganneau. Sur l'inscription du temple d'Echmoun à Sidon, p. 163 (cf. n° 6305). — Reinach (S.). Le sculpteur athénien Strongylion, p. 164. — Héron de Villefosse. Mosaïque de Villelaure (Vaucluse), p. 168.]

6301. Arbois de Jubainville (D'). — VENITOVTA-QVADVNIA [inscription de Ventabren (Bouches-du-Rhône)], *fig.*, p. 108 à 111.

6302. Capitan (D^r) et Breuil (l'abbé). — Les figures peintes à l'époque paléolithique sur les parois de la grotte de Font-de-Gaume (Dordogne), *fig.*, p. 117 à 129.

6303. Hamy (Dr E.-T.). — Quelques observations au sujet des gravures et des peintures de la grotte de Font-de-Gaume (Dordogne), p. 130 à 134.

6304. Rivière (Émile). — Découvertes gallo-romaines faites à Paris, p. 142 à 151.

6305. Berger (Philippe). — Découverte d'une nouvelle inscription du temple d'Echmoun à Sidon, *fig.*, p. 154 à 159, et 166 à 168. — Cf. n° 6300.

6306. Weill (R.). — Un nom royal égyptien de la période Thinite au Sinaï, p. 160 à 162.

6307. Chatelain (Émile). — Le manuscrit d'Hygin en notes tironiennes, p. 169 à 174.

6308. Anonyme. — Comptes rendus des séances de mai 1903, p. 181 à 216.

[Clerc. Bas-relief découvert à Montsalier (Basses-Alpes), *fig.*, p. 189. — Babelon. Médaillon d'or de Constantin, p. 192. — Reinach (S.). Inscription découverte à Rome, p. 193. — Clermont-Ganneau. Monument provenant de Leptis magna, *fig.*, p. 201. — Jonet. Sur la bataille de Formigny, p. 206. — Serruys (Daniel). Le concile iconoclaste de 815, p. 207. — Cartox (D^r). Les fouilles de Sousse, p. 209. — Léger. La croix de Bohème sur le champ de bataille de Crécy, *fig.*, p. 210. — Mély (De). Aiguière en porcelaine ayant appartenu à Jeanne Ire, reine de Naples.]

6309. Berger (Philippe). — Vase de plomb avec inscription bilingue [phénicienne et grecque] découvert à Carthage, *fig.*, p. 194 à 198.

[6278]. Pottier (E.). — L'auteur du vase grec trouvé à Suse, note complémentaire, *fig.*, p. 216 à 219.

6310. Capitan (D^r), Breuil (l'abbé) et Peyrony. — Les figures gravées à l'époque paléolithique sur les parois de la grotte de Bernifal (Dordogne), p. 219 à 230.

6311. Anonyme. — Comptes rendus des séances de juin 1903, p. 231 à 257.

[Héron de Villefosse et Delattre (le P.). Inscription romaine découverte à Djebba, p. 242. — Revillout. Nouveaux évangiles apocryphes, p. 246. — Clermont-Ganneau. Inscriptions grecques de Gaza, p. 251. — Bérard (Victor). Sceau égyptien trouvé à Hagia Triada (Crète), p. 255.]

6312. Berger (Philippe). — Une inscription juive du Touat, p. 235 à 239.

6313. Cartailhac (Émile) et Breuil (l'abbé H.). — Les peintures préhistoriques de la grotte d'Altamira, à Santillana (Espagne), p. 256 à 265.

6314. Anonyme. — Comptes rendus des séances de juillet 1903, p. 267 à 331.

[Croiset (Maurice). Le sens du mot δίκη et l'idée de justice dans Homère, p. 294. — Delattre (Le P.). Amphores avec inscriptions puniques trouvées à Carthage, *fig.*, p. 311. — Collignon (M.). Tête de marbre provenant d'Égypte, au Musée du Louvre, p. 314. — Reinach (Salomon). Sculptures du XIIIe siècle au château de Saint-Germain, p. 319. — Lefranc (Abel). Un prétendu Ve livre du *Pantagruel* de Rabelais, p. 320. — Arbois de Jubainville (Dr). La mesure gauloise *candetum*, p. 329.]

6315. Vogüé (Marquis de). — Inscription araméenne trouvée en Égypte [à Assouan, au musée du Caire], *pl.*, p. 269 à 276.

6316. Vogüé (Marquis de). — Analyse d'un mémoire du R. P. Ronzevalle sur un bas-relief [avec inscription grecque] trouvé à Émèse et plusieurs monuments palmyréniens, *fig.*, p. 276 à 283.

6317. Carton (Dr). — Rapport sur les fouilles exécutées à El Kenissia, près de Sousse, p. 283 à 287.

6318. Arbois de Jubainville (Dr). — Les Gourdeiziou [douze jours] bretons et leur origine babylonienne, p. 315 à 318.

6319. Froelich. — Les inscriptions de la roche de Trupt [région du Donon], p. 331 à 333.

6320. Clermont-Ganneau. — Lepcis et Leptis Magna (Tripolitaine), p. 333 à 346.

[Inscription romaine.]

6321. Anonyme. — Comptes rendus des séances d'août 1903, p. 347 à 368.

[Homolle. Les fouilles de Délos, inscription grecque, p. 347.]

6322. Naville. — A propos du fronton oriental du temple de Zeus à Olympie, p. 350 à 356.

6323. Clermont-Ganneau. — Les sépulcres à fresques de Guigariche et le culte de Mithra en Afrique, *fig.*, p. 357 à 363.

6324. Leclère (Adhémar). — Mémoire sur une charte de fondation d'un monastère bouddhique [Sambôk (Cambodge)] où il est question du roi du feu et du roi de l'eau, p. 369 à 378.

6325. Clermont-Ganneau. — Inscription égypto-phénicienne de Byblos, *fig.*, p. 378 à 383.

6326. Anonyme. — Comptes rendus des séances de septembre 1903, p. 387 à 438.

[Delattre (Le P.). Disque de plomb avec inscriptions punique et grecque, p. 387. — Clermont-Ganneau. L'étymologie de λύχνος dans le ms. de Tours no 286, p. 388. — Clermont-Ganneau. Chartes de croisés dans un manuscrit arabe de la Bibliothèque nationale, p. 398. — Ruelle (Émile). Sur un traité d'astronomie faussement attribué à Jean Tetzès, p. 413. — Héron de Villefosse. Inscription latine trouvée à Carthage, p. 420.]

6327. Degrand. — Le trésor d'Izgherli (Bulgarie), p. 390 à 396.

[Monnaies romaines, plat en argent.]

6328. Chassinat. — Rapport sur les travaux de l'Institut français d'archéologie orientale du Caire, p. 399 à 406.

6329. Capitan (Dr), Breuil (l'abbé) et Peyrony. — Une nouvelle grotte à parois gravées à l'époque préhistorique de la grotte de Teyjat (Dordogne), p. 407 à 412.

6330. Clermont-Ganneau. — Le chrisme constantinien selon Mas 'Oudi, p. 416 à 419.

6331. Dürrbach. — Rapport sommaire sur les fouilles de Délos (15 juin-8 août), p. 422 à 429.

6332. Delattre (Le P.). — Figurines trouvées à Carthage dans une nécropole punique, *fig.*, p. 429 à 436.

6333. Anonyme. — Comptes rendus des séances d'octobre 1903, p. 439 à 473.

[Omont. Les lettres d'Ignace de Nicée, p. 461 (cf. no 6290). — Vogüé (De). Inscription phénicienne trouvée à Carthage, p. 465.]

6334. Anonyme. — Comptes rendus des séances de novembre et décembre 1903, p. 476 à 654.

[Duchesne (Mgr L.). Un incendie à la Vaticane, p. 476. — Clermont-Ganneau. Inscription grecque chrétienne du mont des Oliviers, p. 641. — Lasteyrie (R. de). Le Boccador et la construction de l'Hôtel de ville de Paris, p. 642.]

6335. Clermont-Ganneau. — Inscriptions [grecques et latines] de Palestine, *fig.*, p. 479 à 495.

6336. Wallon (Henri). — Centenaire de l'élection de Quatremère de Quincy à l'Institut, classe d'histoire et de littérature ancienne, le 16 février 1804. Notice supplémentaire sur sa vie et ses travaux, p. 538 à 580. — Cf. id. no 6346.

6337. Croiset (Maurice). — La morale et la cité dans les poésies de Solon, p. 581 à 596. — Cf. id. no 6347.

6338. Héron de Villefosse. — Mission archéologique du R. P. Germer Durand en Arabie, p. 597 à 599.

6339. Finot. — Fouilles du temple de Bhadreçvara à My-Son (Annam), p. 600 à 601.

6340. Carton (Dr). — Découverte de catacombes chrétiennes à Sousse, p. 607 à 609.

6341. Oppert. — L'étendue de Babylone, p. 611 à 618.

6342. Heuzey (Léon). — Reprise des fouilles de Tello [Chaldée] par le capitaine Cros. Première communication, une statue complète de Goudéa, *facs.*, p. 618 à 629.

[Inscription cunéiforme de la statue, transcrite et traduite par M. François Thureau-Dangin; *facs.*]

6343. Collignon (Maxime). — Note sur les fouilles exécutées dans le tumulus de Costievo, en Bulgarie, par M. Degrand, consul de France à Philippopoli, p. 644 à 645.

LXII. — Institut de France; Académie des Inscriptions et Belles-Lettres. Séance publique annuelle du vendredi 14 novembre 1902, présidée par M. Philippe Berger. (Paris, 1902, in-4°, 122 p.)

6344. Wallon (Henri). — Notice sur la vie et les travaux de M. Jacques-Auguste-Adolphe Régnier [1804 † 1884], p. 53 à 101. — Cf. id. n° 6287.

[Suivi d'un appendice de M. Barth, p. 95 à 101.]

6345. Lair (Jules). — La captivité de Pouqueville en Morée, p. 103 à 122. — Cf. id. n° 6288.

LXIII. — Institut de France; Académie des Inscriptions et Belles-Lettres. Séance publique annuelle du vendredi 13 novembre 1903, présidée par M. Georges Perrot. (Paris, 1903, in-4°, 127 p.)

6346. Wallon (Henri). — Centenaire de l'élection de Quatremère de Quincy [1755 † 1849] à l'Institut, classe d'histoire et de littérature ancienne, le 16 février 1804. Notice supplémentaire sur sa vie et ses travaux, p. 59 à 108. — Cf. id. n° 6336.

6347. Croiset (Maurice). — La morale et la cité dans les poésies de Solon, p. 109 à 127. — Cf. id. n° 6337.

ÉLOGES FUNÈBRES.

CXXIII. — Institut de France. Académie des Inscriptions et Belles-Lettres. Discours de M. Philippe Berger, président de l'Académie, à l'occasion de la mort de M. Eugène Müntz, membre de l'Académie, lu dans la séance du 31 octobre 1902. (Paris, 1902, in-4°, 6 p.)

6348. Berger (Philippe). — Discours, p. 1 à 6. — Cf. id. n° 6281.

CXXIV. — Institut de France; Académie des Inscriptions et Belles-Lettres. Discours de M. Philippe Berger, président de l'Académie, à l'occasion de la mort de M. Alexandre Bertrand, membre de l'Académie, lu dans la séance du 12 décembre 1902. (Paris, 1902, in-4°, 6 p.)

6349. Berger (Philippe). — Discours, p. 1 à 6.

PIÈCES DIVERSES.

6350. Joret (Charles). — Institut de France. Académie des Inscriptions et Belles-Lettres. Notice sur la vie et les travaux de M. de la Borderie [1827 † 1901], lue dans les séances des 14, 21 et 26 mars 1902. (Paris, 1902, in-4°, 75 p.) — Cf. id. n°s 6267 et 6868.

6351. Lair (Jules). — Institut de France. Académie des Inscriptions et Belles-Lettres. Notice sur la vie et les travaux de M. Célestin Port [1828 † 1901], lue dans la séance du 11 avril 1902. (Paris, 1902, in-4°, 36 p.) — Cf. id. n°s 6269 et 6874.

6352. Goëje (J. de). — Institut de France. Académie des Inscriptions et Belles-Lettres. Notice sur la vie et les travaux de M. Max Müller [1823 † 1900], lue dans la séance du 25 avril 1902. (Paris, 1902, in-4°, 35 p.)

6353. Valois (Noël). — Institut de France. Académie des Inscriptions et Belles-Lettres. Notice sur la vie et les travaux de M. Jules Girard [1825 † 1902], lue dans la séance du 21 novembre 1902. (Paris, 1902, in-4°, 46 p.) — Cf. id. n° 6289.

RECUEIL DES HISTORIENS DES GAULES ET DE LA FRANCE.

Le tome XXIV, sous presse, de cette collection terminera la série in-folio commencée en 1738. Une nouvelle série in-4° lui fait suite, dans laquelle chaque volume ou suite de volumes renferme une catégorie uniforme de documents : documents financiers, obituaires, pouillés, diplômes, etc.

6354. Langlois (Ch.-V.). — Inventaire d'anciens comptes royaux dressé par Robert Mignon sous le règne de Philippe de Valois, publié sous la direction de M. L. Delisle. (Paris, 1899, in-4°, xli-435 p.)

[Recueil des historiens de la France. Documents financiers, t. I. — Bien que portant la date de 1899, ce volume n'a été distribué qu'en 1902.]

6355. Molinier (Auguste) et Longnon (Auguste). — Obituaires de la province de Sens. Tome I (diocèses de Sens et de Paris), publié par M. Auguste Molinier, sous la direction et avec une préface de M. Auguste Longnon. (Paris, 1902, 2 vol., in-4°, cix-1380 p.)

[Recueil des historiens de la France. Obituaires, t. I. — Sens, Ferrières, Melun, Barbeaux, le Jard, Vauluisant, Provins, Fontainebleau, Voulton, Preuilly, Joigny, Yèbles, Paris, Saint-Denis, Argenteuil, Saint-Maur-les-Fossés, Chelles, Lagny, Corbeil, Deuil, Longpont, Malnoue, Yerres, le Val, Hérivaux, Hermières, Port-Royal, Maubuisson, Longchamp, Saint-Cloud, Montmorency, Goussainville, Villeneuve.]

FONDATION PIOT.

IX. — Fondation Eugène Piot. Monuments et mémoires publiés par l'Académie des Inscriptions et Belles-Lettres, sous la direction de Georges Perrot et Robert de Lasteyrie, membres de l'Institut, avec le concours de Paul Jamot, secrétaire de la rédaction, t. IX. (Paris, 1902, gr. in-4°, 244 p.)

6356. Collignon (Max.). — Situla d'ivoire provenant de Chiusi, musée du Louvre, *fig.* et *pl.*, p. 5 à 13.
6357. Gaspar (Camille). — Le peintre céramiste Smikros, à propos d'un vase inédit du musée de Bruxelles, *fig.* et 2 *pl.*, p. 15 à 41.
6358. Audouin (E.). — La Minerve de Poitiers, 2 *pl.*, p. 43 à 71.
6359. Benoit (Camille). — La Résurrection de Lazare, par Gérard de Harlem, *fig.* et *pl.*, p. 73 à 94.
6360. Müntz (Eugène). — Tapisseries allégoriques inédites ou peu connues, *fig.* et 3 *pl.*, p. 95 à 121.
6361. Bénédite (Georges). — Un guerrier libyen, figurine inédite en bronze incrusté d'argent, conservée au musée du Louvre, *pl.*, p. 123 à 133.
6362. Pottier (E.). — Epilykos, étude de céramique grecque, *fig.* et 5 *pl.*, p. 135 à 178.
6363. Héron de Villefosse (A.). — Le canthare [argent] d'Alise [Côte-d'Or], *fig.* et *pl.*, p. 179 à 188.
6364. Reinach (Théodore). — Le sarcophage de Sidamara [Cilicie], *fig.* et 3 *pl.*, p. 189.

[Inscription grecque.]

6365. Schlumberger (Gustave). — Deux bas-reliefs byzantins de stéatite de la plus belle époque faisant partie de la collection de Mme la comtesse R. de Béarn, *fig.* et *pl.*, p. 229 à 236.

ACADÉMIE DES SCIENCES.

Les publications antérieures de cette Académie rentrant dans le cadre de notre *Bibliographie générale* sont analysées, savoir :

Histoire et Mémoires, t. I à CVIII (1666-1797), *Bibliographie*, t. III, p. 477.
Mémoires, t. I à XIV (1798-1815), *Bibliographie*, t. III, p. 489.
— t. I à XLIV (1816-1889), *Bibliographie*, t. III, p. 490.
— t. XLV (1899), *Bibliographie*, Supplément sous presse.
Séance publique annuelle (1901), *Bibliographie*, nouvelle série, t. I, p. 104 (pour les volumes antérieurs, voir les *Mémoires*).
Comptes rendus, t. CXXXII et CXXXIII (1901), *Bibliographie*, nouvelle série, t. I, p. 104.
Éloges funèbres, t. I à CLXXI (1799-1885), *Bibliographie*, t. III, p. 495.
— t. CLXXII à CCIII (1886-1900), *Bibliographie*, Supplément sous presse.
Ouvrages divers (1676-1895), *Bibliographie*, t. III, p. 476.

Institut de France. Académie des Sciences. Séance publique annnelle du lundi 22 décembre 1902, présidée par M. Bouquet de la Grye. (Paris, 1902, in-4°, 64 p.)

6366. Berthelot (Marcelin). — Notice historique sur la vie et les travaux de M. Chevreul [1786 † 1889], p. 17 à 64.

Institut de France. Académie des Sciences. Séance publique annuelle du lundi 21 décembre 1903, présidée par M. Albert Gaudry, président de l'Académie. (Paris, 1903, in-4°, 76 p.)

6367. Darboux (Gaston). — Éloge historique de François Perrier [1833 † 1888], p. 17 à 76.

CCIV. — **Institut de France. Académie des Sciences.** Funérailles de M. Alfred Cornu, membre de l'Académie, le mercredi 16 avril 1902. (Paris, 1902, in-4°, 18 p.)

6368. Mascart. — Discours, p. 1 à 7.
6369. Bassot (Général). — Discours, p. 9 à 13.
6370. Poincaré. — Discours, p. 15 à 18.

CCV. — **Institut de France. Académie des Sciences.** Funérailles de M. Filhol, membre de l'Académie, le mercredi 30 avril 1902. (Paris, 1902, in-4°, 17 p.)

6371. Bouquet de la Grye. — Discours, p. 1 à 3.
6372. Chatin (Joannès). — Discours, p. 5 à 9.
6373. Perrier (Edmond). — Discours, p. 11 à 17.

CCVI. — **Institut de France. Académie des Sciences.** Funérailles de M. Faye, membre de l'Académie, le lundi 7 juillet 1902. (Paris, 1902, in-4°, 25 p.)

6374. Bouquet de la Grye. — Discours, p. 1 à 4.
6375. Janssen. — Discours, p. 5 à 8.
6376. Loewy. — Discours, p. 9 à 15.
6377. Bassot (Général). — Discours, p. 17 à 21.
6378. Bakhuysen. — Discours, p. 23 à 25.

CCVII. — Institut de France. Académie des Sciences. Funérailles de M. Damour, membre libre de l'Académie, le jeudi 25 septembre 1902. (Paris, 1902, in-4°, 2 p.)

6379. Bouquet de la Grye. — Paroles d'adieu, p. 1.

CCVIII. — Institut de France. Académie des Sciences. Funérailles de M. Dehérain, membre de l'Académie, le mercredi 10 septembre 1902. (Paris, 1902, in-4°, 21 p.)

6380. Bouquet de la Grye. — Discours, p. 1 à 3.
6381. Chauveau. — Discours, p. 5 à 10.
6382. Perrier (Edmond). — Discours, p. 11 à 16.
6383. Passy (Louis). — Discours, p. 17 à 21.

CCIX. — Institut de France. Académie des Sciences. Funérailles de M. de Bussy, membre de l'Académie, le mardi 28 avril 1903. (Paris, 1903, in-8°, 5 p.)

6384. Guyou (E.). — Discours, p. 1 à 5.

CXXXIV. — Comptes rendus hebdomadaires de l'Académie des Sciences..., t. CXXXIV, janvier-juin 1902. (Paris, 1902, in-4°, 1668 p.)

6385. Berthelot (M.). — Sur un vase antique trouvé à Abou Roach (Égypte), p. 501 à 503.

CXXXV. — Comptes rendus hebdomadaires des séances de l'Académie des Sciences..., t. CXXXV, juillet-décembre 1902. (Paris, 1902, in-4°, 1388 p.)

6386. Rivière (Émile). — Les figurations préhistoriques de la grotte de la Mouthe (Dordogne), *fig.*, p. 265 à 268. — Cf. n° 6388.
6387. Osmond (F.). — Sur les procédés de fabrication des armes à l'époque du bronze, p. 1342 à 1343.

CXXXVI. — Comptes rendus hebdomadaires de l'Académie des Sciences..., t. CXXXVI, janvier-juin 1903. (Paris, 1903, in-4°, 1782 p.)

6388. Rivière (Émile). — Les parois gravées et peintes de la grotte de la Mouthe formant de véritables panneaux décoratifs, p. 142 à 144. — Cf. n° 6386.

CXXXVII. — Comptes rendus hebdomadaires des séances de l'Académie des Sciences..., t. CXXXVII, juillet-décembre 1903. (Paris, 1903, in-4°, 1322 p.)

6389. Chesneau. — Sur la composition de bronzes préhistoriques de la Charente, p. 653 à 656.
6390. Chesneau (G.). — Étude microscopique de bronzes préhistoriques de la Charente, p. 930 à 932.

PIÈCES DIVERSES.

6391. Chauveau. — Institut de France. Académie des Sciences. Discours prononcé à l'inauguration du monument élevé à la mémoire de Pasteur, à Chartres, le dimanche 7 juin 1903. (Paris, 1903, in-4°, 11 p.)
6392. Gautier (Armand). — Institut de France. Académie des Sciences. Inauguration de la statue d'Auguste Laurent, à Langres, le dimanche 23 août 1903. (Paris, 1903, in-4°, 7 p.)
6393. Gaudry (Albert) et Perrier (Edmond). — Institut de France. Académie des Sciences. Discours prononcés à l'inauguration du monument élevé à la mémoire des deux frères Haüy, à Saint-Just-en-Chaussée (Oise), le 8 novembre 1903. (Paris, 1903, in-4°, 17 p.)

ACADÉMIE DES BEAUX-ARTS.

Les publications antérieures de cette Académie sont analysées dans notre *Bibliographie générale*, savoir :

Séances publiques annuelles, n°s I à LXXIX (1807-1885), *Bibliographie*, t. III, p. 513.
— — n°s LXXX à XCIV (1886-1900), *Bibliographie*, Supplément sous presse.
— — n° XCV (1901), *Bibliographie*, nouvelle série, t. I, p. 104.

IMPRIMERIE NATIONALE.

Éloges funèbres, nos I à CXXVI (1806-1885), *Bibliographie,* t. III, p. 522.
— nos CXXVII à CLXI (1886-1900), *Bibliographie,* Supplément sous presse.
— nos CLXII et CLXIII (1901), *Bibliographie,* nouvelle série, t. I, p. 104.
Ouvrages divers (1667-1873), *Bibliographie,* t. III, p. 512.

XCVI. — Institut de France. Académie des Beaux-Arts. Séance publique annuelle du samedi 8 novembre 1902, présidée par M. Jean-Paul Laurens. (Paris, 1902, in-4°, 78 p.)

6394. Larroumet (Gustave). — Notice historique sur la vie et les œuvres de M. Alexandre Falguière, p. 55 à 78.

XCVII. — Institut de France. Académie des Beaux-Arts. Séance publique annuelle du samedi 31 octobre 1903, présidée par M. Marqueste, président de l'Académie. (Paris, 1903, in-4°, 58 p.)

ÉLOGES FUNÈBRES.

CLXIV. — Institut de France. Académie des Beaux-Arts. Funérailles de M. Coquart, membre de l'Académie, le vendredi 11 avril 1902. (Paris, 1902, in-4°, 8 p.)

6395. Larroumet (Gustave). — Discours, p. 1 à 5.
6396. Dubois (Paul). — Discours, p. 7 à 8.

PIÈCES DIVERSES.

6397. Massenet. — Institut de France. Académie des Beaux-Arts. Centenaire de Hector Berlioz, inauguration du monument élevé à Monte-Carlo, le samedi 7 mars 1903. (Paris, 1903, in-4°, 6 p.)
6398. Aynard (Édouard). — Institut de France. Académie des Beaux-Arts. Notice sur la vie et les œuvres de M. Philippe Gille [1831 † 1901]. (Paris, 1903, in-4°, 18 p.)
6399. Divers. — Institut de France. Académie des Beaux-Arts. Discours prononcés à l'inauguration du monument élevé à la mémoire de Charles Garnier, le samedi 20 juin 1903. (Paris, 1904, in-4°, 20 p.)

[Discours de MM. Larroumet, Alf. Normand, C. Moreau et J.-B. Pascal.]

6400. Fontaine (André). — Conférences inédites de l'Académie royale de peinture et de sculpture, d'après les manuscrits des archives de l'École des Beaux-Arts... (La querelle du dessin et de la couleur; discours de Le Brun, de Philippe et de Jean-Baptiste de Champaigne : l'année 1672.) Paris, Fontemoing [1903], in-8°, xxiii-233 p. (Collection Minerva.)

[Cette publication n'a pas été faite par l'Académie des Beaux-Arts; nous la signalons néanmoins en raison de l'intérêt qu'elle présente pour l'histoire de cette compagnie.]

ACADÉMIE DES SCIENCES MORALES ET POLITIQUES.

Les publications antérieures de cette Académie sont analysées dans notre *Bibliographie générale,* savoir :
Mémoires, t. I à V (an iv-1804), *Bibliographie,* t. III, p. 537.
— t. I à XIV (1837-1884), *Bibliographie,* t. III, p. 539.
— t. XV à XXII (1887-1900), *Bibliographie,* Supplément sous presse.
Comptes rendus, t. I à CXXIV (1840-1885), *Bibliographie,* t. III, p. 542.
— t. CXXV à CLIV (1886-1900), *Bibliographie,* Supplément sous presse.
— t. CLV et CLVI (1901), *Bibliographie,* nouvelle série, t. I, p. 105.
Séances publiques annuelles (1836-1885), *Bibliographie,* t. III, p. 580.
— — (1886-1900), *Bibliographie,* Supplément sous presse.
— — (1901), *Bibliographie,* nouvelle série, t. I, p. 106.
Éloges funèbres, nos I à XLVI (1799-1885), *Bibliographie,* t. III, p. 584.
— nos XLVII à LXXI (1886-1900), *Bibliographie,* Supplément sous presse.
— nos LXXII et LXXIII (1901), *Bibliographie,* nouvelle série, p. 106.

XXIII. — Mémoires de l'Académie des Sciences morales et politiques de l'Institut de France, t. XXIII [1901-1902]. Paris, 1902, in-4°, xx-743 p.)

6401. Picot (Georges). — Notice historique sur la vie et les travaux de M. Léon Say [1826 † 1896], p. 1 à 54.

6402. Monod (G.). — Notice sur la vie et les travaux de M. Paul de Rémusat [1831 † 1897], p. 77 à 121.

6403. Picot (Georges). — Notice historique sur la vie et les travaux de Charles Renouard [1794 † 1878], p. 301 à 353. — Cf. id. n° 6406.

6404. Ribot (Th.). — Notice sur la vie et les travaux de M. F. Nourrisson, p. 405 à 418. — Cf. id. n° 6408.

6405. Chuquet (Arthur). — Notice sur la vie et les travaux de M. Jules Zeller [1820 † 1900], p. 419 à 439. — Cf. id. n° 6409.

CLVII. — Séances et travaux de l'Académie des Sciences morales et politiques (Institut de France). Compte rendu..., 62° année, nouvelle série, t. LVII (CLVII° de la collection), 1902, 1er semestre. (Paris, 1902, in-8°, 776 p.)

6406. Picot (Georges). — Notice historique sur la vie et les travaux de Charles Renouard [1794 † 1878], p. 49 à 92. — Cf. id. n° 6403.

6407. Gréard. — La sépulture du cardinal de Richelieu, p. 180 à 201.

6408. Ribot (Th.). — Notice sur la vie et les travaux de M. F. Nourrisson, p. 203 à 213. — Cf. id. nos 2150 et 6404.

6409. Chuquet (Arthur). — Notice sur la vie et les travaux de M. Jules Zeller [1820 † 1900], p. 214 à 231. — Cf. id. nos 2151 et 6405.

6410. Chuquet (A.). — Stendhal-Beyle [1783 † 1842], p. 328, 429 et 545.

6411. Boutmy. — Notice sur la vie et les travaux de M. Bardoux [1830 † 1897], p. 360 à 378, et 405 à 428. — Cf. id. n° 6459.

6412. Courcel (Baron de). — Notice sur la vie et les travaux de M. Buffet [Louis-Joseph, 1818 † 1898], p. 509 à 544, 633 à 675. — Cf. id. n° 6458.

6413. Lair (Adolphe). — Dubois, de la Loire-Inférieure [† 1874], p. 676 à 704.

CLVIII. — Séances et travaux de l'Académie des Sciences morales et politiques (Institut de France). Compte rendu... 62° année, nouvelle série, t. LVIII (CLVIII° de la collection), 1902, 2° semestre. (Paris, 1902, in-8°, 799 p.)

6414. Fagniez. — Notice sur la vie et les travaux de M. le duc Albert de Broglie [1821 † 1901], p. 5 à 44, et 161 à 205. — Cf. id. n° 6460.

6415. Chuquet (Arthur). — L'insurrection de l'armée du Rhin en 1815, ou le sergent Dalousi, dit le général Strasbourg, p. 45 à 76.

6416. Robiquet (Paul). — Le général d'Hédouville [Gabriel-Marie-Théodore-Joseph, 1755 † 1825], p. 77 à 121.

6417. Stourm (René). — Les interventions à la Bourse sous le Consulat, p. 206 à 222.

6418. Waddington (Charles). — Le scepticisme après Pyrrhon, les nouveaux académiciens Énésidème et les nouveaux Pyrrhoniens, p. 223 à 243.

6419. Gomel (Ch.). — Les actes financiers de l'Assemblée législative au lendemain du 10 août, p. 282 à 297.

6420. Monod (G.). — Henri Vincent Perrens [† 1843], p. 321 à 334.

6421. Crue (Francis de). — Les derniers desseins de Henri IV, d'après les dépêches inédites du député de Genève à la Cour de France, p. 367 à 397.

6422. Carré (Henri). — Turgot et le rappel des Parlements (1774), p. 442 à 458.

6423. Levasseur (E.). — Les sources principales de l'histoire des classes ouvrières et de l'industrie (documents imprimés), p. 568 à 624; et CLIX, p. 179 à 260, et 484 à 523.

6424. Glasson. — Les gens du Roi au Parlement de Bretagne, p. 649 à 668.

6425. Luchaire (Achille). — L'avènement d'Innocent III, p. 669 à 709.

6426. Rodocanachi (E.). — Marguerite-Louise d'Orléans, grande-duchesse de Toscane [† 1721], p. 739 à 771.

CLIX. — Séances et travaux de l'Académie des Sciences morales et politiques (Institut de France). Compte rendu..., 63° année, nouvelle série, t. LIX (CLIX° de la collection), 1903, 1er semestre. (Paris, 1903, in-8°, 775 p.)

6427. Picot (Georges). — Notice historique sur la vie et les travaux de M. Paul Janet [1823 † 1899], p. 18 à 55. — Cf. id. n° 6452.

6428. Chuquet (Arthur). — Bayard à Mézières, p. 63 à 84.

6429. Bibesco (Prince G.). — Le lieutenant T. Galland, du 1er zouaves, p. 145 à 150.

[6423]. Levasseur (E.). — Les sources principales de l'histoire des classes ouvrières et de l'industrie (documents imprimés), p. 179 à 260, et 484 à 523.

6430. Brochard. — Notice sur la vie et les œuvres de M. Francisque Bouillier [1813 † 1899], p. 281 à 305. — Cf. id. n° 6461.

6431. Dareste (R.). — Le code babylonien d'Hammourabi, p. 306 à 339.

6432. Lehr (Ernest). — Coup d'œil sur la constitution de Strasbourg jusqu'à la Révolution française, p. 340 à 362.

6433. Gréard. — Michelet et l'éducation nationale, p. 393 à 419.

6434. Lorin (Henri). — L'émigration des Basques et la colonisation de l'Afrique française du Nord, p. 468 à 481.

6435. Bardoux (Albert). — Notice sur la vie et les travaux de M. Perrens [François-Tommy, 1822-1901], p. 537 à 560. — Cf. id. n° 6462.

6436. Boutmy (E.). — La déclaration des droits de l'homme et du citoyen et M. Jellinek, p. 600 à 636.

6437. Gréard. — Franscique Sarcey, p. 649 à 668.

6438. Sorel (Albert). — Comment la paix d'Amiens fut appliquée, p. 670 à 696.

6439. Baguenault de Puchesse (G.). — Les négociations de Catherine de Médicis à Paris après la journée des Barricades (mai-juin 1588), p. 697 à 709.

6440. Debidour (A.). — Fabvier à l'Acropole [1827], p. 710 à 732.

CLX. — Séances et travaux de l'Académie des Sciences morales et politiques (Institut de France). Compte rendu..., 63e année, nouvelle série, t. LX (CLXe de la collection), 1903, 2e semestre. (Paris, 1903, in-8°, 831 p.)

6441. Morizot-Thibault (Charles). — De l'*habeas corpus* français en ce qui concerne le droit d'arrestation spontanée, p. 5 à 62.

6442. Rocquain (Félix). — Discours prononcé aux funérailles de M. Antonin Lefèvre-Pontalis, le 22 avril 1903, p. 249 à 252. — Cf. id. n° 6454.

6443. Combes de Lestrade. — La principauté de Ratzebourg, p. 256 à 277.

6444. Luchaire (A.). — Le tribunal d'Innocent III, p. 449 à 466.

6445. Dreyfus (Ferdinand). — La Rochefoucauld-Liancourt et la société charitable pendant le Consulat et l'Empire, p. 469 à 483.

6446. Cahen (Henri). — La revision du procès Lally (1768-1786), p. 609 à 656.

6447. Bonet-Maury (Gaston). — Les origines du mouvement vaudois, p. 696 à 710.

6448. Gréard. — Un dernier mot sur la vieille Sorbonne, p. 729 à 751.

6449. Dehérain (Henri). — Une tentative de conquête du Mozambique portugais par les Hollandais en 1662, p. 752 à 763.

6450. Cheysson (E.). — Notice sur la vie et les œuvres de M. Joseph Ferrand [1827 ÷ 1903], p. 764 à 779. — Cf. id. n° 6463.

6451. Waddington (Ch.). — La philosophie ancienne et la critique historique, p. 784 à 794.

LVII. — Institut de France. Académie des Sciences morales et politiques. Séance publique annuelle du samedi 6 décembre 1902, présidée par M. Albert Sorel, président. (Paris, 1902, in-4°, 116 p.)

6452. Picot (Georges). — Notice historique sur la vie et les travaux de M. Paul Janet [1823 ÷ 1899], p. 63 à 106. — Cf. id. n° 6427.

LVIII. — Institut de France. Académie des Sciences morales et politiques. Séance publique annuelle du samedi 12 décembre 1903, présidée par M. Bérenger, président. (Paris, 1903, in-4°, 155 p.)

6453. Picot (Georges). — Notice historique sur la vie et les travaux de M. W. E. Gladstone, p. 71 à 139.

ÉLOGES FUNÈBRES.

LXXV. — Institut de France. Académie des Sciences morales et politiques. Funérailles de M. Antonin Lefèvre-Pontalis, académicien libre, le mercredi 22 avril 1903. (Paris, 1903, in-4°, 5 p.)

6454. Rocquain (Félix). — Discours, p. 1 à 5. — Cf. id. n° 6442.

LXXVI. — Institut de France. Académie des Sciences morales et politiques. Funérailles de M. Colmet de Santerre, membre de l'Académie, le jeudi 31 décembre 1903. (Paris, 1903, in-4°, 10 p.)

6455. Bérenger. — Discours, p. 1 à 4.

6456. Glasson. — Discours, p. 5 à 10.

PIÈCES DIVERSES.

6457. Liard. — Institut de France. Académie des Sciences morales et politiques. Rapport sur le prix Audiffred (actes de dévouement) à décerner en 1902, fait dans la séance du 21 juin 1902. (Paris, 1902, in-4°, 6 p.)

[Mme Meyrier et les massacres de chrétiens à Diarbekir en 1895-1896.]

6458. Courcel (Baron de). — Institut de France. Académie des Sciences morales et politiques. Notice sur la vie et les travaux de M. Buffet [1818 ÷ 1898] lue dans les séances des 4, 11 et 18 janvier 1902. (Paris, 1902, in-4°, 93 p.) — Cf. id. n° 6412.

6459. Boutmy. — Institut de France. Académie des Sciences morales et politiques. Notice sur la vie et les travaux de M. Bardoux [1830 † 1897] lue dans les séances du 21 janvier et du 1er février 1902. (Paris, 1902, in-4°, 51 p.) — Cf. id. n° 6411.

6460. Fagniez (Gust.). — Institut de France. Académie des Sciences morales et politiques. Notice sur la vie et les travaux de M. le duc Albert de Broglie [1821 † 1901] lue dans les séances des 5, 12 et 19 avril 1902. (Paris, 1902, in-4°, 101 p.) — Cf. id. n° 6414.

6461. Brochard. — Institut de France. Académie des Sciences morales et politiques. Notice sur la vie et les œuvres de M. Francisque Bouillier [1813 † 1899] lue dans la séance du 10 novembre 1902. (Paris, 1902, in-4°, 31 p.) — Cf. id. n° 6430.

6462. Bardeau (Albert). — Institut de France. Académie des Sciences morales et politiques. Notice sur la vie et les œuvres de M. Perrens [1822 † 1901] lue dans la séance du 31 janvier 1903. (Paris, 1903, in-4°, 30 p.) — Cf. id. n° 6435.

6463. Cheysson (E.). — Institut de France. Académie des Sciences morales et politiques. Notice sur la vie et les œuvres de M. Joseph Ferrand, correspondant de l'Académie des Sciences morales et politiques [1827 † 1903] lue dans la séance du 1er août 1903. (Paris, 1903, in-4°, 21 p.) — Cf. id. n° 6450.

SEINE. — PARIS.

SOCIÉTÉ DES AMÉRICANISTES.

Les publications antérieures de cette Société sont analysées dans notre *Bibliographie générale*, savoir :

Journal, t. I et II (1895-1898), *Bibliographie*, Supplément sous presse.

— t. III (1901), *Bibliographie*, nouvelle série, t. I, p. 107.

IV. — Journal de la Société des américanistes de Paris, t. IV. (Paris, 1903, in-4°, 252 p.)

6464. Hébert (J.). — Quelques mots sur la technique des céramistes péruviens, p. 1 à 7.

6465. Charencey (Comte H. de). — Études algiques, p. 8 à 54.

[Les verbes *être* et *avoir* dans les langues algiques; conjugaisons basque et algique; l'adjectif dans les dialectes berbers et algiques.]

6466. Saint-Yves (G.). — Les Antilles françaises et la correspondance de l'intendant Patoulet, p. 54 à 71.

6467. Hamy (Dr E.-T.). — Le joyau du vent, *fig.*, p. 72 à 81.

[Joyau symbolique mexicain.]

6468. Hamy (Dr E.-T.). — Roches gravées de la Guadeloupe, *fig.*, p. 82 à 97.

6469. Musset (G.). — Le voyage en Louisiane de Franquet de Chaville (1720-1724), p. 98 à 143.

6470. Hamy (Dr E.-T.). — Le petit vase à figurine humaine de Santiago-Tlaltelolco (Mexique), *fig.*, p. 169 à 173.

6471. Lejeal (Léon). — Campagnes archéologiques récentes dans l'Oaxaca (Mitla et les Mogotes de Xoxo), p. 174 à 189.

6472. Charnay (Désiré). — Notes d'histoire et d'archéologie mexicaines, p. 190 à 195.

[Utatlan (Santa Cruz del Quiché).]

6473. Froidevaux. — Un document inédit sur [le baron de] Lahontan, p. 196 à 203.

SEINE. — PARIS.

SOCIÉTÉ DES AMIS DES LIVRES.

Les publications antérieures de cette Société rentrant dans notre cadre sont analysées dans notre *Bibliographie générale*, savoir :

Annuaire, t. I à VI (1880-1885), *Bibliographie*, t. III, p. 605.

Annuaire, t. VII à XXI (1886-1900), *Bibliographie*, Supplément sous presse.
— t. XXII (1901), *Bibliographie*, nouvelle série, t. I, p. 107.

XXIII. — Société des Amis des livres. Annuaire, 23e année. (Paris, 1902, in-8°, 134 p.)

6474. Portalis (Baron Roger). — Eugène Paillet, bibliophile (1829 † 1901), *portr.*, p. 27 à 70.
6475. Paillet (Jean). — Alfred Piet [† 1901], p. 73 à 80.
6476. H. B. [Beraldi (H.)]. — P.-E. Truchy [† 1901], p. 83.

XXIV. — Société des Amis des livres. Annuaire, 24e année. (Paris, 1903, in-8°, 105 p.)

6477. Beraldi (Henri). — Le baron de Claye (bibliophile d'Eylac), p. 49 à 55.

SEINE. — PARIS.

SOCIÉTÉ DES ANCIENS TEXTES FRANÇAIS.

Les publications antérieures de cette Société sont analysées dans notre *Bibliographie générale*, savoir :
Bulletin, t. I à XI (1875-1885), *Bibliographie*, t. III, p. 609.
— t. XII à XXVI (1886-1900), *Bibliographie*, Supplément sous presse.
Ouvrages divers publiés de 1875 à 1885, *Bibliographie*, t. III, p. 608; de 1886 à 1900, *Bibliographie*, Supplément sous presse; en 1901, *Bibliographie*, nouvelle série, t. I, p. 108.

6478. Raynaud (Gaston). — Œuvres complètes d'Eustache Deschamps, publiées d'après le manuscrit de la Bibliothèque nationale [t. X]. (Paris, 1901, in-8°, xcIV-255 p.) — Cf. n° 6483.

[Les tomes I à IX de cette publication ont paru de 1878 à 1894; les tomes I à VII ont été édités par le marquis de Queux de Saint-Hilaire.]

6479. Bédier (Joseph). — Le roman de Tristan, par Thomas, poème du XIIe siècle. (Paris, 1902, in-8°, IX-430 p.)
6480. Picot (Émile). — Recueil général des soties [t. I]. (Paris, 1902, in-8°, xxxI-282 p.)
6481. Huet (Gédéon). — Chansons de Gace-Brulé. (Paris, 1902, in-8°, cIII-163 p.)

XXVII. — Bulletin de la Société des anciens textes français, 27e année. (Paris, 1901, in-8°, 82 p.)

6482. Meyer (Paul). — Prières et poésies religieuses tirées d'un manuscrit lorrain (Arsenal 570), p. 43 à 83.

[Appendice : La prière Notre-Dame, par Thibaut d'Amiens, texte du fragment d'Oxford complété.]

XXVIII. — Bulletin de la Société des anciens textes français, 28e année. (Paris, 1902, in-8°, 120 p.)

6483. Piaget (Arthur). — Note sur le tome X des œuvres complètes d'Eustache Deschamps, p. 64 à 67. — Cf. n° 6478.
6484. Meyer (Paul). — Notice d'un ms. de la bibliothèque d'Este à Modène (légendes des saints en français), p. 68 à 96.
6485. Camus (Jules). — La seconde traduction de la Chirurgie de Mondeville (Turin, Bibl. nat., L. IV. 17), p. 100 à 119.

SEINE. — PARIS.

SOCIÉTÉ D'ANTHROPOLOGIE.

Les publications antérieures de cette Société sont analysées dans notre *Bibliographie générale*, savoir :
Mémoires, t. I à VI (1860-1888), *Bibliographie*, t. III, p. 611.
— t. VII à IX (1889-1896), *Bibliographie*, Supplément sous presse.
Bulletins, t. I à XXVI (1860-1885), *Bibliographie*, t. III, p. 613.
— t. XXVII à XL (1885-1899), *Bibliographie*, Supplément sous presse.
Bulletins et mémoires, t. XLI (1900), *Bibliographie*, Supplément sous presse.
— — t. XLII (1901), *Bibliographie*, nouvelle série, t. I, p. 109.

XLIII. — Bulletins et mémoires de la Société d'anthropologie de Paris, t. III, 5e série. (Paris, 1902, in-8°, xxviii-856 p.)

6486. Fouju (G.). — Fouilles au dolmen de Menouville (Seine-et Oise), p. 54 à 57.

6487. Danjou (Dr). — Lettre sur le crime rituel [en Syrie], p. 69 à 75.

[Relation de l'assassinat du P. Thomas (1840) et du meurtre rituel de Henri Abdelnour (1890).]

6488. Verneau (Dr). — Discours aux obsèques de Mme Clémence Royer, p. 75 à 78.

6489. Giraux (L.). — Pointes de flèches à Grossa (Corse), p. 80 à 82.

6490. Mc Gée (W. J.). — Germes d'une industrie de la pierre en Amérique, traduit par M. Oscar Schmidt, p. 82 à 88.

6491. Broquet (Dr Charles). — Flèches dont se servent pour chasser les Chinois laï de la presqu'île de Lei-Chau (province du Quang-Tong), p. 181.

6492. Baudouin (Dr Marcel). — Le polissoir ou pierre à rainures de la Brélaudière à l'Aiguillon-sur-Vie (Vendée), *fig.*, p. 182 à 205.

6493. Bonnemère (Lionel). — Remarques sur le patois angevin, p. 205 à 206.

6494. Thieullen (A.). — Technologie néfaste, p. 212 à 227.

[Sur les silex taillés.]

6495. Vaschide (N.) et Piéron (H.). — Le rêve prophétique dans la croyance et la philosophie des Arabes, p. 228 à 243.

6496. Courty (Georges). — Un foyer préhistorique aux environs de Nemours (Seine-et-Marne), p. 244.

6497. Sakhokia (T.) et Azoulay (L.). — Phonétique du géorgien, p. 268 à 274.

6498. Nicole (Paul). — Anthropologie religieuse, p. 325 à 333, et 573 à 581.

[Deus Sol, p. 325. — Le Dieu Jahvé, p. 573.]

6499. Bloch (Dr Adolphe). — Considérations anthropologiques sur la Corse actuelle, ancienne et préhistorique, p. 333 à 363.

6500. Capitan et Breuil (H.). — Gravures paléolithiques sur les parois de la grotte des Combarelles [Dordogne], *fig.*, p. 527 à 535.

6501. Laville (A.). — Hache polie en silex se rapprochant de certains silex de Pressigny de la base des limons jaunes *f* de la vallée de la Seine, p. 535.

6502. Huguet. — Les Juifs du Mzab, p. 559 à 573.

6503. Verneau. — Thomas Wilson (1832 † 1902), p. 590.

6504. Manouvrier. — Arsène Dumont († 1902), p. 591 à 597.

6505. Baudouin (Marcel) et Lacouloumère (G.). — Les mégalithes comme repères de chronologie préhistorique (menhir de la forêt d'Olonne, Vendée), p. 613.

6506. Huget (Dr J.). — Sur les Touareg, *carte* et *fig.*, p. 614 à 642.

6507. Girard de Rialle. — De l'âge de la pierre polie au Chili, p. 644 à 648.

6508. Azoulay (Dr L.). — Liste des phonogrammes composant le musée phonographique de la Société d'anthropologie, p. 652 à 666.

6509. Bloch (Dr Adolphe). — De la race qui précéda les Sémites en Chaldée et en Susiane, p. 666 à 682.

6510. Enjoy (Paul d'). — Le pays des Tsings. Étude de l'organisation politique de la Chine, p. 686 à 694.

6511. Azoulay (Dr). — Un jouet religieux [cliquet des enfants juifs d'Algérie], p. 698.

6512. Chervin. — Crânes, pointes de flèche en silex et instruments de pêche provenant de la baie d'Antofagasta. Momies des hauts plateaux de la Bolivie, *fig.*, p. 700 à 708.

6513. Morgan (J. de). — Note sur les âges de la pierre dans l'Asie antérieure, p. 708 à 716.

6514. Verneau. — André Sanson [† 1902], p. 720 à 722.

6515. Verneau. — Rudolf Virchow [1821 † 1902] p. 722.

6516. Capitan. — La station paléolithique de la Ferrassie (Dordogne), p. 730.

6517. Dufers. — Sur le crime rituel, p. 731 à 736.

6518. Delisle (Dr). — Vieilles coutumes et croyances en Languedoc, p. 738 à 742.

6519. Doigneau (A.). — Crânes provenant de l'ancien cimetière Saint-Paul [à Paris], p. 753.

6520. Poutjatine (Prince Paul). — Station nouvelle sur les bords du lac Bologoie [à Visokoé]. Atelier de fabrication des outils et armes en pierre. Fouilles de 1901 et 1902, p. 755.

6521. Thieullen (A.). — Le préchelléen en Belgique. p. 756 à 767.

6522. Piette (Édouard). — Gravure du Mas d'Azil et statuettes [glyptiques] de Menton, *fig.*, p. 771 à 779.

6523. Chervin. — Amulettes pour femmes enceintes et ex-voto, *fig.*, p. 806 à 809.

6524. Chauvenet (Eugène). — Le polissoir de Méry-Moulins (Aisne), *fig.*, p. 839.

6525. Couteit (Georges). — Examen chimique de deux matières colorantes trouvées dans des stations préhistoriques du Périgord, p. 840.

6526. Laville (A.) et Gennetier. — Silex taillés (types chelléen, moustiérien et néolithique) recueillis carrière Dauphin, à Ivry-Port, p. 841.

6527. Jourdan (L.). — Haches emmanchées trouvées enfouies, isolées de toute sépulture et de tout squelette [dans la Marne], p. 850 à 853.

SEINE. — PARIS.

SOCIÉTÉ DES ANTIQUAIRES DE FRANCE.

Les publications antérieures de cette Société sont analysées dans notre *Bibliographie générale*, savoir :

Mémoires de l'Académie celtique, t. I à VI (1807-1812), *Bibliographie*, t. III, p. 626.
Mémoires, t. I à XLVI (1817-1885), *Bibliographie*, t. III, p. 632.
— t. XLVII à LIX (1886-1900), *Bibliographie*, Supplément sous presse.
— t. LX (1901), *Bibliographie*, nouvelle série, t. I, p. 110.
Annuaire, t. I à VIII (1848-1855), *Bibliographie*, t. III, p. 656.
Bulletin, t. I à XIX (1857-1885), *Bibliographie*, t. III, p. 658.
— t. XX à XLIV (1886-1900), *Bibliographie*, Supplément sous presse.
— t. XLV (1901), *Bibliographie*, nouvelle série, t. I, p. 110.
Mettensia, t. I (1897), *Bibliographie*, Supplément sous presse.
— t. II (1898-1901), *Bibliographie*, nouvelle série, t. I, p. 112.

LXI. — Mémoires de la Société nationale des Antiquaires de France, 7e série, t. I. (Paris, 1902, in-8°, 259 p.)

6528. Maurice (Jules). — Mémoire sur la révolte d'Alexandre en Afrique, sa proclamation comme Auguste, en juin 308 et sa chute au printemps de 311 (chronologie de ces événements établie par la comparaison des émissions monétaires de Rome, de Carthage et d'Ostia), p. 1 à 22.

6529. Martin (Henry). — Notes pour un Corpus iconum du moyen âge. Un faux portrait de Pétrarque. portraits de Jeanne, comtesse d'Eu et de Guines (1311), de la bienheureuse Jeanne de France (vers 1500), de Louise de Savoie, de Rochefort, et de Pierre Fabre [Le Fèvre] (1518), 4 *pl.*, p. 23 à 51.

6530. Pallu de Lessert. — De quelques titres donnés aux empereurs sous le Haut-Empire, p. 52 à 78.

6531. Stein (Henri). — Pierre de Montereau, architecte de l'église abbatiale de Saint-Denis, 7 *pl.*, p. 79 à 104.

6532. Durrieu (Comte Paul). — Deux miniatures inédites de Jean Fouquet, 2 *pl.*, p. 105 à 126.

6533. Maurice (Jules). — Classification chronologique des émissions monétaires de l'atelier de Trèves pendant la période constantinienne (305-337), 2 *pl.*, p. 127 à 190; et LXII, p. 25 à 114.

6534. Du Teil (Baron Joseph). — Autour du Saint-Suaire de Lirey, documents inédits, remarques juridiques et esquisse généalogique, p. 191 à 218.

6535. Courtet. — Le livre d'heures du pape Alexandre VI, p. 219 à 229.

6536. Carton (D^r) — Statuettes en terre cuite de la nécropole d'Hadrumète (Tunisie), *fig.*, et 3 *pl.*, p. 230 à 243.

6537. Besnier (Maurice). — Monuments figurés du pays des Péligniens, *pl.*, p. 243 à 258.

LXII. — Mémoires de la Société nationale des Antiquaires de France, 7e série, t. II. (Paris, 1903, in-8°, 295 p.)

6538. Enlart (C.). — Deux têtes de pleureurs du xve siècle au musée de Douai, *pl.*, p. 1 à 8.

6539. Giraud (J.-B.). — Le coffre de mariage des Bertholon-Bellièvre (1512), contribution à l'étude du bois sculpté dit de l'école lyonnaise, *pl.*, p. 9 à 18.

6540. Baye (Baron de). — Un émail de la cathédrale de Vladimir (Russie), *fig.* et *pl.*, p. 19 à 24.

[6533]. Maurice (Jules). — Classification chronologique des émissions monétaires de l'atelier de Trèves pendant la période constantinienne (305-337), 2 *pl.*, p. 25 à 114.

6541. Chapot (Victor). — Deux divinités fluviales de Syrie, 3 *pl.*, p. 115 à 122.

6542. Toutain (J.). — Les Pontarques de la Mésie inférieure, p. 123 à 144.

6543. Poinssot (Louis). — Les ruines de Thugga et de Thignica au xviie siècle, p. 145 à 184.

6544. Rey (Ferdinand). — Étude sur une mesure antique découverte aux environs de Mirebeau-sur-Bèze (Côte-d'Or), *pl.*, p. 185 à 202.

6545. Héron de Villefosse (Ant.). — Outils d'artisans romains, *fig.*, p. 205 à 240.

6546. Berthelé (Jos.). — Les Samnagenses et l'oppidum de Nages (Gard), à propos de l'inscription romaine de Montarnaud (Hérault), p. 241 à 292.

XLVI. — Bulletin de la Société des Antiquaires de France, 1902. (Paris, s. d., in-8°, 421.)

6547. Monceaux (Paul). — Notice nécrologique sur Maximin Deloche (1817 † 1900), p. 61 à 88.

6548. Stein (Henri). — Bibliographie des œuvres de Maximin Deloche, p. 89 à 101.

6549. Anonyme. — Extraits des procès-verbaux du 1er trimestre de 1902, p. 103 à 180.

6550. Babelon (E.). — Discours, p. 103 à 121.

[Célestin Port, le comte de Puymaigre, Henri Meyer, E. Lambin, L. Maxe-Werly, René Le Cerf.]

6551. Michon (É.). — Inscriptions latines et grecques des environs du lac de Tibériade, p. 124 à 127.

6552. Michon (É.). — A propos d'un buste de La Tour d'Auvergne, p. 128 à 130.

6553. Lafaye (Georges). — Inscriptions romaines trouvées à Fontaine de Vaucluse, à Vénejean (Drôme), p. 131 à 132.

6554. Héron de Villefosse. — Découverte de mosaïques à Sainte-Colombe (Rhône), 2 *pl.*, p. 133 à 136.

6555. Marchand (L'abbé). — Inscriptions romaines trouvées à Briord (Ain), au château de Machuraz, commune de Vieu-en-Valromey (Ain); marque de potier au musée de Bourg, p. 139 à 144.

6556. Héron de Villefosse. — Patère en argent découverte en Syrie, *pl.*, p. 150 à 152.

6557. Héron de Villefosse. — Marbre byzantin orné de sculptures, avec inscription grecque, provenant de Gheresi, près de Myndos, au Musée du Louvre, p. 152.

6558. Michon (É.). — Inscriptions romaines trouvées dans le canal dit de Salomon (Palestine), p. 154.

6559. Espérandieu (Capitaine). — Les mosaïques de Sainte-Colombe-lès-Vienne et mur construit avec des amphores, p. 154.

6560. Héron de Villefosse. — Objets antiques trouvés à l'Escale (Basses-Alpes), p. 158.

6561. Gauckler. — Inscription romaine trouvée à Medjez-el-Bab (Tunisie), p. 161 à 164.

6562. Arbois de Jubainville (D'). — Sur le mot *avot* dans les inscriptions céramiques gauloises, p. 167.

6563. Maurice (Jules). — Iconographie des empereurs de la fin du iiie et du ive siècle d'après les monnaies, *pl.*, p. 169 à 174, et 339 à 341.

6564. Héron de Villefosse. — Dé à jouer trouvé à Carthage, p. 174.

6565. Guiffrey (Jules). — Tapisseries flamandes à Florence, p. 175 à 177.

6566. Monceaux (Paul). — Monuments trouvés en Algérie et en Tunisie se rapportant au culte de saint Ménas, p. 177 à 178.

6567. Stein (Henri). — Sceau de Philippe le Bel, roi de Navarre, p. 178.

6568. Anonyme. — Extrait des procès-verbaux du 2e trimestre de 1902, p. 181 à 254.

6569. Demaison (L.). — Vases gallo-romains avec inscription trouvés à Reims, *pl.*, p. 182.

6570. Lespinasse (De). — Mosaïque à sujets marins découverte à Champvert (Nièvre), p. 183 à 186.

6571. Grand (Roger). — Station gallo-romaine d'Arpajon (Cantal), *pl.*, p. 187 à 192.

[Stèle du dieu Mars, *pl.*]

6572. Chauvet (C.). — Antiquités romaines trouvées au Bois-des-Bouchauds (Charente), p. 192.

6573. Pallu de Lessert. — Poteries marquées trouvées à Châlons-sur-Marne, p. 194.

IMPRIMERIE NATIONALE.

6574. Héron de Villefosse. — Sceaux grec et latin trouvés à Tripoli de Syrie, p. 197.

6575. Lauzun. — Statue antique trouvée à Saint-Hilaire-sur-Garonne, *pl.*, p. 198 à 201.

6576. Enlart (C.). — Retable du XVIe siècle dans l'église de Jubainville, p. 203.

6577. Blanchet (A.). — Moule de médaillon, en terre cuite, trouvé à Lectoure (Gers), p. 204.

6578. Vitry (P.). — Buste en terre cuite de Charles Lebrun, par Coysevox, conservé au Musée Wallace à Londres, p. 207.

6579. Omont (H.). — Notes pour le peintre dans un ms. de Saint-Gall (IXe-Xe s.), p. 208.

6580. Espérandieu (Capitaine E.). — Inscriptions romaines trouvées à Langres, *fig.*, p. 214 à 219.

6581. Omont (H.). — Miniature représentant la mort de sainte Gorgonie dans un ms. de saint Grégoire de Nazianze, p. 221.

6582. Blanchet (A.). — Fibule de bronze trouvée à Roanne *fig.* ,p. 222

6583. Monceaux (P.). — Sur une inscription romaine d'Auzia (Aumale), p. 224 à 226.

6584. Perdrizet (P.). — Sur une inscription romaine de Boïran (Macédoine), p. 230.

6585. Toulotte (Mgr Anatole) et Héron de Villefosse. — Sarcophage chrétien trouvé à Tébessa (Algérie), p. 231 à 234.

6586. Brune (L'abbé P.). — Croix byzantine provenant d'un reliquaire de l'abbaye de Baume-les-Messieurs, *fig.*, camée en pâte de verre trouvé à Kouffange (Jura), *pl.*; cachet d'oculiste romain provenant d'une châsse de l'abbaye de Baume-les-Messieurs, *fig.*, p. 235.

6587. Gauckler (P.). — Antiquités romaines récemment découvertes à Utique, *pl.*, p. 237 à 244.

6588. Monceaux (P.). — La formule *de donis Dei* et les formules analogues dans les inscriptions chrétiennes d'Afrique, p. 245 à 247.

6589. Arnauldet (P.). — Sur une inscription fausse de Rome relative à Papinien, p. 247 à 251.

6590. Zeiller (J.). — Le culte de saint Menas en Dalmatie, p. 251 à 254.

6591. Anonyme. — Extrait des procès-verbaux du 3e trimestre de 1902, p. 255 à 302.

6592. Gauckler (P.). — Antiquités et inscriptions romaines de l'Henchir-Douémis, p. 257 à 261.

6593. Maurice (J.). — Monnaies romaines trouvées au Maroc, p. 261 à 267.

6594. Maurice (J.). — Le fonctionnement des ateliers monétaires romains des Gaules, p. 267.

6595. Monceaux (P.). — Inscriptions romaines découvertes à Ksar-Melloul, à Koudiat-el-Hadjela, près Sétif, et près d'Orléansville, p. 269 à 270.

6596. Gauckler (P.). — Bijoux provenant de la nécropole punique de Bordj-Djedid, à Carthage, *pl.*, p. 271 à 277.

6597. Baye (Baron J. de). — Lustre et émaux limousins au monastère de Saint-Antoine-le-Romain, près Novgorod, 2 *pl.*, p. 277 à 281.

6598. Mowat (R.). — Les trésors de monnaies romaines de Karnak et de médaillons grecs d'Aboukir, p. 281 à 286, et 308 à 318.

6599. Mowat. — Médaillons d'or du trésor grec de Tarse, p. 287.

6600. Monceaux (P.). — Inscription romaine trouvée à Aïn-Melloul, près Sétif, p. 287 à 289.

6601. Marquet de Vasselot (J.-J.). — Coupe de bronze avec inscription grecque; buste italien en bronze du XVIe siècle; buste de Marie Stuart; bronze représentant Jupiter sur l'aigle (XVIe s.), au musée du Louvre, p. 290 à 297.

6602. Héron de Villefosse (A.). — Statuettes romaines de bronze trouvées à Mandeure; cachet d'oculiste avec légende grecque trouvé dans une sépulture barbare à Boulogne-sur-Mer, p. 297 à 300.

6603. Durrieu (Paul). — Faux tableau de Jean van Eyck représentant le sacre de saint Thomas de Cantorbéry, p. 300 à 302.

6604. Anonyme. — Extrait des procès-verbaux du 4e trimestre de 1902, p. 303 à 368.

6605. Héron de Villefosse (A.). — Petit bateau de bronze, ex-voto, trouvé à Lyon, p. 305 à 308.

6606. Omont (H). — Supplément manuscrit par un dominicain de Breslau au *Fasciculus temporum* de Werner Rolewinck (1461-1471), p. 319 à 323.

6607. Vitry (P.). — Coffres en bois sculpté du XVIe siècle, p. 324 à 328.

6608. Monceaux (P.). — Monuments africains et romains récemment découverts à Carthage, p. 328 à 330.

6609. Michon (É.). — Le satyre dit Faune Barberini de la Glyptothèque de Munich, p. 331 à 336.

6610. Héron de Villefosse (A.). — Plomb romain avec inscription découvert à Beyrouth (Syrie), *fig.*, p. 341 à 344.

6611. Cagnat (R.). — Inscription romaine trouvée à Hadrumète (Sousse), p. 345.

6612. Héron de Villefosse (A.). — Stèle grecque du musée de Narbonne, *pl.*, p. 347.

6613. Stein (H.). — Mesure royale pour le sel (XVIIIe s.), p. 348.

6614. Michon (É.). — Document relatif aux moulages d'antiques exécutés à Rome par le Primatice (1545), p. 351 à 358.

6615. Durrieu (Paul). — Pièces d'orfèvrerie représentées dans les Très riches Heures du duc de Berry (Musée Condé), *fig.*, p. 354 à 356.

6616. Héron de Villefosse (A.). — Inscription grecque trouvée à Karnak, p. 357 à 360.

6617. Maurice (J.). — Sur les campagnes germaniques de Constantin et les monnaies, p. 361 à 366.

6618. Casati (C.). — Le château de Beaugé et le château de la reine de Sicile à Saumur, p. 366 à 368.

6619. Héron de Villefosse (A.) et Michon (É.). — Musée du Louvre. Département des antiquités grecques et romaines. Acquisitions de l'année 1902, p. 369 à 383.

XLVII. — Bulletin de la Société nationale des Antiquaires de France, 1903. (Paris, s. d., in-8°, 401 p.)

6620. Enlart (Camille). — Notice nécrologique sur Charles Read (1819 † 1898), p. 63 à 77.

6621. Pallu de Lessert (C.). — Notice nécrologique sur Samuel Berger (1843 † 1900), p. 79 à 114.

6622. Anonyme. — Extrait des procès-verbaux du 1er trimestre de 1903, p. 115 à 198.

[Statuette japonaise en bronze (musée du Louvre), p. 184.]

6623. Ravaisson-Mollien (Ch.). — Discours, p. 115 à 130.

[Alexandre Bertrand († 1902); E. Müntz († 1902); le général de la Noé (1836 † 1902); J.-G. Bulliot (1817 † 1902); Mgr Desnoyer (1806 † 1902); Le Sergeant de Monnecove (1827 † 1902); Vincent Durand; L. Blancard (1831 † 1902); Ch. Frossard (1827 † 1902); Ph. Delamain; le vicomte A. de Rochemonteix († 1902).]

6624. Omont (H.). — Obituaire des Dominicaines de Sainte-Croix de Ratisbonne, *pl.*, p. 133 à 137.

6625. Blanchet (Adrien). — Disposition intentionnelle de haches dans des cachettes ou sépultures, p. 137 à 141.

6626. Maurice (Jules). — De la véracité du *De mortibus persecutorum* de Lactance, p. 142 à 146.

6627. Grand (Roger). — Croix reliquaire du xive siècle ayant appartenu au comte d'Armagnac, *pl.*, p. 146 à 148.

6628. Vitry (Paul). — Statue de Vierge en bronze de l'église d'Apchon (Cantal), *pl.*, p. 151 à 154.

6629. Laigue (Louis de). — Analogie des monuments de Carthage et d'Agadir, p. 154.

6630. Héron de Villefosse (A.). — Tessères de mosaïques provenant du sanctuaire d'Echmoun près de Sidon, p. 156 et 157.

6631. Monceaux (Paul). — Inscription des martyrs de Renault (musée d'Oran), p. 159 à 161.

6632. Destrée (J.). — Renier de Huy, orfèvre, auteur des fonts baptismaux de Saint-Barthélemy à Liège (1138-1142) et de l'encensoir de Lille, p. 163 à 164.

6633. Perdrizet (P.). — Le folk-lore de la chouette dans l'antiquité, p. 164 à 170.

6634. Schlumberger (G.). — Sceau de Jean, évêque d'Afrique, p. 171 à 172. — Cf. n° 6639.

6635. Toulotte (Mgr Anatole) et Monceaux (P.). — Note sur le martyre du jeune Maximilien à Théveste, p. 173 à 175.

6636. Vitry (Paul). — Statues funéraires de Claude de Laubespine [musée de Poitiers] et de Christine Leclerc [musée du Louvre], *pl.*, p. 176 à 179.

6637. Blanchet (Adrien). — Plaquette [de laiton estampé, trouvée à Sainte-Solange (Cher)] représentant Hérodiade et saint Jean-Baptiste, p. 180.

6638. Mély (F. de). — L'image achciropoïète du Christ à Sainte-Praxède de Rome, p. 182. — Cf. n° 6653.

6639. Monceaux (P.). — Sceau de Jean, évêque d'Afrique, p. 185 à 187. — Cf. n° 6634.

6640. Ronzevalle (Le P.). — Sarcophage d'Oppia († 133) trouvé à Beyrouth; inscription romaine de Jditah (Cœlésyrie); milliaire romain de Khan-Khaldi (Heldva, Syrie); milliaire de Soungourlou (Bithynie), p. 190 à 193.

6641. Mély (F. de). — Le *buhotiaus* de Sainte-Sophie de Constantinople, p. 194 à 198.

6642. Anonyme. — Extrait des procès-verbaux du 2e trimestre de 1903, p. 199 et 280.

[Madone italienne attribuée à Agostino de Duccio, musée du Louvre, p. 204.]

6643. Chapot (V.). — Inscription grecque chrétienne provenant de Harbié (Daphné), *fig.*, p. 200.

6644. Delattre (Le P.). — Plombs inédits trouvés à Carthage, p. 204.

6645. Monceaux (P.). — Plombs byzantins trouvés en Algérie ou en Tunisie, p. 207.

6646. Chénon (E.). — La famille du peintre verrier Fra Guglielmo, alias Guillaume de Marcillat, de la Châtre, p. 208.

6647. Baye (Baron de). — Antiquités trouvées à Messigny (Ain), p. 210.

6648. Maurice (J.). — Monnaies romaines avec la représentation d'un autel accompagné d'un génie, p. 211 à 220.

6649. Martin (H.). — Manuscrit écrit en blanc sur fonds noir, p. 220.

6650. Mély (F. de). — Les inventaires de reliques d'Aix-la-Chapelle et de Saint-Denis, p. 221.

6651. Blanchet (Adrien). — Statuette gauloise de Dispater ou sacellus du musée de Nevers, trouvée à la Motte-Pasquier, *pl.*, p. 222 à 225.

6652. Monceaux (P.). — Poids romains et byzantins, en bronze, à symbole chrétien, trouvés en Afrique, p. 226 à 228.

6653. Lauer (Philippe). — Images achéropites du Christ à Sainte-Praxède et au Latran, p. 229 à 230. — Cf. n° 6638.

6654. Demaison. — Trésor d'argenterie romaine; vase portant la légende *vitula;* milliaire de l'empereur Maximien trouvés à Reims, p. 230 à 234.

6655. Hauvette (Am.). — Inscription grecque de Paros, *fig.*, p. 235 à 240.

6656. Chénon (E.). — Statuette gallo-romaine provenant de Châteaumeillant (Cher), p. 241 à 242.

6657. Monceaux (P.). — Pierres gnostiques de Mehedia et d'El-Djem, p. 243.

6658. Clerc (M.). — Les arrosoirs antiques, p. 244 à 246.

6659. Mowat (R.). — L'inscription grecque de l'ancienne église Saint-Étienne-des-Grés à Paris, p. 247.
6660. Cagnat (R.). — Inscription romaine de Khamissa, p. 248 à 251.
6661. Gauckler (P.). — Inscription chrétienne de Bordj-el-Amri (Tunisie), p. 251 à 254.
6662. Monceaux (P.). — La hiérarchie épiscopale et ses origines païennes dans la tradition du moyen âge, p. 254 à 256.
6663. Grenier. — L'amphithéâtre romain de Metz, p. 256 à 261.
6664. Lafaye (G.) et Moulin (Franki). — Antiquités de Vénejean, quartier de Montbrun (Drôme), p. 262 à 270.
6665. Arnauldet (P.). — La bibliothèque de l'abbaye de Saint-Mesmin de Micy, p. 270 à 277.
6666. Pallu de Lessert (C.). — Le proconsul d'Afrique Tib. Claudius Telemachus, et l'inscription grecque de Xanthus, p. 278 à 280.
6667. Anonyme. — Extrait des procès-verbaux du 3e trimestre de 1903, p. 281 à 303.
6668. Monceaux (P.). — Les *seniores laici* des églises africaines au IVe siècle, p. 283 à 285, et 286.
6669. Ravaisson-Mollien (Ch.). — Le forum d'Archémore à Rome, *fig.*, p. 286 à 288.
6670. Arnauldet (P.). — Les types d'imprimerie gravés par Francesco da Bologna, p. 289 à 295.
6671. Héron de Villefosse (A.). — Inscription romaine trouvée à Fréjus, p. 298.
6672. Mowat. — Inscription romaine trouvée dans la Tyne, à Newcastle, p. 299 à 301.
6673. Omont (Henri). — Le temple des Payens à Ouessant, p. 301.
6674. Héron de Villefosse (A.). — Découverte de bains romains à Beauvais, p. 302.
6675. Anonyme. — Extraits des procès-verbaux du 4e trimestre de 1903, p. 304 à 348.

[Inscription romaine découverte à Narbonne, p. 307.]

6676. Héron de Villefosse. — Inscription latine trouvée à Alise-Sainte-Reine, p. 307 à 308.
6677. Maurice (Jules). — Origines des monogrammes et du labarum sur les monnaies de Constantin, p. 310 à 317. — Cf. XLV, p. 199.
6678. Gérin-Ricard. — Vase grec peint trouvé à Marseille, p. 317 à 319.
6679. Héron de Villefosse. — Découverte d'antiquités romaines près de Baena (province de Cordoue, Espagne), p. 319.
6680. Toutotte (An.). — Gemellae (Algérie), p. 319.
6681. Monceaux (P.). — Les Acta Marcelli, p. 321 à 323.
6682. Pallu de Lessert. — Inscriptions trouvées dans le théâtre de Guelma, p. 326 à 328.
6683. Gauchery (P.). — Le mausolée des Laubespine dans la cathédrale de Bourges, *pl.*, p. 329 à 331.
6684. Monceaux. — Les Aquae Persianae (Hammam-Lif), p. 331 à 333.
6685. Merlin (A.). — Étude sur une nouvelle inscription de Khamissa, p. 333 à 340.
6686. Maurice (J.). — Médaillon inédit de Constantin II, *fig.*, p. 340 à 343.
6687. Héron de Villefosse. — Médaillons de poterie romaine, p. 343.
6688. Gauckler (P.). — Inscription latine trouvée à Munchar, musée du Bardo, p. 344 à 346.
6689. Durrieu (Paul). — Missels manuscrits à miniatures exécutés pour le cardinal Dominique de la Rovère, p. 346.
6690. Capitan (Dr). — L'analyse des bronzes de l'époque préhistorique, p. 347.
6691. Héron de Villefosse (A.) et Michon (E.). — Musée du Louvre. Département des antiquités grecques et romaines. Acquisitions de l'année 1903, p. 349 à 363.

III. — Mettensia III. Mémoires et documents publiés par la Société nationale des Antiquaires de France. Fondation Auguste Prost. (Paris, 1902, in-8°, 105 p.)

6692. Marichal (Paul). — Remarques chronologiques et topographiques sur le cartulaire de Gorze. (Paris, 1902, in-8°, 105 p.)

IV. — Mettensia IV. Mémoires et documents publiés par la Société nationale des antiquaires de France. Fondation Auguste Prost. (Paris, 1903-1905, in-8°, p. 1 à 176.)

6693. Marichal (Paul). — Cartulaire de l'évêché de Metz, dit le Troisième registre des fiefs, publié avec un essai de restitution du Vieil registre et du Second registre des fiefs, p. 1 à 176.

SEINE. — PARIS.

SOCIÉTÉ CENTRALE DES ARCHITECTES.

Les publications de cette Société rentrant dans le cadre de notre *Bibliographie générale* sont analysées, savoir :

Conférences, t. I et II (1885-1887), *Bibliographie*, t. III, p. 690.
Annales, t. I et II (1874-1875), *Bibliographie*, t. III, p. 690.
L'Architecture, t. I à XIII (1888-1900), *Bibliographie*, Supplément sous presse.
— t. XIV (1901), *Bibliographie*, nouvelle série, t. I, p. 112.

XV. — **L'Architecture, journal de la Société centrale des Architectes français.** (Paris, 1902, in-fol., 464-v p.)

6694. Camut (Émile). — Méry-sur-Oise [le château], 2 *pl.*, p. 92 à 95.
6695. Nanjoux (André). — L'hôtel de Strasbourg. Imprimerie nationale, *fig.* et *pl.*, p. 115 à 118.
6696. Anonyme. — Le château de Jozerand [Puy-de-Dôme], *fig.*, p. 164 à 167.
6697. Bérard (E.). — La cathédrale de Sens, *fig.*, p. 177 à 179.
6698. Anonyme. — Une maison du XVe siècle à Blois, rue Saint-Lubin, *pl.*, p. 262.
6699. Nizet. — Les dessins de Philibert de l'Orme, de la collection Lechevallier-Chevignard, *fig.*, p. 268 à 270.
6700. Saladin (H.). — Les fouilles de Carthage par le R. P. Delattre, *fig.*, p. 278.
6701. Héron de Villefosse (A.). — Une médaille de Septime Sévère et la restauration du grand autel de Pergame, *fig.*, p. 365 à 368, et 394 à 396.
6702. Saladin (Henri). — Une famille d'architectes tunisiens depuis le XVIIe siècle jusqu'à nos jours, *fig.*, p. 401 à 404.
6703. Tanquerel (C.). — Promenades en Italie, *fig.*, p. 447 à 452, et 460 à 461.

[Pompéi, p. 447; Pouzzoles, Pestum, Capri, p. 460.]

SEINE. — PARIS.

SOCIÉTÉ ASIATIQUE.

Les publications antérieures de cette Société sont analysées dans notre *Bibliographie générale*, savoir :

Journal Asiatique, t. I à CXXVII (1822-1885), *Bibliographie*, t. III, p. 691.
— t. CXXVIII à CLVII (1886-1900), *Bibliographie*, Supplément sous presse.
— t. CLVIII et CLIX (1901), *Bibliographie*, nouvelle série, t. I, p. 112.

CLX. — **Journal Asiatique...**, publié par la Société Asiatique, 9e série, t. XIX. (Paris, 1902, in-8°, 576 p.)

6704. Mondon-Vidailhet (C.). — Étude sur le Harari, p. 5 à 50. — Suite et fin de CLIX, p. 401.
6705. Parisot (D.-J.). — Le dialecte néo-syriaque de Bakha'a et de Djub'Adin [Anti-Liban], p. 51 à 61.
6706. Carra de Vaux (Baron). — La philosophie illuminative (Hikmet el-Ichraq) d'après Suhrawerdi Meqtoul, p. 63 à 94.
6707. Lévi (Sylvain). — Sur quelques termes employés dans les inscriptions des Kṣatrapes [Kathiawar], p. 95 à 125.
6708. Halévy (J.). — Le mot arabe قالون (Qâloun) et l'adjectif grec καλόν, p. 133.

6709. Halévy (J.). — La transcription du tétragramme dans les versions grecques [des *Hexaples* d'Origène], p. 134 à 136.

6710. Halévy (J.). — Les quadrilittères à la seconde radicale redoublée [en hébreu], p. 136.

6711. Basmadjian (K. J.). — Une nouvelle inscription vannique trouvée à Qizil-Qalé, p. 137 à 140.

6712. Halévy (J.). — Un passage de la Vulgate [Ps. cx, 3], p. 140 à 144.

6713. Halévy (J.). — Un passage du testament de saint Ephrém, p. 144 à 146. — Cf. CLIX, p. 234.

6714. Halévy (J.). — Harout et Marout [anges déchus, Coran, II, 96], p. 146 à 150.

6715. Charencey (De). — Sur quelques dialectes est-altaïques, p. 150 à 153.

6716. Doutté (Edmond). — Mission au Maroc. Recherches d'archéologie musulmane et portugaise, p. 153 à 166.

6717. Ferrand (Gabriel). — La légende de Raminia d'après un manuscrit arabico-malgache de la Bibliothèque nationale, p. 185 à 230.

6718. Guérinot (A.). — Le Jîvavivâra de 'Sântisûri, un traité Jaina sur les êtres vivants, texte prâcrit, traduction française, notes et glossaire, p. 231 à 288.

6719. Bel (Alfred). — La Djâzya, chanson arabe précédée d'observations sur quelques légendes arabes et sur la geste des Benî Bilâl, p. 289; CLXI, p. 169; et CLXII, p. 311.

6720. Barbier de Meynard. — Léon Feer († 1902), p. 349 à 351.

6721. Halévy (J.). — 'Affân, Khillît et Millît [dans les Mille et une nuits], p. 356 à 364.

6722. Fossey (C.). — Le texte magique [assyrien] K. 6172, p. 364 à 367.

6723. Bouvat (Lucien). — Le *débat des deux langues*, Mohâkemet Ul-Loughateïn de Mîr 'Alî Chîr Nevâï, p. 367 à 372.

6724. Dussaud (René). — Βαλάνιον [et le temple de Baalbeck à Héliopolis], p. 372 à 375.

6725. Charencey (De). — Une formation numérale en Tibétain, p. 375 à 377.

6726. Van Berchem (Max). — Notes sur les Croisades, p. 385 à 456.

[Le royaume de Jérusalem et le livre de M. Röhricht.]

6727. Macler (F.). — Choix de fables arméniennes attribuées à Mkhithar Goch, p. 457 à 487.

6728. Blochet (E.). — Études sur l'ésotérisme musulman, p. 489; et CLXI, p. 49.

6729. Schwab (Moïse). — Du folklore de l'Orient, p. 536 à 545.

6730. Basset (René). — Mission dans la région de Tiharet et le Sersou, p. 545 à 547.

6731. Meillet (A.). — Notice sur un passage de l'historien arménien Élisée, p. 548 à 549.

6732. Halévy (J.). — Les tablettes gréco-babyloniennes du British Museum, p. 549 à 552.

6733. Oppert (J.). — Traduction du cylindre A de Gudéa [trouvé dans les ruines de Tello], p. 552 à 561.

CLXI. — Journal Asiatique..., publié par la Société Asiatique, 9e série, t. XX. (Paris, 1902, in-8°, 534 p.)

6734. Charencey (De). — Les noms de nombre dans les dialectes de l'Himalaya, p. 14 à 17.

[6728]. Blochet (E.). — Études sur l'ésotérisme musulman, p. 49 à 111.

6735. Farjenel (Fernand). — La métaphysique chinoise, p. 113 à 131.

6736. Chavannes (Édouard). — Le défilé de Long-Men dans la province de Ho-Nan, 6 *pl.*, p. 133 à 158.

[6719]. Bel (Alfred). — La Djâzya, p. 169 à 236.

6737. La Vallée Poussin (Louis de). — Dogmatique bouddhique, p. 237 à 306; et CLXIII, p. 357 à 450.

6738. Basset (René). — Rapport sur les études berbères et Haoussa (1897-1902), présenté au xiiie Congrès des orientalistes à Hambourg, p. 307 à 325.

6739. Halévy (J.). — Le mot phénicien אדלן [*Adlan*], p. 349.

6740. Halévy. — L'infinitif arabe Taf'îl, p. 350.

6741. Halévy. — Deux passages de l'Évangile, p. 351.

6742. Halévy. Le sacrifice du porc en Babylonie, p. 351.

6743. Halévy. — Origine du Ξ grec, p. 352.

6744. Anonyme. — Tables des matières de la 9e série, comprenant les années 1893 à 1902, p. 357 à 531.

CLXII. — Journal Asiatique..., publié par la Société Asiatique, 10e série, t. I. (Paris, 1903, in-8°, 584 p.)

6745. Nau (F.). — Histoire de Dioscore, patriarche d'Alexandrie, écrite par son disciple Théopiste, p. 5 à 108, et 241 à 310.

6746. Aymonier (Étienne). — Le Founan [Cambodge], p. 109 à 150.

6747. Chabot (J.-B.). — Restitution d'un passage de la Chronique de Michel le Syrien, p. 161.

6748. Derenbourg (Hartwig). — Faux et faussaires yéménites [inscriptions], p. 162 à 165.

6749. Aymonier (Étienne). — Le Siam ancien, p. 185 à 239.

[6719]. Bel (Alfred). — La Djâzya, p. 311 à 366.

6750. Halévy (J.). — Mantanbukus, Metembékos; Lotape; Houd et Cho'Aïb, p. 374 à 377.

6751. Halévy (J.). — Vasti [Esther, I, 9]; prophètes mentionnés dans le Livre de la création, p. 377 à 380.

6752. Duval (Rubens). — Le double point syropalestinien, p. 382 à 384.

6753. Charencey (De). — De l'origine arabe de nos mots *savate* et *sabot*, p. 384 à 389.

6754. Boutat (Lucien). — Histoire de Yoûsouf Châh, nouvelle historique de Mirzâ Feth'Alî Akhondzâdè, texte azéri publié et traduit, p. 393 à 489.
6755. Macler (Frédéric). — Extraits de la chronique de Marihas Kaldoyo (Mar Abas Katina ?), essai de critique historico-littéraire [arménienne], p. 491 à 549.
6756. Basmadjian (K. J.). — Quelques observations sur l'inscription [cunéiforme] de Kelischin, p. 554 à 555.
6757. Halévy (J.). — Proverbes, xxv, 20; Lévitique, xxvi, 41; Qoleyon, l'aigle et les Nafât, p. 555 à 558.
6758. Charencey (De). — Origine du mythe d'Orphée, p. 561 à 565.

CLXIII. — Journal Asiatique..., publié par la Société Asiatique, 10e série, t. II. (Paris, 1903, in-8°, 547 p.)

6759. Basset (René). — Deux manuscrits d'une version arabe inédite du Recueil des Sept Vizirs [Sept Sages], p. 43 à 83.
6760. Farjenel (Fernand). — Quelques particularités du culte des ancêtres en Chine, p. 85 à 96.
6761. Littmann (Enno). — Le chant de la belle-mère en arabe moderne, p. 97 à 131.
6762. Prince (J. Dyneley). — Le bouc émissaire chez les Babyloniens, p. 133 à 156.
6763. Motylinski (A. C. de). — Note sur sa récente mission dans le Souf pour y étudier le dialecte berbère de R'adamès, p. 157 à 162.
6764. Revillout (Eugène). — Lettre sur de nouveaux Évangiles apocryphes relatifs à la Vierge, p. 162 à 174.
6765. Foucher (A.). — Les bas-reliefs du Stûpa de Sikri (Gandhâra), 7 *pl.*, p. 185 à 330.
6766. Aymonnier (Étienne). — Nouvelles observations sur le Founan, p. 333 à 341.
[6737]. La Vallée Poussin (Louis de). — Dogmatique bouddhique, p. 357 à 450.
6767. Ferrand (Gabriel). — L'élément arabe et souahili en malgache ancien et moderne, p. 451 à 485.
6768. Meillet (A.). — Observations sur la graphie de quelques anciens manuscrits de l'Évangile arménien, p. 487 à 507.
6769. Halévy. — Le nom d'Ève; Nabuchodonosor, p. 522 à 524.
6770. Halévy. — Juges, vi, 37; Psaumes, xvii, 13-14; le mot *arbuste* en éthiopien populaire; des formes pehlevies à l'époque achéménide, p. 524 à 528.

SEINE. — PARIS.

SOCIÉTÉ BIBLIOGRAPHIQUE.

Les publications antérieures de cette Société sont analysées dans notre *Bibliographie générale*, savoir :
Polybiblion, t. I à XLV (1868-1885), *Bibliographie*, t. III, p. 752.
— t. XLVI à XC (1886-1900), *Bibliographie*, Supplément sous presse.
— t. XCI à XCIII (1901), *Bibliographie*, nouvelle série, t. I, p. 113.
Congrès (1888-1900), *Bibliographie*, t. III, p. 768, et Supplément sous presse.

XCIV. — Polybiblion, Revue bibliographique universelle. Partie littéraire, 2e série, t. LV (XCIVe de la collection). (Paris, 1902, in-8°, 576 p.)

6771. Anonyme. — Nécrologie, p. 76 à 79.

[H. Fouquier (1838 † 1901); C.-J. Mannoir (1880 † 1901); L. Gualtieri (1826 † 1901).]

6772. Anonyme. — Nécrologie, p. 172 à 176.

[Le chanoine E.-J.-M. Allain (1847 † 1902); le vicomte A.-B. de Calonne (1814 † 1902); E. Grenier (1819 † 1901); C. P. Tiele (1830 † 1902); J. E. Joerg (1819 † 1902).]

6773. Anonyme. — Nécrologie, p. 265 à 270.

[Mlle Clémence Royer (1830 † 1902); Mme Louise Gagneur (1832 † 1902); Mme Rattazzi (*al.* princesse Bonaparte-Wyse, Mme de Solms, Mme de Rute, † 1902); Mlle Clarisse Bader (1840 † 1902); lord Dufferin (1826 † 1902); F.-H. Groome (1851 † 1902); F.-X. Kraus (1840 † 1902).]

6774. Anonyme. — Nécrologie, p. 363 à 367.

[L. Couture (1832 † 1902); A. Gasté (1838 † 1902); C. Potvin (1818 † 1902); A. Eisenlohr († 1902); T. Tyler († 1902).]

6775. Anonyme. — Nécrologie, p. 457 à 462.

[N. Quellien (1848 † 1902); Aurélien Scholl (1833 † 1902); V. Clavel († 1902); J. Doinel († 1902); P. Avenel (1823 † 1902); F.-H.-G. Isambert (1841 † 1902); A. Larbalétrier (1862 † 1902).]

6776. Anonyme. — Nécrologie, p. 535 à 540.

[Le P. C. Sommervogel (1834 † 1902); J.-A. Girard (1825 † 1902); Xavier de Montépin (1824 † 1902); l'abbé C. Fromentin (1831 † 1902); le prince Georges Bibesco (1834 † 1902); E. Vachette, dit Chavette (1827 † 1902); J.-L. Dubut de Laforest (1853 † 1902); sir Arthur Arnold († 1901).]

XCV. — Polybiblion. Revue bibliographique universelle. Partie littéraire, 2e série, t. LVI (XCVe de la collection). (Paris, 1902, in-8°, 576 p.)

6777. Anonyme. — Nécrologie, p. 79 à 83.

[Le marquis A.-H.-P. de Ségur (1823 † 1902); R. de Maulde La Clavière (1848 † 1902); Mouton, dit Mérinos (1823 † 1902); Léon Duvauchel (1850 † 1902); Mme Durand, dite Henry Gréville (1842 † 1902): Mme Emmeline Raymond (1828 † 1902); Mme Edouard Foucaux, dite Mary Summer (1842 † 1902); dom Jacinto Verdaguer (1845 † 1902).]

6778. Anonyme. — Nécrologie, p. 181 à 183.

[H.-A.-E.-A. Faye (1814 † 1902); l'abbé Maze (1836 † 1902); F.-H.-R. Allain-Targé (1832 † 1902); l'abbé A. Largeault († 1902).]

6779. Geoffroy de Grandmaison. — Le marquis de Beaucourt [† 1902], p. 271 à 274.

6780. Anonyme. — Nécrologie, p. 275 à 277.

[C.-H.-H. Chincholle (1845 † 1902); G.-J. Delarue, dit de Strada (1821 † 1902); J.-F.-H. Pontois (1837 † 1902); l'abbé J.-A. Guillermin (1845 † 1902).]

6781. Anonyme. — Nécrologie, p. 367 à 371.

[R. Virchow (1821 † 1902); R.-A.-A. Riaut (1827 † 1902).]

6782. Ledos (E.-G.). — Bibliographie de M. le marquis de Beaucourt, p. 458 à 463.

6783. Anonyme. — Nécrologie, p. 463 à 467.

[E. Zola (1840 † 1902).]

6784. Anonyme. — Nécrologie, p. 539 à 542.

[Eug. Müntz (1845 † 1902); A.-M. Bucheron, dit Saint-Genest (1835 † 1902); Bouquet (1815 † 1903); Jules Brisson (1828 † 1903); J. W. Powel († 1902).]

XCVI. — Polybiblion. Revue bibliographique universelle. Partie technique, 2e série, t. XXVIII (XCVIe de la collection). (Paris, 1902, in-8°, 664 p.)

XCVII. — Polybiblion. Revue bibliographique universelle. Partie littéraire, 2e série, t. LVII (XCVIIe de la collection). (Paris, 1903, in-8°, 576 p.)

6785. Anonyme. — Nécrologie, p. 75 à 79.

[P.-P. Dehérain (1830 † 1902); A.-L.-J. Bertrand (1820 † 1902); L. Muhlfeld (1870 † 1902); l'abbé E.-C. Minjard († 1902); F. Temple (1821 † 1902).]

6786. Anonyme. — Nécrologie, p. 174 à 178.

[Pierre Laffitte (1823 † 1903); J. Chavanne (1846 † 1902); L. Blancard, Opper, dit de Blowitz (1823 † 1902); le docteur Stephens († 1902); le P. Zottoli († 1902).]

6787. Anonyme. — Nécrologie, p. 268 à 272.

[Gaston Paris (1839 † 1903); J.-J. Cartwright; E.-B. Cowell (1826 † 1903); J. Parry (1841 † 1903); sir Charles Gavan Duffy († 1903).]

6788. Anonyme. — Nécrologie, p. 367 à 372.

[E. Legouvé (1807 † 1903); E. Cat († 1903); F.-L. Crouslé (1830 † 1903); L. Audiat (1832 † 1903); R.-V. Lottin de Laval (1815 † 1903); H. Keller († 1903); G.-G. Bradley († 1903).]

6789. Anonyme. — Nécrologie, p. 460 à 464.

[Docteur J.-B.-V. Laborde (1831 † 1903); P.-E. Piestre, dit Eugène Cormon (1810 † 1903); Pessonneaux; A. Vingtrinier (1812 † 1903); L. de la Roque († 1903); Edouard Garnier († 1903); G.-A. Lefèvre-Pontalis (1830 † 1903); Dr J.-V. Carus († 1903).]

6790. Anonyme. — Nécrologie, p. 535 à 538.

[P. Jacquinet (1815 † 1903); J. Ferrand (1827 † 1903): P. Belloni du Chaillu (1835 † 1903); Mme Malvina von Meysenburg († 1903); R .H. Stoddard († 1903).]

XCVIII. — Polybiblion. Revue bibliographique universelle. Partie littéraire, 2e série, t. LVIII (XCVIIIe de la collection). (Paris, 1903, in-8°, 576 p.)

6791. Anonyme. — Nécrologie, p. 77 à 80.

[P.-C.-A. Loyseau de Grandmaison (1824 † 1903); Gaspar Muñez de Arce (1834 † 1903); le cardinal Vaughan (1832 † 1903).]

6792. Anonyme. — Nécrologie, p. 178 à 182.

[Léon XIII (1810 † 1903); J.-J. Clamageran (1827 † 1903); Luigi Cremona (1830 † 1903).]

6793. Anonyme. — Nécrologie, p. 269 à 276.

[G. Larroumet (1852 † 1903); A.-V. Meunier (1817 † 1903); C. Accarias (1831 † 1903); E. Mühlbacher (1843 † 1903); J.-M.-A. Vézian (1821 † 1903); E.-I.-E. Nocard (1850 † 1903); E. Desbeaux († 1903); le général; C.-A. Fay (1826 † 1903); le général A.-H. Brialmont (1831 † 1903); O. Klopp (1822 † 1903); G.-H. Bellermann (1832 † 1903).]

6794. Anonyme. — Nécrologie, p. 366 à 370.

[C.-B. Renouvier (1834 † 1903); Overton (1835 † 1903); W. Hastie († 1903); A. Bain (1818 † 1903); C. E. Turner († 1903).]

6795. Anonyme. — Nécrologie, p. 456 à 460.

[Th. Mommsen (1817 † 1903); V. de Joncières (1839 † 1903); M. Rollinat (1846 † 1903); R. Proctor († 1903); R. Scott Fittis († 1903).]

6796. Anonyme. — Nécrologie, p. 540 à 541.

[F.H. Dieterici (1821 † 1903).]

XCIX. — Polybiblion. Revue bibliographique universelle. Partie technique, 2e série, t. LVIII (XCIXe de la collection). (Paris, 1903, in-8°, 588 p.)

SEINE. — PARIS.

SOCIÉTÉ DES BIBLIOPHILES FRANÇAIS.

Les publications antérieures de cette Société sont analysées dans notre *Bibliographie générale*, savoir :
Mélanges, t. I à XI (1820-1877), *Bibliographie*, t. III, p. 772.
Ouvrages divers, *Bibliographie*, t. III, p. 776, et Supplément sous presse.

XII. — Mélanges publiés par la Société des Bibliophiles françois ... (Paris, 1903, 8 p. d'avertissement et 9 fascicules en 2 vol. in-8°.)

Première partie.

6797. Pallu de Lessert (C.). — Correspondance de Louis XIV et du duc d'Orléans (1707). (Paris, 1903, in-8°, 4 et 193 p., 2 *pl.*)

[Précédé d'une introduction par le duc de Chartres. — Campagne d'Espagne, siège de Lérida.]

6798. Galard (Vicomtesse de). — Lettres du roi Louis XIII au cardinal de Richelieu et à M. de Bullion. (Paris, 1903, in-8°, 4 et 32 p.)

6799. Royer-Collard (Paul). — Lettres et billets du prince de Talleyrand et de M. Royer-Collard. (Paris, 1903, in-8°, 4 et 26 p.)

6800. Portalis (Baron Roger). — Éloge de M. Coustou le jeune par l'abbé Gougenot. (Paris, 1903, in-8°, 4 et 20 p.)

6801. Biencourt (Marquis de). — Institutions et règlements de charité au XVIe et au XVIIe siècle. (Paris, 1903, in-8°, 4 et 90 p.)

Deuxième partie.

6802. Broglie (Duc de). — Deux Français aux États-Unis et dans la Nouvelle-Espagne en 1782. Journal de voyage du prince de Broglie et lettres du comte de Ségur. (Paris, 1903, in-8°, 4 et 200 p.)

6803. Tourneux (Maurice). — Lettre de P.-J. Mariette à Gérard Meerman. (Paris, 1903, in-8°, 4 et 34 p.)

[Sur les origines de la gravure.]

6804. Portalis (Baron Roger). — Quatre lettres du comte de Forbin à Huyot, architecte français. (Paris, 1903, in-8°, 4 et 30 p.)

[Notice biographique par le comte Alex. de Laborde.]

6805. Barante (Baron de). — Lettres de Florian à Mme de la Briche. (Paris, 1903, in-8°, 4 et 107 p.)

SEINE. — PARIS.

SOCIÉTÉ DES COLLECTIONNEURS D'EX-LIBRIS.

Les publications antérieures de cette Société sont analysées dans notre *Bibliographie générale*, savoir :
Archives ..., t. I à VII (1894-1900), *Bibliographie*, Supplément sous presse.
— t. VIII (1901), *Bibliographie*, nouvelle série, t. I, p. 114.

IX. — Archives de la Société française des collectionneurs d'ex-libris, 9e année. (Paris, 1902, in-fol., 196 p.)

6806. Wiggishoff (J.) et Bouland (L.). — Les ex-libris français anonymes non héraldiques, *fig.*, p. 2 à 3, et 179 à 181.

6807. Masson (Henri). — Ex-libris de Jean-Philippe d'Anthès, baron de Longepierre, conseiller au Conseil souverain d'Alsace, *fig.* et *pl.*, p. 4 à 7.

imprimerie nationale.

6808. Boulland (Dr L.). — Ex-libris de M. Louis Brun, *fig.* et *pl.*, p. 10.
6809. Divers. — Questions et réponses, *fig.*, p. 11 à 16.

[Ex-libris de madame de Saint-Germain, marquise d'Aligny, p. 12, 80, et 98 : de Jacques Le Grand, sr d'Aluze, Marnay, etc., *fig.*; de madame Rondé, de J.-B.-A. Nourrisson, de Sabot de Luzan, *fig.*]

6810. Buret (Comte de). — Marque inédite de la comtesse de Franclieu, née de Belleval (seconde moitié du XVIIIe siècle), *fig.*, p. 18 à 20.
6811. Engelmann (Ed.). — Ex-libris monogramme de M. Radiguet, *fig.*, p. 20.
6812. Farcy (P. de). — Ex-libris du président J.-C.-A. de Farcy, dit le marquis de Cuillé, *fig.*, p. 21.
6813. Bertarelli (Achille) et Prior (David-Henry). — Ex-libris italiens portant des devises françaises, *fig.* et 3 *pl.*, p. 23 à 29.
6814. Dujarric-Descombes (A.). — L'ex-libris de Paul-Emeric Cellerier, *fig.*, p. 29.
6815. Divers. — Questions et réponses, p. 31.

[Marque de la bibliothèque de Condé à Chantilly, *fig.*]

6816. Boulland (Dr L.). — Ex-libris de M. Albert de Bary (Bibliothèque de La Prairie), *fig.* et *pl.*, p. 35.
6817. Boulland (Dr L.). — La marque de l'imprimeur Martin Nutius, alias Merten Vermeeren, *fig.*, p. 37.
6818. Braux (De). — Un ex-libris aux armes de la famille de S.-J.-B. de la Salle, *fig.*, p. 38 à 41.
6819. Mar (Léopold). — Fer à dorer de Micault d'Harvelay, *fig.*, p. 41, et 73.
6820. Boulland (Dr L.). — Ex-libris de M. le marquis des Méloizes, *pl.*, p. 43.
6821. Engelmann (Ed.). — Ex-libris de Mgr Lepappe de Trévern, évêque de Strasbourg [1754 † 1842], *fig.*, p. 44.
6822. Divers. — Questions et réponses, *fig.*, p. 45 à 48.

[Ex-libris de Charles Cousin, *fig.*; de N... des Rouux, *fig.*]

6823. Advielle (Victor). — Fers de reliure du Collège des Jésuites de Besançon, *fig.*, p. 51.
6824. Ghellinck d'Elseghem (Vicomte A. de). — Ex-libris héraldique de la famille de Bray, *pl.*, p. 53 à 55.
6825. Falgairolle (Prosper). — Les ex-libris du marquis d'Aubais [Charles Baschi], *fig.*, p. 55 à 59.
6826. Dubis (F.). — Ex-libris de M. J.-B. Mercier [de Dijon], *pl.*, p. 59.
6827. Boulland (Dr L.). — Ex-libris de M. Alfred Piet, *pl.*, p. 67.
6828. Dujarric-Descombes (A.). — Ex-libris de la maison d'Abzac, *fig.*, p. 68 à 72.
6829. Mar (Léopold). — L'ex-libris du président Bernard de Rieux, *pl.*, p. 73 à 76.
6830. Advielle (Victor). — L'ingénieur Prony et sa marque de livres, *fig.*, p. 75.
6831. Divers. — Questions et réponses, *fig.*, p. 78 à 80.

[Ex-libris de la famille de Vendières, *fig.*, p. 79, et 95.]

6832. Engelmann (Ed.). — Bibliothèque paroissiale de Notre-Dame Saint-Louis [actuellement église Saint-Vincent à Lyon], *fig.* et *pl.*, p. 83 à 85.
6833. Boymond (M.). — Ex-libris de M. A. Girard, *pl.*, p. 85.
6834. Perrier (Émile). — La bibliothèque d'Arles, *fig.*, p. 87 à 90.
6835. Dont-Care. — Ex-libris de la famille Dupont en Artois, *fig.*, *pl.* et *tableau généalogique*, p. 90 à 92, et 157.
6836. Divers. — Questions et réponses, *fig.*, p. 93 à 95.

[Ex-libris de Robin de la Tremblaye.]

6837. Des Robert (Edmond). — Claude-Nicolas Le Cat, *fig.*, p. 99 à 101.
6838. Richebé (H.). — Bibliothèques et bibliophiles du nord de la France, ex-libris et fers de reliure, *pl.*, p. 102 à 104.

[Abbaye de Phalempin (Nord), *pl.*]

6839. Advielle (Victor). — Les timbres de Cayrol [L.-N.-J.-J., 1775 † 1859], *fig.*, p. 104 à 106.
6840. Prior (David-Henri). — L'ex-libris du marquis Sforza del Mayno, *pl.*, p. 107 à 110.
6841. Divers. — Questions et réponses, *fig.*, p. 112 à 115.

[Ex libris de G. Badillé, *fig.*]

6842. Braux (De). — Ex-libris aux armes de la famille de Jeanne d'Arc, *fig.* et 3 *pl.*, p. 113 à 125.

[Familles du Chemin, *fig.*; Ferand, *pl.*; Boucher de Perthes, *fig.*; Le Court, *fig.*; de Braux, *fig.*; de Gaudart d'Allaines, 2 *pl.* etc.]

6843. Boulland (Dr L.). — Ex-libris de M. F. Garde, *fig.*, p. 125 à 127.
6844. Divers. — Questions et réponses, *fig.*, p. 127, et 142.

[Ex-libris des familles de Viry, et de Narbonne-Lara, *fig.*]

6845. Faucher (Paul de). — L'ex-libris du marquis d'Aquéria de Rochegude, *fig.* et *pl.*, p. 129 à 133.
6846. Dujarric-Descombes (A.). — Les ex-libris des marquis de Cumond en Périgord, *fig.*, p. 133 à 136.
6847. Boulland (Dr L.). — Ex-libris et fer de reliure de la marquise de Vintimille, *fig.*, p. 137 à 139.
6848. Boulland (Dr L.). — Ex-libris typographiés de J.-A. Junot, duc d'Abrantès, p. 139 à 141.
6849. Wiggishoff (J.-C.). — E.-M.-J. Lemoine [et l'Institution polytechnique, à Paris, an VIII], p. 141.
6850. Brébisson (R. de). — Ex-libris de monsieur et madame Louis Blanchet-Magon, *fig.* et *pl.*, p. 145 à 148.

6851. Mazières (Lucien de). — En-tête de lettres, et non ex-libris, du général Ernouf, *fig.*, p. 148 à 150.

6852. Bouland (Dr L.). — Livres aux armes de l'impératrice Eugénie, *fig.*, p. 151 à 155.

6853. Bouland (Dr L.). — Ex-libris de Gaspard-Antoine d'Amoreux, p. 156.

6854. Divers. — Questions et réponses, *fig.*, p. 158 à 160.

[Ex-libris de Mme de Saint-Prest, d'Achille Cochart, marquis de Chastenaye, et de Charlotte Le Tonnellier, *fig.*]

6855. Advielle (Victor). — L'abbé Prompsault, chapelain de l'hospice des Quinze-vingts aveugles, son ex-libris manuscrit, *facs.* et *fig.*, p. 162.

6856. Engelmann (Ed.). — Les ex-libris de la famille Zimberlin, *fig.* et *pl.*, p. 164 à 167.

6857. Bouland (Dr L.). — Ex-libris de Pierre-Hyacinthe-Vincent Botu, *pl.*, p. 167.

6858. Mar (Léopold). — Les ex-libris du comte de Baschi-Saint-Estève, *fig.* et *pl.*, p. 169 à 172.

6859. Divers. — Questions et réponse, *fig.*, p. 174 à 176.

[Ex-libris de Pianello de la Valette, *fig.*]

6860. Bizemont (Comte Arthur de). — Ex-libris de M. le comte A[ndré] de Bizemont [-Prunelé], *pl.*, p. 179.

6861. Divers. — Questions et réponses, *fig.*, p. 181.

[Cachet du district de Metz, *fig.*; ex-libris du comte J.-M. de Viry-La-Forest, *fig.*]

SEINE. — PARIS.

SOCIÉTÉ DE L'ÉCOLE DES CHARTES.

Les publications antérieures de cette Société sont analysées dans notre *Bibliographie générale*, savoir :

Bibliothèque de l'École des Chartes, t. I à XLVI (1839-1885), *Bibliographie*, t. IV, p. 1.

— — t. XLVII à LXI (1886-1900), *Bibliographie*, Supplément sous presse.

— — t. LXII (1901), *Bibliographie*, nouvelle série, t. I, p. 115.

Documents historiques (1873-1879), *Bibliographie*, t. IV, p. 34.

Mémoires et documents, t. I à IV (1896-1900), *Bibliographie*, Supplément sous presse.

6862. Dieudonné (A.). — Table des tomes XLI-LX (1880-1899) de la Bibliothèque de l'École des Chartes, suivie des tables générales sommaires des tomes I-XL, savoir : II. Table alphabétique des articles par noms d'auteurs. — III. Table chronologique des documents. — IV. Table des fac-similés, dessins et plans. — (Paris, 1903, in-8°, II-318 p.)

6863. Anonyme. — Livret de l'École des Chartes (1891-1901). Supplément au livret publié en 1891. (Paris, 1902, in-18, 167 p.)

LXIII. — Bibliothèque de l'École des Chartes..., LXIII, année 1902. (Paris, 1902, in-8°, 794 p.)

6864. H. O. [Omont (H.)]. — Dictionnaire d'abréviations latines publié à Brescia en 1534, *4 ff. de facs.*, p. 5 à 9.

6865. Omont (H.). — Catalogue des manuscrits Ashburnham-Barrois, récemment acquis par la Bibliothèque nationale, p. 10 à 68. — Suite et fin de LXII, p. 555.

6866. Levillain (Léon). — Étude sur les lettres de Loup de Ferrières, p. 69, 289 et 537. — Suite et fin de LXII, p. 445. — Cf. n° 6901.

6867. Morel (Octave). — Note sur l'usage du signet royal au XIVe siècle, à propos de deux signets de Jean le Bon, p. 119 à 124.

6868. Jobet (Charles). — Notice sur la vie et les travaux de M. de la Borderie, p. 177 à 219. — Cf. id. n°s 6267 et 6350.

6869. Valois (Noël). — Jacques de Nouvion et le religieux de Saint-Denis, p. 233 à 262.

6870. Delaborde (H.-François). — Une œuvre nouvelle de Guillaume de Saint-Pathus, p. 263 à 288.

6871. Guilhiermoz (P.). — Ordonnance inédite de Philippe le Bel sur la police de la pêche fluviale (17 mai 1293), p. 331 à 337.

6872. G. G. [Guigues (G.)]. — Entrée à Lyon de l'archevêque François de Rohan, relation des actes capitulaires du chapitre métropolitain (14 août 1506), p. 338 à 351.

6873. Poupardin (René). — Dix-huit lettres inédites d'Arnoul de Lisieux, p. 352 à 373.

6874. Lair (Jules). — Notice sur la vie et les travaux de M. Célestin Port, p. 443 à 462. — Cf. id. n° 6269 et 6351.

6875. Berger (Élie). — René de Maulde [† 1902], p. 463 à 465.

6876. Schmidt (Charles). — Henri Chassériaud [1873 † 1902], p. 465.

6877. [Omont (H.)]. — Manuscrits latins et français récemment entrés à la Bibliothèque nationale et exposés dans la galerie Mazarine, p. 474.

6878. [Delisle (L.)]. — Gilles Aicelin, archevêque de Narbonne [1302], p. 478.

6879. Anonyme. — La chancellerie romaine au temps de Paul II, p. 479.

6880. Lauer (Ph.). — Les manuscrits de Saint-Arnoul de Crépy, p. 481 à 516.

6881. Sepet (Marius). — Observations sur la légende de sainte Odile, p. 517 à 536.

6882. Calmette (Joseph). — Notice sur la seconde partie du manuscrit catalan P 13 de la Bibliothèque nationale de Madrid, p. 587 à 595.

[Fastes de J.-F. Boschà (xve s.).]

6883. [Omont (H.)]. — Catalogue de la bibliothèque des Grands-Augustins de Paris vers la fin du XIIIe siècle, p. 596 à 598.

6884. Vernier (J.-J.). — Inventaire du Trésor et de la sacristie de l'abbaye de Clairvaux de 1640, p. 599 à 677.

6885. Bruel (A.). — Fragment d'un cartulaire de Cluny renfermant un diplôme inédit de Philippe Auguste, p. 678 à 681.

6886. Férotin (D. Marius). — Complément de la lettre de saint Hugues, abbé de Cluny, à Bernard d'Agen, archevêque de Tolède (1087), p. 682 à 686. — Cf. LXI, p. 339.

6887. Lauer (Ph.). — Lettre close de Charles le Chauve pour les Barcelonais, p. 696 à 699. — Cf. n° 6906.

6888. Anonyme. — Une nouvelle lettre de Racine, p. 762.

LXIV. — Bibliothèque de l'École des Chartes..., LXIV, année 1903. (Paris, 1903, in-8°, 726 p.)

6889. Omont (Henri). — Nouvelles acquisitions du département des manuscrits de la Bibliothèque nationale pendant les années 1900-1902, p. 5 à 30, et 221 à 258.

6890. Levillain (Léon). — Le sacre de Charles le Chauve à Orléans, p. 31 à 53.

6891. Lévêque (Pierre). — Trois actes faux ou interpolés des comtes Eudes et Robert et du roi Raoul en faveur de l'abbaye de Marmoutier (887, 912, 931), p. 54 à 82, et 289 à 305.

6892. Lanore (M.). — La tapisserie de Bayeux, p. 83 à 93.

6893. Delachenal (R.). — La date de la naissance de Charles V, p. 94 à 98.

6894. Guilhiermoz. — Joseph Couraye du Parc (1856 † 1902), p. 198 à 200.

6895. Lex. — A.-C.-M. Paillard († 1903), p. 200 à 202.

6896. Divers. — Discours prononcés aux funérailles de M. G. Paris, p. 202 à 209.

[Discours de M. P. Meyer, A. Morel-Fatio, É. Berger, A. Thomas.]

6897. Delisle (L.). — Rouleau mortuaire du cardinal Milon de Palestrina [† vers 1103], p. 211.

6898. Ch.-V. L. [Langlois (Charles-Victor)]. — La lettre d'Enguerrand de Marigny à Simon de Pise [1314], p. 212 à 214.

6899. [Omont (H.)]. — Manuscrits de la collection Phillipps récemment acquis pour la Bibliothèque nationale, p. 214 à 215. — Cf. n° 6914.

6900. Delisle (L.). — Le cierge pascal de la cathédrale de Sens en 1515, p. 216.

6901. Levillain (Léon). — Une nouvelle édition des lettres de Loup de Ferrières, p. 259 à 283. — Cf. n° 6866.

6902. Poupardin (René). — La date de la *Visio Karoli Tertii*, p. 284 à 288.

6903. Delaborde (H.-François). — A propos d'une rature dans un registre de Philippe Auguste, p. 306 à 313.

6904. Delisle (L.). — Les Heures de Jacqueline de Bavière, p. 314 à 320.

6905. Durrieu (Paul). — Les très riches Heures du duc de Berry, conservées à Chantilly au musée Condé, et le Bréviaire Grimani, p. 321 à 328.

6906. Calmette (Joseph). — Sur la lettre close de Charles le Chauve aux Barcelonais, p. 329 à 334. — Cf. n° 6887.

6907. Mandrot (Bernard de). — P.-L. Pelicier [1836 † 1903], p. 437 à 439.

6908. Roux (H. de). — Henri Duchemin [1866 † 1903], p. 439.

6909. Berger (Élie). — Léon XIII et les études historiques, p. 444 à 446.

6910. Welvert (E.). — Les comptes décadaires, leur valeur historique, leur classement, p. 447 à 451.

6911. [Delisle (L.)]. — Recouvrement de l'indemnité promise à Pierre Schoeffer par Louis XI, p. 451. — Cf. id. n° 7200.

6912. Delisle (Léopold) et Traube (Ludwig). — Un feuillet retrouvé du recueil écrit sur papyrus de lettres et de sermons de saint Augustin, *facs.*, p. 453 à 480.

6913. La Roncière (Ch. de). — L'atlas catalan de Charles V dérive-t-il d'un prototype catalan?, p. 481 à 489.

6914. Omont (H.). — Manuscrits de la bibliothèque de sir Thomas Phillipps récemment acquis pour la Bibliothèque nationale, p. 490 à 553. — Cf. n° 6899.

6915. Lesort (André) et Prévost (Michel). — Bulles inédites des papes Eugène III, Lucius III, Célestin III et Innocent III, p. 554 à 566.

[Bulles en faveur des abbayes de Saint-Benoît en Woëvre (1147 et 1182), de Riéval (1148) et de Saint-Airy de Verdun (1197 et 1198).]

6916. H. M. [Moranvillé (H.)]. — Notes de statistique douanière sous Philippe VI de Valois, p. 567 à 576.

6917. Prou (M.). — Deux fragments de bulles sur papyrus au musée du Puy, *facs.*, p. 577.

[Bulles de Silvestre II (999) et de Léon IX (1052) pour l'église du Puy.]

6918. [Moranvillé (H.)]. — Charles de Grandmaison, [1824 † 1903], p. 670 à 673.

6919. Delisle (L.) et Durrieu (Paul). — Ulysse Robert, p. 673 à 677.

6920. Dorez (L.). — L'incendie du Vatican, p. 690 à 696.

6921. [Delisle (L.)]. — Insurrections populaires sous le règne de Louis X, p. 697.

6922. H. M. [Moranvillé (H.)]. — Le barbier de Charles VI [Merlin Joli], p. 699 à 702.

V. — Mémoires et documents publiés par la Société de l'École des Chartes, V. (Paris, 1902, in-8°, XIII-382 p.)

6923. Levillain (Léon). — Examen critique des chartes mérovingiennes et carolingiennes de l'abbaye de Corbie. (Paris, 1902, in-8°, XIII-382 p.)

SEINE. — PARIS.

SOCIÉTÉ DE L'ÉCOLE DES SCIENCES POLITIQUES.

Cette Société a été fondée en 1871; la publication de ses *Annales* n'ayant commencé qu'en 1886, c'est dans le Supplément, sous presse, de notre *Bibliographie générale* qu'on trouvera l'analyse des quinze premiers volumes de ce recueil.

XVI. — Annales des sciences politiques, revue bimestrielle publiée avec la collaboration des professeurs et des anciens élèves de l'École libre des sciences politiques..., 16e année, 1901. (Paris, 1901, in-8°, 801 p.)

6924. Léonardon (H.). — L'Espagne et la question du Mexique (1861-1862), p. 59 à 95.

6925. Piot (Stéphane). — L'édit d'août 1749 sur les biens de mainmorte, p. 145 à 159.

6926. Aragon (Marcel). — La Compagnie d'Ostende et le grand commerce en Belgique au début du XVIIIe siècle, p. 216 à 247.

6927. Maury (F.). — De La Fayette à Gambetta. L'esprit républicain, p. 248 à 258.

6928. Schefer (Christian). — La politique coloniale de la Première Restauration, p. 299 à 319; et XVII, p. 344 à 361.

6929. Alix (Gabriel). — De l'organisation et du rôle des sciences politiques, p. 403 à 426.

6930. Savary (Robert). — Les salaires et les prix en France et aux Etats-Unis au cours du dernier demi-siècle, p. 487 à 497.

6931. Maury (François). — Anvers autrefois et aujourd'hui, p. 571 à 599; et XVII, p. 87 à 109.

6932. Dollot (René). — Un condominium dans l'Europe centrale. Moresnet, *carte*, p. 620 à 634.

6933. Calan (Ch. de). — La race et le milieu, essai de géographie sociale, p. 730 à 747; et XVII, p. 226 à 246.

XVII. — Annales des sciences politiques, revue bimestrielle publiée avec la collaboration des professeurs et des anciens élèves de l'École libre des sciences politiques..., 17e année, 1902. (Paris, 1902, in-8°, 853 p.)

[6931]. Maury (François). — Anvers autrefois et aujourd'hui, p. 87 à 109.

6934. Stourm (René). — L'œuvre financière du Consulat, p. 135 à 146.

[6933]. Calan (Ch. de). — La race et le milieu, essai de géographie sociale, p. 226 à 246.

[6928]. Schefer (Christian). — La politique coloniale de la Première Restauration, p. 344 à 361.

6935. Henry (Paul-L.). — L'hospitalité de nuit à Paris [historique], p. 362 à 377, et 768 à 780.

6936. Boutmy (E.). — La Déclaration des droits de l'homme et du citoyen, et M. Jellinek, p. 415 à 443.

6937. Levasseur (E.). — La Convention et le maximum, p. 543 à 577.

SEINE. — PARIS.

SOCIÉTÉ D'ÉCONOMIE SOCIALE.

Les publications antérieures de cette Société sont analysées dans notre *Bibliographie générale,* savoir :
Les Ouvriers des Deux Mondes, t. I à V (1857-1885), *Bibliographie,* t. IV, p. 36.
— — t. VI à X (1887-1899), *Bibliographie,* Supplément sous presse.
Bulletin, t. I à IX (1865-1885), *Bibliographie,* t. IV, p. 38.
Annuaire, t. I à V (1875-1880), *Bibliographie,* t. IV, p. 42.
La Réforme sociale, t. I à IX (1881-1885), *Bibliographie,* t. IV, p. 43.
— t. X à XL (1886-1900), *Bibliographie,* Supplément sous presse.
— t. XLI et XLII (1901), *Bibliographie,* nouvelle série, t. I, p. 117.

XLIII. — **La Réforme sociale. Bulletin de la Société d'Économie sociale et des Unions de la paix sociale,** fondées par P.-F. Le Play, 5ᵉ série, t. III (tome XLIII de la collection), 22ᵉ année, janvier-juin 1902. (Paris, 1902, in-8ᵉ, 980 p.)

6938. Levasseur. — La corporation sous le Consulat, l'Empire et la Restauration, p. 144 à 178, et 227 à 240.

6939. Rivière (Louis). — Les mendiants sous l'ancien régime, p. 714 à 731.

6940. Delaire (A.). — Monsieur Charles Welche († 1902), p. 805 à 807.

XLIV. — **La Réforme sociale. Bulletin de la Société d'Économie sociale et des Unions de la paix sociale,** fondées par P.-F. Le Play, 5ᵉ série, t. IV (tome XLIV de la collection), 22ᵉ année, juillet-décembre 1902. (Paris, 1902, in-8ᵉ, 944 p.)

SEINE. — PARIS.

SOCIÉTÉ D'ENCOURAGEMENT POUR LA PROPAGATION DES LIVRES D'ART.

Les publications antérieures de cette Société sont indiquées dans notre *Bibliographie générale,* savoir :
Ouvrages divers (1881-1886), *Bibliographie,* t. IV, p. 48.
— (1887-1900), *Bibliographie,* Supplément sous presse.

6941. Babelon (Ernest). — Histoire de la gravure sur gemmes en France, depuis les origines jusqu'à l'époque contemporaine. (Paris, 1902, gr. in-8ᵉ, xx-263 p., *fig.* et *pl.*)

SEINE. — PARIS.

SOCIÉTÉ DE L'ENSEIGNEMENT SUPÉRIEUR.

Les publications antérieures de cette Société sont analysées dans notre *Bibliographie générale,* savoir :
Études et *Bulletin,* t. I à III (1878-1880), *Bibliographie,* t. IV, p. 49.

Revue, t. I à X (1881-1885), *Bibliographie*, t. IV, p. 49.
— t. XI à XL (1886-1900), *Bibliographie*, Supplément sous presse.
— t. XLI à XLII (1901), *Bibliographie*, nouvelle série, t. I, p. 117.

XLIII. — Revue internationale de l'enseignement, publiée par la Société de l'enseignement supérieur..., rédacteur en chef, M. François Picavet, t. XLIII, janvier à juin 1902. (Paris, 1902, in-8°, 584 p.)

6942. Renard (Georges). — L'histoire économique et sociale de la deuxième République française, p. 13 à 21.
6943. Monod (Gabriel). — François-Tommy Perrens (1822 † 1901), p. 108 à 123.
6944. Luchaire (Julien). — Leçon d'ouverture du cours de langue et de littérature italiennes à la Faculté des lettres de l'Université de Lyon, p. 259 à 273.
6945. La Ville de Mirmont (H. de). — La bibliothèque universitaire et la bibliothèque municipale de Bordeaux, p. 518 à 524.

XLIV. — Revue internationale de l'enseignement, publiée par la Société de l'enseignement supérieur..., rédacteur en chef, M. François Picavet, t. XLIV, juillet à décembre 1902. (Paris, 1902, in-8°, 585 p.)

6946. Delfour (Joseph). — La prétendue crise de l'enseignement secondaire après l'expulsion des Jésuites en 1762, p. 161 à 163.
6947. Anonyme. — Collège de France. Cours de M. Gaston Paris (1867-1902), p. 200 à 203.

SEINE. — PARIS.

SOCIÉTÉ DES ÉTUDES HISTORIQUES.

Les publications antérieures de cette Société sont analysées dans notre *Bibliographie générale*, savoir :
Journal et *Revue*, t. I à LVI (1834-1885), *Bibliographie*, t. IV, p. 108.
Revue, t. LVII à LXXI (1885-1900), *Bibliographie*, Supplément sous presse.
— t. LXXII (1901), *Bibliographie*, nouvelle série, t. I, p. 118.
Congrès, 6 vol. (1835-1842), *Bibliographie*, t. IV, p. 133.
Bibliographies critiques (1901), *Bibliographie*, nouvelle série, t. I, p. 119.

LXXIII. — Revue des études historiques, 68ᵉ année, 1902. (Paris, s. d., in-8°, 659 p.)

6948. Taboureel (Raymond). — Considérations sur la guerre de Sept ans, manuscrit inédit du prince Henri de Prusse, p. 5 à 26.
6949. Peyre (Roger). — Une amie de L'Hospital et de Ronsard : Marguerite de France, duchesse de Berry, duchesse de Savoie, p. 27 à 68, et 140 à 164. — Suite de LXXII, p. 489.
6950. Pappas (Spyridon). — Un point d'histoire ignoré. L'agence de commerce français d'Ancône (1799), p. 69 à 72.
6951. Duvernoy (Émile). — Actes de saint Louis aux archives de Meurthe-et-Moselle, p. 73 à 74.
6952. Marion (Marcel). — État des classes rurales au XVIIIᵉ siècle dans la Généralité de Bordeaux, p. 97, 335, et 451.
6953. Froidevaux (Henri). — Le gouvernement de Flacourt à Madagascar, p. 165 à 175.
6954. Cottin (Paul). — Les dernières pages du roman de Mirabeau et Sophie de Monnier (1781), d'après des documents inédits, p. 209 à 334.
6955. Laborde-Milaà (A.). — La Boétie et Montaigne, p. 362 à 368.
6956. Lattre (Henri de). — Les idées politiques et sociales du vice-président des États-Unis Calhoun d'après sa correspondance, p. 369 à 377.
6957. Fleury (Comte). — Les Amazones de Charette, p. 433 à 450.

[Mᵐᵉ de la Rochefoucauld; Mᵐᵉ de Montsorbier; Mˡˡᵉˢ de la Rochette et de Couetus.]

6958. Peyre (Roger). — Une lettre retrouvée de Colbert [à Viliotto], p. 479 à 482.
6959. Funck-Brentano (Frantz). — L'imprimerie à Paris en 1645, p. 483 à 486.
6960. Depoin (J.). — De la propriété et de l'hérédité des noms dans les familles palatines, p. 545 à 557.
6961. Mirot (Léon). — Les insurrections urbaines en Normandie à la fin du XIVᵉ siècle, p. 558 à 582.

6962. Piot (Stéphane). — Les premiers mois de la peste de Marseille d'après des documents inédits, p. 583 à 601.

LXXIV. — Revue des études historiques, 69ᵉ année, 1903. (Paris, s. d., in-8°, 672 p.)

6963. Lacour-Gayet (G.). — Un utopiste inconnu. Les *Codicilles de Louis XIII*, p. 5 à 50.

6964. Cart (J.). — Souvenirs de Russie (1783-1798). Extraits du journal de Mˡˡᵉ Lienhardt [Marie-Dorothée], p. 51, 129, et 248.

6965. Fleury (Comte). — La comtesse de Luçay (1769 † 1842), p. 113 à 128.

6966. Madelin (Louis). — Talleyrand préhistorique, p. 147 à 155.

6967. Tabournel (Raymond). — Les dernières volontés du prince Henri de Prusse (1802), p. 156 à 161.

6968. Lavollée (Robert). — Les duels de Montmorency-Bouteville, d'après des documents inédits, p. 225 à 247, et 337 à 365.

6969. Misermont (Lucien). — Le conventionnel Lebon avant son entrée dans la vie publique, d'après ses lettres et plusieurs documents inédits, p. 274 à 293.

6970. Auzoux (A.). — Lettres inédites de l'amiral de Linois (1806), p. 366 à 389.

6971. Funck-Brentano (Frantz). — Les bâtiments du For-l'Évêque en 1583, p. 390 à 395.

6972. Boutry (Maurice). — La mort de madame de Pompadour et l'alliance autrichienne. Un faux bruit d'ambassade, p. 396 à 398.

6973. Boutry (Maurice). — Le mariage de Marie-Antoinette, p. 449 à 497, et 581 à 616.

6974. Cochin (Auguste). — Les conquêtes du consistoire de Nîmes pendant la Fronde (1648-1653), p. 498 à 514.

6975. Vaissière (Pierre de). — Bernardin de Saint-Pierre, les années d'obscurité et de misère (1773-1783), p. 515 à 525.

6976. Stryienski (Casimir). — Le testament de Madame Infante [Louise-Élisabeth de France] (1759), p. 561 à 580.

BIBLIOTHÈQUE DES BIBLIOGRAPHIES CRITIQUES.

6977. Lebout (Alfred). — Les conflits entre la France et l'Empire pendant le moyen âge. (Paris, 1902, in-8°, 73 p.)

6978. Chavanon (Jules). — Histoire de l'Artois. (Paris, 1902, in-8°, 64 p.)

6979. Giraud (Victor). — Taine. (Paris, 1902, in-8°, 83 p.)

6980. Blanchet (Adrien). — Sigillographie française. (Paris, 1902, in-8°, 53 p.)

6981. Lejeal (Léon). — Les antiquités mexicaines. (Paris, 1902 in-8°, 79 p.)

SEINE. — PARIS.

SOCIÉTÉ DES ÉTUDES JUIVES.

Les publications antérieures de cette Société sont analysées dans notre *Bibliographie générale*, savoir :

Revue des études juives, t. I à X (1880-1885), *Bibliographie*, t. IV, p. 137.
— — t. XI à XLI (1885-1900), *Bibliographie*, Supplément sous presse.
— — t. XLII et XLIII (1901), *Bibliographie*, nouvelle série, t. I, p. 119.
Annuaire, t. I à III (1881-1884), *Bibliographie*, t. IV, p. 141.
Actes et conférences (1886-1889), *Bibliographie*, Supplément sous presse.

XLIV. — Revue des études juives, publication trimestrielle de la Société des études juives, t. XLIV. (Paris, 1902, in-8°, xxx-320 p.)

6982. Monceaux (Paul). — Les colonies juives dans l'Afrique romaine, p. 1 à 28.

[7033]. Marmier (G.). — Contributions à la géographie de la Palestine et des pays voisins, p. 29 à 44.

6983. Epstein (A.). — Le retour de Rab en Babylonie d'après M. Isaac Halévy, p. 45 à 62.

[7035]. Goldziher (J.). — Mélanges judéo-arabes, p. 63 à 72.

6984. Lévi (Israël). — Un recueil de consultations inédites de rabbins de la France méridionale, p. 73 à 86. — Suite et fin de XXXVIII, p. 103, XXXIX, p. 76, 266; et XLIII, p. 237.

6985. Seligsohn (M.). — Quatre poésies judéo-persanes sur les persécutions des juifs d'Ispahan, p. 87 à 103. et 244 à 259. — Cf. XLIII, p. 101.

6986. Ginsburger (M.). — Élie Schwab, rabbin de Ha-

guenau (1721 † 1747), p. 104 à 121, 260 à 282; et XLV, p. 255 à 284.
6987. Lambert (Mayer). — Notes exégétiques, p. 122; XLV, p. 289; et XLVI, p. 147.
6988. Derenbourg (Hartwig). — Un dieu nabatéen ivre sans avoir bu de vin [Schî'a al-Kaum], p. 124 à 126.
6989. Chajes (H.-P.). — Sur quelques noms propres talmudiques, p. 126 à 128.
6990. Hildenfinger (Paul). — Une accusation de meurtre rituel à Waldkirch en Brisgau (1503), p. 129 à 131.
6991. Poznanski (S.). — Anan et ses écrits, p. 161 à 187; et XLV, p. 50 à 69, et 176 à 203.
6992. Adler (Elkan N.) et Séligsohn (M.). — Une nouvelle chronique samaritaine, p. 188 à 222; XLV, p. 70 à 98, 223 à 254; et XLVI, p. 123 à 146.
6993. Chajes (H. P.). — Notes de lexicographie hébraïque, p. 223 à 229.
6994. Epstein (A.). — L'ouvrage intitulé *Les quatre portes* et l'affaire de Ben Méir, p. 230 à 236.
6995. Büchler (A.). — Relation d'Isaac Dorbelo sur une consultation envoyée par les Juifs du Rhin en l'an 960 aux communautés de Palestine, p. 237 à 243.
6996. Bacher (W.). — Notes sur Isaïe, LIV, 7, p. 283 à 285.
6997. Bacher (W.). — אוּר dans le sens *d'obscurité*, p. 286 à 287.
6998. Lévi (Israël). — La langue originale du Livre de Tobit, p. 288 à 291.
6999. Lévi (Israël). — Quelques citations de l'Ecclésiastique, p. 291 à 294.
7000. Lévi (Israël). — Un fragment du Maftéah de R. Nissim sur Sanhédrin, p. 294 à 297.
7001. Kayserling (M.). — Notes sur l'histoire des juifs de Majorque [1391-1392], p. 297 à 300.
7002. Kayserling (M.). — Un ouvrage inconnu d'un savant italien [Règles de l'abatage par le médecin romain Yehiel ben Yekouthiel ben Benjamin, de la famille d'Anaw, 1275], p. 300 à 301.
7003. Crémieux (Ad.). — Un droit perçu sur les juifs étrangers venus en France au XVIIe siècle [à Marseille], p. 301 à 306.

XLV. — Revue des études juives, publication trimestrielle de la Société des études juives, t. XLV. (Paris, 1902, in-8°, 320 p.)

[7035]. Goldziher (J.). — Mélanges judéo-arabes, p. 1 à 12.
7004. Lévy (Louis-Germain). — Du totémisme chez les Hébreux, p. 13 à 26.
7005. Krauss (S.). — Antioche, p. 27 à 49.
[6991]. Poznanski (S.). — Anan et ses écrits, p. 50 à 69, et 176 à 203.
[6992] Adler (E.) et Seligsohn. — Une nouvelle chronique samaritaine, p. 70 à 98, et 223 à 254.
7006. Elbogen (A.). — Les *Dinîm* de R. Pérec, p. 99 à 111, et 204 à 217.
7007. Schwab (Moïse). — Une Haggada illustrée [ms. hébreu 1388 de la Bibliothèque nationale, XVIe s.], *fig.*, p. 112 à 132.
7008. Weill (Julien). — Revue bibliographique, 1er, 2e et 3e trimestres 1902, p. 133 à 157. — Cf. n°s 7017 et 7030.
7009. Reinach (Théodore). — La date de la colonie juive d'Alexandrie, p. 161 à 164.
[7033] Marmier (G.). — Contributions à la géographie de la Palestine et des pays voisins, p. 165 à 171.
7010. Lévi (Israël). — Un indice sur la date et le lieu de la composition de la Meguillat Antiochos (rouleau d'Antiochus), p. 172 à 175.
7011. Hildenfinger (Paul). — Figures de juifs portant la rouelle, p. 218 à 222.
[6986] Ginsburger (M.). — Élie Schwab, rabbin de Haguenau (1721 † 1747), p. 255 à 284.
7012. Lambert (Mayer). — Les dates et les âges dans la Bible, p. 285 à 288.
[6987]. Lambert (Mayer). — Notes exégétiques, p. 289 à 291.
7013. Bacher (W.). — Le taureau de Phalaris dans l'Agada, p. 291 à 295.
7014. Schwab (Moïse). — Le Credo traduit en hébreu et transcrit en caractères latins, p. 296 à 298.
7015. Harkavy (A.). — Contribution à la littérature gnomique, p. 298 à 305.
7016. Lévi (Israël). — Une fragment d'une traduction arabe du Hibbour Maasiot, p. 305 à 308.
7017. Slouschz (N.). — Revue bibliographique [complément pour 1899-1902], p. 309 à 318. — Cf. n°s 7008 et 7030.

XLVI. — Revue des études juives, publication trimestrielle de la Société des études juives, t. XLVI. (Paris, 1903, in-8°, LVIII-320 p.)

7018. Crémieux (Ad.). — Les juifs de Marseille au moyen âge, p. 1, 246; et XLVII, p. 62 et 243.
7019. Kuiper (K.). — Le poète juif Ézéchiel, p. 48 à 73, et 161 à 177.
7020. Büchler (A.). — L'enterrement des criminels d'après le Talmud et le Midrasch, p. 74 à 88.
7021. Bergmann (J.). — Les éléments juifs dans les pseudo-Clémentines, p. 89 à 98.
7022. Seligsohn (M.). — Une critique de la Bible du temps des Gueonim, p. 99 à 122.
[6992]. Adler (Elkan A.) et Seligsohn (M.). — Une nouvelle chronique samaritaine, p. 123 à 146.
[6987]. Lambert (Mayer). — Notes exégétiques, p. 147.
7023. Schwab (Moïse). — Mots hébreux dans les mystères du moyen âge, p. 148 à 151.
7024. Lambert (Mayer). — De l'emploi des suffixes pronominaux avec *noun* et sans *noun* au futur et à l'impératif, p. 178 à 183.

[7033]. Marmier (G.). — Contributions à la géographie de la Palestine et des pays voisins, p. 184 à 196.

7025. Epstein (A.). — Ordination et autorisation [Le voyage de Rab en Babylonie, *Sanhédrin* 5 *a*.], p. 197 à 211.

7026. Lévi (Israël). — Un papyrus biblique, p. 212 à 217.

7027. Krauss (Samuel). — Les divisions administratives de la Palestine à l'époque romaine, p. 218 à 236.

7028. Monod (Bernard). — Juifs, sorciers et hérétiques au moyen âge, d'après les mémoires d'un moine du XIe siècle, Guibert de Nogent, p. 237 à 245.

7029. Kayserling (M.). — Les rabbins de Suisse [XVIIe-XIXe s.], p. 269 à 275.

7030. Lévi (Israël). — Revue bibliographique, 4e trimestre 1902-1er trimestre 1903, p. 276 à 300. — Cf. nos 7008 et 7017.

XLVII. — Revue des études juives, publication trimestrielle de la Société des études juives, t. XLVII. (Paris, 1903, in-8°, 320-XIV p.)

7031. Lévi (Israël). — Un problème de paléographie hébraïque, p. 1 à 6.

7032. Ginzburg (David de). — Le nom d'Abraham, p. 7 à 22.

7033. Marmier (G.). — Contributions à la géographie de la Palestine et des pays voisins, p. 23 à 31. — Suite de XXXV, p. 185; XLIII, p. 161, XLIV, p. 29; XLV, p. 165; et XLVI, p. 184.

7034. Krauss (S.). — Les préceptes des Noachides, p. 32 à 40.

7035. Goldziher (I.). — Mélanges judéo-arabes, p. 41 à 46, 179 à 186. — Suite de XLIII, p. 1; XLIV, p. 63; et XLV, p. 1.

7036. Eppenstein (Simon). — Recherches sur les comparaisons de l'hébreu avec l'arabe chez les exégètes du nord de la France, p. 47 à 56.

7037. Schwab (Moïse). — Un acte de vente hébreu du XIVe siècle [à Girone], p. 57 à 61, et 318.

[7018]. Crémieux (Ad.). — Les juifs de Marseille au moyen âge, p. 62 à 86, et 243 à 261.

7038. Ginsburger (Ernest). — Les juifs de Frauenberg [près Sarreguemines, XVIIIe s.], p. 87 à 122.

7039. Meyerson (E.-D.). — Le sac du ghetto de Francfort en 1614, *fig.*, p. 123.

7040. Ginsburger (M.). — Les juifs de Villingen [grand duché de Bade, XIVe-XVIe s.], p. 125 à 128.

7041. Ginsburger (M.). — La famille Schweich [à Metz, XVIIIe s.], p. 128 à 132.

7042. Lévi (Israël). — Notes sur les jeûnes chez les Juifs, p. 161 à 171.

7043. Reinach (Théodore). — Mon nom est légion [Marc et Luc], p. 172 à 178.

7044. Hildenfinger (Paul). — La figure de la synagogue dans l'art du moyen âge, p. 187 à 196.

7045. Liber (M.). — Gloses arabes dans Raschi, p. 197 à 204.

7046. Lévi (Israël). — Un recueil de contes juifs inédits, p. 205 à 213. — Suite de XXXIII, p. 47, 233; et XXXV, p. 65.

7047. Lévi (Israël). — Une consultation inédite sur l'intercession des vivants en faveur des morts [XIVe s.], p. 214 à 220.

7048. Hildenfinger (P.). — Documents relatifs aux juifs d'Arles [1361-1477], p. 221 à 242.

7049. Bacher (W.). — Un épisode de l'histoire des juifs de Perse, p. 262 à 282.

7050. Ginsburger (Moïse et Ernest). — Contributions à l'histoire des juifs d'Alsace pendant la Terreur, p. 283 à 299.

7051. Lévi (Israël). — Un acte hébreu de fiançailles de l'année 1049 [à Fostat, vieux Caire], p. 300.

7052. Marrel (E.). — Un document sur les juifs de Saint-Remy-de-Provence au XIVe siècle, p. 301 à 307.

7053. Goldblum (Isidore). — Élégies sur des rabbins martyrs, composées par Samuel, fils d'Ascher Halévi, p. 307 à 311.

7054. Reinach (Salomon). — La prétendue race juive, p. I à XIV.

SEINE. — PARIS.

SOCIÉTÉ DE GÉOGRAPHIE.

Les publications antérieures de cette Société sont analysées dans notre *Bibliographie générale*, savoir :

Bulletin et *Comptes rendus*, t. I à CXXIV (1822-1885), *Bibliographie*, t. IV, p. 143.

— — t. CXXV à CLII (1886-1899), *Bibliographie*, Supplément sous presse.

La Géographie, t. I et II (1900), *Bibliographie*, Supplément sous presse.

— t. III et IV (1901), *Bibliographie*, nouvelle série, t. I, p. 121.

Recueil de voyages, 8 vol. (1824-1866), *Bibliographie*, t. IV, p. 190.
Congrès, t. I à VII (1875-1884), *Bibliographie*, t. IV, p. 191.
— t. VIII à XXI (1886-1900), *Bibliographie*, Supplément sous presse.
— t. XXII (1901), *Bibliographie*, nouvelle série, t. I, p. 121.

V. — **La Géographie, Bulletin de la Société de géographie**, publié tous les mois par le baron Hulot,... et M. Charles Rabot,... t. V, 1er semestre 1902. (Paris, 1902, gr. in-8°, 518 p.)

7055. Divers. — Charles Maunoir (1830 † 1901), *portr.*, p. 1 à 4.
7056. Brunhes (Jean). — Les oasis du Souf et du M'zab comme types d'établissements humains, *fig.*, p. 5 à 20, et 175 à 195.
7057. Robillot. — Reconnaissance et organisation du Bas-Chari, p. 155 à 164.
7058. Bruel (G.). — La région civile du Haut-Chari, p. 165 à 174.
7059. Deniker (J.). — Voyage du lieutenant Kozlov' en Asie centrale, *carte*, p. 273 à 278.
7060. Anonyme. — Nécrologie. Mikhaïl Vassiliévitch Pievtsov', p. 310.
7061. Weisgerber (Dr F.). — Explorations au Maroc, *fig. et carte*, p. 321 à 339.
7062. Du Bourg de Bozas (Vicomte). — Mission du Bourg de Bozas, voyage au pays des Aroussi (Éthiopie méridionale), *fig. et carte*, p. 401 à 430.

VI. — **La Géographie. Bulletin de la Société de géographie**, publié tous les mois par le baron Hulot,... et Charles Rabot,... t. VI, 2e semestre 1902. (Paris, 1902, gr. in-8°, 450 p.)

7063. Grandidier (Guillaume). — Une mission dans la région australe de Madagascar en 1901, *fig. et pl.*, p. 1 à 16.
7064. Rabot (Charles). — Les récentes explorations danoises à la côte orientale du Grönland, *fig.*, p. 79 à 100.
7065. Dehérain (H.). — Voyage du landdrost Starrenburg au nord du cap de Bonne-Espérance en 1705, p. 284 à 288.
7066. Charcot (J.-B.). — Une excursion à Jan-Mayen, *fig.*, p. 363 à 369.

SEINE. — PARIS.

SOCIÉTÉ DE L'HISTOIRE DE L'ART FRANÇAIS.

Les publications antérieures de cette Société sont analysées dans notre *Bibliographie générale*, savoir :
Archives de l'art français, 8 vol. (1851-1860), *Bibliographie*, t. IV, p. 194.
Nouvelles archives de l'art français, t. I à XIII (1872-1885), *Bibliographie*, t. IV, p. 204.
— — t. XIV à XXVIII (1886-1900), *Bibliographie*, Supplément sous presse.
— — t. XXIX (1901), *Bibliographie*, nouvelle série, t. I, p. 122.
Bulletin (1875-1878), *Bibliographie*, t. IV, p. 220.
Ouvrages divers, *Bibliographie*, t. IV, p. 221; Supplément sous presse, et nouvelle série, t. I, p. 122.

7067. Montaiglon (Anatole de) et Guiffrey (Jules). — Correspondance des directeurs de l'Académie de France, à Rome, avec les surintendants des bâtiments, publiée d'après les manuscrits des Archives nationales, t. XII, 1764-1774. (Paris, 1902, in-8°, 490 p.)

[Le tome I a paru en 1887, et le tome XI en 1901.]

XXX. — **Nouvelles archives de l'art français**, 3e série, t. XVIII, année 1902. Revue de l'art ancien et moderne, 19e année. (Paris, 1903, in-8°, 387 p.)

7068. Tuetey (Louis). — Procès-verbaux de la Commission des monuments, t. II, p. 1 à 387.

[Le tome I de cette publication a paru en 1902 et forme le tome XXIX des *Nouvelles archives de l'art français*.]

SEINE. — PARIS.

SOCIÉTÉ D'HISTOIRE CONTEMPORAINE.

Les publications antérieures de cette Société sont analysées dans notre *Bibliographie générale*, savoir :
Assemblée générale, n[os] I à X (1891-1900), *Bibliographie*, Supplément sous presse.
— n° XI (1901), *Bibliographie*, nouvelle série, t. I, p. 122.
Ouvrages divers (1890-1901), *Bibliographie*, Supplément sous presse, et nouvelle série, t. I, p. 122.

7069. L.-G. F. [Fabri (L.-G.)]. — Mémoires de Langeron, général d'infanterie dans l'armée russe, campagnes de 1812, 1813, 1814, publiés d'après le manuscrit original pour la Société d'histoire contemporaine. (Paris, 1902, in-8°, cxx-524 p. et *carte*.)

7070. Malet (Albert). — Louis XVIII et les Cent jours à Gand. Recueil de documents inédits publiés pour la Société d'histoire contemporaine, tome II. (Paris, 1902, in-8°, xv-314.)

[Le tome I a paru en 1898.]

7071. Pierre (Victor). — P.-Fr. de Rémusat. Mémoire sur ma détention au Temple (1797-1799), publié pour la Société d'histoire contemporaine avec introduction, notes et documents inédits. (Paris, 1903, in-8°, xlii-191 p.)

7072. Cazenove (A. de). — Deux mois à Paris et à Lyon sous le Consulat. Journal de Mme de Cazenove d'Arlens (février-avril 1803). (Paris, 1903, in-8°, xxxvi-176 p. et *portr.*)

7073. Roussel (Le P.). — Correspondance de Le Coz, évêque constitutionnel d'Ille-et-Vilaine et archevêque de Besançon. Tome II. 1801-1815. (Paris 1903, in-8°, xv-521 p.)

[Le tome I a paru en 1900.]

XII. — Société d'histoire contemporaine, 12e assemblée générale tenue le jeudi 5 juin 1902, sous la présidence de M. Victor Pierre, président de la Société. (Paris 1902, in-8°, 72 p.)

7074. Verhaegen (Paul). — Notice sur Estienne, chef des sans-culottes de Bruxelles en 1792, p. 13 à 38.

7075. Roussel (Le P. A.). Lettre-journal de Claude Le Coz, évêque constitutionnel d'Ille-et-Vilaine, prisonnier au Mont Saint-Michel, du 5 au 17 novembre 1793, p. 39 à 49.

7076. Bégis (Alfred). — Invasion de 1814, ordre donné par l'empereur Napoléon de faire sauter la poudrière de Grenelle, p. 50 à 59. — Cf. n° 7081.

XIII. — Société d'histoire contemporaine, 13e assemblée générale tenue le mercredi 10 juin 1903, sous la présidence de M. Victor Pierre, président de la Société. (Paris, 1903, in-8°, 76 p.)

7077. Pierre (Victor). — Discours, p. 3 à 9.

[M. de Beaucourt († 1902).]

7078. Blazy (L'abbé Louis). — Mgr Jean-Marie du Lau, archevêque d'Arles, massacré aux Carmes, le 2 septembre 1792, p. 14 à 35.

7079. Pierre (Victor). — Le 30 octobre 1836 [Strasbourg] et le 24 février 1848, documents inédits [Rapport et lettre du général Tallandier], p. 36 à 44.

7080. Sageret (Ém.). — Un complot pour prendre Belle-Île en 1801, p. 45 à 51.

7081. Grasilier (L.). Napoléon et la poudrière de Grenelle (30 mars 1814), p. 52 à 63. — Cf. n° 7076.

SEINE. — PARIS.

SOCIÉTÉ D'HISTOIRE DIPLOMATIQUE.

Les publications antérieures de cette Société sont analysées dans notre *Bibliographie générale*, savoir :
Revue, t. I à XIV (1887-1900), *Bibliographie*, Supplément sous presse.
— t. XV (1901), *Bibliographie*, nouvelle série, t. I, p. 123.

XVI. — Revue d'histoire diplomatique, publiée par les soins de la Société d'histoire diplomatique. 16ᵉ année. (Paris 1902, in-8°, 646 p.)

7082. Troplong (Édouard). — De la fidélité des Gascons aux Anglais pendant le moyen âge (1152-1453), p. 51, 238, 410, et 481.
7083. Rott (Ed.). — Les Suisses, l'Espagne et la Ligue. L'ambassade à Soleure, du sieur de Fleury (1582-1586), p. 69 à 91.
7084. Baguenault de Puchesse (G.). — La neutralité belge pendant la guerre de 1870-1871, p. 92 à 102.
7085. Van der Kemp. — La Hollande et l'Europe au commencement du XIXᵉ siècle, p. 103 à 133.
7086. Coquelle (P.). — Les projets de descente en Angleterre d'après les archives des Affaires étrangères, p. 134 à 157. — Suite de XV, p. 433, et 591.
7087. Bourguet (Alfred). — Une négociation diplomatique du duc de Choiseul, relative aux jésuites (1761-1762), p. 161 à 175.
7088. Coquelle (P.). — Les responsabilités de la rupture de la paix d'Amiens en 1803, d'après des documents inédits, p. 267 à 302.
7089. Beaufort (D.). — Quelques projets d'arbitrage international et de paix perpétuelle aux XVIIᵉ et XVIIIᵉ siècles, p. 351 à 367.
7090. Horric de Beaucaire. — Le dernier duc de Mantoue, Charles IV de Gonzague (1652-1708), p. 368 à 400.
7091. Boppe (A.). — Le peintre Jacques-François Martin et la mascarade turque de 1748, p. 401 à 409.
7092. Favre (C.-B.). — Politique et diplomatie de Jacques Cœur, p. 438 à 466, et 579 à 618.
7093. Rigault (Abel). — Savary de Lancosme, un épisode de la Ligue à Constantinople (1589-1593), p. 522 à 578.
7094. Flament (Pierre). — La France et la ligue contre le Turc (1571-1573), p. 619 à 634.

SEINE. — PARIS.

SOCIÉTÉ DE L'HISTOIRE DE FRANCE.

Les publications antérieures de cette Société sont analysées dans notre *Bibliographie générale*, savoir :
Annuaire, 27 vol. (1836-1863), *Bibliographie*, t. IV, p. 228.
Bulletin, 21 vol. (1834-1862), *Bibliographie*, t. IV, p. 232.
Annuaire-Bulletin, t. I à XXII (1863 1885), *Bibliographie*, t. IV, p. 242.
— t. XXIII à XXXVII (1886-1900), *Bibliographie*, Supplément sous presse.
— t. XXXVIII (1901), *Bibliographie*, nouvelle série, t. I, p. 124.
Ouvrages divers, *Bibliographie*, t. IV, p. 224; Supplément sous presse, et nouvelle série, t. I, p. 123.

7095. Courteault (Henri) et Vaissière (Pierre de). — Journal de Jean Vallier, maître d'hôtel du Roi (1648-1657), t. I (1ᵉʳ janvier 1648-4 septembre 1649), par Henri Courteault. (Paris, 1902, in-8°, 412 p.)
7096. Pélicier (P.). — Lettres de Charles VIII, roi de France, t. III (1490-1493); et t. IV (1494-1495). (Paris, 1902-1903, in-8°, 438 p. et 371 p.)

[Les tomes I et II ont paru en 1898 et 1900.]

7097. Lefèvre-Pontalis (Germain) et Dorez (Léon). — Chronique d'Antonio Morosini. Extraits relatifs à l'histoire de France, t. IV. Étude sur Antonio Morosini et son œuvre; annexes et tables. (Paris, 1902, in-8°, 466 p.)

[Les tomes I à III ont paru de 1898 à 1901.]

7098. Morandvillé (H.). — Chroniques de Perceval de Cagny, publiées pour la première fois. (Paris, 1902, in-8°, XVIII-295 p.)

7099. Tuetey (Alexandre) et Lacaille (Henri). — Journal de Clément de Fauquembergue, greffier du Parlement de Paris (1417-1435), t. I : 1417-1420. (Paris, 1903, in-8°, 397 p.)

7100. Lecestre (Léon). — Mémoires de Saint-Hilaire, t. I : 1661-1678. (Paris, 1903, in-8°, 372 p.)

7101. Vaesen (Joseph) et Charavay (Étienne). — Lettres de Louis XI, roi de France, publiées d'après les originaux pour la Société de l'histoire de France, t. VIII. Lettres de Louis XI (1479-1480), publiées par Joseph Vaesen. (Paris, 1903, in-8°, 388 p.)

[Les tomes I à VII ont paru de 1883 à 1900.]

XXIX. — Annuaire-Bulletin de la Société de l'histoire de France, année 1902. (Paris, 1902, in-8°, 229 p.)

7102. Delisle (Léopold). — Discours, p. 80.

[Le comte Th. de Puymaigre (1816 † 1901); Alexandre Sorel (1826 † 1901).]

7103. Valois (Noël). — Essai de restitution d'anciennes annales avignonnaises (1397-1420), p. 161 à 186.

7104. Pange (Comte M. de). — Les Baudricourt, p. 187 à 194.

7105. Boislisle (A. de). — Trois princes de Condé à Chantilly, p. 195 à 228.

SEINE. — PARIS.

SOCIÉTÉ D'HISTOIRE LITTÉRAIRE DE LA FRANCE.

Les publications antérieures de cette Société sont analysées dans notre *Bibliographie générale*, savoir :
Revue d'histoire littéraire, t. I à VII (1894-1900), *Bibliographie*, Supplément sous presse.
— — t. VIII (1901), *Bibliographie*, nouvelle série, t. I, p. 124.

IX. — Revue d'histoire littéraire de la France, publiée par la Société d'histoire littéraire de la France, 9e année, 1902. (Paris, 1902, in-8°, 716 p.)

7106. Jobet (Ch.). — Madame de Staël et Berlin, p. 1 à 28.

7107. Laumonier (Paul). — Chronologie et variantes des poésies de Pierre de Ronsard, p. 29; et X, p. 63, et 256.

7108. Urbain (Ch.). — Quelques documents inédits relatifs à la *Connaissance de Dieu et de soi-même*, par Bossuet, p. 88 à 99.

7109. Hérmand (R.). — Note sur un passage du 3e dialogue du *Cymbalum mundi*, p. 100 à 101.

[Les amours de Bonaventure des Périers et de Claude de Bectoz.]

7110. Michaut (G.). — Bibliographie des écrits de Sainte-Beuve, des débuts au 31 décembre 1830, p. 102; X, p. 121, et 290.

7111. Ritter (Eugène). — Balzac [Jean-Louis] et Théophile [de Viau], p. 131 à 132.

[7153]. Pélissier (L.-G.). — Les correspondants du duc de Noailles, p. 133 à 147, et 284 à 311.

7112. Ritter (Eugène). — Vivre et mourir en roi [épître de Frédéric II à Voltaire], p. 148.

7113. Glachant (Paul et Victor). — Le manuscrit autographe de *Ruy-Blas* à la Bibliothèque nationale, p. 175 à 216.

7114. Guy (Henry). — Les sources françaises de Ronsard. p. 217 à 256.

7115. Latreille (C.). — Sainte-Beuve et Alfred de Vigny, p. 257 à 268.

7116. Giraud (Victor). — Sur une édition [abrégée] du *Génie du Christianisme* [Paris, 1804], p. 269 à 270.

7117. Lefebvre (Lieutenant-colonel). — Bernardin de Saint-Pierre, ses deux femmes et ses enfants, documents inédits, p. 271, 448; et X, p. 646.

7118. Bédier (Joseph). — Établissement d'un texte critique de l'*Entretien de Pascal avec M. de Saci*, p. 351 à 384.

7119. Potez (Henry). — La jeunesse de Denys Lambin (1519-1548), p. 385 à 413.

7120. Chatelain (Henri). — Les critiques d'*Atala* et les corrections de Chateaubriand, p. 414 à 440.

7121. Laumonier (P.). — Cinq poésies inédites de P. de Ronsart, p. 441 à 447.

[7143]. Delboulle (A.). — Notes lexicologiques, p. 469 à 489.

7122. Tourneux (Maurice) et Dupuy (Ernest). — Diderot et Naigeon, p. 504 à 529. — Cf. n°s 7132 et 7352.

7123. Bonnefon (Paul). — Une inimitié littéraire au XVIIIe siècle, d'après des documents inédits. Voltaire et Jean-Baptiste Rousseau, p. 547 à 595.

7124. Berret (Paul). — Comment Victor Hugo composa *Plein ciel*, p. 596 à 607.

7125. Brun (Pierre). — Jean Chapelain (1595-1674), p. 608 à 632.

7126. Bodin (L.). — Sur deux phrases de Rabelais, p. 633 à 636.

7127. Omont (H.). — Le *Traité de la guerre* de François d'Espinay de Saint-Luc, p. 637 à 639.

7128. Godefroy (Paul). — Étienne Binet et ses *Merveilles de nature*, p. 640 à 645.

7129. Belmont (L.). — Documents inédits sur la société et la littérature précieuses : extraits de la *Chronique du samedi* publiés d'après le registre original de Pellisson (1652-1657), p. 646 à 673.

7130. Lanson (Gustave). — A propos de la défection de Chateaubriand, documents et fragments, p. 674 à 684.

7131. Perdrizet (Paul). — Correction à un passage de Chateaubriand, p. 685.

X. — **Revue d'histoire littéraire de la France** publiée par la Société d'histoire littéraire de la France, 10e année, 1903. (Paris, 1903, in-8°, 728 p.)

7132. Brunel (L.). — Observations critiques et littéraires sur un opuscule de Diderot (Lettre sur le commerce de la librairie), p. 1 à 24. — Cf. n°s 7122 et 7352.

7133. Toldo (P.). — Études sur le théâtre de Regnard, p. 25 à 62.

[7107]. Laumonier (P.). — Chronologie et variantes des poésies de Pierre de Ronsart, p. 63 à 90, et 256 à 276.

7134. Urbain (Ch.). — Anecdotes sur la vie de Bossuet par l'abbé de Saint-André et J.-B. Winslow, p. 91 à 120.

[7110]. Michaut (G.). — Bibliographie des écrits de Sainte-Beuve, p. 121 à 144, et 290 à 316.

7135. Lanson (Gustave). — Études sur les origines de la tragédie classique en France. Comment s'est opérée la substitution de la tragédie aux mystères et moralités, p. 177 à 231, et 413 à 436.

7136. Van Hamel (A.-G.). — L'album de Louise de Coligny [princesse d'Orange], p. 232 à 255.

7137. Vaganay (Hugues) et Vianey (Joseph). — Un modèle de Desportes non signalé encore, Pamphilo Sasso, p. 277 à 282.

7138. Giraud (Victor). — Sur une édition peu connue des *Pensées* de Pascal, p. 283 à 284.

7139. Giraud (Victor). — Une lettre perdue de Chateaubriand au prince Louis-Napoléon Bonaparte, p. 285.

7140. Bastier (Paul). — Sur une citation de Madame de Sévigné, p. 286.

7141. Huguet (Edmond). — Notes sur les sources de *Notre-Dame de Paris*, p. 287 à 289. — Cf. VIII, p. 48, 425 et 622.

7142. Delaruelle (Louis). — Qui est Éva dans la *Maison du Berger* [d'Alfred de Vigny], p. 317 à 319.

7143. Delboulle (A.). — Notes lexicologiques, p. 320 à 339. — Suite de I, p. 178, 482; II, p. 108, 256; IV, p. 127; V, p. 287; VI, p. 285, 452; VIII, p. 488; et IX, p. 469.

7144. Dupuy (Ernest). — Les origines littéraires d'Alfred de Vigny, p. 373 à 412.

7145. Baldensperger (Fernand). — Gessner en France, p. 437 à 456.

7146. Lafenestre (Pierre). — François Maynard, p. 457 à 477.

7147. Griselle (Eugène). — Un nouveau texte inédit de Bourdaloue. Le sermon sur la Prudence du monde, p. 478 à 502.

7148. Dottin (G.). — Le *Rhin* de Victor Hugo et l'*Essay des merveilles de nature* [de René François, 1623], p. 503 à 505.

7149. Guy (Henry). — Un souverain poète français, maître Guillaume Crétin, p. 553 à 589.

7150. Counson (Albert). — Les sources françaises de Malherbe, p. 590 à 609.

7151. Morel (Louis). — *Clavijo* [de Gœthe] en Allemagne et en France, p. 610 à 636.

7152. Estrée (Paul d'). — La genèse de Georges Dandin, p. 637 à 645.

[7117]. Largemain (Lieutenant-colonel). — Bernardin de Saint-Pierre, ses deux femmes et ses enfants, documents inédits, p. 646 à 670.

7153. Pélissier (Léon-G.). — Les correspondants du duc de Noailles, p. 671 à 689. — Suite de VI, p. 621; VII, p. 624; IX, p. 133, et 284.

[Lettres de Renaudot, IX, p. 133 et 284. — Lettres de M. de Valencourt, X, p. 671.]

SEINE. — PARIS.

SOCIÉTÉ DE L'HISTOIRE DE PARIS ET DE L'ÎLE-DE-FRANCE.

Les publications antérieures de cette Société sont analysées dans notre *Bibliographie générale*, savoir :
Mémoires, t. I à XII (1875-1885), *Bibliographie*, t. IV, p. 248.
— t. XIII à XXVII (1886-1900), *Bibliographie*, Supplément sous presse.
— t. XXVIII (1901), *Bibliographie*, nouvelle série, t. I, p. 125.
Bulletin, t. I à XII (1875-1885), *Bibliographie*, t. IV, p. 251.
— t. XIII à XXVII (1886-1900), *Bibliographie*, Supplément sous presse.
— t. XXVIII (1901), *Bibliographie*, nouvelle série, t. I, p. 125.
Documents (1879-1885), *Bibliographie*, t. IV, p. 125.
— (1886-1901), *Bibliographie*, Supplément sous presse; et nouvelle série, t. I, p. 126.

XXIX. — Mémoires de la Société de l'histoire de Paris et de l'Île-de-France, t. XXIX, 1902. (Paris, 1902, in-8°, 305 p.)

7154. Lasteyrie (R. de). — La date de la porte Sainte-Anne à Notre-Dame de Paris, 2 *pl.*, p. 1 à 18.
7155. Tourneux (Maurice). — Journal intime de l'abbé Mulot (1777-1782), p. 19 à 124.
7156. Mirot (Léon). — Un trousseau royal à la fin du XIVe siècle [Isabelle de France, fille de Charles VI], p. 125 à 158.
7157. Delaborde (H.-François). — Les bâtiments successivement occupés par le Trésor des chartes, 8 *pl.*, p. 159 à 172.
7158. Poupardin (René). — Cartulaire de Saint-Vincent de Laon (Arch. Vatican, misc. arm. x, 145). Analyse et pièces inédites, p. 173 à 267.
7159. Stein (Henri). — Le sacre d'Anne de Bretagne et son entrée à Paris, p. 268 à 304.

XXX. — Mémoires de la Société de l'histoire de Paris et de l'Île-de-France, t. XXX, 1903. (Paris, 1903, in-8°, 309 p.)

7160. Babeau (Albert). — Les tableaux du Roi chez le duc d'Antin (1715), p. 1 à 18.
7161. Caix de Saint-Aymour (Vicomte de). — Le mausolée des Puget à Senlis, *pl.*, p. 19 à 40.
7162. Giard (René). — Étude sur l'histoire de l'abbaye de Sainte-Geneviève de Paris jusqu'à la fin du XIIIe siècle, p. 41 à 126.
7163. Omont (Henri). — Cartulaire de l'hôpital de l'abbaye du Val-Notre-Dame au diocèse de Paris (XIIIe s.), p. 127 à 174.
7164. Fremaux (H.) [et Guesnon (A.)]. — La famille d'Étienne Marcel (1250-1397), *tableau*, p. 175 à 242.
7165. Borrelli de Serres (Colonel). — Compte d'une mission de prédication pour secours à la Terre Sainte (1265), p. 243 à 280.
7166. Vidier (A.). — Un tombier liégeois à Paris au XIVe siècle. Inventaire de la succession de Hennequin de Liège (1382), p. 281 à 308.

XXIX. — Bulletin de la Société de l'histoire de Paris et de l'Île-de-France, 29e année, 1902. (Paris, 1902, in-8°, 243 p.)

7167. Divers. — Communications, p. 31 et 49.

[Le couvent des Carmélites, rue Denfert-Rochereau, p. 33. — Les assemblées de la Bourse cléricale de Saint-Nicolas du Chardonnet, p. 66 et 67.]

7168. Guiffrey (Jules). — Les ancêtres de V. Duruy aux Gobelins, p. 32.
7169. Babeau (A.). — Le diamant qui ornait la toque du prévôt des marchands de Paris au XVIIe siècle, p. 34.
7170. Jullian (Camille). — La date de l'enceinte gallo-romaine de Paris, p. 37 à 42.
7171. Rey (Auguste). — Du changement de Tour en Saint-Prix, p. 42 à 48.
7172. Tranchant (Charles). — Discours prononcé à l'assemblée générale annuelle, p. 49 à 59.

[A. Sorel (1826 † 1901); le chanoine E. Suquet (1831 † 1901). — Les sociétés savantes de l'Île-de-France.]

7173. Monval (G.). — Sur le registre des décorateurs Laurent Mahelot et Michel Laurent, p. 68 à 69.
7174. Marcel (Gabriel). — Le plan de Bâle et Olivier Truchet, p. 69 à 75.
7175. Delisle (L.). — Légendes sur la vie d'Étienne Boileau, p. 76 à 79.
7176. Bruel (A.). — Inventaire des tableaux des châteaux de Saint-Germain-en-Laye et de Maisons-sur-Seine, à la fin du XVIIIe siècle, p. 79 à 88.
7177. Vidier (A.). — Chronique des archives (1900-1901), p. 88 à 91.

[Archives municipales de l'Aisne.]

7178. Thérèse de Jésus (La M.). — Épitaphes de la mère Jeanne Séguier [† 1674] et du duc de Sully [† 1661] aux Carmélites de Pontoise, p. 91 à 94.
7179. Michel (Edmond). — Marché avec Jacques Richard, peintre parisien, pour travaux à l'église de Villecresnes (Seine-et-Oise) en 1612, p. 93 à 96.
7180. Vidier (A.). — La chanson des Parchemins et les minutiers parisiens en 1828, p. 98.
7181. Babeau (A.). — Collections particulières d'objets d'art relatifs à Paris. Collection Paul Marmottan, p. 99 à 103.
7182. Barroux (Marius). — Les dons et les achats aux Archives de la Seine, de 1896 à 1902, état sommaire, p. 103 à 124; et XXX, p. 57 à 80.
7183. Grente (J.). — Achèvement de l'église Saint-Eustache de Paris (1635-1637), p. 124 à 128.
7184. Vidier (A.). — Bibliographie de l'histoire de Paris et de l'Île-de-France pour les années 1901-1902, p. 129 à 241.

XXX. — Bulletin de la Société de l'histoire de Paris et de l'Île-de-France, 30e année, 1903. (Paris, 1903, in-8°, 301.)

7185. Divers. — Communications, p. 31, 49, 81, 137 et 169.

[L'hôtel de Chastellux, p. 49. — Sceau du bureau de la Ville, p. 50. — Le sommier foncier de Paris aux Archives de l'enregistrement, p. 52. — Atlas cadastral de Paris, p. 53. — L'église Saint-Évremond de Creil (Oise), p. 98. — Comptes de l'Académie impériale de musique (an XI-1807), p. 99. — Quittance de Escouvette, déchiffreur (1754), p. 170.]

7186. Lazard (Lucien). — Les lettres de ratification hypothécaire, contribution à la topographie historique de Paris et du département de la Seine, p. 33 à 47.

[L'hôtel de Heiss; les habitants d'Épinay au XVIIIe siècle; le château de Charonne.]

7187. Boulay de la Meurthe. — Lettre du ministre des affaires étrangères [Chateaubriand] au ministre de la Maison du Roi relative à l'acquisition de la Vénus de Milo, p. 47.

7188. Babeau (Albert). — L'hôtel Saint-Florentin et la fontaine de la place Louis XV, p. 53 à 57.
[7182]. Barroux (Marius). — Les dons et les achats aux Archives de la Seine, de 1896 à 1902, état sommaire, p. 57 à 80.
7189. Valois (Noël). — Discours à l'Assemblée générale [La grande salle du Palais], p. 81 à 90.
7190. Reure (O.-C.). — Compte des funérailles de Gilberte d'Estampes enterrée à Paris le 23 juillet 1540, au couvent de Sainte-Claire de l'Ave-Maria, p. 100 à 108.
7191. Blancdet (Adrien). — Documents numismatiques concernant Versailles, p. 108 à 112.

[Médaille de la maison philanthropique (1786), *fig.*; bon de pain de l'époque révolutionnaire, *fig.*; jeton d'entrée pour les jardins de Versailles, *fig.*]

7192. Moranvillé (H.). — Aide imposée par le roi d'Angleterre à Paris en 1423, p. 112 à 126.
7193. Cotecque (Ernest). — Inscription de Barthélemy Thoynard [† 1752] à l'hôtel de la Caisse d'épargne, p. 127 à 129.
7194. Omont (Henri). — Déploration du trépas de François Ier par Robert Cusson, p. 129 à 132.
7195. Lacombe (Paul). — Les six cents mariages célébrés aux frais de la Ville de Paris en 1751, p. 132.
7196. Boudon (G.). — Le règlement de l'Hôtel-Dieu de Paris en 1580, p. 139 à 143.
7197. Bretaudeau (Léon). — L'union du prieuré de Saint-Lazare-lez-Paris à la congrégation des Prêtres de la Mission fondée par saint Vincent de Paul (1630-1662), p. 144 à 155.
7198. Stein (H.). — Testament d'un chambellan de Philippe Auguste (1205) [Christoforus Malcio], p. 156.
7199. H. O. [Omont (H.)]. — Adrien Turnèbe et les *Grecs du Roi* en 1556, p. 157.
7200. Delisle (L.). — Recouvrement de l'indemnité promise à Pierre Schoeffer par Louis XI, p. 159. — Cf. id. n° 6911.
7201. [Vidier (A.)]. — Chronique des archives (1901-1902), p. 160 à 163.

[Archives municipales de l'Aisne et de la Seine-et-Marne.]

7202. H. O. [Omont (H.)]. — Les caractères syriaques et coptes de l'Imprimerie nationale, p. 163.
7203. Lacombe (Paul). — La malpropreté des rues de Paris à la fin du XVe siècle, p. 173 à 175.
7204. Poëte (Marcel). — La confrérie de Notre-Dame de Liesse ou confrérie aux Goulus, p. 176 à 180.
7205. Aubray (Lucien). — Louise de Bassompierre et les origines du transfert à Paris des religieuses de Sainte-Périne de Compiègne, p. 181 à 195.
7206. Mareuse (E.). — La croix des Bureau au cimetière des Innocents, p. 196 à 199.

IMPRIMERIE NATIONALE.

7207. H. O. [Omont (H.)]. — Une édition des *Hymnes à la Vierge* de Jean le Géomètre offerte au pape Grégoire XIV par la Ville de Paris en 1593, p. 199 à 202.
7208. Bournon (Fernand). — Chronique des années 1902 et 1903, p. 203 à 208.
7209. Vidier (A.). — Bibliographie de l'histoire de Paris et de l'Île de France pour les années (1902-1903), p. 209 à 299.

DOCUMENTS.

7210. Boislisle (A. de). — Lettres de Marville, lieutenant général de police au ministre Maurepas (1742-1747), publiées d'après les originaux. T. II (années 1745-1746). (Paris, 1903, in-8°, 288 p.)

[Le tome I a paru en 1896.]

SEINE. — PARIS.

SOCIÉTÉ DE L'HISTOIRE DU PROTESTANTISME FRANÇAIS.

Les publications antérieures de cette Société sont analysées dans notre *Bibliographie générale*, savoir :
Bulletin, t. I à XXXIV (1853-1885), *Bibliographie*, t. IV, p. 261.
— t. XXXV à XLIX (1886-1900), *Bibliographie*, Supplément sous presse.
— t. L (1901), *Bibliographie*, nouvelle série, t. I, p. 126.

LI. — **Société de l'histoire du protestantisme français.** Bulletin historique et littéraire, t. LI, 4e série, 11e année. (Paris, 1902, in-8°, 708 p.)

7211. Grandmaison (Charles de). — Origine et étymologie françaises du mot huguenot, prouvées par des textes authentiques antérieurs à la Réforme, p. 7 à 13.
7212. Lefranc (Abel). — Un nouveau registre de la Faculté de théologie de Paris au XVIe siècle, p. 14 à 19.
7213. Atger. — Listes de pasteurs. Bernis (Gard), 1561-1900, p. 20.
7214. N. W. [Weiss (N.)]. — Portrait d'Antoine Garrissoles, professeur de l'Académie de Montauban, *fig.*, p. 22.
7215. Lehr (Henry). — Une agression singulière (1688) [à Ribebon, paroisse de Pressac], p. 24 à 26.
7216. Schickler (F. de). — Jean Véron le réformateur anglo-français. Errata et addenda, p. 26 à 31. — Cf. XXXIX, p. 437.
7217. Réville (A.). — Un économe infidèle [Gérard Hendrich ten Berge, XVIIe s.], p. 31 à 36.
7218. Dannreuther (H.). — Un monogramme symbolique huguenot, la *fermesse*, p. 36 à 38.
7219. Kuhn (Félix). — La vie intérieure du protestantisme sous le Premier Empire, p. 57 à 73.
7220. Patry (H.). — Un mandat d'arrêt du Parlement de Guyenne contre Bernard Palissy et les premiers fidèles des églises de Saintes et de Saint-Jean-d'Angély (1558), p. 74 à 81.
7221. Seefass (Ch.). — Autobiographie de Jeanne Céard de Vassy (1666-1668), p. 81 à 84.
7222. Richemond (De). — La liberté de conscience dans la marine à partir de 1685, d'après les archives navales de Rochefort, p. 84 à 93.
7223. N. W. [Weiss (N.)] et Vial (Henri). — Cimetières protestants parisiens, *fig.*, p. 94 à 99 et 259 à 280.
7224. Rodriguez (M.). — Les de Genas, huguenots, p. 104 à 112.
7225. Pagès (G.). — Les réfugiés à Berlin d'après la correspondance du comte de Rébenac (1681-1688), p. 113 à 140.
7226. Patry (H.). — La Réforme et le théâtre en Guyenne au XVIe siècle (2e article). Libourne (suite). Clairac (1554), p. 141 à 151. — Suite de L, p. 523.
7227. Galabert (François). — Les sentiments des protestants au début de la Révolution, adresse des non-catholiques de Montauban à l'Assemblée nationale (janvier 1790), p. 151 à 157.
7228. Allier (Raoul). — La Compagnie du Saint-Sacrement à Grenoble (1644-1666), p. 169 à 203.
7229. Weiss (N.). — Statistique protestante et catholique du Languedoc en 1698, p. 203 à 205.
7230. Félice (P. de). — L'instruction et l'éducation chez les protestants d'autrefois. Les élèves, p. 206 à 217.
7231. Cans (A.). — La caisse du Clergé de France et les protestants convertis (1598-1790), p. 225 à 243.
7232. Patry (H.). — Trois pièces justificatives du martyrologe de Crespin. Le supplice à Bordeaux de Jérôme Casebonne (14 mai 1555), p. 244 à 248.
7233. Arnaud (E.). — Lesdiguières après sa conversion, p. 248 à 250.

7234. N. W. [Weiss (N.)]. — Le patriotisme huguenot et ses calomniateurs à Dieppe en 1678, p. 250 à 255.
7235. Serfass (Ch.). — La chanson catholique du massacre de Vassy, p. 255 à 258.
7236. [Weiss (N.)]. — L'origine et la signification de la loi du 18 germinal an x, p. 286 à 307.
7237. [Weiss (N.)]. — A quoi sert l'histoire du protestantisme, p. 327 à 350.
7238. Divers. — Exposition rétrospective [de l'histoire du protestantisme], *fig.*, p. 373 à 520.

[Cinquantenaire de la Société.]

7239. Doumergue (E.). — L'arrivée de Calvin à Genève et la dispute de Lausanne (1536), *fig.*, p. 521 à 537.
7240. N. W. [Weiss (N.)]. — Sous la Ligue aux environs de Paris, abjuration forcée de Pierre de Lyon, écuyer, seigneur de Breuil, dit La Fontaine d'Aulnay (1586-1587), p. 538 à 543.
7241. N. W. [Weiss (N.)]. — Pourquoi et comment on se soumettait à Montauban en 1685, p. 543 à 545.
7242. Fonbrune-Berbinau (P.). — Fugitifs du Périgord arrêtés en Belgique en 1701, p. 546 à 550.
7243. Lehr (Henry). — A quel prix on pouvait rester à Sainte-Foy entre 1700 et 1703, p. 551 à 553.
7244. N. W. [Weiss (N.)]. — Paris en 1773, d'après une descendante de huguenots réfugiés à Cassel [J.-P. Leclerc, née du Ry], p. 553 à 560.
7245. Bouvart (G.). — Protestants de Monneaux-Essomes, réfugiés au sud de l'Afrique après la Révocation, p. 561 à 567.
7246. Schickler (F. de). — Nécrologie, p. 574 à 576.

[Henri Tollin († 1902); Charles Frossard († 1902).]

7247. Barbau (P.-A.). — L'église réformée de Revel au xviie siècle, *fig.*, p. 619 à 634.
7248. Bourrilly (V.-L.). — Une lettre inédite de Louis de Berquin (26 décembre 1526), p. 634 à 637.
7249. Guyot (H.) et N. W. [Weiss (N.)]. — Banquiers huguenots réfugiés en Frise (1687), p. 637 à 640.
7250. P. F.-B. [Fonbrune-Berbinau (P.)] et [Weiss (N.)]. — La mission de Fénelon et de l'abbé Cordemoy en Saintonge, d'après un témoin oculaire [Samuel Neau] (1694), p. 640 à 644.
7251. Patry (H.). — Une abjuration publique à Villeneuve-d'Agen en 1559, p. 645 à 647.
7252. P. F.-B. [Fonbrune-Berbinau (P.)]. — Une lettre d'un forçat pour la foi [Serre, 1702], p. 647 à 649.

LII. — Société de l'histoire du protestantisme français. Bulletin historique et littéraire, 52e année, 1re de la cinquième série, année 1903. (Paris, 1903, in-8°, 608 p.)

7253. Reuss (Rod.). — Un chapitre de l'histoire des persécutions religieuses. Le clergé catholique et les enfants illégitimes protestants et israélites en Alsace au xviiie siècle et au début de la Révolution, p. 6 à 31.
7254. Weiss (N.). — Bernard Palissy devant le Parlement de Paris, arrêt inédit du 12 janvier 1587, *fig.*, p. 31 à 40.
7255. Pagès (G.). — Les réfugiés français à Baireuth en 1686, p. 40 à 44.
7256. Lods (Armand) et Benoit (Daniel). — Nouveaux échos de la tour de Constance [à Aigues-Mortes]. Trois lettres inédites de Marie Durand (1752-1759), *fig.*, p. 45 à 59.
7257. N. W. [Weiss (N.)]. — Montauban en 1773-1774, trois lettres de Jeannette-Philippine Leclerc, *portr.*, p. 59 à 72.
7258. Coche. — Note sur les temples de Dieppe au xviie siècle, *fig.*, p. 73 à 74.
7259. Weiss (N.). — Madame de Bombelles en 1773, p. 93.
7260. Weiss (N.). — L'art et le protestantisme à propos du mausolée du maréchal de Saxe, p. 93 à 94.
7261. Lods (Armand). — Un dessin du peintre Laffitte, p. 96.
7262. Bourrilly (V.-L.) et Weiss (N.). — Jean du Bellay, les Protestants et la Sorbonne (1529-1535), *fig.*, p. 97 à 127.
7263. N. W. [Weiss (N.)]. — Poursuites en Savoie et en Dauphiné contre Germain Colladon, Michel Protin et le cordelier Marin, d'après une lettre inédite de Michel de l'Hôpital (1551), p. 127 à 130.
7264. Weiss (N.). — La signification de l'avertissement pastoral à Montauban (7 janvier 1683), *facs.*, p. 130 à 136.
7265. Dannreuther (H.). — La révocation de l'Édit de Nantes à Longwy, p. 137 à 141.
7266. Serfass (Ch.). — Les abjurations forcées en Vivarais (1700), p. 141 à 143.
7267. Patry (H.). — La bataille de Jarnac, la campagne de 1569 et le rôle de Coligny, *carte*, p. 143 à 160.
7268. Claparède (Alex.). — Remarques sur la forme donnée à certains noms de famille appliqués aux femmes dans les actes des xvie et xviie siècles, p. 187 à 190. — Cf. n°s 7273 et 7279.
7269. N. W. [Weiss (N.)]. — Mémoires de la famille de Chaufepié, *fig.*, p. 231 à 254, et 571 à 572.
7270. Lehr (H.). — Estat (statistique) de l'église (catholique) de France et de son revenu en 1644, p. 254.
7271. Clouzot (Henri). — Une dragonnade en Poitou en 1681, *fig.*, p. 256 à 268.
7272. Guyot (H.). — Réfugiés huguenots à Ceylan, p. 268.
7273. Atger (A.). — Orthographe et désignation anciennes des noms de femmes, p. 286 à 288. — Cf. n°s 7268 et 7279.

7274. R. L. — Conversion d'un Turc à Montauban (1660), p. 288.

7275. Schickler (F. de). — Dossier de Jérémie Vallois ou Valois [Archives de la Brille, Pays-Bas], p. 309 à 313.

7276. Weiss (N.). — L'Église réformée de Rouen, de l'édit de tolérance à la réorganisation officielle des cultes (1787-1804), p. 313 à 339.

7277. Anonyme. — Inventaire des objets exposés par M. R. Garreta [relatifs aux protestants de Rouen], p. 339 à 345.

7278. Marlet (Léon). — Notes critiques sur la Saint-Barthélemy, d'après les mémoires inédits de Jules Gassot, p. 345 à 366.

7279. Bourchenin (Daniel). — Encore la désignation des noms de femmes, p. 380 à 381. — Cf. n°s 7268 et 7273.

7280. Gelin (H.). — Cent cadavres de huguenots sur la claie et à la voirie sous Louis le Grand, p. 385 à 418.

7281. Gelin (H.). — Relevé analytique et alphabétique de tous les procès actuellement connus, intentés aux mourants et aux cadavres protestants sous Louis XIV et sous Louis XV, *fig.*, p. 419 à 456, et 573 à 576.

7282. Richemond (M. de). — Un drame au Château-Gaillard en 1670, p. 456 à 461.

7283. N. W. [Weiss (N.)]. — Un souvenir de la Révocation au musée des antiquités de Rouen [médaille de Louis XIV], *fig.*, p. 461 à 463.

7284. Lods (Armand). — Deux chansons sur Rabaut de Saint-Étienne, p. 463 à 468.

7285. Félice (Paul de). — La réaction catholique à Orléans au lendemain de la première guerre de religion (1563-1565), p. 481 à 554.

7286. Dannreuther (H.). — Requête des protestants de Toul au roi de France (1571), p. 554 à 556.

7287. P. F.-B. [Fonbrune-Berbinau (P.)]. — Le prétendu vitrail de Jeanne d'Albret à Limoges, *fig.*, p. 557 à 559.

7288. Benoit (D.). — Ouvrages ignorés de Gardesi, Cameron, Garrissoles et Belon, p. 573.

SEINE. — PARIS.

SOCIÉTÉ DE L'HISTOIRE DE LA RÉVOLUTION FRANÇAISE.

Les publications antérieures de cette Société sont analysées dans notre *Bibliographie générale*, savoir :
La Révolution française, t. I à XXXIX (1881-1900), *Bibliographie*, Supplément sous presse.
— t. XL et XLI (1901), *Bibliographie*, nouvelle série, t. I, p. 128.
Ouvrages divers, *Bibliographie*, Supplément sous presse et nouvelle série, t. I, p. 128.

XLII. — **La Révolution française**, revue d'histoire moderne et contemporaine publiée par la Société de l'histoire de la Révolution, directeur-rédacteur en chef A. Aulard, t. XLII, janvier-juillet 1902. (Paris, 1902, in-8°, 576 p.)

7289. Mathiez (Paul). — Les questions politiques à l'Assemblée du Clergé de 1788, p. 5 à 44.

7290. Brette (Armand). — Un projet d'aliénation de l'Hôtel de ville en 1791, p. 45 à 49.

7291. Guillaume (J.). — A propos de la condamnation des fermiers-généraux (19 floréal an II), p. 50 à 52.

7292. Champion (Edme). — Le premier télégramme, p. 53.

7293. Chuberillier (G.). — Le siège de Mayence du 25 octobre 1794 au 29 octobre 1795, p. 55 à 87. — Suite et fin de XLI, p. 481.

7294. Blossier (A.). — Les cahiers du bailliage de Honfleur, p. 97 à 109.

7295. Gallebert (François). — Une chanson sur la fuite à Varennes, p. 110 à 114.

7296. Cahen (Léon). — Un fragment inédit de Condorcet, p. 115 à 131.

7297. Lévy-Schneider (L.). — Les habitants de la rive gauche du Rhin et la France sous le Premier Empire, p. 143 à 166, et 233 à 259.

7298. Anonyme. — La grande peur à Rive-de-Gier, p. 167.

7299. [Aulard]. — Extraits de Guizot et de l'abbé Aude [sur l'instruction primaire sous l'ancien régime], p. 169.

7300. [Isambert]. — L'origine des crayons Conté, p. 170.

7301. Anonyme. — Les dissensions religieuses à la Carneille (Orne) en 1791, p. 170 à 172.

7302. Schmidt (Charles). — Les sources de l'histoire d'un département aux Archives nationales, p. 193 à 232.

7303. Perroud (Cl.). — Un projet de Brissot pour une Association agricole, p. 260 à 265.
7304. Zivy (H.). — Notes de Rabaut Saint-Étienne sur les premières séances de la Convention, p. 266 à 271.
7305. Poupé (Edmond). — Une lettre de Barras [12 février an II], p. 272 à 274.
7306. Brette (Armand). — La réforme de la législation criminelle et le projet de Lepeletier de Saint-Fargeau, p. 297 à 320.
7307. Karéiev (N.). — La Révolution française dans la science historique russe, p. 321 à 345.
7308. Aulard (A.). — Les accusés de Chartres (prairial an III-brumaire an IV), une lettre de Rossignol et Villain d'Aubigni, p. 346 à 362.
7309. Guillaume (J.). — Le berger Daubenton, encore une légende révolutionnaire, p. 385 à 398.
7310. Rouvière (F.). — La flottille du Gard (an XI), p. 399 à 405.
7311. Mater (André). — Le groupement régional des partis politiques à la fin de la Restauration (1824-1830), p. 406 à 463.
7312. Aulard (A.). — L'arrestation et l'interrogatoire du républicain Robert (juin 1791), p. 464 à 467.
7313. Caron (Pierre). — L'organisation des études locales d'histoire moderne, p. 481 à 510.
7314. Perroud (Cl.). — Le premier ministère de Roland, p. 511 à 528.
7315. C. P. [Perroud (Cl.)]. — A propos des Mémoires de Barras, p. 529 à 531.
7316. Anonyme. — Une fantaisie de Philippe-Égalité, p. 531.
7317. [Aulard]. — Les idées libérales en l'an VIII [et le 18 brumaire], p. 532 à 533.
7318. [Aulard]. — Lettre de Dulaure à la Convention en vendémiaire an III, p. 534 à 540.

XLIII. — La Révolution française, revue d'histoire moderne et contemporaine publiée par la Société de l'histoire de la Révolution, directeur-rédacteur en chef A. Aulard, t. XLIII, juillet-décembre 1902. (Paris, 1902, in-8°, 576 p.)

7319. Guillaume (J.) — Le Saint-Suaire de Besançon, p. 5 à 16.
7320. Bussière (G.). — La fédération départementale à Périgueux en 1790, p. 17 à 48.
7321. Bloch (Camille). — Les femmes d'Orléans pendant la Révolution, p. 49 à 67.
7322. Rumeau (R.). — Lettres du constituant Roger, p. 68 à 82.
7323. Perroud (Cl.). — A propos de l'armoire de fer, p. 83 à 86.
7324. Blossier (A.). — Le duc d'Orléans, seigneur de Honfleur, p. 97 à 105.
7325. Balseinte (J.-M.). — Les réquisitions militaires dans le district de Grenade (Haute-Garonne), de 1793 à 1795, p. 106 à 120.
7326. Mathiez (A.). — Chaumette franc-maçon, p. 121 à 141.
7327. Corre (Dr A.). — Un épisode de la Restauration à Brest (1816), p. 142 à 161.
7328. Aulard (A.). — Napoléon Ier et le clergé hollandais, p. 162 à 172.
7329. Gazier (A.). — Une lettre inédite de Marat, p. 174.
7330. A. A. [Aulard (A.)]. — Origine du mot centralisation, p. 175.
7331. Anonyme. — Les précurseurs du général Malet [an VIII], p. 176 à 177.
7332. [Aulard]. — Projet d'appeler *charte* la Constitution de l'an VIII, p. 179 à 180. — Cf. n° 7384.
7333. [Aulard]. — Opinion d'un militaire [le général Starray] sur Kant, p. 180.
7334. Carré (Henri). — Turgot et le rappel des Parlements (1774), p. 193 à 208.
7335. Liéby (A.). — M.-J. Chénier et la fête de l'Être suprême (du 20 prairial an II), d'après les documents rassemblés par M. Guillaume au tome IV du Comité d'instruction publique de la Convention, p. 209 à 237. — Cf. n° 7340.
7336. Le Gallo (Émile). — Les Jacobins de Cognac depuis leur formation jusqu'à l'établissement de la République, d'après le registre de leurs délibérations, p. 238 à 255.
7337. Delabrousse (Lucien). — Un arbre de la liberté à Strasbourg, p. 257 à 258.
7338. Viguier (Jules). — Louis-Charles Thiers, archiviste de Marseille (1770-1790), p. 259 à 280.
7339. Campagnac (E.). — Les délégués du représentant Laplanche en mission dans le Cher, p. 300 à 346.
7340. Guillaume (J.). — Marie-Joseph Chénier et Robespierre. Réponse à M. A. Liéby, p. 347 à 357. — Cf. n° 7335.
7341. Laurent (Gustave). — La correspondance du conventionnel Armonville au mois de janvier 1793, p. 358 à 362.
7342. Anonyme. — Procès-verbal de constat du suicide d'Ignace Brunel, député de l'Hérault à la Convention, p. 363 à 371.
7343. P. M. [Metzger (P.)]. — Les mémoires et les papiers de Cambacérès, p. 385 à 391.
7344. Rabouin. — Troubles en Beauce à l'occasion de la cherté du blé (novembre et décembre 1792), p. 392 à 416.
7345. Blum (S.). — La mission d'Albert dans la Marne en l'an III, p. 417 à 441; et XLV, p. 193 à 231.
7346. Dieudonné (F.). — Préliminaires et causes des

journées de prairial an III, p. 442 à 465, et 504 à 527.

7347. Fling (Fred. Morrow). — Une pièce fabriquée. Le troisième volume des Mémoires de Bailly, p. 466 à 469.

7348. Lamouzèle (E.). — Une lettre inédite de Sermet, évêque constitutionnel de la Haute-Garonne (15 vendémiaire an III), p. 470 à 475.

7349. Poupé (Edmond). — La Société populaire de Callas (Var) [1792-an III], p. 481 à 503.

7350. P. M. [Metzger (P.)]. — Cambacérès, son rôle comme remplaçant de Bonaparte (an VIII-an XII), p. 528 à 558.

7351. Rigaud (Jacques). — Une tentative de fusion en 1796 [Louis XVIII et Louis-Philippe d'Orléans], p. 559 à 562.

XLIV. — La Révolution française, revue d'histoire moderne et contemporaine publiée par la Société de l'histoire de la Révolution, directeur-rédacteur en chef A. Aulard, t. XLIV, janvier-juin 1903. (Paris, 1903, in-8°, 576 p.)

7352. Aulard (A.). — La question de l'authenticité du *Paradoxe sur le comédien* de Diderot, p. 5 à 12. — Cf. n°s 7122 et 7132.

7353. Liéby (A.). — L'hymne à la Raison (de M.-J. Chénier) adaptée au culte de l'Être suprême, p. 13 à 28.

7354. Campagnac (E.). — Le représentant Laplanche et les délégués des assemblées primaires du Cher (1793), p. 29 à 54.

7355. Desternes (L.) et Galland (G.). — La réaction royaliste en Touraine (1816), d'après la pétition aux deux Chambres de P.-L. Courier et d'après des documents contemporains inédits, p. 55 à 75.

7356. Aulard (A.). — Barère républicain en 1790, p. 76.

7357. P. M. [Metzger (P.)]. — Un document sur l'histoire de la Presse. La préparation de l'arrêté du 27 nivôse an VIII, p. 78 à 82.

7358. Cabré (Henri). — Le premier ministère de Necker (1776-1781), p. 97 à 136.

7359. Mautouchet (Paul). — Le mouvement électoral à Paris en août-septembre 1792, p. 137, 223, et 296.

7360. Brette (Armand). — Les édifices où siégèrent à Paris les anciens États-Généraux et les Assemblées parlementaires. Lettre à M. le président de la Commission des inscriptions parisiennes, p. 165 à 173.

7361. Anonyme. — Une lettre de Bouchotte à Marat (14 mai 1793), p. 183.

7362. Vignaux (Alphonse). — Une lettre du Comité de sûreté générale en thermidor an II [adressée au Comité de surveillance de Toulouse], p. 184.

7363. Guillaume (J.). — Les sextiles de l'ère républicaine, p. 193 à 222.

7364. Mathiez (A.). — Une brochure anti-bonapartiste en l'an VI. Les prédictions de Silvain Maréchal, p. 249 à 255.

7365. Conard (P.). — Un document sur l'origine des fédérations [Laragne (Hautes-Alpes), 1789], p. 256 à 259.

7366. Anonyme. — Une lettre de Mme Roland à Lavater [20 novembre 1787], p. 259 à 263.

7367. Doniol (Henri). — Un commissaire des guerres de la République. Claude-Barthélemy Jurie (1759 † 1804), p. 321 à 345. — Cf. n° 7371.

7368. Desternes (L.) et Galland (G.). — La réaction cléricale en Touraine (1814-1824), d'après la *Pétition pour des villageois que l'on empêche de danser*, et d'après des documents contemporains inédits, p. 346 à 366.

7369. Mathiez (A.). — Protestants et théophilanthropes, p. 385 à 401.

7370. Guyot (Raymond). — Le Directoire et la République de Gênes (1795-1797), p. 402, 518; et XLV, p. 39.

7371. Bénet (Armand). — Le commissaire des guerres Jurie, p. 435 à 436. — Cf. n° 7367.

7372. Anonyme. — Les imprimés relatifs à la Révolution française au British Museum, p. 443 à 460.

7373. Cabanès. — Le testament du conventionnel Chabot [François, 27 ventôse an II], p. 461 à 465.

7374. Aulard (A.). — L'instruction publique dans le Cher sous le Directoire, p. 465 à 467.

7375. Conard (Pierre). — Les cahiers du Dauphiné en 1789, p. 481 à 496.

7376. Aulard (A.). — Le carnet de Bertrand Barère, *facs.*, p. 497 à 500.

7377. Lods (Armand). — Deux chansons de Rabaut de Saint-Étienne, p. 501 à 507.

7378. Dieudonné (F.). — La déchristianisation de la commune de Ris-Orangis [Seine-et-Oise, brumaire an II], p. 508 à 517.

7379. Schmidt (Charles). — Un épisode de l'histoire du machinisme en France. Les premiers luddites de l'Isère en 1819, p. 551 à 561. — Cf. n° 7382.

XLV. — La Révolution française, revue d'histoire moderne et contemporaine, publiée par la Société de l'histoire de la Révolution, directeur-rédacteur en chef A. Aulard, t. XLV, juillet-décembre 1903. (Paris, 1903, in-8°. 576 p.)

7380. Dreyfus (Ferdinand). — La Rochefoucauld-Liancourt à l'assemblée du bailliage de Clermont-en-Beauvoisis et à la Chambre de la noblesse (9 mars-10 juillet 1789), p. 5 à 29. — La Rochefoucauld-Liancourt, lieutenant général de Normandie et le projet de départ du Roi (avril-août 1792), p. 105 à 129.

7381. Perroud (C.). — Quelques notes sur les missions de l'automne de 1792, p. 30 à 38.
[7370]. Guyot (Raymond). — Le Directoire et la République de Gênes (1795-1797), p. 39 à 65.
7382. Schmidt (Ch.). — Encore un document relatif à l'histoire du machinisme en France [les tondeurs de Sedan], p. 66 à 70. — Cf. n° 7379.
7383. Gouzy (Paul). — Deux lettres du général Dugua à Bonaparte, p. 71 à 73.
7384. [Aulard]. — Sur l'emploi du mot *Charte* avant 1814 [Constitution de l'an viii], p. 74. — Cf. n° 7332.
7385. A. A. [Aulard (A.)]. — Mme de Stael en Italie, d'après le témoignage d'Artaud, p. 75.
7386. Anonyme. — Correspondance des conventionnels Billaud-Varenne et Marragon, p. 76.
7387. Champion (Edme). — La première atteinte portée à l'empire du catholicisme [édit de novembre 1787 en faveur des protestants], p. 97 à 104.
7388. Tiersot (Julien). — L'hymne à l'Être suprême, p. 130 à 160. — Cf. n° 7394.
7389. Bouvier (Félix). — L'Italie de 1794 à 1796, d'après les papiers de Paul Greppi, p. 161 à 169.
7390. [Aulard]. — Une lettre de Billaud-Varenne à son père, p. 170 à 172.
7391. Anonyme. — Fabre d'Églantine fut-il l'assassin de Rabaut Saint-Étienne? p. 173. — Cf. n° 7400.
[7345]. Blum (S.). — La mission d'Albert dans la Marne en l'an iii, les poursuites contre les Terroristes, p. 193 à 231.
7392. Gaudrillier (G.). — Projets ou essais de négociations entre Condé et Moreau, p. 232 à 254.
7393. Poupé (Edmond). — Souscription des notaires de France en l'an xi, p. 255 à 258.
7394. Guillaume (J.) — L'hymne à l'Être suprême, un simple mot à l'occasion de l'article de M. J. Tiersot, p. 259 à 270. — Cf. n° 7388.
7395. A. A. [Aulard (A.)]. — Lalande et le calendrier républicain, p. 271 à 272.
7396. Pasquier (F.). — Recherche des documents historiques d'ordre militaire dans les archives publiques, p. 282 à 286.
7397. Aulard (A.). — Les greffes ou archives des tribunaux et les historiens, p. 289 à 294.
7398. A. A. [Aulard (A.)]. — Les inventaires des Archives départementales, p. 295 à 305.
7399. Liédy (A.). — La presse révolutionnaire et la censure théâtrale sous la Terreur, p. 306 à 353, et 447 à 470.
7400. Lods (Armand). — L'arrestation de Rabaut de Saint-Étienne. Fabre d'Églantine fut-il le dénonciateur de Rabaut? p. 354 à 364. — Cf. n° 7391.
7401. Anonyme. — Une lettre du conventionnel Ingrand sur l'insurrection vendéenne en thermidor an ii, p. 365 à 370.
7402. S. L. [Lacroix. (S.)]. — Les budgétivores de la Révolution, p. 371 à 372.

[Lettres des administrateurs de la Seine au ministre de l'Intérieur (mai 1786).]

7403. Pellisson (Maurice). — La sécularisation de la morale au xviiie siècle, p. 385 à 408.
7404. Mautouchet (Paul). — Le renouvellement du département de Paris en décembre 1792, p. 409 à 424.
7405. Campagnac (Ed.). — Un prêtre communiste, le curé Petit-Jean [à Épineuil (Cher)], p. 425 à 446.
7406. Dreyfus (Ferdinand). — Trois discours de Mirabeau, d'après les manuscrits récemment acquis par la bibliothèque de l'Arsenal, *facs.*, p. 481 à 495.
7407. Brette (A.). — Nouvelles observations sur le plan de Paris dit des artistes, p. 496 à 501.
7408. Laurent (Gustave). — L'arrestation et la mort de Jean-Arnaud de Castellane, évêque de Mende, p. 530 à 542.
7409. [Labroue (H.)]. — L'assemblée philosophique d'Aubas (Dordogne), p. 543 à 544.
7410. Mathiez (A.). — Origine des mots *Montagne* et *Montagnard*, p. 544 à 545.
7411. [Aulard]. — Disparition de quelques inscriptions révolutionnaires sous le Consulat, p. 546 à 547.
7412. A. M. [Mathiez (A.)]. — Origine du mot déchristianisation, p. 548.

7413. Anonyme. — Troisième table générale analytique et alphabétique de la Révolution française, revue d'histoire moderne et contemporaine (1895-1902), tomes XXIX à XLIII. (Paris, 1903, in-8°, 49 p.)
7414. Hennet (Léon). — Etat militaire de la France en 1793. Nouvelle édition revue, corrigée et augmentée. (Paris, 1903, in-8°, xiv-470 p.)

SEINE. — PARIS.

SOCIÉTÉ DE L'HISTOIRE DU THÉÂTRE.

Cette Société a été fondée en 1902; elle a fait paraître dans le cours de cette année le tome I de son *Bulletin*.

I. — **Bulletin de la Société de l'histoire du théâtre**, revue trimestrielle. (Paris, 1902, gr. in-8°, 158, 156 et 187 p.)

Numéro I.

7415. Martin (Henry). — Le *Térence* des ducs [ms. de la Bibliothèque de l'Arsenal] et la mise en scène au moyen âge, *fig.*, p. 15 à 42.

7416. Lyonnet (Henri). — Mademoiselle Raucourt, directrice des théâtres français en Italie (1806-1807), *fig.* et *facs.*, p. 43 à 78.

7417. Curzon (Henri de). — Bouffé et *Michel Perrin* [vaudeville de Mélesville et Ch. Duveyrier], *fig.* et *facs.*, p. 79 à 90.

7418. Augier (Émile). — Une préface inédite [pour une œuvre posthume d'Arnold Mortier], p. 91.

7419. Got (Edmond). — Souvenirs d'un comédien pendant la Commune, *fig.*, p. 93 à 130.

7420. Sardou (Victorien). — Autographe de Collot d'Herbois, *facs.*, p. 132 à 134.

7421. Cain (G.). — Autographe de La Bussière [Charles-Hippolyte-Delpeuch], *facs.*, p. 135.

7422. Cain (G.). — Une lettre de M. de Beaumarchais (1789), p. 136.

7423. Sardou (Victorien). — Droits d'auteurs en assignats [an IV, à Paris], *facs.*, p. 138 à 140.

7424. Estourbeillon de Constant (J. d'). — Les rappels interdits, lettre de M. Debelleyme, préfet de police, au Secrétaire d'État, ministre de l'Intérieur (1828), *facs.*, p. 141 à 143.

7425. Haquette (Maurice). — Le décret de Moscou, *facs.*, p. 144.

7426. Anonyme. — Le théâtre au Palais, un acteur [Carré] refusant par modestie de jouer le rôle de Napoléon (Tribunal du commerce de Besançon, audience du 1er octobre 1831), p. 146.

7427. Anonyme. — Théâtre et comédiens du vieux Paris, *fig.*, p. 148 à 153.

[Les Funambules, *fig.*; Jean-Gaspard Deburau, *portr.*; Fanchon *la Vielleuse* (1803), *fig.*]

7428. Anonyme. — Autographe de Rachel, p. 154 à 156.

Numéro II.

7429. Malherbe (Charles). — Les costumes et décors d'*Armide* : L'*Armide* de Lulli, *fig.*, p. 5 à 38.

7430. Pougin (Arthur). — Les lettres de noblesse de Rameau, *fig.*, p. 39 à 43.

7431. Monval (Georges). — La pompe funèbre de Crébillon (1762), documents inédits, *facs.*, p. 45 à 49.

7432. Montorgueil (Georges). — Le théâtre des enfants du sieur Moreau au Palais-Royal en 1791, documents inédits, p. 51 à 65.

7433. Curzon (Henri de). — Le Comité de lecture à l'Opéra au XVIIIe siècle, p. 67 à 75.

7434. Claretie (Léo). — Ordonnances de police pour les théâtres [1811-1832], *facs.*, p. 77 à 90.

7435. Lyonnet (H.). — Les comédiens français du Prince Eugène, *fig.*, p. 91 à 119; et n° III, p. 123 à 134.

7436. H. M. [Martin (Henry)]. — Journal d'Édouard Thierry, administrateur général de la Comédie Française (janvier-juin 1863), p. 121 à 147.

7437. Anonyme. — L'ancienne Comédie Française à l'Odéon, *fig.*, p. 150 à 151.

7438. H. de C. [Curzon (H. de)]. — Garat, une pétition originale pour la croix de la Légion d'honneur, p. 152 à 154.

7439. Anonyme. — Interdiction d'une pièce de Boursault par le Parlement en 1668, *facs.*, p. 155 à 156.

Numéros III-IV.

7440. Funck-Brentano (Frantz). — La Bastille des comédiens. Le For l'Évêque, *fig.*, p. 5 à 94.

7441. Lenôtre (G.). — La collection Dutuit, *fig.*, p. 97 à 111.

7442. Curzon (Henri de). — Comment on retouchait Corneille pour le rendre digne de Napoléon. *Héraclius* à la Cour, p. 113 à 121.

[7435]. Lyonnet (Henry). — Les comédiens français du Prince Eugène, p. 123 à 134.

7443. Tenéo (Martial). — Une lettre inédite d'Alexandre Dumas fils [1870], p. 137 à 146.

7444. Ginisty (Paul). — Le théâtre au théâtre, p. 147 à 158.

7445. Curzon (Henri de). — Documents inédits sur la Comédie-Française, conservés aux Archives nationales, *fig.*, p. 169 à 179.

7446. Anonyme. — Prospectus pour l'ouverture d'une agence dramatique par Perlet, *facs.*, p. 180 à 181.

7447. Anonyme. — Une affiche réglant les feux. Gratifications et fournitures pour les spectacles de la Cour (1773), *facs.*, p. 182-183.

SEINE. — PARIS.

SOCIÉTÉ HISTORIQUE ET ARCHÉOLOGIQUE DU IVE ARRONDISSEMENT DE PARIS.

Cette Société a été fondée en 1902; le premier volume de son *Bulletin* a paru en 1902-1903.

I. — La Cité. Bulletin de la Société historique et archéologique du IVe arrondissement de Paris, 1re année. (Paris, 1902-1903, in-8°, 562 p.)

7448. Anonyme. — Le IVe arrondissement, p. 264.

7449. Sellier (Charles). — L'hôtel du prévôt de Paris, *fig.*, p. 29 à 50.

7450. A. C. [Callet (A.)]. — A travers le IVe arrondissement, *fig.*, p. 51, 141, 243, 273, 363, 449, et 517.

[Le café de la Garde nationale, *fig.*; maison du XVe siècle au coin des rues Cloche-Perce et François-Miron, *fig.*; anciens pavages du quai Henri-IV et de la rue de Brissac; la porte Saint-Antoine. Le logis de Rabelais, p. 51 à 55. — L'arrivée de Danton à Paris; fouilles le long du mur du quai de l'Archevêché; les portes d'eau de l'île Saint-Louis; le marché Sainte-Catherine et le couvent Sainte-Catherine du Val-des-Écoliers, p. 141 à 149. — Fouilles de la rue Beautreillis, *fig.*; la maison des Arbalétriers; restauration de Saint-Gervais, *fig.*; les bains Vigier, p. 243 à 253.— Caserne du Petit-Musc; cabaret du Petit-Moulin; sur les tours de Notre-Dame; la place Baudoyer et les places de grèves, p. 273 à 284. — Les mouettes du Pont Marie, p. 363. — Le dernier vignoble parisien *intra muros*, p. 449. — La maison de la Lanterne, place de Grève, *fig.*, p. 517.]

7451. Lambeau (L.). — Un vieux logis parisien [l'hôtel de la Vieuville], *fig.*, p. 57 à 62, et 101 à 107.

7452. Dambelemont (R.). — La maison de Victor Hugo à la place Royale, *fig.* et 2 *pl.*, p. 65 à 80.

7453. Callet (A.). — Les vieilles enseignes du IVe arrondissement, *fig.*, p. 81, 150, et 529.

7454. Hartmann (Paul). — Nicolas Flamel, p. 133 à 140.

7455. A. C. [Callet (A.)]. — Un coin de l'île Saint-Louis, p. 158 à 160.

7456. A. C. [Callet (A.)]. — La maison 17, rue Beautreillis, et le cimetière Saint-Paul, *fig.*, p. 161 à 169.

7457. A. C. [Callet (A.)]. — Le couvent des Billettes. Fouilles [au lycée Charlemagne], p. 170 à 174.

7458. Callet (A.). — Une démolition rue Pavée. L'hôtel de Savoisy, *fig.*, p. 181 à 190.

7459. Anonyme. — Tour de l'enceinte de Paris sous Philippe Auguste [au Mont-de-Piété], *fig.*, p. 197 à 201.

7460. Gauthier (L'abbé M.). — Un Pérugin à Saint-Gervais, p. 202 à 206.

7461. Prieur (Albert). — Le centenaire de Bichat, *fig.*, p. 207 à 225.

7462. Van Geluwe (L.). — Une épave de la Bastille [une pierre de Palloy au musée de Luxembourg], p. 226 à 234.

7463. Pisani (P.). — Les tombeaux des archevêques de Paris à Notre-Dame, p. 235 à 242.

7464. Sardou (Victorien). — La mort de Gérard de Nerval; la rue de la Vieille-Lanterne, *fig.*, p. 261 à 272.

7465. Augé de Lassus (L.). — Hôtel Saint-Pol, église et charniers Saint-Pol, *fig.*, p. 289 à 298.

7466. Funck-Brentano (Frantz). — Les anciens quartiers des IIIe et IVe arrondissements, p. I à XVIII.

7467. Divers. — A travers le IVe arrondissement, p. 341, 431, 495, et 522.

[Lemerle (B.). Acte de baptême de Gérard de Nerval (1808), p. 341. — Acte de naissance de V. Sardou (1831), p. 342. — L'inscription de la colonne de la Bastille, p. 343. — Gauthier (L'abbé M.). L'église Saint-Gervais, p. 346. — L'église des Blancs-Manteaux, p. 349. — Maison de Regnaut Freron, rue du Cloître-Notre-Dame, p. 350. — Deux bals de l'Hôtel de Ville (1626), p. 352. — Lettres de Voltaire relatives à son séjour dans le IVe arrondissement, p. 355. — Vidocq, ancien habitant du IVe arrondissement, p. 359. — Gandoulf le Lombard dans le quartier Saint-Merry, p. 431. — Débordements de la Seine, p. 495. — Les fossés de la Bastille, p. 522.]

7468. Lambeau (Lucien). — Essais sur la mort de Mme la princesse de Lamballe, *fig.*, p. 369, 433, et 497.

7469. L'Esprit. — Un centre intellectuel. Le quartier Saint-Paul et le Marais, p. 385 à 399.

7470. Delaby (Cléon). — L'île Louviers, *fig.*, p. 405 à 430.

7471. Gauthier (L'abbé M.). — Philippe de Champaigne dans notre quartier, *fig.*, p. 456 à 462.

7472. Riotor (Léon). — La maison de Victor Hugo, *fig.*, p. 469 à 489.

7473. Hartmann (Paul). — L'éléphant de la Bastille, *fig.*, p. 490 à 495.

IMPRIMERIE NATIONALE.

SEINE. — PARIS.

SOCIÉTÉ HISTORIQUE DU VI[E] ARRONDISSEMENT DE PARIS.

Les publications antérieures de cette Société sont analysées dans notre *Bibliographie générale*, savoir :
Bulletin, t. I à III (1898-1900), *Bibliographie*, Supplément sous presse.
— t. IV (1901), *Bibliographie*, nouvelle série, t. I, p. 130.

V. — Bulletin de la Société historique du VIe arrondissement de Paris, année 1902. (Paris, s. d., in-8°, 216 p.)

7474. Levesque (L'abbé E.). — Les sépultures de l'ancien séminaire de Saint-Sulpice, p. 18 à 19.

7475. Toulouze (Eugène). — Jean-Georges Wille, sa famille et ses élèves, *fig.*, p. 35 à 45.

7476. Fromageot (Paul). — La foire Saint-Germain des Prés, 5 *pl.*, p. 46 à 140. — Suite de IV, p. 185.

7477. Régamey (Félix). — Horace Lecocq de Boisbaudran et ses élèves, *fig.*, p. 141 à 163.

7478. Cabanès (D[r]). — Les comédiens et le clergé. Les démêlés de Talma avec le curé de Saint-Sulpice, p. 164 à 172.

7479. Demombynes (Gabriel). — Les bataillons de marche de la Garde nationale du VIe arrondissement pendant le siège de Paris (1870-1871), *fig.*, p. 198 à 211.

SEINE. — PARIS.

SOCIÉTÉ HISTORIQUE ET ARCHÉOLOGIQUE DU VIIIE ARRONDISSEMENT DE PARIS.

Les publications antérieures de cette Société sont analysées dans notre *Bibliographie générale*, savoir :
Bulletin, t. I et II (1899-1900), *Bibliographie*, Supplément sous presse.
— t. III (1901), *Bibliographie*, nouvelle série, t. I, p. 131.

IV. — Bulletin de la Société historique et archéologique du VIIIe arrondissement de Paris, 4e année. (Paris, s. d. [1902], in-8°, 69 p.)

7480. Mareuse (Edgar). — Discours, *pl.*, p. 16 à 27.

[Denormandie (1821 † 1902); V. Dablin (1818 † 1901); le baron Textor de Ravisi (1822 † 1902). — Le parc Monceau, *pl.*]

7481. Gruel (Léon). — L'église de la Madeleine, documents historiques, *fig.*, p. 31 à 47; et V, p. 20 à 38.

7482. Le Senne (Eugène). — Le cirque des Champs-Élysées, *pl.*, p. 58 à 61.

7483. Vial (Henri). — Un frère de Santerre [Jean-François], brasseur, rue Neuve-de-Berry, *fig.*, p. 62 à 68.

V. — Bulletin de la Société historique et archéologique du VIIIe arrondissement de Paris, 5e année. (Paris, s. d., in-8°, 114 p.)

7484. Mareuse (E.). — Discours, p. 9 à 13.

[La Petite Pologne, ancien quartier du VIIIe arrondissement.]

7485. Dablin (Paul). — Sur l'emplacement où était érigé l'échafaud le jour de l'exécution de Louis XVI, p. 17 à 19.

[7481]. Gruel (Léon). — L'église de la Madeleine, documents historiques, *fig.* et 3 *pl.*, p. 20 à 38.

7486. C. W. [Westercamp (C.)]. — L'arrestation d'André Chénier et l'hôtel de Pastoret, p. 39 et 40.

7487. Babeau (Albert). — Les origines de la rue Royale Louis XV, p. 41 à 48.

7488. Duval (Gaston) et Vial (Henri). — Le palais de l'Élysée, historique des bâtiments, notice descriptive des grands appartements, p. 49 à 59.

7489. Weil (Commandant). — Les alliés à Paris en 1814, extrait des Mémoires du général de Löwenstern, p. 60 à 77.

7490. Ch. W. [Westercamp (Ch.)]. — La maison de Tallien, p. 77 à 78.

7491. Mareuse (E.). — L'arcade des Bénédictines de la Ville l'Évêque, *fig.*, p. 79 à 96.

7492. Le Senne (Eugène). — Le jardin Mabille, *pl.*, p. 97 à 104.

7493. Duval (Gaston). — Notes pour l'histoire de la place de la Concorde, p. 105 à 111.

SEINE. — PARIS.

SOCIÉTÉ DE LINGUISTIQUE.

Les publications antérieures de cette Société sont analysées dans notre *Bibliographie générale*, savoir :

Mémoires, t. I à V (1868-1884), *Bibliographie*, t. IV, p. 315.

— t. VI à XI (1889-1900), *Bibliographie*, Supplément sous presse.

Bulletin, t. I à VI (1869-1888), *Bibliographie*, t. IV, p. 319.

— t. VII à X (1889-1898), *Bibliographie*, Supplément sous presse.

— t. XI (1899-1901), *Bibliographie*, nouvelle série, t. I, p. 131.

XII. — Mémoires de la Société de linguistique de Paris, t. XII. (Paris, 1903, in-8°, XXVI-504 p.)

7494. Bréal (Michel). — Étymologies, p. 1, 73, 239, et 289.

7495. Huart (Cl.). — L'accentuation en turc osmanli, p. 12 à 13.

7496. Meillet (A.). — La différenciation des phonèmes, p. 14 à 34.

7497. Meillet (A.). — Slave *pustŭ gradŭ* Ἑρμούπολις, p. 34.

7498. Boissier (Alfred). — Haruspex, note supplémentaire, p. 35 à 39. — Cf. XI, p. 330.

7499. Vendryès (J.). — Latin : *vervēx* (*vervix*); irlandais : *ferb*, p. 40 à 42.

7500. Lamouche (Léon). — Les déterminatifs dans les langues slaves du Sud, p. 43 à 59.

7501. Bally (Ch.). — Ἀκρᾶσία, p. 60 à 66.

7502. Bréal (Michel). — Λίην, λίαν, p. 66.

7503. Courant (Maurice). — Note sur l'existence, pour certains caractères chinois, de deux lectures distinguées par les finales *k-ñ*, *t-n*, *p-m*, p. 67 à 72.

7504. Huart (Cl.). — Note sur un psautier turc en caractères grecs, p. 83 à 84.

7505. Lejay (Paul). — Le locatif *terrae*, p. 85 à 89.

7506. Sainéan (Lazare). — Essai sur le judéo-allemand et spécialement sur le dialecte parlé en Valachie, p. 90 à 138, et 176 à 196.

7507. Duvau (Louis). — A propos des initiales latines, p. 138 à 140.

7508. Bréal (Michel). — A propos de ἄεθλον, p. 140. — Cf. XI, p. 130.

7509. Ferrand (Gabriel). — Notes sur la transcription arabico-malgache d'après les manuscrits antaimorona, p. 141 à 175.

7510. Halévy (J.). — Mélanges étymologiques, p. 197 à 212.

7511. Meillet (A.). — Varia, p. 213 à 238.

7512. Thomas (A.). — Ancien français *nuitre*, p. 249 à 251.

7513. Ernault (É.). — Études d'étymologie bretonne, p. 252, 295, et 432.

7514. Bally (Ch.). — Contribution à la théorie du Z voyelle, p. 314 à 330.

7515. Sainéan (Lazare). — Le mot *saint* dans les idiomes balkaniques, p. 331 à 334.

7516. Doutté (Edmond). — Un texte arabe en dialecte oranais, p. 335 à 370, et 373 à 406.

7517. Clarac (E.). — Deux mots alsaciens, p. 371.

[*Blotzbruder, Gaensel.*]

7518. Meillet (A.). — Recherches sur la syntaxe comparée de l'arménien, p. 407 à 428. — Suite de X, p. 241 ; XI, p. 369

7519. Meillet (A.). — Étymologies arméniennes, p. 429 à 431.

SEINE. — PARIS.

SOCIÉTÉ DE PHILOLOGIE ET ŒUVRE DE SAINT-JÉRÔME.

Les publications antérieures de cette Société sont analysées dans notre *Bibliographie générale*, savoir

Actes, t. I à XV (1869-1885), *Bibliographie*, t. IV, p. 364.

— t. XVI à XXVI (1886-1898), *Bibliographie*, Supplément sous presse.

Bulletin, t. I et II (1880-1898), *Bibliographie*, t. IV, p. 366.

Œuvre de Saint-Jérôme, t. I à III (1883-1886), *Bibliographie*, t. IV, p. 368.

La Société a fait paraître en 1902 le tome I d'un nouveau recueil *l'Année linguistique*, que nous analysons ci-dessous.

I. — **L'Année linguistique**, publiée sous les auspices de la Société de philologie (organe de l'Œuvre de Saint-Jérôme). T. I, 1901-1902. (Paris, 1902, in-16, VI-303 p.)

7520. Vendryès (J.). — Langues latines, p. 1 à 23.

7521. Dauzat (Albert). — Langues romanes, p. 25 à 58.

7522. Vendryès (J.). — Langues celtiques, p. 59 à 84.

7523. Gauthiot (Robert). — Langues germaniques, p. 85 à 107.

7524. Guidi (I.) — Langues éthiopiennes, p. 109 à 133.

7525. Vinson (Julien). — Revue des études basques (1891-1899), p. 135 à 197.

7526. Thomas (Albert). — Langues de l'Extrême-Orient, p. 199 à 263.

[Indo-Chine, Chine, Mandchourie et Mongolie, Corée, Japon.]

7527. Marre (Aristide). — Aperçu bibliographique des travaux relatifs aux peuples de race malaise qui ont été publiés pendant les années 1898, 1899 et 1900, p. 265 à 290.

7528. Rink (S.). — Liste des ouvrages relatifs au Groënland et à la langue esquimaude depuis 1890, p. 291 à 294.

7529. Guilbeau (E.). — Le livre de l'aveugle, p. 295 à 301.

[Historique de la typographie pour les aveugles.]

SEINE. — PARIS.

SOCIÉTÉ PHILOTECHNIQUE.

Les publications antérieures de cette Société sont analysées dans notre *Bibliographie générale*, savoir :

L'Ami des arts, t. I et II (1796), *Bibliographie*, t. IV, p. 368.

Annuaire, t. I à XLIV (1840-1885), *Bibliographie*, t. IV, p. 368.

— t. XLV à LIX (1886-1900), *Bibliographie*, Supplément sous presse.

— t. LX (1901), *Bibliographie*, nouvelle série, t. I, p. 132.

LXI. — **Annuaire de la Société philotechnique**, année 1902, t. LXI. (Paris, 1903, in-8°, 180 p.)

7530. Boileau (Lucien). — Une excursion en Albanie, p. 55 à 70.

7531. Dorville (Alexis). — Berlioz, César Franck, Richard Wagner jugés par leurs contemporains, p. 77 à 93.

SEINE. — PARIS.

SOCIÉTÉ «LA SABRETACHE».

Les publications antérieures de cette Société sont analysées dans notre *Bibliographie générale*, savoir :
Carnet de la Sabretache, t. I à VIII (1893-1900), *Bibliographie*, Supplément sous presse.
— — t. IX (1901), *Bibliographie*, nouvelle série, t. I, p. 132.

X. — Carnet de la Sabretache, revue militaire rétrospective, publiée par la Société «La Sabretache», 10e volume, 1902. (Paris, s. d., in-8°, 830 p.)

7532. Divers. — Exposition militaire rétrospective, 59 *pl.*, p. 1, 66, 129, 193, 257, 385, 449, 513, 577, 657 et 777. — Suite de VIII, p. 513, 604, 641, 727: et IX, p. 3, 65, 129, 193, 261, 345, 386, 461, 552, 577, 641, et 705.

[Masson (Frédéric). Le général Leclerc (1772 † 1802), *portr.*, p. 1. — Cossé-Brissac (Comte M. de). L.-H.-T. de Cossé, duc de Brissac († 1792), *portr.* et *fig.*, p. 3. — Bertin (G.). Renée d'Amboise, maréchale de Balagny († 1595), *portr.*, p. 16. — Bertin (G.). Le général comte Brayer (1813 † 1870), *portr.*, p. 19. — Cottreau (G.). Armes et vêtements militaires ayant appartenu au général Dupas (1761 † 1828) et exposés par le musée d'Evian, 2 *pl.*, p. 21. — Hennet (L.). Kléber (1753 † 1800), *fig.* et *portr.*, p. 28.

7533. Hennet (L.). Le maréchal J.-B.-P. Vaillant (1790 † 1872), *portr.*, p. 66. — Bertin (G.). Les trois frères Barbanègre (Joseph, 1772 † 1830; Jean-Baptiste, 1775 † 1806; Jacques, 1777 † 1844), *fig.* et *portr.*, p. 73. — Bertin (G.). Le général Victor Oudinot, duc de Reggio (1791 † 1863), *portr.*, p. 77. — [Bertin (G.)]. Mort du colonel Oudinot (Numa-Auguste, 1799 † 1835), *fig.* et *pl.*, p. 80. — Largemain (Lieutenant-colonel). Le général baron H. Vial (1766 † 1813), *portr.*, p. 88.

7534. Masson (F.). L'amiral A.-J. Bruat (1796 † 1855), *portr.*, p. 129. — Hennet (L.). Le maréchal Davout († 1823), *fig.* et *portr.*, p. 180. — Cottreau (G.). Louis, dauphin de France, fils de Louis XV, en uniforme de son régiment de dragons; le comte C.-H.-L. de Machault d'Arnouville, colonel de Languedoc-dragons; le marquis de Castelbajac, colonel de dragons de la Garde royale (1825), 8 *portr.*, p. 133.

7535. Cottreau (G.). Mannequins d'infanterie et pièces d'artillerie du régiment à cheval de la Garde impériale, *fig.* et 7 *pl.*, p. 198. — Orléans (Jean d'). Le duc d'Aumale, *portr.*, p. 257. — Hennet (L.). Le maréchal Niel (1802 † 1869), *portr.*, p. 263. — Hennet (L.). Le général de Pontevès (1805 † 1855), *portr.*, p. 267.

7536. Bertin (G.). Le maréchal de Montesquiou d'Artagnan (1640 † 1725), *portr.*, p. 270. — Cottreau (G.). Le colonel baron de Wimpffen, *portr.*, p. 271. — Cottreau (G.). Le comte de Monstiers-Mérinville, *portr.*, p. 272. — Masson (Frédéric). Le prince Eugène de Beauharnais, *portr.*, p. 385. — [Bertin (G.)]. Le maréchal de Guébriant (1595 † 1643), *portr.*, p. 387. — Cottreau (G.). Le général Bro de Commère, *portr.*, p. 389. — Cottreau (G.). Le baron Faverot de Kerbrech, *portr.*, p. 390.

7537. Cottreau (G.). Le colonel marquis de Villeneuve de Vence (1783 † 1834), et le sous-lieutenant J.-B. de la Roue, 2 *portr.*, p. 391. — Cottreau (G.). Le colonel marquis de Nadaillac (1787 † 1837), *portr.*, p. 392. — Bertin (G.). Le maréchal de la Motte-Houdancourt (1605 † 1657), *portr.*, p. 449. — Cottreau (G.). Grenadier et fusilier des gardes suisses; grenadier, fusilier, chasseur du régiment du Roi-infanterie en 1789; garde de la porte (maison du Roi, 1814-1816), 8 *pl.*, p. 450. — Le général J.-L. Metman (1814 † 1889), *portr.*, p. 453. — Le général F.-A. Appert (1817 † 1891), *portr.*, p. 455.

7538. Masson (F.). Le général baron L.-M.-J.-B. Atthalin, *portr.*, p. 513. — Cottreau (G.). Le général baron Lejeune, *portr.*, p. 515. — Denis (Lieutenant Ch.). La remise du drapeau aux bataillons de chasseurs à pied (4 mai 1841), *portr.*, p. 520. — Le comte Alexandre Colonna Walewski (1810 † 1868), *portr.*, p. 521. — Hennet (Léon). Henri IV au siège de Chartres, *pl.*, p. 577. — Hennet (Léon). La division du Hainaut, *pl.*, p. 579. — Hennet (Léon). Le général Pajol (1772 † 1844), *portr.*, p. 586.

7539. Masson (F.). Le maréchal Pélissier, *portr.*, p. 657. — Bertin (G.). Le colonel de Brancion (1803 † 1855), *fig.* et *portr.*, p. 659. — Hennet (Léon). La prise de Malakoff, *pl.*, p. 661. — Hennet (Léon). Le colonel baron Filhol de Camas (1807 † 1854), *portr.*, p. 666. — Titeux (Eugène). Un officier des gardes d'honneur italiens (1809), *pl.*, p. 777. — Bertin (G.). Le général F. Legrand (1810 † 1870), *portr.*, p. 782. — Hennet (L.). Le commandant comte Bruyère (1813 † 1879), *portr.*, p. 784. — Hennet (Léon). Le général de Miribel (1831 † 1893), *portr.*, p. 785. — L'amiral Trehoüart (1798 † 1873), *portr.*, p. 789.]

7540. Reiset (Vicomte de). — Un épisode de la bataille de Dresde (août 1813), p. 32 à 42.

7541. Jordens (E.). — Campagne et captivité de Russie (1812-1813). Extraits des mémoires inédits du général-major H.-P. Everts, p. 43 à 62. — Suite et fin de IX, p. 620 et 686.

7542. Guitry (Lieutenant). — Camp sous Calais, commandé par M. le prince de Croÿ (16 juillet-16 septembre 1756), *portr.*, p. 87 à 111.

7543. Millot (A.). — Ordres du 2e régiment de conscrits chasseurs de la Garde impériale (juillet 1809-mai 1810), p. 112 à 119. — Suite et fin de IX, p. 374, 495, 562, et 748.

7544. Anonyme. — Lettres au comte de Thorenc (1761-1762), p. 120, 181, 246, et 312. — Suite et fin de VIII, p. 31, 162, et 293.

7545. Schmid (Paul). — Les Français en Allemagne pendant les guerres de la Révolution et de l'Empire (fragments d'un manuscrit allemand de 1810 [par l'abbé Vincentius Zahn]), p. 135 à 148.
7546. Anonyme. — Une recette de cuisine [Armée d'Orient, ordre général du 3 mai 1854, signé : Canrobert], p. 149.
7547. L. L. — Une lettre d'un sergent du premier Empire [Humblot, 1809], p. 150 à 153.
7548. Allut (P.-A.). — Expédition contre Alger (1830) [relation du capitaine P.-A. Allut], 2 *portr.*, p. 154 à 177, et 220 à 245.
7549. G. C. [Cottreau (G.)]. — Essai de formation de gardes d'honneur en Seine-et-Oise (an xiv), p. 178 à 180.
7550. Boppe (A.). — Le régiment albanais (1807-1814), p. 200 à 215. — Suite de IX, p. 161.
7551. H. V. — La compagnie des chirurgiens-barbiers de Marseille (1744), p. 216 à 219.
7552. Cazenove (Capitaine de). — Mémorial de campagne d'Antoine de Lafarelle, chef du génie du 6e corps de la Grande Armée (1805), *portr.*, p. 273 à 309.
7553. Jordan (Lieutenant). — Une lettre du général Drouot au général Dumoustier (1818), p. 310 à 311
7554. Regamey (Frédéric). — Benjamin Zix, peintre militaire (1772 † 1811), *fig.* et 5 *pl.*, p. 321 à 332.
7555. Anonyme. — Mémorial militaire [1792-1813] du colonel Castillon (Jean-François-Antoine-Marie), p. 333 à 355, et 394 à 416.
7556. Anonyme. — Fleurus sur l'étendard du 14e dragons, p. 356 à 358.
7557. Anonyme. — Une lettre de Cambronne au général Dumoustier [1815], p. 359.
7558. Cottreau (G.). — La télégraphie militaire pendant la Révolution et l'uniforme du directeur Chappe aux armées en l'an xiv, p. 361 à 364.
7559. Bertin (G.). — Le 6e dragons en Crimée (1854-1855) [lettres du lieutenant C.-L. de Sibert de Cornillon], *carte*, p. 365, 425, 490, 556, et 617.
7560. Juster (Capitaine). — L'équipage d'un chef de brigade de carabiniers sous Louis XV, p. 417 à 424.

[Inventaire du marquis de Boret, 1759.]

7561. Amman (C.). — Musée historique de l'armée, rapport [et liste des objets entrés au musée du 6 juin 1901 au 13 mai 1902], p. 438 à 448.
7562. Fabry (V.). — Dugommier d'après sa correspondance durant ses six mois de commandement à l'armée des Pyrénées-Orientales (18 janvier-17 novembre 1794), p. 457, 527, et 590.
7563. Cazenove (Capitaine de). — Le général Lafont (1740 † 1810), p. 480 à 489.
7564. Duval (C.). — Le général comte Pacthod [1764 † 1830], *portr.*, p. 547 à 552.
7565. Cottreau (G.). — Les guides-interprètes de l'armée d'Angleterre (an xii-1814), *fig.*, p. 553 à 555.
7566. Cottreau (G.). — Ex-libris du duc de Luynes, colonel-général des dragons [1717 † 1771], *fig.*, p. 613.
7567. Cottreau (G.). — Une lettre du général Bourcier, commandant les dépôts généraux de cavalerie [1813], p. 615.
7568. Cottreau (G.). — Fac-similés, *pl.* et *fig.*, p. 633 à 637.

[Brevet de volontaire de la Garde nationale parisienne (1789), *pl.*; vignette de la manufacture de fers ouvrés pour la marine Guilliaud père et fils; en-tête de l'administration centrale du département du Mincio; lettre de Paul Barthélemy; en-tête du lieutenant général Dabrowski, commandant les Légions polonaises auxiliaires de la République cisalpine (an vi); en-tête du comte Lubienski; ex-libris du chevalier d'Haudricourt, de Maritz de la Barollière.]

7569. Guitry (Lieutenant). — Opérations du 4e corps de l'armée d'Espagne (1809-1811) d'après la correspondance du général Sébastiani, p. 638, 705, et 763.
7570. Mabyelle (Commandant). — Souvenirs de campagne d'un soldat du régiment de Limousin (1741-1748) [Charles-Étienne Bernos, 1722 † 1809], p. 668 à 690, et 737 à 762.
7571. Hauterive (Commandant). — Blessé mortellement à Waterloo. Jules Michelin, lieutenant au 5e régiment d'infanterie de ligne (1793-1815), p. 691 à 698.
7572. Anonyme. — Fac-similé d'un certificat de l'état-major du 10e bataillon de l'Isère (an iv), *pl. sans texte.*
7573. Bertin (G.). — Le général Louis-Jacques, baron de Coëhorn (16 janvier 1771 † 29 octobre 1813), *fig.*, *portr.* et *pl.*, p. 699 à 703.
7574. Anonyme. — Une feuille de route du 7 septembre 1778, p. 704.
7575. Anonyme. — Trompette du 23e dragons, compagnie d'élite (1800-1812), *pl. en couleur sans texte.*
7576. Anonyme. — Fac-similé d'un titre de congé du régiment de voltigeurs de la Garde royale (Espagne, 1813), *pl. sans texte.*
7577. Anonyme. — Bibliographie spéciale d'ouvrages parus en 1902 [histoire militaire], p. 818 à 830.

XI. — Carnet de la Sabretache, revue militaire rétrospective publiée mensuellement par la Société «La Sabretache», 2e série, 1er volume. (Paris, 1903, in-8°, 390 p.)

[A partir de 1903 le *Carnet de la Sabretache* forme deux volumes semestriels chaque année.]

7578. Anonyme. — Soldat du régiment de Poitou, *pl. sans texte.*
7579. Lieutenant-colonel S. — La prise des Barricades (19 juillet 1744), *fig.*, p. 3 à 10.

[Relation du passage en Piémont envoyée par M. Belidor, lieutenant-colonel d'infanterie (21 juillet 1744).]

7580. S. — Deux lettres de Masséna, *fig.* et 2 *pl.*, p. 11 à 18.

[Sabre et épée d'honneur de Masséna, *fig.* et 2 *pl.*]

7581. Pélissier (L.-G.). — Un soldat d'Italie et d'Égypte. Souvenirs d'Antoine Bonnefons (7 novembre 1792-21 février 1801), p. 19, 109, 224, 282, et 347.
7582. Rouffet (J.). — Le premier uniforme des chasseurs d'Afrique, *fig.* et 2 *pl.*, p. 35 à 40.
7583. Marchal. — Étendard du 15e de Cavalerie (Première République), *pl.*, p. 41 à 44.
7584. Anonyme. — État de la dépense indispensable d'un capitaine d'infanterie pendant une année en temps de paix [xviiie s.], p. 45.
7585. Duclos (A.) et Marquiset (Comte). — Un changement de garnison sous Louis XV [le régiment d'Alsace transféré de Saint-Omer à Landau (1767), instructions de route], *fig.* et *pl.*, p. 47 à 56.
7586. G. M. [Marchal (G.)]. — Armes d'honneur décernées à la Garde consulaire après Marengo, p. 57 à 60.
7587. Anonyme. — Certificat d'action d'éclat accordé au sergent-major Duret (25 germinal an x), p. 61.
7588. Anonyme. — Fournitures pour la Maison du Roi [1751], p. 62.
7589. Lieutenant-colonel S. — Le 4e bataillon de chasseurs à pied en Crimée. Lettres du capitaine Mennessier, *fig.*, 3 *pl.* et *portr.*, p. 65, 145, 204, 266, et 321.
7590. Marmottan (Paul). — Le général Menou en Toscane [1808], *portr.*, p. 79 à 90, et 182 à 188.
7591. Anonyme. — Le régiment d'Auvergne en 1764. Rapport d'inspection de M. de Puységur, *fig.*, p. 91 à 95.
7592. Martin (Commandant E.). — Portrait ex-libris du baron de Castille (1789), *fig.*, p. 96.
7593. Marchal (G.). — Requête des grenadiers à pied de la Garde de l'Empereur, *fig.* et 2 *pl.*, p. 97 à 102.
7594. Laforge (Édouard). — Les guidons du 16e régiment de dragons ci-devant Orléans, *fig.*, p. 103 à 108.
7595. Anonyme. — Certificat d'action d'éclat accordé à l'adjudant-major Hugo [1er thermidor an x], p. 125.
7596. Loy (Lieutenant L.). — Affiche militaire, jugement prévôtal contre le sr Jacques-Antoine Remy (Valenciennes, 18 décembre 1731), *facs.*, p. 127.
7597. Martin (Commandant E.). — Les chasseurs à pied de 1837 à 1840. Compagnie modèle, bataillon provisoire de chasseurs à pied et bataillon de tirailleurs, *fig.* et 4 *pl.*, p. 129 à 144.
7598. Carnot (Capitaine). — Instruction du général Hoche pour les troupes employées contre les Chouans (1795), *portr.*, p. 159 à 178.
7599. Castex (Vicomte Maurice de). — Quatre lettres du colonel Castex [1806-1809], *portr.*, p. 179 à 181.
7600. Bottet (Capitaine M.). — Vandamme, sabre de récompense nationale et brevet de comte d'Unebourg [1809], *facs.*, p. 189 à 190.
7601. G. M. [Marchal (G.)]. — Rapport du duc de Feltre à l'Empereur sur les musiques de la Garde (1810), p. 191.
7602. Cottreau (G.). — Hussards de la Garde royale, croquis d'effets de harnachement, d'équipement et de tenue, par Raffet (1827), *fig.* et 5 *pl.*, p. 193 à 198.
7603. L. H. [Hennet (Léon)]. — Marceau, documents inédits, p. 199 à 203.
7604. Rouffet (J.). — Une sabretache de Marengo, *pl.*, p. 221 à 223.
7605. Cazenove (Capitaine de). — Le siège de Savannah (1779), *portr.*, p. 240 à 252, et 289 à 300.

[*Portr.* de M. de Terson.]

7606. Cottreau (G.). — Infanterie de la Garde royale (1815-1830). Sapeurs du 3e régiment (1825), *pl.*, p. 257 à 265.
7607. Margerand. — Le 95e régiment d'infanterie de ligne à Nuremberg en 1806, *pl.*, p. 275 à 281.
7608. Anonyme. — Portrait du vice-amiral Charles-Henri comte d'Estaing, *pl. sans texte.*
7609. Hennet (Léon). — Le général comte Vallin, *portr.*, p. 301 à 303.
7610. Martin (Commandant E.). — Les monnaies obsidionales d'Anvers (1814), *pl.* et *portr.* de Carnot, p. 304 à 316.
7611. F. B. — A propos du droit de prise des bagages du prince Eugène de Savoie en 1710, p. 317 à 319.
7612. Anonyme. — Sergent des grenadier-guards en tenue de parade, en Crimée, *pl. sans texte.*
7613. Anonyme. — Sergent de voltigeurs du 50e régiment de ligne en Crimée, *pl. sans texte.*
7614. Grammont (E.). — Chasseurs du Roi, 1er régiment de chasseurs à cheval (1814-1815), *pl.*, p. 328 à 334.
7615. La Croix-Vaubois (Capitaine de). — Prise de Zaatcha (1849). [Souvenirs du général L.-J. Le Poittevin de la Croix de Vaubois], *portr.*, p. 335 à 340.
7616. Capitaine de L. J. — Les lettres de marque à l'époque du Directoire, *pl.*, p. 341 à 346.
7617. Bonnemains (Baron Édouard de). — Le lieutenant général vicomte Pierre de Bonnemains [1773 † 1850], *portr.*, p. 373 à 379.
7618. Baron de M. — Une affiche de recruteurs [1757], *pl.*, p. 380 à 383.

SEINE. — PARIS.

SOCIÉTÉ DE SAINT-JEAN.

Les publications antérieures de cette Société sont analysées dans notre *Bibliographie générale*, savoir :
Bulletin (1873-1878), *Bibliographie*, t. IV, p. 373.
Notes d'art et d'archéologie, t. I à XII (1889-1900), *Bibliographie*, Supplément sous presse.
— — t. XIII (1901), *Bibliographie*, nouvelle série, t. I, p. 134.

XIV. — Notes d'art et d'archéologie, revue de la Société de Saint-Jean, 14ᵉ année, 1902. (Paris, 1902, in-8°, 288 p.)

7619. P.-H. F. — P.-E. Santai [† 1901], *fig.*, p. 1 à 3.

7620. Rouillard (M.). — D'Angers à Bougival, *fig.*, p. 4 à 17.

[Église de Bougival.]

7621. Eude (Émile). — En Rouergue, *fig.*, p. 35 à 43.

7622. Mallat (Joseph). — Recherches sur l'origine de quelques églises romanes, *fig.*, p. 49 à 59, et 84 à 90.

[Saint-Front de Périgueux, Saint-Pierre d'Angoulême, cathédrale de Saintes, Fontevrault.]

7623. Girodie (André). — Paul Flandrin [† 1902], p. 73 à 78.

7624. Müller (Chanoine Eug.). — Note sur deux verrières du XIIᵉ siècle [de sa collection], *fig.*, p. 100 à 107.

7625. Cherot (Henri). — La bienheureuse Jeanne de Lestonnac (1556-1640), vieux buste et statue nouvelle, *fig.*, p. 169 à 179.

7626. Dimier (L.). — Claude Lorrain et l'ancienne école du paysage, à propos de l'exposition des œuvres de cet artiste à Londres, p. 179 à 191.

7627. Maxe-Werly (L.). — L'iconographie de l'Immaculée Conception de la Sainte-Vierge depuis le milieu du XVᵉ siècle jusqu'à la fin du XVIᵉ, *fig.*, p. 193 à 200, et 223 à 254.

7628. Keller (A.). — Jehan Fouquet et le manuscrit au XVᵉ siècle, *fig.*, p. 201 à 205, et 255 à 258.

7629. Meunynck (A. de). — Fête de la canonisation de saint Jean de la Croix célébrée à Lille le 24 août 1727, relation détaillée d'après un manuscrit de l'époque, p. 265 à 280.

SEINE. — PARIS.

SOCIÉTÉ DE STATISTIQUE DE PARIS.

Les publications antérieures de cette Société sont analysées dans notre *Bibliographie générale*, savoir :
Journal, t. I à XXV (1860-1885), *Bibliographie*, t. IV, p. 377.
— t. XXVI à XL (1886-1900), *Bibliographie*, Supplément sous presse.
— t. XLI (1901), *Bibliographie*, nouvelle série, t. I, p. 134.

XLII. — Journal de la Société de statistique de Paris, 43ᵉ année (1902). (Paris, 1902, grand in-8°, 432 p.)

7630. Bienaymé (Gustave). — Le coût de la vie à Paris à diverses époques. Moyens de transport publics. Voitures en commun à destination fixe, p. 87 à 130. — Suite de XXXV, p. 57, 365; XXXVII, p. 375; XXXVIII, p. 83; XXXIX, p. 369; XL, p. 360; et XLI, p. 93, et 293.

7631. Anonyme. — Le Mont-de-Piété de Paris, p. 386 à 388.

SEINE. — PARIS.

SOCIÉTÉ DES TRADITIONS POPULAIRES.

Les publications antérieures de cette Société sont analysées dans notre *Bibliographie générale*, savoir :
Revue, t. I à XV (1886-1900), *Bibliographie*, Supplément sous presse.
— t. XVI (1901), *Bibliographie*, nouvelle série, t. I, p. 135.
Annuaire, t. I à VI (1886-1894), *Bibliographie*, Supplément sous presse.
Congrès, t. I (1889), *Bibliographie*, Supplément sous presse.
— t. II (1901), *Bibliographie*, nouvelle série, t. I, p. 139.

XVII. — Revue des traditions populaires, recueil mensuel de mythologie, littérature orale, ethnographie traditionnelle et art populaire, t. XVII, 17e année. (Paris, 1902, in-8°, 648 p.)

7632. Sébillot (Paul). — Les poissons et les mammifères aquatiques, p. 1 à 11, et 161 à 163.

[Bout (A.). Les poissons d'eau de mer en Picardie, p. 161. — Harou (Alfred). Les poissons d'eau de mer et d'eau douce en Belgique, p. 161 à 163.]

7633. Divers. — La mer et les eaux, p. 11, 89, 146, 270, 336, 380, 470 et 574. — Cf. II, p. 297.

[Harou (Alfred). Baptême de navire à Anvers; la statue qui nage à Assebrouck (Belgique), p. 11. — Le Carguet (H.). La baignade des chevaux en Bretagne, p. 11. — Sébillot (Paul). Le bateau balancé dans le Doubs; la fontaine ardente à Saint-Barthélemy, près Grenoble; les lacs du diable; l'Ankou et les fontaines dans les Côtes-du-Nord; la mer souterraine en Bretagne, p. 12. — Bout (A.). Légendes de Picardie, p. 89, 147 et 574. Runeberg (M.). L'homme qui perd sa force sur mer, p. 90.

7634. Harou (Alfred). Nom de la mer; amulettes; les ricochets dans l'eau, p. 146. — Duine (F.). Le navire merveilleux, chanson de marins de Cancale, p. 146. — Sébillot (Paul). Les délaissements de la mer en Belgique, p. 270. — Harou (Alfred). Le lac de Morat sanglant, p. 270. — Jourdanne (Gaston). Les jeux nautiques à Cette, p. 336. — Girard de Rialle. L'arche des amoureux près Constitucion (Chili), p. 380. Heather (P. J.). Les mouettes sur le littoral de Sussex; les anguilles dans le comté d'Essex, p. 380. — La mer souterraine à Dinan, p. 880.

7635. Harou (Alfred). L'aiguille de mer et l'oncle des crevettes à Heyst, p. 381. — Zuidema (W.). Fête de Neptune et baptême au passage de l'équateur sur les bateaux néerlandais, p. 381. — Harou (Alfred). Légendes du littoral belge, p. 470. — Marquer (François). Le navire errant dans les Côtes-du-Nord, p. 475. — Lambert (Élodie). Le culte de l'Arroux; fontaine de Saint-Martin à Lassey (Saône-et-Loire), p. 478. — Le Carguet (J.). Le cheval de la Vierge à Audierne, p. 574.]

7636. Decourdemanche (J.-A.). — Notes sur le livre de Sèndabad, p. 14 à 33. — Suite de XIV, p. 321 et 405.

7637. Basset (René). — Contes et légendes arabes, p. 34, 91, 148, 480, et 606. — Suite de XI, p. 502; XII, p. 65, 243, 337, 400, 477, 633, 668; XIII, p. 217, 476, 569, 617; XIV, p. 54, 118, 165, 213, 285, 350, 438, 480, 627, 704; XV, p. 22, 105, 143, 190, 281, 353, 459, 526; 606, 665; XVI, p. 37, 108, 165, 240, 395, 457, 583, et 652.

7638. Divers. — Contes et légendes du Morbihan, p. 42, 110, 221, et 343. — Cf. XV, p. 223.

[Guillaume (Lucie). La Vierge et les deux femmes au pardon de Saint-Cado, p. 42; saint Pierre, saint Jean et le bon Dieu en voyage, p. 110. — Plouhinec (Jeanne de). L'enfant vendu au diable, p. 111. — Guillaume (Lucie). Saint Yves en paradis, p. 221; les poulpiquets ou lutins, p. 343.]

7639. Stiébel (René). — Légendes de l'Alsace recueillies par Auguste Stœber, p. 43, 65, et 164. — Suite de XVI, p. 617.

7640. Divers. — Les insectes, p. 49, 81, 218, 402. — Cf. XVI, p. 539.

[Guillaume (Lucie). Origine des abeilles, p. 49. — Harou (Alfred). Le pou rouge à Seraing, p. 49. — Desaivre (Léo). Les mouches signe d'épidémies, p. 81. — Harou (Alfred). Traditions de la Belgique, p. 218 et 402. — Bout (A.). La vermine en Picardie, p. 220. — Duine (F.). Le silence du grillon à Guipel (Ille-et-Vilaine), p. 403.]

7641. Basset (René). — Parallèles, p. 50 à 52. — Cf. VII, p. 595.

[Le seigneur de Châteauroux mutilé, dans Giraud de Cambrie, et le noble indien mutilé, dans le *Kitâb el Mostatref* de Ahmed el Ibchihi.]

7642. Divers. — Petites légendes locales, p. 53, 103, 136, 247, 318, 393, 575, et 592. — Cf. XII, p. 129.

[Harou (Alfred). Le château de Warfusée (pays de Liège), p. 53. — Sébillot (Paul). La terre prise à témoin à Montgermont; les cercles mystérieux, p. 58. — Le cheval qui parle et la dame du Bois-Riou, p. 103. — Savoye (Claudius). Légendes beaujolaises, p. 103. — Baudouin (Dr Marcel). Légendes du château fort de Saint-Nicolas de Brem (Vendée), p. 105. — Harou (Alfred). Les roches blanches, près de Bielle (pays de Vaud), p. 107.

IMPRIMERIE NATIONALE.

7643. Desaivre (Léo). Les moines fantômes du parc de Chistré (Vienne); la pierre de la fontaine d'Arvor à Gennes (Maine-et-Loire), p. 108. — Bonnardot (François). Serpents et fées de la Côte-d'Or, p. 108. — Madelaine (A.). Les lavandières de l'étang de Roc-Reu, p. 136. — Les fontaines d'Argentel, près Dinan, et du château de Boisriou, p. 137. — Le bois de la danse, à Quévert, près Dinan, p. 247. — Desaivre (Léo). Le crocodile et le crapaud d'Oiron, p. 274. — Harou (Alfred). La résidence des sorcières dans la province de Namur, p. 248.

7644. Sébillot (P.). La Mule de César près les Ponts-de-Cé; les pierres de César près des Chatelliers, en Anjou; l'amphithéâtre romain de Grohan, près Angers; sculpture de l'église du Plessis-Gramoire, près Angers, p. 248. — Le Carguet (H.). La lande fleurie en Bretagne; le géant Beg-Evor en Bretagne, p. 817. — Sébillot (P.). La prise de Valcabrère; le bruit du marteau dans la chapelle de Sainte-Anne en Plonéis; la rue de la Tasse-d'Argent à Marseille; sainte Restitute au combat de Colenzana (Corse), p. 819. — Morin (Louis). Tertre hanté du Pont-Mignard à Hancourt (Marne), p. 231.

7645. Sébillot (Paul). Formulettes et dictons sur les anciens seigneurs; le diable et saint Martin sur les Voirons, p. 898. — Sanson (A.). Taches de sang des Visigoths dans la Vienne, p. 895. — La pierre qui geint à Bourseul (Côtes-du-Nord), p. 575. — Duine (F.). Le château de Toulhouet (Morbihan), p. 575. — Dauzat (A.). Les clochers de Senlis; François Ier et l'ordonnance de Villers-Cotterêts; l'emmurée du château de Miolans (Savoie), p. 592. — Lacuve (R.-M.). Le Hoppou du Bois-Brûlé (Deux-Sèvres); légende du Puy-Cadoret (Deux-Sèvres), p. 593.]

7646. Guillaume (Lucie). — Les femmes ont la tête du diable, légende du Morbihan, p. 54. — Cf. II, p. 62.

7647. Divers. — Les météores, p. 55, 82, 138, 271, 340, 361, 450, 566, et 585. — Cf. VI, p. 115.

[Basset (René). La voie lactée; l'arc-en-ciel, la Grande-Ourse et météores divers, p. 55, 141, 275, 342, 364, 455, 589. — Sébillot (Paul). Les étoiles; apparition dans la voie lactée; l'homme dans la lune; la lune derrière les nuages; météores personnifiés; le soleil, le tonnerre, p. 82. — La Chesnaye (J. de). Traditions du Bocage vendéen, p. 188. — Le tonnerre à Dinan, p. 189. — Collet (Marie). La lune et le vent à Saint-Brieuc, p. 189. — Bout (A.). Traditions de Picardie, p. 139, 274. — Harou (Alfred). Traditions de Belgique, p. 140, 278, 458, 566, 590. — Sébillot (Paul). La substance du ciel; le ciel qui s'ouvre; les nuages; la pluie personnifiée; la lune et le mariage; les tourbillons et les fées, p. 271.]

7648. Desaivre (Léo). Traditions du Poitou, p. 274. — Plantadis (Johannès). Traditions du Limousin, p. 340. — Roussel (Alfred). L'étoile poussinière, lettre de Lamennais, p. 341. — Le Carguet (H.). L'arc-en-ciel dans le Finistère, p. 361. — La Chesnaye (Jehan de). L'arc-en-ciel en Vendée, p. 363. — Sébillot (Paul). Création des météores; l'arc-en-ciel double; noms animistes des météores; les constellations; la rosée guérissante, p. 450. — Filleul-Pétigny. Traditions du Perche, p. 452. — Marquer (François). Le ciel en Haute-Bretagne, p. 454. — Le ciel et l'avenir, p. 574. — Le Carguet (H.). Météorologie populaire du Cap-Sizun, p. 585.]

7649. Guillaume (Lucie). — La part du chien, p. 56. — Cf. XII, p. 177.

7650. Robert (Achille). — Superstitions et croyances des Arabes du département de Constantine, p. 57. — Cf. XI, p. 475.

7651. Basset (René). — Les empreintes merveilleuses, p. 58 et 288. — Cf. VII, p. 427.

[La pierre de Stolzenhagen (Prusse); le lion d'Aksum (Abyssinie), p. 58. — L'empreinte de l'homme et du bœuf en Haute-Gambie, p. 288.]

7652. Duine (F.). — Légendes contemporaines, p. 59.

[Le spectre du cardinal de Rohan à Heiligenberg (Alsace).]

7653. Basset (René). — La fraternisation par le sang, p. 59 et 354. — Cf. VI, p. 577.

7654. Divers. — Traditions et superstitions préhistoriques, p. 60, 99, 253, 353, 405, et 459. — Cf. III, p. 617.

[Sébillot (Paul). Les pierres à tonnerre en Haute-Bretagne, p. 60. — Ault du Mesnil (D'). Le dolmen de Roch-enn-Aud, près Saint-Pierre de Quiberon (Morbihan), p. 99. — Marlot (Hipp.). Menhir de Vaumort (Yonne); les haches sous le foyer à Bourbuisson (forêt d'Othe), p. 100. — Baudouin (Marcel). Dolmens du canton de Saint-Gilles-sur-Vie; pierre levée de Soubise (Bretignolles); allée couverte de Pierre Folle (Commequiers); polissoir de la Brelaudière (Aiguillon-sur-Vie, Vendée), p. 253. — Menhir de Saint-Samson, près Dinan, p. 257, et 353.

7655. Harou (Alfred). La pierre du Hollain (Hainaut); la pierre aux fées des Rocailles, près Genève, p. 258. — Desaivre (Léo). Pierre à bassin servant de bénitier aux Pourches, commune de Châteldon, p. 353. — Muller (Hippolyte). Les pierres et le mariage à Brandes (Isère), p. 405. — Sébillot (Paul). Menhir de la Moulède; la cupule guérissante de Saint-Marc (Cantal), p. 405. — Fraysse (C.). Dolmens et peulvans de l'arrondissement de Beaugé, p. 406. — Lambert (Élodie). Tumulus de Mancey (Saône-et-Loire) et menhir de Pierre-Pointe, commune de Sussey (Côte-d'Or), p. 459.]

7656. Divers. — Médecine populaire, p. 61, et 412 à 414. — Cf. V, p. 641.

[Harou (Alfred). La rage; empoisonnement des malades incurables, p. 61. — Ledieu (Alcius). Les enragés à Saint-Accard (Somme) au xve siècle, p. 412. — Harou (Alfred). Un grimoire de rémégeux à Hollogne-aux-Pierres (province de Liège), p. 413.]

7657. Divers. — Coutumes et superstitions de la Haute-Bretagne, p. 61, 191, 355, et 595. — Cf. XVI, p. 140.

[Les épines et la foudre, p. 61. — Superstitions de la banlieue de Dinan, p. 191. — Duine (F.). Quand les heures sonnent, chanson de Saint-Malo, p. 191. — Revelière (J.). Superstitions de Blain (Loire-Inférieure), p. 192. — Superstitions des environs de Dinan, p. 355. — L'âme dans une touffe de genêts; les graines de pissenlit; la toute-saine; l'herbe aux couleuvres; le purgatoire et l'enfer, p. 595.]

7658. Harou (Alfred). — Les inventions modernes, p. 62.

7659. P. S. [Sébillot (Paul)]. — René Stiébel, p. 62.

7660. Robert (Achille). — Mœurs, habitudes, usages et coutumes arabes, p. 87 à 88. — Suite de XV, p. 621; et XVI, p. 199 et 636.

7661. Basset (René). — Contes et légendes de l'Extrême-Orient, p. 88. — Suite de IX, p. 73, 473, 573, 644; X, p. 110, 365, 411, 663; XI, p. 416, 609; XII, p. 181, 597; XIII, p. 172, 570, 628, 686; XIV, p. 185, 376, 513, 532, 701; XV, p. 45, 403, 593; et XVI, p. 135, 446, et 514.

[Chine.]

7662. Divers. — Le monde minéral, p. 88, 138, 416, 461, et 565. — Cf. XVI, p. 601.

[Harou (Alfred). Fossiles; traditions de Belgique, p. 88, 138, 416, et 461. — Sébillot (Yves). L'or de Trogaredec (Finistère), p. 565.]

7663. Divers. — La neige, p. 101, 224, 276, et 346. — Cf. XVI, p. 563.

[Madelaine (A.). Tradition du Bocage normand, p. 101. — Harou (Alfred) Croyances belges, p. 224, 276, et 346.]

7664. Divers. — Voyageurs français et étrangers, p. 112, 408, et 509. — Cf. VI, p. 155.

[Desaivre (Léo). Léon Godefroy, p. 112. — Bugiel (Dr V.) et Basset (René). Lefranc de Pompignan, p. 408 et 509.]

7665. Charlec. — Blason populaire de Bretagne. Arrondissement de Saint-Malo, p. 115. — Cf. VIII, p. 548.

7666. Robert (A.). — Fanatisme et légendes arabes, p. 116. — Suite de XI, p. 316, 425, 593; XII, p. 272; XVI, p. 26, et 464.

7667. Duvauchel (Léon). — Les chansons de rondes dans la vallée de la Somme, p. 117 à 121.

7668. Tiersot (Julien) et Boirac (E.). — Trois chansons populaires [bayonnaises], p. 129 à 136.

7669. Revelière (J.). — Notes de folk-lore corse, p. 147.

7670. Divers. — Les Pourquoi, p. 160, 344, 370, et 578. — Cf. V, p. 244.

[Harou (Alfred). Origine de la femme, légende liégeoise, p. 160. — Guillaume (Lucie). Le nid de la tourterelle, légende du Morbihan, p. 160. — Les feuilles de tremble et d'érable, p. 344. — Sébillot (Paul). Pourquoi les chiens lèvent la patte, p. 344; les oiseaux domestiques, p. 370. — Guyot-Daubès (P.). Pourquoi les chiens lèvent la patte, p. 578. — Harou (Alfred). La terre ronde, p. 578. — Sébillot (Paul). La crête et le chant du coq, p. 578.]

7671. Divers. — Les villes englouties, p. 163, 387, et 576. — Cf. V, p. 483.

Harou (Alfred). Aux Açores, p. 163. — Sébillot (P.). Le puits de la ville d'Is, p. 163. — Basset (René). Le Buchensee (Allemagne); les Indiens gigantesques (Amérique); le château de Singerberg (Thuringe); Blumenthal (Prusse); l'abîme du Hakel (Prusse); Gelte (Allemagne), p. 387; Poppenrohde (Allemagne); église de Fellin (Esthonie), p. 576. — Château de Chaperoy (Yonne), p. 576.]

7672. Duine (F.). — Le folk-lore dans les écrits ecclésiastiques, p. 190. — Cf. X, p. 266.

7673. Ben-Attar. — Contes d'une grand'mère tunisienne, p. 193 à 217.

7674. Divers. — Miettes de folk-lore parisien, p. 217, et 619. — Cf. III, p. 96.

[Marlot (H.). Facéties aux provinciaux, p. 217. — Duine (F.). La châsse de sainte Geneviève; le linge et les fruits, p. 217. — Dauzat (A.). Notre-Dame-des-Anges, près Bondy; menues superstitions, p. 619.]

7675. Divers. — Marques de propriété, p. 222, 331, et 517. — Cf. XVI, p. 403.

[Rosapelly (Norbert). Sur les moutons, les vaches, les chevaux et des objets divers, p. 222. — Ledieu (Alcius). Coutumes picardes, p. 331. — Sébillot (P.). Sur les bateaux à Venise, p. 331. — Van Gennep (A.). Coutumes du Perche; prescriptions du Code forestier, p. 517.]

7676. Sébillot (Paul). — N. Quellien († 1902), *portr.*, p. 225 à 227.

7677. Basset (René). — Les formules dans les contes, p. 233, 347, 462 et 536.

7678. Sébillot (Paul). — La nuit, p. 244, 383, et 605.

7679. Divers. — Les métiers et les professions, p. 250 à 252, et 580. — Cf. IX, p. 501.

[Robert (Achille). Le camelot de Biskra (Algérie), p. 250. — L'apparition aux meuniers, p. 580.]

7680. Sainéan (Lazare). — Le langage métaphorique des contes roumains, p. 259 à 270.

7681. Divers. — Les rites de la construction, p. 277, 344, et 565. — Cf. I, p. 172.

[Sébillot (Paul). L'emmurement des créatures vivantes dans le Maine et en Anjou; précaution avant d'habiter une maison neuve; le sacrifice du poulet à Deville (Seine-Inférieure), p. 277. — Vaugeois (Marie-Edmée). L'arrosement par le sang de poulet, coutume nantaise, p. 278. — Sébillot (Paul). La lune et la construction dans le pays de Vaud, p. 344. — Basset (René). Le sacrifice du coq à Leucade (Grèce), p. 565.]

7682. Basset (René). — Contes et légendes de la Grèce ancienne, p. 279, 411 et 507. — Suite de XI, p. 643; XII, p. 607, 656; XIII, p. 273, 599, 663; XVI, p. 24, 199, 369, 501, 559 et 633.

7683. Vernière (A.). — Chansons et usages de mai, p. 285.

7684. La Chesnaye (Jehan de). — Les rêves, p. 286. — Cf. XVI, p. 345.

7685. Divers. — Pèlerins et pèlerinages, p. 287, 345, 386, 506 et 613. — Cf. III, p. 105.

[Desaivre (Léo). Procession courante de Montmorillon (Vienne), p. 287. — Guieysse (Paul). La statue de saint Loup, en Sologne, p. 287. — Marlot (H.). Offrandes aux cupules en Agenais, p. 345. — Sébillot (Paul). Les stalactites de la grotte de Las Mames à Bostens (Landes), p. 345. — Desaivre (Léo). La poussière des mâchoires du crocodile de la chapelle d'Oiron, p. 345; les yeux de saint Roch dans l'église de Champdeniers (Deux-Sèvres), p. 386. — Lambert (Élodie). Dans le Morvan, p. 506. — Van Gennep (A.). Les eaux miraculeuses en Eure-et-Loir, p. 612.]

7686. Sébillot (Paul). — Poésies et musiques sur des thèmes populaires, p. 288 à 291.

[La messe sous-marine, p. 288; l'alouette, p. 290.]

7687. Divers. — Petites légendes chrétiennes, p. 291, 493 à 496. — Cf. VII, p. 154.

[Desaivre (Léo). L'arbre de saint Honoré de Buzençais, p. 291. — Lambert (Élodie). Saint Martin à Conches, près Autun; saint Julien et saint Léger dans l'Autunois; la chapelle Sainte-Dame près d'Étang (Saône-et-Loire), p. 493. — Duine (F.). Saint-Yves à Pontioskel (Côtes-du-Nord); saint Hervé à Kerilaouen (Finistère), p. 495.]

7688. Hermant (Paul). — A propos du fantastique dans les contes populaires, p. 297 à 317.

7689. Basset (René). Les taches de la lune, p. 322 à 330, et 591. — Cf. III, p. 129.

7690. Divers. — Chansons du Morbihan, p. 332 à 335, et 365 à 370.

[Guillaume (Lucie). Er Miliner, chansons du meunier, p. 332. — Basset (Jeanne-Marie). Le tailleur de Guéméné; Saperdouille: le charbonnier, p. 365.]

7691. Gaudefroy-Demombynes. — Coutumes de mariage en Orient, p. 337 à 339, et 603 à 605.

[Conte arabe, p. 337. — Une noce en Tunisie; coutumes du Maroc et d'Alger, p. 603.]

7692. Divers. — Les poissons, p. 346 et 500.

[Stiébel (R.). Surnom du Bernard l'Ermite, p. 346. — Harou (Alfred). Les poissons de mer en Belgique, p. 500.]

7693. Divers. — Rites et usages funéraires, p. 352. — Cf. III, p. 45.

[Le pain et le voyage des morts aux environs de Dinan, p. 352. — Sébillot (P.). Les chevaux de corbillard dans le Finistère, p. 352.]

7694. Harou (Alfred). — Notes sur les traditions et les coutumes de la province de Liège, p. 371 à 379, et 598 à 602. — Suite de XVI, p. 110.

7695. Divers. — Les esprits forts à la campagne, p. 379, et 502 à 503.

7696. Filleul-Pétigny. — Formulettes enfantines du Perche, p. 384 à 386.

7697. Sébillot (Paul). — Les rites de la plantation, p. 395.

7698. Macquart (Émile). — Le cœur de la maîtresse (chanson ardennaise), p. 396 à 397.

7699. Basset (René). — Les ordalies, p. 397 et 597. — Cf. VI, p. 421.

7700. P. S. [Sébillot (Paul)]. — Les noms et les associations des animaux, p. 398.

7701. Plantadis (Johannès). — Contes populaires du Limousin, p. 399 à 401.

7702. Butet-Hamel. — Les redevances féodales, p. 403. — Cf. XII, p. 263.

[Souvenirs du droit de jambage près de Vire.]

7703. Tiersot (Julien). — La fiancée infidèle [chanson nivernaise], p. 404 à 405.

7704. Basset (René). — Les ongles, p. 415, et 613 à 614. — Cf. VIII, p. 375.

7705. Duine (F.). — Extraits et lectures, p. 417 à 418.

[La fête des rois à la Cour (1633); pouvoir guérissant des rois de France; prêtres brûlés comme sorciers à Rouen (1647); reliques de sainte Marthe à Tarascon.]

7706. Doudou (Ernest). — Les origines de la légende des nutons, p. 425 à 449.

7707. Le Carguet (H.). — Faune populaire de la Basse-Cornouaille, p. 460 à 461.

7708. Sébillot (Yves). — Les charivaris, p. 469.

7709. Divers. — Les entrées frauduleuses en paradis, p. 486 à 488.

[Sébillot (Yves). L'abbé Chané en paradis; Le meunier en paradis, p. 486. — Guillaume (Lucie). Le sac de Belzic, légende d'Hennebont (Morbihan), p. 487.]

7710. Basset (René). — Le tabac en Amérique, p. 489.

7711. Basset (René). — Les douze paroles de vérité [complainte], p. 496 à 497.

7712. Fraysse (C.). — Coutumes et traditions populaires bourgeoises, p. 498 à 499, et 611.

[Le mariage, p. 498. — La naissance, p. 611.]

7713. Guillaume (Lucie). — Coutumes bretonnes, p. 501.

[Fraternité bretonne.]

7714. Sébillot (P.). — Les chasses fantastiques, p. 504 à 505. — Cf. VII, p. 175.

7715. Duine (F.). — Contes et légendes de la Haute-Bretagne, p. 508 à 509. — Cf. XIII, p. 500.

[Le passeur du Guildo; les chats sorciers.]

7716. Sébillot (Gabrielle). — Contes du pays de Bigorre, p. 511 à 516, et 616 à 618.

7717. Gorovei (Arthur). — Traditions populaires des Roumains, p. 521 à 535.

[La naissance.]

7718. Sakhokia (Th.). — Les proverbes géorgiens, p. 547 à 565.

7719. Heinecke (H.). — Coutumes de mariage, p. 577. — Cf. II, p. 521.

7720. Pineau (Léon). — Le folk-lore de la Touraine, p. 579 à 580.

[Le loup-garou.]

7721. Le Carguet (J.). — Ustensiles et bibelots populaires, p. 596. — Cf. III, p. 27.

[Jouets du Finistère.]

7722. Lucie de V. H. — Les cimetières, p. 597. — Cf. XIII, p. 577.

[Les lanternes des morts.]

7723. Bugiel (Dr V.). — L'âme sous forme animale, p. 602. — Cf. XV, p. 625.

[En Océanie.]

7724. Simon (François). — Légendes sakalaves, p. 614 à 615.

7725. Vernière (Antoine). — Incantations au sifflet, p. 615 à 616. — Cf. II, p. 328.

7726. Cordier (Henri). — Eugène Müntz, p. 620 à 634.

SEINE. — PARIS.

SOCIÉTÉ «LE VIEUX PAPIER».

Cette Société, fondée en mars 1900, et autorisée par arrêté du Préfet de police du 19 mai de la même année, a pour objet, «à l'exclusion de tout but commercial, la recherche, l'étude et la conservation de : 1° les marques du papier timbré et l'étude de la fabrication du papier et des filigranes; 2° les marques postales qui ont précédé le timbre-poste; 3° les autographes; 4° les petites illustrations du papier en feuilles volantes : menus, programmes, invitations, têtes de lettres et de factures, cartes-adresses, papiers-monnaie, prospectus, étiquettes, cartes à jouer et cartes géographiques anciennes, imagerie populaire, billets de loterie, etc.». Le premier volume du *Bulletin* de cette Société a été commencé en 1900 et a été terminé en 1902.

I. — Bulletin de la Société archéologique, historique et artistique «Le Vieux Papier», t. I, 1900-1902. (Paris, 1903, gr., in-8°, 616 p.)

7727. Vivarez (Henry). — Vieux papiers [marques de papier timbré], *fig.*, p. 12 à 18.
7728. Creste (G.). — A propos d'une facture [manufacture de draps de Jacques Grandin l'aîné à Elbeuf, 1806], *fig.*, p. 19 à 20.
7729. Vivarez (Henry). — Sur une variété des vignettes du papier timbré en 1789, *fig.*, p. 21 à 22.
7730. Devaux (A.). — La ferme du papier et parchemin timbrés, p. 23 à 25.
7731. Delpy (Armand). — Une marque de papetier au XVI° siècle [Louis Lebert, de Bourganeuf], p. 25 à 26.
7732. H. V. [Vivarez (H.)]. — Les origines de la poste aux lettres à Paris, p. 27.
7733. Ris-Paquot. — Le papier et ses précurseurs, p. 36 à 40.
7734. Ris-Paquot. — Des filagrammes, leur origine, leur utilité, p. 40, 81, et 113.
7735. Delpy (Armand). — Un autographe de Domat, *facs.*, p. 43 à 44.
7736. Vivarez (Henry). — A propos des formules de salutation, p. 45 à 46.
7737. P. F. [Flobert (Paul)]. — Billets de péage [Pont Saint-Clair, 1792], *fig.*, p. 47.
7738. Devaux (A.). — Le papier timbré en France, p. 48 à 52.
7739. Pellisson (Jules). — Les voitures publiques à Angoulême en 1769, p. 53 à 54.
7740. Saffroy (L.). — Le secret des lettres [Le Cabinet noir dans l'Orne, an V], p. 55.
7741. Creste (G.). — Vieilles lettres [Antoine Ballossier dit Laordies, des grenadiers de l'armée du Haut-Rhin, 1762], p. 56 à 59.
7742. Rey et Feron. — Exposition rétrospective de la Préfecture de police, *fig.* et *facs.*, p. 66 à 74.
7743. Vivarez (Henry). — Vieux papiers de Corée, p. 76 à 80.
7744. Saffroy (L.). — Les courses au Champ-de-Mars [pendant la Révolution], p. 85 à 86.
7745. Delpy (Armand). — Trois documents, p. 87 à 91.

[Mémoires des honoraires de Roux, chirurgien accoucheur à Riom (1689); usage funéraire en Auvergne; trousseau d'une religieuse de Beaumont, ordre de Saint-Benoît (XVIII° s.).]

7746. Bridoux (Georges). — Note sur d'Alembert, géomètre, littérateur, secrétaire perpétuel de l'Académie française (1717 † 1783), *facs.*, p. 92.
7747. Pellisson (Jules). — A propos des lettres de deuil, p. 117, 143, 175, 198, 242, 263, 339, 389, 485, 518 et 567.
7748. Falgairolle (Prosper). — Les cartes à jouer à Montpellier au XVIII° siècle, *fig.*, p. 122 à 126, et 271 à 278.
7749. Monmarché (M.). — Un document [vidange parisienne, 1788], p. 127 à 128.
7750. Pellisson (Jules). — Les factures illustrées des exposants de l'an X, p. 129 à 130.
7751. Bridoux (Georges). — L'esclavage au XVIII° siècle [inventaire après décès d'un planteur de Saint-Domingue], p. 134.
7752. Rolland (A.). — Un ci-devant tourneur en bois [le marquis de Cabre, président à mortier au Parlement d'Aix, an V], p. 135 à 136.
7753. Ris-Paquot. — Essai d'éphémérides concernant tout ce qui a rapport au papier et à ses précurseurs, *fig.*, p. 138, 181, 208, 237, 267, 343, 398, 494, 532; II, p. 19, 142, 201, 266, 317, 374, 434, 570, et 619.
7754. Vivarez (Henry). — Faire part de décès, p. 150 à 152.

7755. Pellisson (Jules). — Les capucins de Turin fabricants de papier [1814], p. 159.

7756. Flobert (Paul). — Les exposants de l'an x, p. 159.

7757. Vivarez (Henry). A propos des marques postales, *fig.* p. 160.

7758. Vivarez (Henry). — Sur une valeur à lots de la fin du xviiie siècle [Billet de chance de l'emprunt du duc d'Orléans, 1785], *facs.*, p. 169 à 174. — Cf. n° 7765.

7759. Vivarez (Henry). — Marques postales d'armée [régiment de Lusace, armée d'Allemagne], p. 187.

7760. Pellisson (Jules). — Un cartier d'Angoulême au xviiie siècle, p. 188.

7761. Lazard (Lucien). — Étiquettes de papetiers parisiens [xviiie s.], 2 *pl.*, p. 191 à 193.

7762. Delpy (Armand). — De Clermont à Paris en 1661, p. 194 à 197.

7763. Vivarez (Henry). — Les menus, p. 204 à 207.

7764. Pellisson (Jules). — Vieilles loteries parisiennes, p. 215 à 216.

7765. Creste (G.). — Sur le billet de chance de la tontine d'Orléans, p. 217. — Cf. n° 7758.

7766. Creste (G.). — Les prospectus des marchands [parisiens] au xviiie siècle, p. 222 à 228.

7767. Saint-Saud (Comte de). — Simples notes sur les faire-part de naissances, p. 230 à 235.

7768. Vivarez (Henry). — Catalogue des assignats de la Révolution, p. 235 à 236.

7769. Flobert (Paul). — Formules épistolaires de la Révolution, p. 241.

7770. Monmarché (M.). — Un curieux usage funéraire [à Seurre, Côte-d'Or], *fig.*, p. 250 à 251, et 286.

7771. Vivarez (Henri). — Deux documents révolutionnaires, *fig.*, p. 254 à 256.

[Carte d'électeur parisien (1790); carte d'entrée au club des Jacobins de Cette (1798).]

7772. A. F. — Le serment civique [à Saint-Loup (Charente-Inférieure) en 1792], p. 257.

7773. Bridoux (Georges). — Les archives municipales d'Amboise, p. 259 à 262.

7774. Pellisson (Jules). — Notes sur le papier timbré en Périgord, p. 279.

7775. Delpy (Armand). — Les papiers et parchemins timbrés de la vicomté de Turenne, *fig.*, p. 290 à 301, et 393 à 397.

7776. Vivarez (Henri). — Assignats américains, *fig.*, p. 302 à 305.

7777. Flobert (Paul). — Curiosité des anciennes cartes à jouer, *fig.*, p. 306, 402 et 449.

7778. Delpy (Armand). — Essai d'une bibliographie spéciale des livres perdus, ignorés ou connus à l'état d'exemplaire unique, p. 322, 381, 455, 500, 550; et II, p. 31, 94, 157, 220, 273, 323, 378, 438, 505, 565, 625, 681.

7779. Rolland (Ant.). — Un ex dono scolaire de 1672 [collège des jésuites d'Avignon], *fig.*, p. 338.

7780. Devaux (A.). — Le papier des cartes à jouer, *fig.*, p. 348 à 354.

7781. Monmarché (Marcel). — Les armoiries de Bordeaux, *fig.*, p. 363 à 366.

7782. Parisot (Paul). — Empreintes fiscales et ferme du papier timbré en Lorraine et en Barrois, *fig.*, p. 367, 468, 526, 583; et II, p. 39, 75, et 214.

7783. Vivarez (Henry). — Bibliographie des cartes à jouer. Le jeu de la Comète, *fig.*, p. 372 à 380.

7784. Pellisson (Jules). — Pensionnats d'autrefois [à Brioude et à Bordeaux], p. 409 à 411.

7785. Delpy (Armand). — Billet de faire part du mariage de la belle-fille du général Beaufranchet d'Ayat, *fig.*, p. 411 à 412.

7786. Vivarez (Henry). — Les précurseurs du papier, p. 421, 480, 536, et 591; II, p. 11, 90, et 180.

[Pierre, bois, poterie, etc.]

7787. Boisserie de Masmontet (J.-Ed.). — Une lettre inédite de Fénelon (journal d'un voyage du Périgord à Paris en 1685), *fig.*, p. 428 à 437.

7788. Chamboissier (L.). — Les marques postales, *fig.*, p. 438 à 440.

7789. Rolland (Antonin). — Le pain bénit obligatoire pendant la Révolution [aux Ifs (Seine-Inférieure)], p. 466 à 467.

7790. Barbin (Henri). — A propos du sacre de Napoléon Ier, *fig.*, p. 476 à 479.

7791. Pellisson (Jules). — Lettres de Victor Hugo, Alfred de Vigny et Béranger à Édouard Foussier, p. 498 à 499.

7792. Bridoux (G.). — Quatre billets d'enterrement [xviie s.], p. 507 à 509.

7793. Coudaud (L.-P.). — Le 14 juillet 1790 à Blanzac et Saint-André, p. 559.

7794. Raulet (Lucien). — Marques postales parisiennes. Projet de marque pour la petite poste (1758), *fig.*, p. 562 à 566.

7795. Chamboissier (Léon). — Un mot sur les lettres de deuil [à Bordeaux, an xii], p. 602 à 604.

SEINE-ET-MARNE. — FONTAINEBLEAU.

SOCIÉTÉ HISTORIQUE ET ARCHÉOLOGIQUE DU GÂTINAIS.

Les publications antérieures de cette Société sont analysées dans notre *Bibliographie générale*, savoir :
Annales, t. I à III (1883-1885), *Bibliographie*, t. IV, p. 389.
— t. IV à XVIII (1886-1900), *Bibliographie*, Supplément sous presse.
— t. XIX (1901), *Bibliographie*, nouvelle série, t. I, p. 141.
Documents, t. I à IV (1885-1900), *Bibliographie*, Supplément sous presse.

XX. — Annales de la Société historique et archéologique du Gâtinais, t. XX. (Fontainebleau, 1902, in-8°, XI-384 p.)

7796. Stein (Henri). — Recherches sur quelques fonctionnaires royaux des XIIIe et XIVe siècles, originaires du Gâtinais, p. 1 à 23, 192 à 217; et XXI, p. 343 à 372.

[Henri de Gandevilliers, bailli de Bourges, sénéchal d'Agenais et Quercy, bailli d'Auvergne, p. 2. — Galeran d'Escrennes, bailli de Dourdan et du Gâtinais; Jean d'Escrennes, sénéchal de Béziers et Carcassonne, bailli de Mâcon, sénéchal de Quercy, p. 8. — Guillaume de Pontchevron, sénéchal de Nîmes et Beaucaire, p. 18. — Philippe de Landreville, sénéchal de Quercy et d'Agenais; Pierre de Landreville, sénéchal de Rouergue et Albigeois, et de Toulouse, p. 16.

7797. Arnoul de Courfraud, bailli de Caen, sénéchal de Beaucaire, panetier du Roi; Geoffroy de Courfraud, sénéchal de Beaucaire, p. 19. — Baudouin de Dannemois, bailli du Cotentin, p. 192. — Jean de Chaintreaux, bailli de Mâcon, p. 194. — Robert de Chateaulandon, bailli de Troyes, p. 195. — Guillaume de Bagneaux, ambassadeur de Louis VIII, p. 196.

7798. Guillaume de Villethierry, châtelain et bailli de Gisors; Renaud de Villethierry, châtelain et bailli de Caen, Bayeux, Avranches, Mortain, p. 198. — Thibaut de Nangeville, sénéchal de Toulouse; Aubert de Nangeville, sénéchal de Rouergue, p. 200. — Philippe de Corquilleroy, grand veneur de Charles V et de Charles VI, p. 201. — Thibaut d'Écuelles, bailli de Senlis, XXI, p. 348. — Jean de Macherin, sénéchal de Lyon et Pierre de Macherin, sénéchal de Nîmes et Beaucaire, p. 344. — Pierre de Villeblevin, sénéchal de Poitou et Limousin, et Jean de Villeblevin, bailli de Vitry et de Troyes, p. 346. — Guillaume d'Eschilleuses, bailli des Montagnes d'Auvergne, p. 349.

7799. Jean et Adam de Bardilly, p. 351. — Matthieu de Beaune, bailli d'Orléans et du Vermandois, p. 354. — Renard le Soichier, prévôt de Château-Landon, p. 356. — Thomas de Moncelard, sénéchal de Béziers et Carcassonne, et Adam de Moncelard, sénéchal de Nîmes et Beaucaire, p. 370.]

7800. Charron (Alf.). — Gondreville-la-Franche (Loiret). Notes d'histoire locale, p. 24 à 54. — Suite et fin de XIX, p. 200.

7801. Herbet (Félix). — Les graveurs de l'école de Fontainebleau, p. 55 à 86. — Suite de XIX, p. 200.

7802. Vitry (Paul). — Le saint Michel du musée de Montargis (Deuxième moitié du XVe siècle), *fig.* et *pl.*, p. 87 à 92.

7803. Marquis. (Léon). — Passage à Étampes d'un duc de Parme [Édouard Farnèse] en 1636, p. 93 à 96.

7804. Thoison (Eug.). — Liste alphabétique des personnes inhumées en l'église Saint-Jean-Baptiste de Nemours, au XVIIe et XVIIIe siècles, p. 97, 225, et 346.

7805. Hugues (Ad.). — Le droit de champart en 1790 et la révolte des paysans du Gâtinais, p. 113 à 137.

7806. Forteau (Ch.). — Les registres paroissiaux de Pussay (canton de Méréville), p. 138 à 184. — Suite et fin de XVII, p. 259.

7807. Thoison (Eug.). — Documents inédits sur les paroisses du Gâtinais, p. 185 à 191. — Suite de XIV, p. 45, 163; XV, p. 111, 246; XVI, p. 128, 349; XVII, p. 131, et 305.

[Inscription de croix à Ury (1550); incendie à Boisminard (juin 1622); halle et boucherie de Fontainebleau (1654); notaires, procureurs et huissiers du bailliage de Moret (1665); le maître d'école de Dannemois (1671); restauration de l'église de Chailly-en-Bière (1764-1765).]

7808. Deroy (Léon). — La décoration des trumeaux de la chapelle de la Sainte Trinité au château de Fontainebleau, p. 218 à 224.

7809. Bloch (Camille). — La justice du canal de Briare au XVIIIe siècle, p. 241 à 258.

7810. Bernois (Abbé C.). — Histoire de Méréville, 2 *pl.*, *fig.*, p. 259 à 345. — Suite et fin de XVIII, p. 132; XIX, p. 47 et 318.

7811. Quesvers (Paul). — Une tournée en Gâtinais (octobre 1773) [par Antoine-Nicolas Duchesne], p. 358 à 374.

[7823]. Grouchy (Vicomte de). — Extrait des minutes des notaires de Fontainebleau (XVIIe-XVIIIe siècles), étude de Me Gaultry p. 375 à 376.

XXI. — Annales de la Société historique et

archéologique du Gâtinais, t. XXI. (Fontainebleau, 1903, in-8°, 384 p.)

7812. Maricourt (André de). — Essai sur l'histoire du duché de Nemours de 1404 à 1666, p. 1 à 72; et 257 à 298.

7813. Herbet (F.). — Le château de Fontainebleau en 1580, p. 73 à 99.

7814. Forteau (Ch.).—Comptes de recettes et de dépenses de la maladrerie et léproserie de Saint-Lazare d'Étampes de 1552 à 1556, p. 100 à 120.

7815. Raud (F.). — Brivodurum-Briare, p. 129 à 146.

7816. Cornet (D.). — Le siège de Montargis par les Anglais (1427), *fig.*, p. 147 à 220.

7817. Venturi (A.). — Les beaux-arts et la maison d'Este. Le cardinal de Ferrare en France, p. 221 à 246.

[Traduit de l'italien par L. Dimier.]

7818. Stein (Henri). — Recherches sur la topographie gâtinaise, p. 247 à 253. — Suite de VIII, p. 183, 253; IX, p. 140, 355; et XVI, p. 263.

[Le pont de Samois, notes complémentaires, p. 247 (cf. XVI, p. 263). — Une paroisse du pays de Bière disparue depuis le XIIe siècle (Tosiacum), p. 251.]

7819. H. S. [Stein (H.)]. — Un document sur la famille de Sébastien Rouillard, p. 299 à 300.

7820. Denizet (D^r^). — Sceau d'un chanoine de Sainte-Croix d'Étampes [Pierre Rapine, XIVe s.], p. 301 à 303.

7821. Moranvillé (H.). — Procès-verbal de visite des places fortes du bailliage de Melun en 1367, p. 304 à 319.

7822. Quesvers (Paul). — Une famille gâtinaise, les Pampelune, p. 320 à 342.

[7796]. Stein (Henri). — Recherches sur quelques fonctionnaires royaux des XIIIe et XIVe siècles, originaires du Gâtinais, p. 343 à 372.

7823. Grouchy (Vicomte de). — Extraits des minutes des notaires de Fontainebleau (XVIIe-XVIIIe siècles), étude de Me Gaultry, p. 373 à 376; et XX, p. 375. — Suite de X, p. 85, 226, 329, 396; XI, p. 317, 397; XII, p. 72, 150, 365; XIII, p. 95; XIV, p. 114; XV, p. 257; XVI, p. 370; XVII, p. 202; XVIII, p. 294, 390; et XX, p. 375.

SEINE-ET-MARNE. — MEAUX.

SOCIÉTÉ LITTÉRAIRE ET HISTORIQUE DE LA BRIE.

Cette Société a été fondée en 1892 et autorisée par arrêté préfectoral du 23 décembre de la même année. Les tomes I et II de son *Bulletin* parus en 1895 et en 1898 seront analysés dans le Supplément de notre *Bibliographie générale*.

III. — Bulletin de la Société littéraire et historique de la Brie, t. III, fasc. 1-5.

7824. Gassies (Georges). — Les chartes de la commune de Meaux (1179-1222), textes publiés d'après les documents et commentés. (Meaux, 1900, in-8°, 61 p. et *pl.*)

7825. Melaye (Albert). — Carte des voies romaines dans les départements de Seine-et-Marne, Oise et les départements limitrophes avec une notice sur les principales voies de la Gaule romaine, un tableau indiquant les pays situés sur les voies et un index alphabétique des noms des principales localités de la Gaule à l'époque gallo-romaine. (Meaux, 1901, in-8°, 32 p. et *carte.*)

7826. Barigny (Jules). — L'ancien Hôtel-Dieu de Meaux. (Meaux, 1901, in-8°, 16 p. et *pl.*)

[Fonuf (L'abbé). Hymne latine de Bossuet en l'honneur de saint Barthélemy, p. 11.]

7827. Husson (Georges). — Rapport sur le Congrès annuel des Sociétés savantes tenu à Nancy. (Meaux, 1901, in-8°, 20 p.)

7828. Lebert (Fernand). — La Bibliothèque de la ville de Meaux et les bibliothécaires. (Meaux, 1903, in-8°, 64 p.

SEINE-ET-OISE. — CORBEIL.

SOCIÉTÉ HISTORIQUE ET ARCHÉOLOGIQUE DE CORBEIL, D'ÉTAMPES ET DU HUREPOIX.

Les publications antérieures de cette Société sont analysées dans notre *Bibliographie générale*, savoir :
Mémoires, t. I à II (1897-1900), *Bibliographie*, Supplément sous presse.
— t. III (1901), *Bibliographie*, nouvelle série, t. I, p. 143.
Bulletin, t. I à VI (1895-1900), *Bibliographie*, Supplément sous presse.
— t. VII (1901), *Bibliographie*, nouvelle série, t. I, p. 143.

VIII. — **Bulletin de la Société historique et archéologique de Corbeil, d'Étampes et du Hurepoix**, 8e année, 1902. (Paris, 1902, in-8°, XXIV-160 p.)

7829. Forteau (Ch.). — Notes sur la Congrégation de Notre-Dame à Étampes, p. 4 à 23.

7830. Pinson (Paul). — Document inédit pour servir à l'histoire des octrois de la ville d'Étampes au XVIe siècle (1563), p. 24 à 27.

7831. Boucher (Dr P.). — Deux maîtres en chirurgie à Corbeil. Édouard Mathez (1732-1815); Jean-Pierre Petit (1755-1823), 2 *pl.*, p. 28 à 47.

7832. Depoin (J.). — Une supplique des religieux de Morigny [XVe-XVIe s.], p. 48 à 50.

7833. Gatinot (C.). — La disette à Montgeron et aux environs à la fin de l'ancien régime et pendant les premières années de la Révolution. Épisode de l'application du décret du 4 mai 1793 relatif au maximum des denrées, p. 51 à 58, et 75 à 89.

7834. A. D. [Dufour (A.)]. — Le peintre Mauzaïsse (1784 † 1844), *pl.*, p. 90 à 92.

7835. Dufour (A.). — Un voyageur hollandais à Corbeil. Arnold van Buchel, d'Utrecht (1586), *pl.*, p. 93 à 100.

7836. Barthélemy (J.). — Notre-Dame des Champs [à Essonnes] et la chapelle de Clotaire II, p. 101 à 103.

7837. Pinson (Paul). — Un grand comédien du XVIIIe siècle. Jean-Baptiste Guignard, dit Clairval, p. 104.

7838. Dufour (A.). — Les archives anciennes de la ville de Corbeil, *facs.*, p. 107 à 138.

[*Facs.* d'une charte d'Adèle, reine de France (1203).]

7839. A. D. [Dufour (A.)]. — Découverte de sépultures gallo-romaines à Essonnes et à Ballainvillers, p. 156 à 157.

IX. — **Bulletin de la Société historique et archéologique de Corbeil, d'Étampes et du Hurepoix**, 9e année, 1903. (Paris, 1903, in-8°, XXI-154 p.)

7840. Destarac (L'abbé P.). — Étude historique sur saint Spire (Exupère), 1er évêque de Bayeux et patron de Corbeil, *fig.* et *pl.*, p. 12 à 25.

7841. Depoin (J.). — Notre-Dame des Champs, prieuré dyonisien d'Essonnes, p. 26 à 38.

7842. Deverne (L'abbé A.). — Les dernières années de Michel de l'Hôpital, sa retraite au Vignay et sa mort au château de Bellébat, 3 *pl.*, p. 39 à 55.

7843. Dufour (A.). — Le grand portail du cloître Saint-Spire, p. 56 à 58.

7844. Boucher (Dr P.). — Un souvenir de Morsang-sur-Seine. Une représentation théâtrale pour la fondation d'une école (6 octobre 1844), 2 *pl.*, p. 59 à 87.

7845. Dufour (A.). — Le collège de Corbeil, p. 88 à 105.

7846. Forteau (Ch.). — Les restes de l'Hôtel-Dieu d'Étampes en 1665, p. 106 à 132.

7847. A. D. [Dufour (A.)]. — Le conscrit de Corbeil et l'acteur Odry, p. 133 à 135.

7848. A. D. [Dufour (A.)]. — Le prieuré de Saint-Guenault [de Corbeil], p. 144 à 146.

7849. Anonyme. — Habitants de Corbeil guillotinés à Paris (an II), p. 151.

Société historique et archéologique de Corbeil, d'Étampes et du Hurepoix. Les sources de l'histoire de Seine-et-Oise. Rapports

IMPRIMERIE NATIONALE.

lus à la Conférence des Sociétés savantes du département en 1902... (Corbeil, 1903, in-8°, 67 p.)

7850. Coüard. — Les sources et instruments de travail applicables aux études historiques [pour la Seine-et-Oise], p. 11 à 19. — Cf. id., n°s 7859 et 7916.

7851. Depoin (J.). — Cartulaires et inventaires civils ou ecclésiastiques du département de Seine-et-Oise, p. 20 à 41. — Cf. id., n°s 7860 et 7917.

7852. Mareuse (Edgar). — Bibliographie des cartes et des documents cartographiques [de Seine-et-Oise], p. 42 à 55. — Cf. id., n°s 7861 et 7918.

7853. Dutilleux. — Note sur la carte archéologique et monumentale de Seine-et-Oise et sur la carte des bailliages royaux en 1789, p. 55 à 57. — Cf. id., n°s 7862 et 7919.

SEINE-ET-OISE. — PONTOISE.

SOCIÉTÉ HISTORIQUE ET ARCHÉOLOGIQUE DE PONTOISE ET DU VEXIN.

Les publications antérieures de cette Société sont analysées dans notre *Bibliographie générale*, savoir :
Mémoires, t. I à VII (1879-1885), *Bibliographie*, t. IV, p. 398.
— t. VIII à XXII (1886-1900), *Bibliographie*, Supplément sous presse.
— t. XXIII (1901), *Bibliographie*, nouvelle série, t. I, p. 144.

XXIV. — Mémoires de la Société historique de l'arrondissement de Pontoise et du Vexin, t. XXIV. (Pontoise, 1902, in-8°, 95 p.)

7854. Coüard (E.). — L'instruction secondaire à Pontoise, avant, pendant et après la Révolution, p. 37 à 39.

7855. Pinson (Paul). — Documents inédits pour servir à l'histoire du bailliage de Magny-en-Vexin, p. 41 à 46.

7856. Plancouard (Léon). — Notice archéologique sur l'église du Bellay (Seine-et-Oise), p. 47 à 53.

7857. Rey (Auguste). — Du nom de Saint-Prix, p. 55 à 65.

7858. Lefèvre-Pontalis (Germain). — Les capitaines anglais de Pontoise, p. 67 à 85.

Les Sources de l'histoire de Seine-et-Oise. Rapports lus à la Conférence des Sociétés savantes du département en 1902... Extrait du compte rendu officiel des travaux de la Conférence. (Pontoise, Société historique, 1903, in-8°, 52 p.)

7859. Coüard. — Les sources et instruments de travail applicables aux études historiques [pour la Seine-et-Oise], p. 6 à 14. — Cf. id., n°s 7850 et 7916.

7860. Depoin (J.). — Cartulaires et inventaires civils ou ecclésiastiques du département de Seine-et Oise, p. 15 à 36. — Cf. id., n°s 7851 et 7917.

7861. Mareuse (Edgar). — Bibliographie des cartes et des documents cartographiques [de Seine-et-Oise], p. 37 à 50. — Cf. id., n°s 7852 et 7918.

7862. Dutilleux. — Note sur la carte archéologique et monumentale de Seine-et-Oise et sur la carte des bailliages royaux en 1789, p. 50 à 52. — Cf. id., n°s 7853 et 7919.

SEINE-ET-OISE. — RAMBOUILLET.

SOCIÉTÉ ARCHÉOLOGIQUE DE RAMBOUILLET.

Les publications antérieures de cette Société sont analysées dans notre *Bibliographie générale*, savoir :
Ouvrages divers (1846-1862), *Bibliographie*, t. IV, p. 400.

Mémoires, t. I à VII (1873-1886), *Bibliographie*, t. IV, p. 400.
— t. VIII à XIV (1886-1899), *Bibliographie*, Supplément sous presse.
— t. XV (1900-1901), *Bibliographie*, nouvelle série, t. I, p. 145.

XVII. — Mémoires de la Société archéologique de Rambouillet .. série in-8°, t. XVI. (Versailles, 1902, in-8°, 464 p.)

7863. Coüard (E.) et Lorin (F.). — Les Trois États du bailliage royal de Montfort-l'Amaury aux États généraux (1789), p. 1 à 301.

[Cahiers et députés des villes, bourgs, paroisses et communautés.]

7864. [Lorin (F.)]. — Montfort-l'Amaury. Quatrième pardon d'Anne de Bretagne, 4 *pl.*, p. 302 à 349.

[Le groupe hugophile de Montfort-l'Amaury (1820-1830); Claude Souillard, dit Adolphe de Saint-Valry.]

7865. [Lorin (F.)]. — La Société archéologique à Saint-Léger[-en-Yveline], à Condé, à Houdan et à Gambais, 11 *pl.*, p. 351 à 392.

7866. Anonyme. — La Société des amis des monuments à Rambouillet, 8 *pl.*, p. 393 à 431.

7867. F. L. [Lorin (F.)]. — Nécrologie. M. Flamand [1839 † 1902], *portr.*, p. 438 à 451.

SEINE-ET-OISE. — VERSAILLES.

ASSOCIATION ARTISTIQUE ET LITTÉRAIRE.

Les publications antérieures de cette Association sont analysées dans notre *Bibliographie générale*, savoir :
Versailles illustré, t. I à IV (1896-1900), *Bibliographie*, Supplément sous presse.
— t. V (1900-1901), *Bibliographie*, nouvelle série, t. I, p. 145.

VI. — Association artistique et littéraire. Versailles illustré, t. VI, avril 1901-mars 1902. (Versailles, s. d., gr. in-4°, 155 p.)

7868. Fleury (Comte). — L'incendie du palais et de la ville de Saint-Cloud [notes de Barba], *fig.*, p. 3 à 9, et 13 à 19.

7869. Nolhac (Pierre de). — Les sphinx aux enfants, parterre du midi [du parc de Versailles], *fig.*, p. 10 à 12.

7870. Terrade (Albert). — Quelques documents sur Houdon, *fig.* et *pl.*, p. 20 à 24.

7871. Bertrand (Alph.). — La rue Saint-Louis [à Versailles], *fig.*, p. 25 à 29.

7872. Taphanel (Achille). — Adrien Le Roi, bibliothécaire de la ville de Versailles [1797 † 1873], p. 31.

7873. Despagne. — Rues et habitants, *fig.*, p. 35 à 36, 78 à 80, et 97.

[La détention de M. de Persigny à l'Hôpital de Versailles de 1845 à 1848, p. 35. — Georges Haussmann (1786 † 1837), p. 78. — Le combat de Roquencourt, p. 97.]

7874. Moussoir (Georges). — L'arbre de la reine [au Petit-Trianon], *fig.*, p. 50.

7875. Terrade (Albert). — L'hôtel de Mme du Barry (pavillon Montesquiou) [à Versailles], *fig.*, p. 61 à 64.

7876. Anonyme. — Un portrait inédit de Marie-Antoinette [par Boze], p. 69.

7877. Atscher (E.-S.). — Les sculpteurs et les peintres de Mme du Barry : Pajou, Caffieri, Drouais et Mme Vigée-Lebrun, *fig.*, p. 71 à 77, et 87 à 92.

7878. Fromageot (P.). — L'opéra à Versailles en 1770 pour les fêtes du mariage de Marie-Antoinette, *fig.*, p. 81, 98, 123, 136, 148; et VII, p. 2.

7879. Lorin. — Le château de Dampierre, *fig.*, p. 93 à 96, et 109 à 116.

7880. Babt (Victor). — Les statues monumentales de la cour d'honneur du Palais de Versailles, *fig.*, p. 105 à 108.

7881. Dutilleux (A.). — Le fort, le siège de Montreuil et le camp de Porche-Fontaine [manœuvre faite près de Versailles en 1722], *fig.*, p. 119 à 122, et 129 à 134.

7882. Terrade (Albert). — La propriété de Madame Élisabeth (Montreuil), *fig.*, p. 141 à 145; et VII, p. 7 à 12.

7883. Moussoir (Georges). — Le balcon de l'impasse des Ecuries [à Versailles], p. 146 à 147.

VII. — Association artistique et littéraire. Versailles illustré, t. VII, avril 1902-mars 1903. (Versailles, s. d., gr. in-4°, 147 p.)

[7878]. Fromageot (P.). — L'opéra à Versailles en 1770

pour les fêtes du mariage de Marie-Antoinette, *fig.*, p. 2 à 7.

[7882]. Terrade (Albert). — La propriété de Madame Élisabeth (Montreuil), *fig.*, p. 7 à 12.

7884. Allorge (Henri). — La ferme de Porchefontaine, *fig.*, p. 13 à 17, et 29 à 34.

7885. Couard (E.). — Carabine d'honneur de la manufacture de Versailles [donnée par le Directoire au général Hédouville], p. 18 à 21.

7886. Despagne. — Rues et habitants, p. 24, et 120.

[Joseph-Julien de Montaulieu, p. 24. — Étienne-Marie Gourgaud, p. 120.]

7887. Gatin (L.-A.). — Visite originale au roi de France [Le Grand Thomas, arracheur de dents à Versailles (1729), *fig.*, p. 35.

7888. Moussoir (Georges). — Vieilles maisons (l'hôtel de Schonen), *fig.*, p. 37 à 45.

7889. Gatin (L.-A.). — Versailles pendant la Révolution. Le recensement de 1790, *fig.*, p. 49 à 53, et 67 à 72.

7890. Anonyme. — Le bosquet des Trois-Fontaines [parc de Versailles], *fig.*, p. 57.

7891. Terrade (Albert). — Pierre Blaizot [libraire du Roi à Versailles, † 1808], p. 59, et 91.

7892. Terrade (Albert). — Quelques notes sur Mme de Pompadour et l'Ermitage de Versailles, *fig.*, p. 61 à 65, et 75 à 79.

7893. Anonyme. — Le balcon du n° 60 de la rue Royale, *fig.*, p. 66.

7894. Gatin (L.-A.). — La colonne départementale [à Versailles, an VIII], *fig.*, p. 83.

7895. Anonyme. — Un Versaillais oublié [Michel Guyot de Merville, 1696 † 1763], p. 95.

7896. Terrade (Albert). — Procès de MM. de Bellegarde et de Monthieu [1773-1777], *fig.*, p. 97 à 101.

7897. Anonyme. — Le général [Charles-Marie-Robert] de Sainte-Croix (1782-1810), p. 107.

7898. Leclerc (Alfred). — Charles Le Brun (1619 † 1690), son œuvre et son influence sur les arts au XVIIe siècle, *fig.*, p. 109, 128, et 136.

7899. Galard (Vicomtesse de). — Wideville, *fig.*, p. 121 à 127.

7900. Anonyme. — Deux caricatures curieuses [relatives à Louis XIV], *fig.*, p. 142 à 144.

SEINE-ET-OISE. — VERSAILLES.

COMMISSION DES ANTIQUITÉS ET DES ARTS.

Les publications antérieures de cette Commission sont analysées dans notre *Bibliographie générale,* savoir :
Procès-verbaux, t. I à V (1881-1885), *Bibliographie,* t. IV, p. 401.
— t VI à XX (1886-1900), *Bibliographie,* Supplément sous presse.
— t. XXI (1901), *Bibliographie,* nouvelle série, t. I, p. 146.

XXII. — Département de Seine-et-Oise. Commission des antiquités et des arts (Commission de l'inventaire des richesses d'art) . . . Procès-verbaux des séances du 11 juillet 1901 au 10 avril 1902. Notices et mémoires. . . XXIIe volume. (Versailles, 1902, in-8°, 93 p.)

7901. Renet-Tener. — Dolmen de Presles, p. 37 à 40.

7902. Husson. — Tableau de Philippe de Champaigne, p. 40 à 42.

7903. Grave. — Excursion à Grignon, Thiberval et au château de Wideville, *fig.*, p. 47 à 62.

7904. Fournier. — Château de Saint-Germain et Musée des antiquités nationales, p. 63 à 71.

7905. Plancouard (Léon). — Notice archéologique sur l'église de Cléry-en-Vexin, p. 72 à 91.

XXIII. — Département de Seine-et-Oise. Commission des antiquités et des arts (Commission de l'inventaire des richesses d'art). . . Procès-verbaux, XXIIIe volume. (Versailles, 1903, in-8°, 131 p.)

7906. Grave. — Rolet, procureur au Parlement, p. 26.

7907. Le Ronne. — Sur le cimetière mérovingien de la ferme de Mézières, c[ne] de Maudétour (Seine-et-Oise), p. 42.

7908. Dutilleux (A.). — Notice sur la Commission départementale des antiquités et des arts de Seine-et-Oise, p. 51 à 53.

7909. Lefèvre-Pontalis (Germain). — Le siège de Meulan en 1423, p. 54 à 68.

7910. Coquelle. — Trouvaille de monnaies d'or et d'argent [françaises et espagnoles, du XVIe et du XVIIe siècle] à Mezy, canton de Meulan, p. 69 à 73.

7911. Grave (E.). — Notice sur Tallemant des Réaux dans Seine-et-Oise, p. 74 à 82.

7912. Grave (E.). — La galiote de Bonnières et celle de Rolleboise, p. 83 à 91.

7913. Grave (E.). — Le chartrier de Magnanville, p. 92 à 104.

7914. Le Ronne (Victor). — Notice sur la chapelle Saint-Léonard du Vaumion, *fig.*, p. 105 à 115.

7915. Plancouard (Léon). — Notice archéologique sur l'église de Cléry-en-Vexin, p. 116 à 130.

SEINE-ET-OISE. — VERSAILLES.

CONFÉRENCE DES SOCIÉTÉS SAVANTES DE SEINE-ET-OISE.

Les Sociétés savantes du département de Seine-et-Oise ont formé une Fédération dans le but de se réunir en assises communes. La première réunion de cette Conférence a eu lieu en 1903, et le volume suivant a été publié à cette occasion. Les Sociétés de Corbeil et de Pontoise ont fait faire pour leurs membres respectifs des éditions spéciales de ce volume; elles sont analysées ci-dessus, p. 209 et 210.

I. — Conférence des Sociétés savantes, littéraires et artistiques de Seine-et-Oise. 1re réunion tenue à Versailles, les 14 et 15 juin 1902, sous la présidence de M. G. Picot,... et de M. Paisant,... (Versailles, 1903, in-8°, 139 p.)

7916. Couard. — Les sources et instruments de travail applicables aux études historiques [pour la Seine-et-Oise], p. 74 à 83. — Cf. id., nos 7850 et 7859.

7917. Depoin (J.). — Cartulaires et inventaires civils ou ecclésiastiques du département de Seine-et-Oise, p. 83 à 104. — Cf. id., nos 7851 et 7860.

7918. Mareuse (Edgar). — Bibliographie des cartes et des documents cartographiques [de Seine-et-Oise], p. 105 à 118. — Cf. id., nos 7852 et 7861.

7919. Dutilleux. — Note sur la carte archéologique et monumentale de Seine-et-Oise et sur la carte des bailliages royaux en 1789, p. 118 à 120. — Cf. id., nos 7853 et 7862.

SEINE-ET-OISE. — VERSAILLES.

SOCIÉTÉ DES SCIENCES MORALES, DES LETTRES ET DES ARTS DE SEINE-ET-OISE.

Les publications antérieures de cette Société sont analysées dans notre *Bibliographie générale*, savoir :

Mémoires, t. I à XIV (1847-1885), *Bibliographie*, t. IV, p. 403.

— t. XV à XXI (1887-1897), *Bibliographie*, Supplément sous presse.

Revue de l'histoire de Versailles, t. I à II (1899-1900), *Bibliographie*, Supplément sous presse.

— — t. III (1901), *Bibliographie*, nouvelle série, t. I, p. 146.

IV. — Revue de l'histoire de Versailles et de Seine-et-Oise, année 1902. (Versailles, 1902, in-8°, 323 p.)

7920. Auscher (E.-S.). — La manufacture de Sèvres sous la Révolution (1789-1800), p. 1 à 15.

7921. Bonnet (Charles). — Madame Bonaparte à la Malmaison. Deux épisodes de son séjour (an VII-an IX), p. 16 à 52.

7922. Fleury (Comte). — Le comte et la comtesse du Nord à Versailles en 1782, d'après un document inédit, p. 53 à 65.

7923. MAILLARD (J.). — Le château royal de Saint-Hubert, *fig.*, p. 66 à 75, et 208 à 216. — Suite de II, p. 278; et III, p. 43, et 209.

7924. PINSON (Paul). — Rachat par Louis XIII du péage et moulin banal de Meulan aliénés par le duc d'Alençon, seigneur apanagiste, document inédit (20 septembre 1617), p. 76 à 80.

7925. NOLHAC (P. DE). — L'orangerie de Mansart à Versailles, *fig.*, p. 81 à 90.

7926. FENNEBRESQUE (Juste). — Construction projetée sous Louis XIV à Versailles d'un pavillon d'Apollon, p. 91 à 100.

7927. FROMAGEOT (P.). — Le jardin du marquis de Cubières [à Versailles], p. 101 à 119.

7928. MOUSSOIR (Georges). — Un procès révolutionnaire à Versailles. Les détenus du Temple (1797-1798), p. 120 à 157.

7929. P. F. [FROMAGEOT (P.)]. — Deux lettres inédites de Louis XVIII, comte de Provence, p. 158 à 160.

7930. GRAVE (E.). — Bourgeois et taillables de Mantes après la Régence. Mémoire de Guy Chrestien, échevin de la ville (1730), p. 161 à 182.

7931. MONTIER (A.). — La poterie normande au Trianon de porcelaine. Les pavés de Joachim Vattier, *pl.*, p. 183 à 195.

7932. FROMAGEOT (P.). — L'enfance de Mme de Pompadour d'après des documents inédits, p. 196 à 207.

7933. A. T. [TAPHANEL (A.)]. — Lettres inédites de Ducis et fragments de son journal intime, p. 217 à 237, et 288 à 320.

7934. PINSON (Paul). — Document inédit pour servir à l'histoire de la maison de Saint-Louis à Saint-Cyr (8 novembre 1793), p. 238 à 240.

7935. DUTILLEUX (A.). — Héloïse à Argenteuil, *pl.*, p. 241 à 274.

7936. FROMAGEOT (P.). — La mort et les obsèques de Madame de Pompadour, p. 275 à 287.

V. — Revue de l'histoire de Versailles et de Seine-et-Oise, année 1903. (Versailles, 1903, in-8°, 324 p.)

7937. REY (Auguste). — Le château de la Chevrette et Mme d'Épinay, *fig.*, p. 1, 125, 197, et 273.

7938. BABEAU (Albert). — Les visites du prévôt des marchands et des échevins [de Paris] à Versailles sous Louis XV, p. 19 à 23.

7939. TOURNEUX (Maurice). — Un mot célèbre qui n'a jamais été prononcé [Louis XV et le convoi de Mme de Pompadour], p. 24 à 29.

7940. AUSCHER (E.-S.). — Les deux premiers conservateurs du musée de Sèvres : Riocreux et Champfleury (1823-1889), *portr.*, p. 30 à 46.

7941. COUARD (E.). — Le testament [et l'inventaire après décès] de Mme de Maintenon, p. 47 à 80.

7942. AUSCHER (E.-S.). — La céramique au château de Versailles pendant le règne de Louis XIV, *fig.* et *pl.*, p. 81 à 119, et 161 à 187.

7943. CARON (Pierre). — La société versaillaise sous le Premier Empire, fragment de mémoires inédits [de Mme de Ménerville], p. 120 à 124.

7944. PINSON (Paul). — La chapelle de Notre-Dame des Anges à Clichy-sous-Bois d'après de nouveaux documents, p. 149 à 158.

7945. FROMAGEOT (P.). — La famille royale au Temple [dépenses d'octobre et novembre 1792], p. 159.

7946. THIRION (H.). — Voltaire chez Madame de Prie. Les fêtes de Bellébat [à Fontainebleau], p. 188 à 196, et 260 à 272.

7947. FROMAGEOT (E.). — Le château de Versailles en 1793 d'après le journal de Hugues Lagarde, bibliothécaire et conservateur du musée, p. 224 à 240.

7948. FENNEBRESQUE (Juste). — Itinéraire des promenades de la famille royale dans les parcs de Versailles (1778-1789), *fig.*, p. 241 à 259.

7949. ESPÉRAN (C.). — Le roué du Barry et l'Ordre de Malte, p. 308 à 314.

7950. FROMAGEOT (Paul). — Bulletin de la dernière maladie et de la mort du roi Louis XVIII, p. 315 à 320.

SEINE-INFÉRIEURE. — LE HAVRE.

SOCIÉTÉ HAVRAISE D'ÉTUDES DIVERSES.

Les publications antérieures de cette Société sont analysées dans notre *Bibliographie générale*, savoir : *Recueil*, t. I à XXXIII (1834-1885), *Bibliographie*, t. IV, p. 408.

Recueil, t. XXXIV à XLVII (1886-1900), *Bibliographie*, Supplément sous presse.
— t. XLVIII (1901), *Bibliographie*, nouvelle série, t. I, p. 147.

XLIX. — Recueil des publications de la Société havraise d'études diverses de la 69e année, 1902... (Le Havre, 1902, in-8°, 500 p.)

7951. Lechevalier. — Saint-Nicolas-de-la-Taille et son petit collège ou séminaire avant la Révolution, p. 17 à 31.
7952. Martin (Alphonse). — Un patriote cauchois accusé d'espionnage en 1415 [Raoul Le Gay, de Montivilliers et l'affaire de Jean Fusoris], p. 33 à 42.
7953. Lechevalier (A.). — Les Charles de la Blandinière d'après leurs archives de famille, contribution à l'histoire de la noblesse rurale de la Haute-Normandie [xive-xviiie s.], p. 55 à 88.
7954. Dubois (L'abbé). — Excursion archéologique dans le département de l'Oise, p. 121 à 139.
7955. Beaucousin (L.-A.). — Recherches historiques sur la paroisse et les seigneurs de Valliquerville, *fig.*, p. 183 à 232.
7956. Anonyme. — Hommage à la mémoire de M. A. Folloppe [1819 † 1894], *fig.*, p. 329 à 353.
7957. Roger (Dr Jules). — Notice biographique sur Édouard Lefranc [1826 † 1902], *portr.*, p. 354 à 360.
7958. Martin (Alphonse). — Notice biographique sur M. l'abbé Maze [Camille-Modeste, 1836 † 1902], *portr.*, p. 362 à 370.
7959. Le Menuet de la Jugannière (P.). — Campagne d'outre-Loire de l'armée vendéenne, 1793, *carte*, p. 387 à 412. — Suite de XLVII, p. 71; et XLVIII, p. 197.

7960. Lechevalier (A.). — Bio-bibliographie des écrivains de l'arrondissement du Havre (suite et complément de la Bibliographie méthodique de l'arrondissement du Havre. (Le Havre, 1902-1903, in-8°, 191 p.)
7961. Maze (L'abbé C.). — Étude sur la langue de la banlieue du Havre. (Le Havre, 1903, in-8°, 226 p.)
7962. Barrey (Ph.). — Notice sur la Société havraise d'études diverses, suivie du catalogue méthodique de ses publications. (Le Havre, 1903, in-8°, 103 p.)

[Table du *Recueil* publié par la Société.]

SEINE-INFÉRIEURE. — ROUEN.

ACADÉMIE DES SCIENCES, BELLES-LETTRES ET ARTS DE ROUEN.

Les publications antérieures de cette Académie sont analysées dans notre *Bibliographie générale*, savoir :
Précis analytique, t. I à LXXXVII (1744-1885), *Bibliographie*, t. IV, p. 415.
— t. LXXXVIII à CII (1885-1900), *Bibliographie*, Supplément sous presse.
— t. CIII (1900-1901), *Bibliographie*, nouvelle série, t. I, p. 147.

CIV. — Précis analytique des travaux de l'Académie des sciences, belles-lettres et arts de Rouen pendant l'année 1901-1902. (Rouen, 1903, in-8°, 375 p.)

7963. Ruel (Georges). — La maison que l'on aimait [l'ancienne maison rouennaise], p. 9 à 24.
7964. Sarrazin (A.). — Rouen d'après les miniatures des manuscrits, *fig.*, p. 25 à 118.
7965. Beaurepaire (Ch. de). — Notice sur l'Oratoire de Rouen, p. 211 à 229.
7966. Loth (L'abbé Julien). — Le marquis Le Ver et dom Bétencourt, p. 231 à 250.
7967. Prévost (G.-A.). — Note sur deux ventes sur saisie de la seigneurie du Bosgouet au xvie siècle, p. 251 à 297.
7968. Frère (Henri). — Notes sur Fagon, premier médecin de Louis XIV, p. 299 à 322.
7969. Tougard (L'abbé). — Deux livres du xviie siècle, p. 323 à 341.

[Impressions périodiques à Rouen en 1632. — Grammaire illustrée. — L'helléniste champêtre L. Domesnil.]

7970. Allard (Ch.). — La sépulture d'Octave Crémazie [décédé au Havre sous le nom de Jules Fontaine en 1879], p. 343 à 352.
7971. Paulme. — Notice sur Septime Le Pippre [1833-1891], p. 353 à 358.

CV. — Précis analytique des travaux de l'Académie des sciences, belles-lettres et arts de Rouen pendant l'année 1902-1903. (Rouen, 1903, in-8°, 413 p.)

7972. Boucher (Dr). — Le travail et l'assistance mutuelle, p. 27 à 59.

[La mutualité et les corporations.]

7973. Beaurepaire (G. de). — La Fronde en Normandie. Rapport sur le prix Gossier, p. 77 à 105.

7974. Boucher (Dr). — Notice sur M. [Boistard de Premagny] de Glanville, p. 171 à 176.

7975. Desbuissons (R.). — Notice sur M. le pasteur Roberty, p. 177 à 184.

7976. Wallon (H.). — La vicomté de l'eau et le commerce de Rouen au XVIIIe siècle, p. 185 à 242.

7977. Chanoine-Davranches. — Fêtes à Forges en 1737, p. 243 à 281.

7978. Porée (L'abbé). — Note sur Auguste Le Prévost et Charles Nodier, p. 283 à 293.

7979. Loth (L'abbé Julien). — Une lettre du président de Saint-Victor à Servan [1784], p. 295 à 315.

7980. Boucher (Dr). — Impressions de voyage de Marseille à Constantine, p. 317 à 335.

7981. Beaurepaire (Ch. de). — Notice sur la Chartreuse de Saint-Julien composée d'après les comptes de cette communauté, p. 337 à 367.

7982. Le Verdier (P.). — Note sur la restauration de l'Académie en 1803 et la subvention municipale, p. 387 à 398.

7983. Héron (A.). — Liste générale des membres de l'Académie des sciences, belles-lettres et arts de Rouen de 1744-1745 à 1900-1901. (Rouen, 1903, in-8°, 112 p.)

SEINE-INFÉRIEURE. — ROUEN.

LES AMIS DES MONUMENTS ROUENNAIS.

Les publications antérieures de cette Société sont analysées dans notre *Bibliographie générale*, savoir :
Bulletin, t. I à III (1886-1900), *Bibliographie*, Supplément sous presse.
— t. IV (1901), *Bibliographie*, nouvelle série, t. I, p. 148.

V. — Les amis des monuments rouennais, Bulletin. Année 1902. (Rouen, 1903, in-4°, 186 p.)

7984. Divers. — Sur les restaurations du Palais de justice de Rouen, p. 12 à 16.

7985. Vesly (De). — Les logettes de la Grosse-Horloge, p. 32.

7986. Geispitz (H.). — Exposition de documents relatifs au Palais de Justice, *fig.*, et 5 *pl.*, p. 45 à 58.

7987. Vesly (Léon de). — Le château du Belley à Hénouville-sur-Seine et ses propriétaires, *fig.* et *pl.*, p. 59 à 65.

7988. Beaurepaire (Ch. de). — Notes sur les architectes de Rouen. Jenson Salvart, Jean Roussel, Alexandre et Colin de Berneval (première moitié du XVe siècle), *pl.* et *facs.*, p. 67 à 93.

7989. Geispitz (H.). — Deux bas-reliefs de Jaddoulle au palais des consuls, 2 *pl.*, p. 95 à 97.

7990. Vesly (Léon de). — Rouen souterrain. 1° Fouilles pour l'établissement des Nouvelles Galeries (pavillon de la rue Saint-Étienne-des-Tonneliers); 2° fouilles pour la construction de la Bourse du travail (place de la Haute-Vieille-Tour), *fig.*, p. 99 à 110.

[Antiquités gallo-romaines, établissement de potiers.]

7991. Augé (Raoul). — Chronique, *fig.* et *pl.*, p. 111 à 147.

[Le portail de Saint-Maclou, *fig.*, p. 111. — Travaux de la cathédrale et de l'archevêché, p. 113; dans les églises Saint-Godard, de la Madeleine et Saint-Paul, p. 115; à l'hôtel de ville, p. 116. — La Cloche d'argent, p. 118. — Hôtels et maisons particulières, *fig.*, p. 120. — Le cimetière et l'ancienne église Sainte-Marie-la-Petite, p. 132. — Vestiges de l'ancien collège du Saint-Esprit, p. 131. — L'ancienne croix de la cathédrale, p. 133. — Incendie du château d'Eu, p. 133. — Restitution du château de Moulineaux, *pl.*, p. 135. — Nécrologie : F.-V. Bouquet (1815 † 1902), H. Gosselin († 1902), A. Dutuit (1812 † 1902), p. 139.]

7992. Giraud (A.). — Excursion à Louviers, Pinterville, Acquigny, Saint-Étienne-du-Vauvray, Notre-Dame-du-Vaudreuil, Léry, Pont-de-l'Arche, *fig.*, p. 149 à 160.

SEINE-INFÉRIEURE. — ROUEN.

COMMISSION DES ANTIQUITÉS DE LA SEINE-INFÉRIEURE.

Les publications antérieures de cette Commission sont analysées dans notre *Bibliographie générale*, savoir:
Procès-verbaux, t. I et II (1818-1866), *Bibliographie*, t. IV, p. 439.
Bulletin, t. I à VII (1867-1887). *Bibliographie*, t. IV, p. 443.
— t. VIII à XI (1888-1899), *Bibliographie*, Supplément sous presse.

XII. — Bulletin de la Commission des antiquités de la Seine-Inférieure, t. XII, 1900 à 1902. (Rouen, 1903, in-8°, 520 p.)

7993. Tougard (A.). — Procès-verbaux de la Commission des antiquités de la Seine-Inférieure pendant l'année 1900, p. 1 à 168.

[Travaux de jardinage à Charleval (1574), p. 5. — Église Saint-Maclou de Rouen, p. 5. — Incunables rouennais, p. 101, et 111.]

7994. Milet. — Panneaux de faïence vernissée du XVIe siècle, découverts à Neufchâtel, p. 2 à 4.

7995. Garreta. — Christophe Héris, écuyer, sieur de Coqueriomont, jurisconsulte cauchois [XVIe-XVIIe s.], p. 7 à 9.

7996. Beaurepaire (Ch. de). — Enquête à propos de rixes entre des maîtres peintres-sculpteurs de Rouen (1705), p. 9 à 13.

7997. Beaurepaire (Ch. de). — Note sur une montre du Dr Porrée [1644], p. 13 à 15.

7998. Beaurepaire (Ch. de). — Règlement pour l'organiste de Saint-Sauveur de Montivilliers [1612], p. 15.

7999. Beaurepaire (Ch. de). — Notes extraites d'un compte de tutelle des enfants de Manneville [1637-1655], p. 20 à 30.

8000. Bouquet. — Remarques sur les noms : Prieuré du Pré, Notre-Dame de Bonnes-Nouvelles, et Bonne-Nouvelle [à Rouen], p. 33 à 44.

8001. Drouet. — Monnaie campanienne en bronze trouvée aux marettes de Londinières (Seine-Inférieure), p. 45.

8002. Héron. — La tombe de Bedford à Notre-Dame [de Rouen], p. 46 à 48.

8003. Beaurepaire (Ch. de). — Notice sur l'église de l'ancien Hôtel-Dieu de Rouen, *fig.* et *pl.*, p. 49 à 67.

8004. Vallée. — Cimetière gallo-romain du Catillon, à Lillebonne, p. 69 à 70.

8005. Tougard (A.). — Saint-Étienne du Rouvray. Pierre tombale [de Charles-Anne Louvet, 1782], p. 70.

8006. Bouquet. — Deux restes des anciennes fortifications de Rouen à l'Hospice général, p. 75 à 88.

8007. Garreta. — Église Saint-Maclou [de Rouen]. Inscription [de 1737], p. 88.

8008. Beaurepaire (Ch. de). — Note sur le cimetière des Juifs à Rouen, p. 89.

8009. Beaurepaire (Ch. de). — Note sur les églises Saint-Godard et Saint-Laurent de Rouen, p. 90 à 96.

8010. Bouquet. — Remplacement de la première tour du colombier détruite au siège de 1562, p. 101 à 109.

8011. Baudry (P.). — Monnaie romaine [de L. Verus, trouvée à Saint-Sever], p. 112.

8012. La Serre (De). — Ornements de maisons à Rouen, p. 113.

8013. Dubosc (G.). — L'hôtel de Girancourt, rue Saint-Patrice, 48, à Rouen, p. 115 à 123.

8014. Beaurepaire (Ch. de). — Notes sur trois reliquaires de l'église Saint-Patrice de Rouen, p. 123 à 131.

8015. Vallée. — Calvaire épigraphique [de Bois-Himont], p. 131.

8016. Claudin (A.). — Sur les anciennes impressions parisiennes et rouennaises, p. 135 à 139.

8017. Bouquet. — Admission des Frères des écoles chrétiennes dans Rouen. Leurs écoles dans la ville et à l'Hôpital général, p. 141 à 152.

8018. Beaurepaire (Ch. de). — Notes sur deux maisons de la rue de la Prison, à Rouen, *fig.*, p. 160 à 168.

8019. Tougard (A.). — Procès-verbaux de la Commission des antiquités de la Seine-Inférieure pendant l'année 1901, p. 169 à 328.

[Église Saint-Maclou de Rouen, p. 313. — Inscription sur le buste de Georges d'Amboise au Parlement de Rouen, p. 316.]

8020. Pelay. — Tombeaux des abbayes de Saint-Georges-de-Boscherville et de Saint-Wandrille, p. 173 à 177, et 355 à 356.

8021. Garreta. — Enceinte de Rouen, p. 179.

8022. Garreta. — La cloche de Monville (1622), p. 180.

8023. Garreta. — Note sur un étalon du pot royal à l'usage de Rouen au XVIe siècle, p. 182 à 189.

IMPRIMERIE NATIONALE.

8024. Beaurepaire (Ch. de). — Note sur l'Hôtel de l'Écu d'Orléans [à Rouen], p. 190 à 192.
8025. Beaurepaire (Ch. de). — Note sur Coulomb [Michel] et Mosselman [Paul, 1497], p. 202.
8026. Beaurepaire (Ch. de). — Des images de majesté, p. 203 à 206.
8027. Beaurepaire (Ch. de). — Écrivains et enlumineurs, p. 206 à 211.
8028. Beaurepaire (Ch. de). — Deux anciennes épitaphes relatives à la famille Erquembout, p. 212.
8029. Dergny. — Cloche de Sainte-Austreberte, p. 215 à 217.
8030. Beaurepaire (Ch. de). — Extraits des comptes de la confrérie des merciers établie en l'église Saint-Jean-de-Rouen, œuvres d'art, images, ornements d'églises, sermons, p. 217 à 232.
8031. Baudry (P.). — Poteries et faïences découvertes à Rouen, p. 225 à 227.
8032. Baudry (P.). — Jean Ferey, sieur de Durescu [xvie s.], p. 228.
8033. Le Verdier (P.). — Hachette de bronze gauloise trouvée à Longueville, p. 230.
8034. Beaurepaire (Ch. de). — Les anciennes hôtelleries de Rouen, p. 231 à 258.
8035. Dubosc (Georges). — Les oriols rouennais, p. 260 à 264.
8036. Beaurepaire (Ch. de). — Notice sur la fontaine du chapitre [à Rouen], *fig.*, p. 265 à 288.
8037. La Serre. — Croix du cimetière de Sasseville [et statues, xvie s.], p. 291 à 292.
8038. Vesly (De). — Exploration archéologique de la forêt de Rouvray, p. 292 à 303.

[Antiquités romaines.]

8039. Garreta. — Sceau attribué à l'abbaye de Grosbos ou Fontvive (xive s.), p. 304.
8040. Drouet. — Contrefaçon des monnaies françaises par les princes du nord de l'Italie [xvie-xviie s.], p. 307 à 310.
8041. Pelay. — Vase romain, en bronze, trouvé à Hautot-l'Auvray, *pl.*, p. 316 à 318.
8042. Beaurepaire (Ch. de). — Notes sur les Antonins de Rouen [commanderie de Saint-Antoine, xviiie s.], p. 318 à 328.
8043. Tougard (A.). — Procès-verbaux de la Commission des antiquités de la Seine-Inférieure pendant l'année 1902, p. 329 à 488.
8044. Dubosc (G.). — Note sur les peintures d'une maison, rue Percière [à Rouen], p. 332 à 336.
8045. Le Verdier (P.). — Destruction d'anciennes cloches [Longueville, Manéhouville, Lintot, Torcy-le-Petit], *fig.*, p. 336 à 341.
8046. Beaurepaire (Ch. de). — Notice sur le château de Longueville, p. 343 à 354.
8047. Beaurepaire (Ch. de). — Dalle tumulaire à Arques, p. 354.
8048. Pelay. — Boiseries de l'ancien hôtel des Duval d Coupeauville, rue Ganterie, n° 74, à Rouen, p. 358.
8049. Pelay. — Hôtel des Trois-Maures, rue Beauvoisine, n° 132, à Rouen, p. 359 à 360.
8050. Pelay. — Anciennes impressions rouennaises, p. 361 à 364.
8051. Dubosc (G.). — Beffroi, documents relatifs au Gros-Horloge de Rouen et aux maisons contiguës, p. 364 à 366.
8052. Beaurepaire (Ch. de). — Tombeau d'Anne Rychault [église des Cordeliers de Rouen, † 1635], p. 366 à 368.
8053. Beaurepaire (Ch. de). — Manoir de Pierre Corneille au Petit-Couronne, p. 368.
8054. Beaurepaire (Ch. de). — Statues à l'entrée du palais de justice de Rouen, p. 369.
8055. Beaurepaire (Ch. de). — Manoir du Bellay, p. 370.
8056. Beaurepaire (Ch. de). — Maison avec lanterne devant une image de la Sainte Vierge [à Rouen], p. 370.
8057. Beaurepaire (Ch. de). — Cloches de l'abbaye de Fécamp, p. 372.
8058. Vesly (L. de). — Pavage du château du Bellay, p. 373 à 374.
8059. Baudry (P.). — Une *Imitation* de Corneille éditée en 1653, p. 381.
8060. Vesly (L. de). — Marteau préhistorique en corne de cerf; monnaies et poteries romaines trouvées à Rouen, p. 382.
8061. Pelay. — Mort de l'évêque [constitutionnel] Gratien [an vii], p. 383 à 385.
8062. Beaurepaire (Ch. de). — Sceaux de la commune de Rouen, p. 385.
8063. Beaurepaire (Ch. de). — Crucifix de la cathédrale de Rouen, p. 386.
8064. Beaurepaire (Ch. de). — Ornements liturgiques et décorations d'autels des églises de Gonnetot et d'Angerville-la-Martel, p. 387 à 392.
8065. Haucourt (L'abbé). — La cloche de Sainte-Austreberte [de Rouen], p. 392 et 454.
8066. Garreta. — Source Saint-Filleul [Yonville, inscription, 1768], p. 393.
8067. Lefort. — Les perrons du Palais de justice, p. 394 à 400.
8068. La Serre. — Comparaison de l'église abbatiale de Lessay avec celle de Saint-Martin de Boscherville, p. 405 à 407.
8069. Beaurepaire (Ch. de). — Note sur les brigandines [armures], p. 407 à 409.
8070. Beaurepaire (Ch. de). — Contrat de fondation à l'église Saint-Maclou [de Rouen] (1527), p. 409 à 412.
8071. Beaurepaire (Ch. de). — Note sur les jetons de la Chambre ecclésiastique [de Rouen], p. 412.
8072. Vesly (L. de). — Fouilles des Essarts et de Grésil forêt de Rouvray], p. 415 à 421.

8073. Pelay. — Oriol à Dieppe; épis en plomb place du Vieux-Marché, n° 41, à Rouen; emplacement de *Veteres Domus*, p. 421 à 423.

8074. Garreta. — Portail de l'église Saint-Godard [de Rouen], p. 423.

8075. Beaurepaire (Ch. de). — A propos d'armoiries du prince de Conti posées aux portes de l'église des Pénitents d'Ingouville, p. 425 à 428.

8076. Beaurepaire (Ch. de). — Notice sur les anciennes couvertures des maisons de Rouen, p. 429 à 449.

8077. Vesly. — Emmanchement de hache en corne de cerf, p. 452.

8078. Héron (A.). — L'incendie de 1248 à Rouen, p. 454 à 456.

8079. Garreta. — Chapelle des religieux Minimes, aujourd'hui des Dames du Saint-Sacrement, à Rouen, p. 456.

8080. Beaurepaire (Ch. de). — Notes sur l'emplacement du couvent des Cordeliers de Rouen, p. 460 à 487.

SEINE-INFÉRIEURE. — ROUEN.

SOCIÉTÉ DES BIBLIOPHILES NORMANDS.

Les publications antérieures de cette Société sont analysées dans notre *Bibliographie générale*, savoir :

Assemblées générales, t. I à XLIV (1863-1885), *Bibliographie*, t. IV, p. 458.

— t. XLV à LXXIV (1886-1900), *Bibliographie*, Supplément sous presse.

— t. LXXV et LXXVI (1901), *Bibliographie*, nouvelle série, t. I, p. 149.

Ouvrages divers, *Bibliographie*, t. IV, p. 453; Supplément sous presse, et nouvelle série, t. I, p. 148.

LXXVII. — Société des bibliophiles normands, soixante-dix-septième assemblée générale, 22 mai 1902. (S. l. n. d., in-8° carré, 12 p.)

8081. Beaurepaire (Charles de). — Discours, p. 4 à 10.

[A. Gasté († 1902); le Puy des Pauvres et le Puy d'Amour.]

8082. A. T. [Tougard (A.)]. — Appendice aux *Antiquités* de Taillepied, p. 11 à 12.

LXXVIII. — Société des bibliophiles normands, soixante-dix-huitième assemblée générale, 18 décembre 1902. (S. l. n. d., in-8° carré, 13 p.)

8083. Beaurepaire (Ch. de). — Discours, p. 7 à 9.

[F. V. Bouquet († 1902).]

8084. Robillard de Beaurepaire (Ch. de). — Entrée de Charles VIII à Rouen, en 1485. Reproduction fac-similé d'un imprimé du temps, avec introduction et annexes. (Rouen, 1902, pet. in-4°, xxvi-61 p.)

8085. Le Verdier. — Théâtre scolaire, 4e fascicule : Saulem cum filiis; Agathocle; sujets de pièces dramatiques, etc.; Egiste; Benjamin dans les fers; l'Enfant prodigue; Nabol. (Rouen, 1902, petit in-4°, 84 p.)

[Les trois premiers fascicules ont paru en 1897, 1898 et 1901.]

8086. Formigny de la Londe (R. de). — Discours de l'entrée du duc d'Épernon à Caen, le 14 mai 1588 [par Jacques de Cahaignes]. (Rouen, 1903, pet. in-4°, xi-23 et xiv p.)

8087. Barbier de la Serre (G.). — Le variable discours de la vie humaine, par Me Guillaume Haudent. (Rouen, 1803, pet. in-4°, xi p. et 12 ff. n. ch.)

SEINE-INFÉRIEURE. — ROUEN.

SOCIÉTÉ ROUENNAISE DES BIBLIOPHILES.

Les publications antérieures de cette Société sont analysées dans notre *Bibliographie générale*, t. IV, p. 459; Supplément sous presse, et nouvelle série, t. I, p. 149.

8088. Panel (Dr G.). — Recueil de la vertu de la fontaine médicinale de Saint-Éloi à Forges [par Pierre de Grousset], publié avec introduction et notes. (Rouen, 1902, pet. in-4°, xiv-34-x p.)

8089. Bréard (Charles). — Les Effets merveilleux de Notre-Dame de Grâce, publiés avec introduction et notes par Charles Bréard. (Rouen, 1902, in-4°, lv-41 p.)

[Réimpression de l'édition de Rouen, 1615, in-4°.]

8090. Garreta (R.). — La seconde partie de l'histoire de l'Église réformée de Dieppe (1660-1685) publiée pour la première fois avec une introduction et des notes. (Rouen, 1902-1903, pet. in-4°, ix-286 p. et ix-173 p.)

8091. Héron (A.). — David Ferrand. Discours apologétique en faveur de l'instinct et naturel admirable de l'éléphant. (Rouen, 1903, pet. in 4°, xii-40 p.)

8092. Beaurepaire (J. de). — Entrée à Rouen du cardinal de Saulx-Tavannes. (Rouen, 1902, pet. in-4°, xvii-22 p., *portr.*)

SEINE-INFÉRIEURE. — ROUEN.

SOCIÉTÉ LIBRE D'ÉMULATION, DU COMMERCE ET DE L'INDUSTRIE DE LA SEINE-INFÉRIEURE.

Les publications antérieures de cette Société sont analysées dans notre *Bibliographie générale*, savoir :

Bulletin, t. I à XLVII (1837-1886), *Bibliographie*, t. IV, p. 464.

— t. XLVIII à LX (1886-1900), *Bibliographie*, Supplément sous presse.

— t. LXI (1900-1901), *Bibliographie*, nouvelle série, t. I, p. 149.

Autres publications, *Bibliographie*, t. IV, p. 461.

LXII. — Bulletin de la Société libre d'émulation, du commerce et de l'industrie de la Seine-Inférieure, exercice 1902. (Rouen, 1903, in-8°, 724 p.)

8093. Vesly (Léon de). — Exploration archéologique de la forêt de Rouvray (Seine-Inférieure), fouilles de 1902, *fig.*, p. 133 à 168.

[Antiquités préhistoriques et gallo-romaines.]

8094. Vesly (Léon de). — La divinité des fana gallo-romains, p. 159 à 168.

8095. Vesly (Léon de). — Légendes, superstitions et vieilles coutumes. Les Essarts de la forêt de Lyons. Le feu de Saint-Jean à Mardor. La fontaine Sainte-Catherine à Mortemer, p. 169 à 175.

8096. Gravier (Gabriel). — Madagascar. Les Malgaches. Les origines de la colonisation française. La conquête, *fig.* et *carte*, p. 176 à 687.

SEINE-INFÉRIEURE. — ROUEN.

SOCIÉTÉ DE L'HISTOIRE DE NORMANDIE.

Les publications antérieures de cette Société sont analysées dans notre *Bibliographie générale*, savoir :
Bulletin, t. I à IV (1870-1887), *Bibliographie*, t. IV, p. 471.
— t. V à VIII (1888 à 1899), *Bibliographie*, Supplément sous presse.
Mélanges, t. I à IV (1891-1898), *Bibliographie*, Supplément sous presse.
— t. V (1898-1901), *Bibliographie*, nouvelle série, t. I, p. 150.
Ouvrages divers, *Bibliographie*, t. IV, p. 470, Supplément sous presse, et nouvelle série, t. I, p. 150.

8097. Le Verdier (P.). — Correspondance politique et administrative de Miromesnil, premier président du Parlement de Normandie, publiée d'après les originaux, t. IV (1765-1767), et t. V (1761-1771). (Rouen, 1902-1903, in-8°, XLII-298 et XXXV-319 p.)

[Les tomes I à III ont paru en 1899, 1900 et 1901.]

8098. Bourrienne (L'abbé V.). — Antiquus cartularius ecclesiae Baiocensis (Livre noir), publié pour la première fois avec introduction. (Rouen, 1902-1903, 2 vol. in-8°, CXIX-336 et 446 p.)

8099. Tardif (Joseph). — Coutumiers de Normandie, textes critiques publiés avec notes et éclaircissements, t. I, 2e partie : Le très anciens coutumier de Normandie, textes français et normand. (Rouen, 1903, in-8°, C-148 p.)

[La 1re partie du t. I a paru en 1881 ; et le t. II en 1896.]

SEINE-INFÉRIEURE. — ROUEN.

SOCIÉTÉ NORMANDE D'ÉTUDES PRÉHISTORIQUES.

Les publications antérieures de cette Société sont analysées dans notre *Bibliographie générale*, savoir :
Bulletin, t. I à VIII (1893-1900), *Bibliographie*, Supplément sous presse.
— t. IX (1901), *Bibliographie*, nouvelle série, t. I, p. 150.

X. — **Bulletin de la Société normande d'études préhistoriques**, t. X, année 1902. (Louviers, 1903, in-8°, 256 p.)

8100. Gallebrand. — Instruments recueillis à Beaumont-le-Roger, p. 9.

8101. Deshayes (L'abbé). — Note sur les découvertes préhistoriques du canton de Rugles, p. 10 à 13.

8102. Chedeville (P.-J.). — Sur l'excursion aux environs de Pacy-sur-Eure, p. 32 à 36.

8103. Morel (Gaston). — Étude sur la préhension des silex taillés de l'époque néolithique, 4 *pl.*, p. 37 à 79. — Suite de VII, p. 41 ; VIII, p. 80 ; et IX, p. 139.

8104. Romain (Georges). — Station humaine au lieu dit la Bergerie entre Villerville et Trouville (Calvados), p. 80 à 82.

8105. Quenouille (L.). — Quelques silex néolithiques à profils, à images, et découverte d'imagettes confirmatives des sujets représentés, notes et documents, 6 *pl.*, p. 83 à 116.

8106. Poulain (Georges). — Le menhir de Saint-Nicolas-d'Attez [Eure] et description d'instruments en silex trouvés dans la contrée, *fig.*, p. 117 à 125.

8107. Coutil (L.). — Les sculptures de l'allée couverte le Trou aux Anglais [Aubergenville], transférées au musée de Saint-Germain-en-Laye, *fig.*, p. 126 à 127.

8108. Coutil (Léon). — Haches géantes de l'époque néolithique trouvées en Normandie, comparées à celles de la Bretagne et du Bocage, p. 128 à 130.

8109. Vesly (L. de). — Sur une pioche en corne de cerf trouvée dans la Seine, à Moulineaux (Seine-Inférieure), et sur un emmanchement de hache en corne de cerf, recueilli également dans la Seine, au hameau de Bédane, commune de Tourville-la-Rivière (Seine-Inférieure), *fig.*, p. 131 à 133.

8110. Poulain (Georges). — Fouilles dans un abri sous roche, situé à Métreville, commune de Saint-Pierre-d'Autils, canton de Vernon (Eure), *fig.*, p. 134 à 138.

8111. Vesly (Léon de). — Exploration archéologique de la forêt de Rouvray (Seine-Inférieure). Le fanum des Essarts et la découverte de nombreux outils et armes préhistoriques, *fig.* et 3 *pl.*, p. 139 à 145.

8112. Coutil (L.). — L'époque gauloise dans le sud-ouest de la Belgique. Sépultures et mobilier funéraire des Calètes et des Véliocasses, p. 146 à 195.

8113. Desloges (Amand). — Les âges de la pierre, ou introduction à l'histoire de Rugles, *fig.*, p. 196 à 229.

8114. Fortin (R.). — Sur des sépultures mérovingiennes découvertes à Maromme (Seine-Inférieure), *fig.*, p. 230 à 233.

8115. Coutil (L.). — Nécrologie, p. 237 à 240.

[A. Bertrand (1820 † 1902); A.-J. Ternisien († 1902).]

SEINE-INFÉRIEURE. — ROUEN.

SOCIÉTÉ NORMANDE DE GÉOGRAPHIE.

Les publications antérieures de cette Société sont analysées dans notre *Bibliographie générale*, savoir :
Bulletin, t. I à VII (1879-1885), *Bibliographie*, t. IV, p. 468.
— t. VIII à XXII (1886-1900), *Bibliographie*, Supplément sous presse.

XXIII. — Société normande de géographie. Bulletin de l'année 1901, t. XXIII. (Rouen, 1901, in-4°, XXVII-432 p.)

8116. Levasseur (Émile). — La colonisation normande, *portr.*, p. 1 à 19.

8117. Labbé (Paul). — Une exploration à l'île Sakhaline, les forçats russes, les indigènes de l'île (Aïnos et Ghiliaks), *fig.*, p. 19 à 36.

8118. Layer (Ernest). — Quelques jours à Tunis, notes de touriste, *fig.*, p. 53 à 91.

8119. Foureau (Fernand). — De l'Algérie au Congo français par l'Aïr et le Tchad, 2 *portr.* et *carte*, p. 170 à 199.

8120. Liard (André). — La mission Foureau-Lamy, p. 200 à 223.

8121. Cordier (Henri). — Relations de la Chine avec l'Europe, *portr.*, p. 265 à 278.

8122. Toutain (Paul). — Excursions en Basse-Seine, *fig.*, p. 278 à 308.

8123. Layer (Ernest). — Alger, Timgad, Sidi-Okba, notes de voyage, *fig.*, p. 363 à 417.

XXIV. — Société normande de géographie. Bulletin de l'année 1902, t. XXIV. (Rouen, 1902, in-4°, XXX-274 p.)

8124. Vogüé (Melchior de). — L'Empire du Soleil levant [Japon], p. 1 à 19.

8125. Gravier (Gabriel). — La lettre et la carte de Toscanelli à Fernam Martins et à Christophe Colomb, p. 37 à 48.

8126. Monflier (Georges). — La Normandie et la colonisation, p. 48 à 54.

8127. Joalland (Capitaine Paul). — Du Niger au Tchad, *portr.*, p. 65 à 84.

8128. Drouet (Francis). — Notes sur la Martinique, p. 98 à 104.

8129. Bouillant (A.). — Excursion à Domrémy, *fig.*, p. 107 à 128.

8130. Saint-Arroman (Raoul de). — La Commission des missions scientifiques (1874-1902), p. 203 à 229.

8131. Segonzac (Marquis de). — À travers le Maroc, p. 229 à 247.

8132. Berthaut (Léon). — La pêche à Terre-Neuve, Saint-Pierre-Miquelon; la vie des pêcheurs; la question du French Shore, p. 137 à 170.

8133. Gaffarel (Paul). — Le corsaire Jean Fleury [XVI° s.], p. 171 à 194.

SOMME. — ABBEVILLE.

SOCIÉTÉ D'ÉMULATION D'ABBEVILLE.

Les publications antérieures de cette Société sont analysées dans notre *Bibliographie générale*, savoir :
Mémoires (in-8°), t. I à XIII (1833-1876), *Bibliographie*, t. IV, p. 487.
— t. XIV à XIX (1877-1897), *Bibliographie*, Supplément sous presse.
— t. XX (1898-1901), *Bibliographie*, nouvelle série, t. I, p. 151.
Mémoires (in-4°), t. I à III (1897-1899), *Bibliographie*, Supplément sous presse.
Bulletin, t. I à IV (1888-1899), *Bibliographie*, Supplément sous presse.

V. — **Bulletin de la Société d'émulation d'Abbeville**, années 1900-1901-1902, t. V. (Abbeville, 1902, in-8°, 383 p.)

8134. Ledieu (Alcius). — Entrée de la reine Éléonore d'Autriche à Abbeville, le 19 décembre 1531, p. 15 à 40, et 53 à 74.

8135. Mallet (F.). — Le chevalier de Saint-Pol-Hécourt, commandant d'escadre (1665-1705), 2 *pl.*, p. 74 à 99.

8136. Delignières (Em.). — Note sur la pierre tombale d'Antoine de Lestocq, échevin d'Abbeville au xvie siècle, p. 100 à 102.

8137. Brandt de Galametz (Comte de). — Quelques souvenirs sur Abbeville, p. 102 à 105.

8138. Ledieu (Alcius). — Le Ponthieu à l'Exposition militaire rétrospective des armées de terre et de mer, 3 *pl.*, p. 129 à 142.

[Charles de Rambures, *portr.*; le maréchal d'Hocquincourt, *portr.*; le maréchal de Mailly, *portr.*]

8139. Tillette de Clermont-Tonnerre (Adrien). — Livre de raison d'un bourgeois d'Abbeville (xviiie s.) [Georges Mellier], p. 143, 189, et 233.

8140. Courtellemont (Le P.). — Une lettre inédite du P. Ignace au vénérable Père Eudes [1660], p. 247 à 253.

8141. Brandt de Galametz (Comte de). — Un inventaire à Abbeville en 1493 [Nicolas Postel, seigneur de Bellefontaine], p. 271 à 303.

8142. Delignières (Em.). — Note sur le lieu de naissance de saint Wulfran, p. 304 à 306.

8143. Delignières (Em.). — Pièce de 1723 relative à la vente de grains sur le marché d'Abbeville, p. 313 à 320.

8144. Rodière (Roger). — Excursion à Montdidier, Tilloloy et Roye, *pl.*, p. 329 à 348.

IV. — **Mémoires de la Société d'émulation d'Abbeville**, t. IV. (Abbeville, 1902, in-4°, 654 p.)

8145. Witasse (Gaétan de). — Géographie historique du département de la Somme, état religieux, administrati et féodal des communes et de leurs dépendances, t. I. (Abbeville, 1902, in-4°, 654 p.)

SOMME. — AMIENS

ACADÉMIE DES SCIENCES, DES LETTRES ET DES ARTS D'AMIENS.

Les publications antérieures de cette Académie sont analysées dans notre *Bibliographie générale*, savoir :
Mémoires, t. I à XXXII (1835-1885), *Bibliographie*, t. IV, p. 491.

Mémoires, t. XXXIII à XLVII (1886-1900), *Bibliographie*, Supplément sous presse.
— t. XLVIII (1901), *Bibliographie*, nouvelle série, t. I, p. 151.

XLIX. — Mémoires de l'Académie des sciences, des lettres et des arts d'Amiens, t. XLIX, année 1902. (Amiens, 1903, in-8°, 445 p.)

8146. Boquet (Jules). — Paul-Émile Sautai, peintre. (1842 † 1901), *portr.*, p. 43 à 59.

8147. Boucher (Édouard). — Taine, écrivain, p. 123 à 143.

8148. Gosselin (Le chanoine J.). — Catherine Levesque, poète mystique et historien péronnais [Mme Vaillant, XVIIe s.], p. 145 à 192.

8149. Peugniez. — L'histoire et la médecine dans l'art religieux, *fig.* et 19 *pl.*, p. 269 à 407.

SOMME. — AMIENS.

SOCIÉTÉ DES ANTIQUAIRES DE PICARDIE.

Les publications antérieures de cette Société sont analysées dans notre *Bibliographie générale*, savoir :
Mémoires (in-8°), t. I à XXVIII (1838-1885), *Bibliographie*, t. IV, p. 496.
— (in-8°), t. XXIX à XXXIII (1887-1899), *Bibliographie*, Supplément sous presse.
Mémoires (in-4°), t. I à XI (1845-1883), *Bibliographie*, t. IV, p. 504.
— (in-4°), t. XII à XIV (1890-1897), *Bibliographie*, Supplément sous presse.
Bulletin, t. I à XV (1841-1885), *Bibliographie*, t. IV, p. 505.
— t. XVI à XX (1886-1900), *Bibliographie*, Supplément sous presse.
Picardie historique et monumentale, t. I (1893-1899), *Bibliographie*, Supplément sous presse.
— — t. II, fasc. 1 (1901), *Bibliographie*, nouvelle série, t. I, p. 152.

XXXIV. — Mémoires de la Société des Antiquaires de Picardie, 4e série, t. IV. (Amiens, 1903, in-8°, IV-745 p.)

8150. Bréard (Charles). — Le Crotoy et les armements maritimes des XIVe et XVe siècles, étude historique, p. 1 à IV et 1 à 214.

8151. Guerlin (Robert). — Fêtes chômées, leur nombre, règlements échevinaux [à Amiens], p. 215 à 235.

8152. Quignon (G.-Hector). — Daours en Amiénois, *fig.* et *pl.*, p. 237 à 497.

8153. Thorel (Oct.). — Les rébus de Picardie, étude historique et philologique, *fig.*, p. 499 à 700.

8154. Durand (Georges). — Monographie de l'église Notre-Dame, cathédrale d'Amiens, t. II, mobilier et accessoires. (Amiens, 1903, gr. in-4°, VIII-663 p. et *pl.*)

[Le tome I a paru en 1901.]

TARN. — ALBI.

SOCIÉTÉ DES SCIENCES, ARTS ET BELLES-LETTRES DU TARN.

Les publications antérieures de cette Société sont analysées dans notre *Bibliographie générale*, savoir :
Revue historique du Tarn, t. I à V (1877-1885), *Bibliographie*, t. IV, p. 515.
— — t. VI à XVII (1886-1900), *Bibliographie*, Supplément sous presse.

Revue historique du Tarn, t. XVIII (1901), *Bibliographie*, nouvelle série, t. I, p. 152.
Archives historiques de l'Albigeois, t. I à VI (1894-1900), *Bibliographie*, Supplément sous presse.
— — t. VII (1901), *Bibliographie*, nouvelle série, t. I, p. 152.

XIX. — Revue historique, scientifique et littéraire du département du Tarn (ancien pays d'Albigeois). . ., publiée sous la direction de M. Jules Jolibois et sous le patronage de la Société des sciences, arts et belles-lettres du Tarn, 27e année, 19e volume, 2e série, 11e année. (Albi, 1902, in-8°, 411 p.)

8155. Pétronnet (Charles). — Documents sur quelques artistes du pays albigeois, p. 30 à 38.
8156. Vidal (A.). — Georges de Selve, p. 41 à 49. — Suite de XVIII, p. 125 et 276.

[A propos du livre de Mary F. S. Hervey : *Holbein's Ambassadors.*]

8157. Marty (Émile). — Cartulaires de Rabastens, p. 50, 130, 269, et 331. — Suite de XVIII, p. 93 et 180.
8158. Cabié (Edmond). — Documents sur les préludes de la Réforme dans le nord-est de l'Albigeois, p. 69 à 76.
8159. Rivières (Baron de). — Encore quelques notes sur le cimetière mérovingien de Bonnefil, p. 129.
8160. Gaillac (A.). — Notes sur quelques tiers de sou mérovingiens découverts dans la commune de Lisle-sur-Tarn, p. 154 à 156.
8161. Bécus. — Monnaies du comtat Venaissin à l'effigie d'Innocent VIII et d'Alexandre VI, p. 172.
8162. Jolibois (Jules). — Louis Barbaza (1830 † 1902), p. 187.
8163. Vidal (Auguste). — Un chapitre de l'histoire de la guerre de Cent ans dans l'Albigeois (1375-1385), p. 189 à 208, et 307 à 330.
8164. Cabié (Edmond). — H.-G. Paris, de Mazamet, p. 209.
8165. Cabié (Edmond). — Note additionnelle sur le codicille de Garsinde, p. 266 à 298. — Cf. XVII, p. 181.
8166. Cabié (Edmond). — Sur la patrie de Pontus de la Gardie, p. 301 à 306.
8167. Anonyme. — Fouilles et découvertes dans un vieux quartier d'Albi, 6 *pl.*, p. 365 à 389.

[Antiquités romaines et du moyen âge, poteries, etc.]

TARN-ET-GARONNE. — MONTAUBAN.

ACADÉMIE DES SCIENCES, BELLES-LETTRES ET ARTS DE TARN-ET-GARONNE.

Les publications antérieures de cette Académie sont analysées dans notre *Bibliographie générale*, savoir :
Recueil et *Mélanges*, t. I à V (1742-1750), *Bibliographie*, t. IV, p. 530.
Séances publiques, t. I à III (1858-1860), *Bibliographie*, t. IV, p. 530.
Recueil, t. I à X (1867-1885), *Bibliographie*, t. IV, p. 531.
— t. XI à XXV (1886-1900), *Bibliographie*, Supplément sous presse.
— t. XXVI (1901), *Bibliographie*, nouvelle série, t. I, p. 153.

XXVII. — Recueil de l'Académie des sciences, belles-lettres et arts de Tarn-et-Garonne, 2e série, t. XVIII, année 1902. (Montauban, 1902, in-8°, 188 p.)

8168. Durand-Lapie (Paul). — L'imprimerie Fontanel et Lapie-Fontanel à Montauban (1758-1861), p. 55 à 70.
8169. Bories (Dr). — L'homme préhistorique de Bruniquel, p. 105 à 111.
8170. Gandilhon (A.). — Note sur quelques recettes médicales du XVe siècle, p. 117 à 123.
8171. Galabert (L'abbé F.). — L'abbé de Mondésir [Jean-Antoine Exupère de Pause], p. 125 à 135.
8172. Forestié (Édouard). — Inventaire [d'un anonyme] du XVe siècle, p. 137 à 157.

[Extrait des minutes de J. Borel, notaire à Montech (1491).]

IMPRIMERIE NATIONALE.

TARN-ET-GARONNE. — MONTAUBAN.

SOCIÉTÉ ARCHÉOLOGIQUE DE TARN-ET-GARONNE.

Les publications antérieures de cette Société sont analysées dans notre *Bibliographie générale*, savoir :
Bulletin archéologique, t. I à XIII (1869-1885), *Bibliographie*, t. IV, p. 532.
— t. XIV à XXVIII (1886-1900). *Bibliographie*, Supplément sous presse.
— t. XXIX (1901), *Bibliographie*, nouvelle série, t. I, p. 154.

XXX. — Bulletin archéologique et historique de la Société archéologique de Tarn-et-Garonne..., t. XXX, année 1902. (Montauban, 1902, in-8°, 388 p.)

8173. Rivières (Baron de). — Inventaire des possessions de noble Jean, seigneur de Bel-Castel en Quercy (1490), p. 28 à 40.

8174. Pécharman (Paul). — Excursion à Carcassonne, Fontfroide, Narbonne, p. 41 à 46.

8175. Bourdeau (Jean). — Procès-verbaux des séances de décembre 1901 à novembre 1902, p. 62, 177, 268, et 350.

[Cloche de Sauveterre (1500), p. 187. — Le clocher des Carmes de Castelsarrasin, p. 271. — Cloches de Sauveterre (1500) et de Saux (1599), p. 351.]

8176. La Fontan de Goth (De). — Notice historique sur le château de Gramont, p. 64 à 67.

8177. Galabert (L'abbé). — Deux bastides disparues [La Borde et O vent fol], p. 74.

8178. Forestié (Ed.). — Henry Le Bret à Rieux (XVIIe s.), p. 81 à 84.

8179. Altmayer (Général). — Discours prononcé aux obsèques du général Verrier, p. 94 à 96.

8180. Galabert (L'abbé F.). — La condition des personnes à Montauriol du Xe au XIIe siècle, p. 97 à 111.

8181. Taillefer (L'abbé). — Une histoire de paysans (page de l'histoire du Quercy), les Nu-Pieds (1637-1639), p. 112 à 121.

8182. Boé (D^r). — Documents sur le Tarn-et-Garonne, p. 122 à 127.

8183. Chevalier (Capitaine). — Excursion à Carbonne, Rieux et Saint-Félix, p. 128 à 133.

8184. Sidien (Commandant). — Excursion à Bressols, Labastide-Saint-Pierre, Orgueil, Nohic, châteaux du Claux et de Reyniès, 2 *pl.*, p. 135 à 142.

8185. Pottier (Chanoine F.). — État des gages de la maison de la reine Catherine de Médicis (1585), p. 151 à 158.

8186. Mezamat de Lisle (Ch. de). — Transaction entre le seigneur de Castelferrus et les habitants (17 août 1631), p. 159 à 164.

8187. Mentque (Robert de). — Notice sur la maison de Chaumont de la Galaisière, p. 165 à 171, et 287.

8188. Galabert (L'abbé F.). — Trois titres concernant le monastère de Saint-Antonin [IXe-Xe siècles], p. 172 à 176.

8189. Gandilhon. — Construction de tombeaux à Caylus [1598], p. 188.

8190. Buzenac (L'abbé). — Les fortifications et défenses de l'église de Montpezat, p. 189 à 192.

8191. Taillefer (L'abbé) et Forestié (Ed.). — Inventaire de noble dame Aloys de Saint-Gilles (1375), p. 193 à 202.

8192. Luzy (Augustin). — Documents pontificaux extraits des Archives vaticanes pour servir à l'histoire du diocèse de Montauban aux XIVe et XVe siècles, p. 203 à 218.

8193. Galabert (L'abbé F.). — Le faubourg Villenouvelle à Montauban, p. 219 à 236.

8194. Rivières (Baron de). — Le Christ de Pitié, tableau de la collection de M. le chanoine Pottier [XVIe s.], p. 237 à 244.

8195. Daux (L'abbé Camille). — L'ordre franciscain dans le Montalbanais, p. 245 à 267, et 310 à 337.

8196. Grèze. — La dot d'une jeune bourgeoise du XVIe siècle [Bernarde de Rouby], les joyaux et objets précieux que possédait une grande dame à la même époque [Ysabeau de Benquet de Pelegrue, veuve de Julien de Timbrone], p. 273 à 275.

8197. Taillefer (L'abbé). — Maison du Gozon d'Ays en Quercy, p. 277 à 279.

8198. Gandilhon. — Inventaire des reliquaires et joyaux de l'église paroissiale Saint-Jacques de Montauban (1481), p. 279 à 281.

8199. Galabert (L'abbé). — Note sur le commerce par eau dans le Montalbanais, p. 281 à 283.

8200. Arnoux de Brossard (D^r). — Description de la réjouissance faite à l'occasion du mariage de M. le marquis de Caumont avec Mme la comtesse de Béarn, petite-fille de Mgr le duc de la Force, par les habitans de la ville de S.-Porquier, le 26 juin 1757, p. 284 à 287.

8201. Pottier (Le chanoine F.). — Tissu historié représentant la légende d'Alexandre [xive s.], *pl.*, p. 289 à 295.
8202. Forestié (Édouard). — Le Saint-Suaire de Turin et les images du musée diocésain [de Montauban], *pl.* et *fig.*, p. 296 à 307.
8203. Pottier (Le chanoine F.). — Le Saint-Suaire au musée diocésain [de Montauban], p. 308.
8204. Pottier (Le chanoine Fernand). — Notes archéologiques sur le couvent des Cordeliers de Montauban, *pl.*, p. 338 à 345.
8205. Mézamat de Lisle (De). — Tableau généalogique pour servir à l'histoire des seigneurs du village de Castelferrus, p. 354.
8206. Cézérac. — Visite à Grandselve (1730), p. 355 à 360.
8207. Galabert (L'abbé). — Deux ministres montalbanais convertis : Siméon de Cazalet [1621] et Hector Jolly [1626], p. 364.

VAR. — TOULON.

ACADÉMIE DU VAR.

Les publications antérieures de cette Académie sont analysées dans notre *Bibliographie générale*, savoir :
Bulletin, t. I à XLI (1833-1884), *Bibliographie*, t. IV, p. 542.
— t. XLII à LI (1886-1899), *Bibliographie*, Supplément sous presse.
— t. LII (1901), *Bibliographie*, nouvelle série, t. I, p. 155.

LIII. — Bulletin de l'Académie du Var, 70e année de la publication du Bulletin, 1902. (Toulon, s. d., in-8°, xxxviii-140 p.)

8208. Vidal (R.). — La fabrication de la pourpre romaine à Toulon, p. 1 à 11.
8209. Moulin (F.). — Le préhistorique dans la région du sud-est de la France, notes et documents, p. 49 à 61.

[La Baume des Peyrards.]

8210. Archer (Capitaine). — Lichtenberg [relation du siège en 1870], p. 75 à 93.
8211. Roustan. — Discours, p. 95 à 106.

[Léon Vaudoyer († 1872); Henri Espérandieu († 1874); Henri Révoil († 1900), architectes de la cathédrale de Marseille.]

8212. Bottin (C.). — Archéologie préhistorique. Les grottes du Desteou, 3 *pl.*, p. 107 à 129.

VAUCLUSE. — AVIGNON.

ACADÉMIE DE VAUCLUSE.

Les publications antérieures de cette Académie sont analysées dans notre *Bibliographie générale*, savoir :
Mémoires, t. I à IV (1882-1885), *Bibliographie*, t. IV, p. 550.
— t. V à XIX (1886-1900), *Bibliographie*, Supplément sous presse.
— t. XX (1901), *Bibliographie*, nouvelle série, t. I, p. 156.
Centenaire (1901), *Bibliographie*, nouvelle série, t. I, p. 156.

XXI. — Mémoires de l'Académie de Vaucluse, 2e série, t. II, année 1902. (Avignon, 1902, in-8°, xiv-453 p.)

8213. Labande (L.-H.). — Études d'histoire et d'archéologie romane. Provence et Bas Languedoc, 27 *pl.*, p. 1 à 183. — Suite de XX, p. 199.

[I. Région de Bagnols-sur-Cèze.]

8214. Sage (J.). — Jean-Ignace Jalla-Lagardette, curé d'Aubignan (1784-1831), p. 199 à 339.

8215. Laval (Dr Victorin). — Lettres inédites de Rovère, membre du Conseil des Anciens, à son frère, ex-évêque constitutionnel du département de Vaucluse (1er janvier 1796-15 août 1797), p. 241 à 283, et 353 à 395.

8216. Michel-Béchet (Dr L.). — Les épidémies de peste à Avignon, p. 345 à 351.

8217. Bourges (G.). — Allocution prononcée en la séance du 6 novembre 1902 à l'occasion du décès de M. Ernest Verdet, membre titulaire [de l'Académie de Vaucluse], p. 397.

8218. Biret. — Aperçu historique sur les serrures, p. 401 à 430.

XXII. — Mémoires de l'Académie de Vaucluse, 2e série, t. III, année 1903. (Avignon, 1903, in-8°, XIV-353 p.)

8219. Pansier (Dr P.). — Arnaldi de Villanova *Libellus de confortatione visus*, publié pour la première fois d'après le manuscrit de la bibliothèque de Metz, p. 1 à 19.

8220. Delmas (Jacques). — Essai sur l'histoire de Seyne-les-Alpes, 7 *pl.*, p. 21, 169, et 273.

8221. Laval (Dr Victorin). — Joseph-Agricol Viala, sa naissance, sa mort, sa glorification [1778 † 1793], *portr.*, p. 41 à 53, et 111 à 154.

8222. Destandau. — Documents inédits sur la ville des Baux, p. 71 à 92.

8223. Sauve (Fernand). — Découvertes à Apt, p. 155 à 159.

[Antiquités et inscriptions gallo-romaines.]

8224. Labande (L.-H.). — Découvertes d'inscriptions et antiquités romaines ou gauloises à Vaison, Ménerbes, Cavaillon et Malemort. Les fresques de Simone Memmi au porche de la métropole d'Avignon, p. 160 à 167.

8225. Labande (L.-H.). — M. Alphonse Sagnier [1813 † 1903], p. 225 à 236.

8226. Fauchier (Paul de). — Joseph-Marie Calvier, peintre de Bollène (1749 † 1819), *portr.*, p. 251 à 257.

8227. Reboullet (Capitaine A.). — Le général d'Anselme [Joseph-Bernard-Modeste, 1740 † 1814], et ses *Maximes militaires*, *portr.*, p. 259 à 272.

VENDÉE. — LA ROCHE-SUR-YON.

SOCIÉTÉ D'ÉMULATION DE LA VENDÉE.

Les publications antérieures de cette Société sont analysées dans notre *Bibliographie générale*, savoir :

Annuaire, t. I à XXIX (1855-1885), *Bibliographie*, t. IV, p. 554.

— t. XXX à XLIV (1886-1900), *Bibliographie*, Supplément sous presse.

— t. XLV (1901), *Bibliographie*, nouvelle série, t. I, p. 156.

XLVI. — Annuaire de la Société d'émulation de la Vendée (Agriculture, sciences, histoire, lettres et arts), 1902, 49e année, 5e série, t. II. (La Roche-sur-Yon, 1903, in-8°, XII-225 p.)

8228. Mignen (Dr). — Les religieuses Fontevristes de Notre-Dame de Saint-Sauveur, à Montaigu-Bas-Poitou, *pl.*, p. 1 à 145. — Suite de XLV, p. 1.

8229. Lacouloumère (G.) et Baudouin (Dr M.). — Découverte et mise au jour du château fort de Saint-Nicolas de Brem, *fig.*, p. 146 à 214.

8230. Merland (Julien). — Quelques documents inédits [1836] à propos de l'érection de la statue du général Travot à la Roche-sur-Yon [en 1838], p. 215 à 223.

8231. Louis (Eugène). — Annuaire de la Société d'émulation de la Vendée. Table générale des matières contenues dans les quatre premières séries (1854-1900). (La Roche-sur-Yon, 1902, in-8°, VIII-44 p.)

VIENNE. — POITIERS.

SOCIÉTÉ DES ANTIQUAIRES DE L'OUEST.

Les publications antérieures de cette Société sont analysées dans notre *Bibliographie générale*, savoir :
Mémoires, t. I à XLVIII (1835-1884), *Bibliographie*, t. IV, p. 567.
— t. XLIX à LXIV (1886-1900), *Bibliographie*, Supplément sous presse.
— t. LXV (1901), *Bibliographie*, nouvelle série, t. I, p. 157.
Bulletin, t. I à XVII (1836-1885), *Bibliographie*, t. IV, p. 577.
— t. XVIII-XXII (1886-1900), *Bibliographie*, Supplément sous presse.

LXVI. — Bulletin et Mémoires de la Société des Antiquaires de l'Ouest, t. XXVI, de la 2ᵉ série, année 1902. (Poitiers, 1903, in-8°, LXXII-639 p.)

[Ce volume, en dépit de son titre, fait partie de la série des *Mémoires*.]

8232. Boissonnade. — L'administration royale et les soulèvements populaires en Angoumois, en Saintonge et en Poitou pendant le ministère de Richelieu (1624-1642), p. XIX à LIII.

8233. Prouhet (Dʳ). — Contribution à l'étude des assemblées générales de communautés d'habitants en France sous l'ancien régime [d'après les actes de la paroisse de la Mothe-Saint-Héray], p. 1 à 292.

8234. Barbier (Alfred). — Les intendants de province et les commissaires royaux en Poitou de Henri III à Louis XIV, p. 293 à 637.

XXIII. — Bulletins de la Société des Antiquaires de l'Ouest..., t. IX, 2ᵉ série, années 1901-1902-1903. (Poitiers, 1904, in-8°, 760 p.)

8235. Courteaud (L'abbé). — Sur une hache trouvée dans le souterrain-refuge de Bellebouche, commune de Gourgé (Deux-Sèvres), p. 22.

8236. Tornézy (A.). — Discours prononcé aux funérailles de M. J. Levieil de la Marsonnière [et bibliographie de ses travaux], p. 29 à 37.

8237. La Bouralière (A. de). — Deux souvenirs des Templiers en Poitou, 2 *pl.*, p. 38 à 50.

[Pierre sculptée provenant de la commanderie de Montgauguier; gisant provenant de la commanderie de Roche. — Liste des commanderies du Poitou.]

8238. Rousseau (Commandant). — Note au sujet de quelques bijoux mérovingiens trouvés dans le département de Loir-et-Cher, 2 *pl.*, p. 51 à 54.

8239. Dupré (Louis). — Inventaire des objets offerts ou acquis pour les musées de la Société des Antiquaires de l'Ouest, année 1900, p. 55 à 94. — Année 1901, p. 220 à 259. — Année 1902, p. 472 à 500. — Cf. n° 8264.

8240. Quinivet (Général). — Le général de division Al. Segretain [1826 † 1901], p. 117 à 120.

8241. René (Le Frère). — Les sépultures franques aux environs de Saint-Amand-sur-Sèvre (Deux-Sèvres), *fig.*, p. 121 à 130.

8242. Barbier (Alfred). — Les de Prie en Haut-Poitou [XVIIᵉ-XVIIIᵉ s.], p. 131 à 141.

8243. Dupré (Louis). — Notice nécrologique sur M. P.-Amédée Brouillet, ancien directeur de l'École régionale des beaux-arts de Poitiers, ancien conservateur des musées de la ville [1826 † 1901], p. 151 à 160.

8244. Besse (Dom). — Les premiers moines gallo-romains, p. 161 à 180.

8245. Rousseau (Commandant). — Note au sujet du crochet en bronze doré offert par le Dʳ Poupelard à la Société des Antiquaires de l'Ouest, *pl.*, p. 181 à 184.

8246. Barbier (Alfred). — Les Gillier de Puygarreau, seigneurs de Marmande, de Faye-la-Vineuse et de Grouin, p. 185 à 188.

8247. La Croix (Le P. de). — Caveau funéraire de Nueil-sous-Faye (Vienne). Théâtre gallo-romain des Bouchauds (Vienne), p. 194 à 196.

8248. Brac. — Un chauffe-pieds du XVIIᵉ siècle, *pl.*, p. 214 à 216.

8249. Marais (Lieutenant-colonel). — Note sur un fragment du tombeau de Jeanne de Villers (1612), p. 217 à 219.

8250. Hild (J.-A.). — La Minerve de Poitiers, p. 278 à 301.

8251. Richard (Alfred). — Relation de la découverte de

la Minerve de Poitiers le 20 janvier 1902, 2 *pl.*, p. 302 à 328.

8252. Collon (L'abbé A.). — Essai sur l'archiprêtré de Lusignan et ses annexes successives, le prieuré de Celle-l'Evêcault et la cure de Voulon, p. 351 à 392.

8253. Barbier de Montault (X.) et Richard (Alfred). — Le livre d'heures de l'abbaye de Charroux, p. 400 à 423.

8254. Brac. — La boule [en bronze] de Brigueil-le-Chantre, *pl.*, p. 424 à 431.

8255. Gelin. — Les vipères du Poitou [traditions et légendes], p. 432 à 440.

8256. Dupré (Louis). — Les carreaux émaillés du palais de justice de Poitiers au XIVe siècle, *pl.*, p. 459 à 469.

8257. Richard (Alfred). — Note sur une inscription du XIe siècle [trouvée à Vouhé], p. 470.

8258. La Croix (Le P. de). — Étude sommaire du baptistère de Saint-Jean de Poitiers, 3 *pl.*, p. 527 à 612.

8259. Desaivre (Léo). — Deux voyageurs en Poitou au XVIIe siècle. Dubuisson-Aubenay et Léon Godefroy, p. 630 à 658.

8260. Barbier (Alfred). — Sur des faïences de Hollande à portraits et à légendes, *fig.*, p. 659 à 663.

8261. Bleau (L'abbé). — L'inscription d'une clef de voûte à la cathédrale de Poitiers [1167], *fig.*, p. 676.

8262. Desaivre (Léo). — Note sur le château de Bonnivet, p. 678 à 680.

8263. Barbier (Alfred). — Chroniques chatelleraudaises. Le fort du Peu Millerou [Puymilleroux], ès frontières de Guienne (1371), *fig.* et *pl.*, p. 681 à 694.

8264. La Croix (Le P. de). — Inventaire des objets offerts ou acquis pour les musées de la Société des Antiquaires de l'Ouest, année 1903, p. 719 à 732. — Cf. n° 8239.

VIENNE. — POITIERS.

SOCIÉTÉ DES ARCHIVES HISTORIQUES DU POITOU.

Les publications antérieures de cette Société sont analysées dans notre *Bibliographie générale*, savoir :
Archives historiques du Poitou, t. I à XV (1872-1885), *Bibliographie*, t. IV, p. 589.
— — t. XVI à XXX (1886-1899), *Bibliographie*, Supplément sous presse.
— — t. XXXI (1901), *Bibliographie*, nouvelle série, t. I, p. 158.

XXXII. — Archives historiques du Poitou, t. XXXII. (Poitiers, 1903, in-8°, XXXVII-496 p.)

8265. Guérin (Paul). — Recueil de documents concernant le Poitou contenus dans les registres de la chancellerie de France, t. IX (1447-1456), p. VII à XXXVII et 1 à 496.

[Les tomes I à VIII de ce *Recueil* ont paru de 1881 à 1898.]

VIENNE (HAUTE-). — LIMOGES.

SOCIÉTÉ ARCHÉOLOGIQUE ET HISTORIQUE DU LIMOUSIN.

Les publications antérieures de cette Société sont analysées dans notre *Bibliographie générale*, savoir :
Bulletin, t. I à XXXII (1846-1885), *Bibliographie*, t. IV, p. 597.
— t. XXXIII à XLIX (1886-1900), *Bibliographie*, Supplément sous presse.
— t. L (1901), *Bibliographie*, nouvelle série, t. I, p. 158.

Documents historiques, t. I et II (1883-1885), *Bibliographie*, t. IV, p. 596.
Ouvrages divers (1856-1873), *Bibliographie*, t. IV, p. 596.

LI. — Bulletin de la Société archéologique et historique du Limousin, t. LI. (Limoges, 1902, in-8°, 460 p.)

8266. Leroux (Alfred). — Programme de recherches historiques sur la Marche et le Limousin, p. 5 à 16.
8267. Lecler (A.). — La Grande Peur en Limousin, p. 17 à 62.
8268. Jouhanneaud (Camille). — Saint-Léonard et l'Artige, *fig.*, *carte* et 2 *pl.*, p. 63 à 101.
8269. Toumieux (Z.). — La forêt de Courzon, *carte*, p. 102 à 119.
8270. Leroux (Alfred). — Les dernières années de la Société d'agriculture de Limoges (1786-1790), p. 120 à 129.
8271. Bourdery (Louis). — Inventaire et vente à la criée des biens de feu Martial Galichier, bourgeois et marchand de Limoges (11 juillet 1581), *fig.*, p. 130 à 206.
[8287]. Lecler (A.). — Étude sur les cloches du diocèse de Limoges (xviiie s.), p. 207 à 245.
8272. Pérathon (Cyprien). — Essai de catalogue descriptif des anciennes tapisseries d'Aubusson et de Felletin, p. 246 à 308. — Suite de XLI, p. 488; et XLII, p. 392.
8273. Berthomier (G.). — Actes et signatures des familles Foucault de Saint-Germain-Beaupré et Doublet de Persan [xviie-xviiie s.], *fig.*, p. 309 à 315.
8274. Guibert (Louis). — Un livre sur l'abbaye de Saint-Martial de Limoges, p. 316 à 345.

[A propos de l'ouvrage de M. Ch. de Lasteyrie.]

8275. Lecler (A.). — Le *poivre de Limoges*, p. 351.
8276. Drouault (R.). — Note sur une école de village au xviiie siècle [Chez-Leuny], p. 353 à 354.
8277. Guibert (Louis). — Bijoux donnés en gage [1519], p. 355.
8278. Guibert (Louis). — Remboursement par les collecteurs du château de Limoges, aux collecteurs de la paroisse de Soubrevas, sur l'ordre des élus du Haut-Limousin, de treize livres pour cotes remises ou indûment perçues (21 mai 1483), p. 355.
8279. Bellet. — Contrat de louage de travail entre un fabricant de papiers du Cluzeau en Berri, et des ouvriers papetiers de Bourganeuf, Balledent et Saint-Junien (1686), p. 356 à 358.
8280. Bellet. — Engagement d'un jeune homme pour acquitter le service d'un milicien imposé à l'enclave de Vitrat (1734), p. 358.
8281. Touyéras (G.). — Aveu et dénombrement de la seigneurie et terre de Saint-Laurent-sur-Gorre, en Poitou (1677), p. 359 à 360.
8282. Touyéras (G.). — Arrêt relatif aux droits de mutation dus par M. de Saint-Cyr, pour l'acquisition de la terre de Saint-Laurent (1726), p. 361 à 365.

LII. — Bulletin de la Société archéologique et historique du Limousin, t. LII. (Limoges, 1903, in-8°, 596 p.)

8283. Guibert (Louis). — Coup d'œil sur l'histoire de la ville de Limoges, *pl.*, p. 13 à 53.
8284. Ducourtieux (Paul). — A propos d'un pan de mur, le rempart du château de Limoges, *fig.* et *pl.*, p. 54 à 63.
8285. Toumieux (Zénon). — Le marquisat d'Aubepeyre, *carte*, p. 64 à 112.
8286. Leroux (Alfred). — La renaissance de l'émaillerie peinte à Limoges [1860], p. 114 à 127.
8287. Lecler (L'abbé A.). — Étude sur les cloches du diocèse de Limoges (xviiie s.), p. 128 à 196. — Suite de XLIX, p. 329; et LI, p. 207.
8288. Leroux (Alfred). — Documents relatifs à l'industrie porcelainière à Limoges, p. 197 à 279, et 491 à 509.
8289. Fray-Fournier (A.). — Une institution du Premier Empire. Limoges et les bonnes villes, p. 281 à 352.
8290. Toumieux (Zénon). — La seigneurie de Saint-Yrieix, p. 353 à 376.
8291. Toumieux (Zénon). — La seigneurie de Laforest-Belleville, *carte*, p. 379 à 424.
8292. Leclerc (A.) et Guibert (L.). — Recueil d'armoiries limousines de Philippe Poncet, peintre et émailleur, 2 *pl.*, p. 425 à 484.
8293. Leroux (Alfred). — L'enseignement industriel et commercial à Limoges, au xixe siècle, p. 485 à 490.
8294. Ducourtieux (Paul). — Découverte de monnaies du xive siècle à la Chapelle Blanche, commune de Saint-Victurnien, p. 527.

VIENNE (HAUTE-). — LIMOGES.

SOCIÉTÉ DES ARCHIVES HISTORIQUES DU LIMOUSIN.

Les publications antérieures de cette Société sont analysées dans notre *Bibliographie générale*, savoir :
Archives anciennes, t. I à VII (1887-1897), *Bibliographie*, Supplément sous presse.
Archives modernes, t. I à V (1889-1896), *Bibliographie*, Supplément sous presse.

ARCHIVES ANCIENNES.

VIII. — Société des archives historiques du Limousin, 1re série, Archives anciennes, t. VIII.

8295. Guibert (Louis). — Documents, analyses de pièces, extraits et notes relatifs à l'histoire municipale des deux villes de Limoges, tome II, comprenant, 2e série : Le château (de 1373 à la transaction du 30 juillet 1566). Supplément, errata et table. (Limoges, 1902, in-8°, vi-432 p.)

[Le tome I, formant le tome VII de la série, a paru en 1897.]

ARCHIVES MODERNES.

VI. — Société des Archives historiques du Limousin, 2e série, Archives modernes, fasc. VI.

8296. Fray-Fournier (A.). — Le club des Jacobins de Limoges, 1790-1795, d'après ses délibérations, sa correspondance et ses journaux. (Limoges, 1903, in-8°, xxxviii-395 p.)

VIENNE (HAUTE-). — ROCHECHOUART.

SOCIÉTÉ LES AMIS DES SCIENCES ET ARTS DE ROCHECHOUART.

Cette Société a été fondée en 1889. Les dix premiers volumes de son *Bulletin*, parus de 1889 à 1900, sont analysés dans le Supplément de notre *Bibliographie générale*.

XI. — Bulletin de la Société Les amis des sciences et arts de Rochechouart..., t. XI. (Rochechouart, 1901-1902, in-8°, 176 p.)

8297. Masfrand (A.). — Compte rendu des fouilles faites dans les ruines gallo-romaines de Chassenon [Charente], p. 1 à 6. — Suite et fin de X, p. 91, 116, et 150.

[8309]. Marquet (Dr). — La vie communale à Rochechouart d'après les registres consulaires et les livres de la municipalité, p. 10, 67, 86, 118, et 146.

8298. Reinach (Salomon). — La bataille de l'Allia, p. 16 à 19. — Suite et fin de X, p. 156.

8299. Marquet (Dr). — Une visite au Confolentais, p. 25 à 36.

8300. Précigou (A.). — Exploitation des gisements stannifères du Limousin durant l'âge du bronze, p. 36, 76, et 81.

8301. Boissot (E.). — La redoute de Coligny à Pensol, p. 40 à 45.

8302. Marnet. — Aperçu sur le brahmanisme, p. 45 à 47.

8303. Savoye. — Monuments mégalithiques du département de Saône-et-Loire, p. 47 à 50. — Suite de X, p. 127.

[8310]. Imbert (Martial). — L'archéologie à l'Exposition de 1900, p. 50, 57, 99, et 129.

8304. Blanchet (A.). — Nouvelles observations sur la monnaie barbarine de Limoges, *fig.*, p. 60 à 63.

8305. Masfrand (A.). — Quelques notes sur les origines de la nationalité française, p. 63, 103, 126, 154; et XII, p. 12, 44, et 49.

8306. Savoye (Claudius). — Le cimetière gallo-romain de Saint-Amour (Saône-et-Loire), p. 74 à 76, et 108 à 110.

8307. GAUMY (P.). — Un groupe d'habitants de la région de Rochechouart devant le Tribunal révolutionnaire pendant la Terreur, p. 91, 113, 158; et XII, p. 15, 38, 61, 91, 117, et 151.

8308. POUYAUD (A.). — Simple aperçu sur les découvertes archéologiques faites en Tunisie, p. 96, 116, et 145.

XII. — Bulletin de la Société Les Amis des sciences et arts de Rochechouart, t. XII. (Rochechouart, 1902, in-8°, 176 p.)

8309. MARQUET (D[r]). — La vie communale à Rochechouart d'après les registres consulaires et les livres de la municipalité, p. 8, 31, 52, 81, 113, et 145. — Suite de IX, p. 8, 59, 94, 107, 139; X, p. 1, 35, 100, 123, 141; et XI, p. 10, 67, 86, 118, et 146.

[8305]. MASFRAND (A.). — Quelques notes sur les origines de la nationalité française, p. 12, 44, et 49.

[8307]. GAUMY (P.). — Un groupe d'habitants de la région de Rochechouart devant le Tribunal révolutionnaire pendant la Terreur, p. 15, 38, 61, 91, 117, et 151.

8310. IMBERT (Martial). — L'archéologie à l'Exposition de 1900, p. 19, et 25. — Suite et fin de X, p. 57, 81; et XI, p. 50, 57, 99, et 129.

8311. ABZAC (Octave D'). — La question des halles à Rochechouart en 1768, p. 28 à 31.

8312. POUYAUD (A.). — Dolmen de l'île de Saint-Germain (Charente), p. 36 à 37.

8313. POUYAUD (A.). — Syndicat des meuniers de l'ancienne vicomté de Rochechouart; leur procès avec les habitants [1767-1768], p. 76, 88, 136, 162; XIII, p. 8, 38.

8314. MASFRAND. — Le tombeau du général [monolithe à Massaloux], p. 87.

8315. MASFRAND (A.). — Sépultures néolithiques dans la Creuse, p. 135 à 136.

VOSGES. — ÉPINAL.

SOCIÉTÉ D'ÉMULATION DU DÉPARTEMENT DES VOSGES.

Les publications antérieures de cette Société sont analysées dans notre *Bibliographie générale*, savoir :

Journal, t. I à II (1825-1827), *Bibliographie*, t. IV, p. 613.

Séances publiques (1828-1830), *Bibliographie*, t. IV, p. 614.

Annales, t. I à XXIV (1831-1885), *Bibliographie*, t. IV, p. 614.

— t. XXV à XXXIX (1886-1900), *Bibliographie*, Supplément sous presse.

— t. XL (1901), *Bibliographie*, nouvelle série, t. I, p. 159.

XLI. — Annales de la Société d'émulation du département des Vosges, 78e année, 1902. (Épinal, 1902, in-8°, XC-608 p.)

8316. BARTHÉLEMY. — Sorcellerie et criminalité chez les animaux et particulièrement au pays de Lorraine, p. IX à XLIII.

8317. BABRÉ (Léon). — De l'influence française au royaume des Khmers, étude historique, économique et politique du Cambodge ancien et moderne, p. 1 à 131.

8318. FOURNIER (A.). — Topographie ancienne du département des Vosges, 10e fascicule. Les pagi et les divisions religieuses et politiques, 3 *cartes*, p. 135 à 184. — Suite de XXXI, p. 69; XXXII, p. 25; XXXIII, p. 441; XXXIV, p. 1; XXXV, p. 11; XXXVII, p. 1; XXXVIII, p. 55; et XXXIX, p. 49.

8319. PERROUT (René). — Épinal au XVIIe siècle, p. 185 à 435.

8320. FOURNIER (Dr A.). — Les noms de personnes d'une ville lorraine (Rambervillers), p. 437 à 557.

8321. CHEVREUX. — Rapport sur le Musée départemental, p. 559 à 563. — Cf. n° 8330.

8322. HAILLANT (Nicolas). — Americ Andreocci, chimiste italien [1863 † 1899]. Notice bio-bibliographique traduite de l'italien du Dr Gius. Grassi-Cristaldi, p. 564 à 577.

XLII. — Annales de la Société d'émulation du département des Vosges, 79e année, 1903. (Épinal, 1903, in-8°, LXXXVIII-431 p.)

8323. SIMON. — Discours prononcé à la séance publique annuelle de la Société La Bulgarie, p. VII à XXVI.

8324. HAILLANT (Nicolas) et VIRTEL (Albert). — Choix

IMPRIMERIE NATIONALE.

de proverbes et dictons patois de Damas (près de Dompaire), p. 1 à 36.

8325. Bergerot (V.-A.). — Remiremont pendant la Révolution d'après les documents officiels, p. 37 à 166. — Suite de XL, p. 79.

8326. Haillant (N.). — Notice nécrologique sur M. Jean-Baptiste Huot (1822 † 1903), p. 167 à 182.

8327. Le Moyne. — Allocution prononcée sur la tombe de M. Tourey [Charles] (1824 † 1903), p. 183 à 185.

8328. Thiaucourt (Paul). — Les anciennes Sociétés de tir de Remiremont (1449-1739), p. 187 à 233.

8329. Chevreux (Paul). — Le sculpteur-médailleur H. Ponscarme (1827 † 1903), portr. et 4 pl., p. 235 à 288.

8330. Chevreux (Paul). — Rapport sur le musée départemental des Vosges, p. 289 à 300. — Cf. n° 8323.

8331. Sonrier (Albert). — Un défenseur des Vosges en 1814-1815. Le général Brice (1783 † 1851). p. 301 à 353.

VOSGES. — SAINT-DIÉ.

SOCIÉTÉ PHILOMATHIQUE VOSGIENNE.

Les publications antérieures de cette Société sont analysées dans notre *Bibliographie générale*, savoir :
Bulletin, t. I à X (1876-1885), *Bibliographie*, t. IV, p. 620.
— t. XI à XXV (1886-1900), *Bibliographie*, Supplément sous presse.
— t. XXVI (1900-1901), *Bibliographie*, nouvelle série, t. I, p. 159.

XXVII. — Bulletin de la Société philomathique vosgienne, 27e année, 1901-1902. (Saint-Dié, 1902, in-8°, 416 p.)

8332. Didier-Laurent (Dom E.). — Correspondance de l'abbé Hugo d'Étival avec le nonce de Lucerne, D. Passionéi (1723-1726), p. 5 à 30, et 362.

8333. Denis (Ch.). — Jacques de Choiseul, comte de Stainville, maréchal de France (1727-1789), *pl.* et *facs.*, p. 31 à 47.

8334. Jérôme (L'abbé Léon). — L'abbaye de Moyenmoutier, étude historique, p. 49 à 143. — Suite de XXIV, p. 175; et XXV, p. 5.

8335. Fournier (A.). — La Voge, p. 145 à 157.

8336. Didier-Laurent (L'abbé A.). — Le mariage et la donation de saint Romary, p. 159 à 266, et 359 à 361.

8337. Bardy (Henri). — Le colonel du génie J.-B. Nicolas Souhait (de Saint-Dié), 24 juin 1773-22 juin 1799, *pl.*, p. 267 à 292.

8338. Thomassin (L'abbé). — Encore les braves d'Ainvelle, p. 293 à 296. — Cf. XXVI, p. 194.

8339. L'Hote (E.). — L'inscription du bourdon de la cathédrale de Saint-Dié [xviiie s.], p. 297 à 305.

[8342]. Flayeux (L'abbé Georges). — Étude historique sur l'ancien ban de Fraize, p. 307 à 346.

8340. Bardy (Henri). — Gaston Save, artiste peintre (1844 † 1901), *pl.*, p. 347 à 358.

8341. Anonyme. — Procès-verbaux des séances du 24 mars 1901 au 23 février 1902, p. 363 à 393.

[Sceau de l'évêque constitutionnel des Vosges J.-A. Maudru, *fig.*, p. 371.]

XVIII. — Bulletin de la Société philomathique vosgienne, 28e année, 1902-1903. (Saint-Dié, 1903, in-8°, 414 p.)

8342. Flayeux (L'abbé Georges). — Étude historique sur l'ancien ban de Fraize, p. 5 à 66. — Suite de XXVI, p. 199; et XXVII, p. 307.

8343. Bardy (Henri). — Les sires de Parroy au chapitre de Saint-Dié, 3 *pl.*, p. 67 à 81.

8344. Germain (Léon). — Note sur deux chapiteaux de la cathédrale de Saint-Dié, 2 *pl.*, p. 83 à 88.

8345. Fournier (A.). — Le duc Léopold et la Lorraine, p. 89 à 265.

8346. Perrot (Bernard). — Les vitraux de l'église Saint-Nicolas de Remiremont [xvie s.], *pl.*, p. 267 à 287.

8347. Fresse (Adrien). — Rétablissement des travaux des mines dans les Vosges en 1721, p. 289 à 295.

8348. Hingre (Le chanoine). — Patois de la Bresse. Vocabulaire, p. 297 à 347. — Suite de XII, p. 143.

8349. Badel (E.). — Bossuet et le culte de sainte Libaire [à Condé-sur-Morin], p. 350 à 365.

8350. Bardy. — Discours, p. 371 à 380.

[Le colonel de Boureulle (1818 † 1902); Albert Blondin (1828 † 1902); Dom Edmond Didier-Laurent († 1901).]

YONNE. — AUXERRE.

SOCIÉTÉ DES SCIENCES HISTORIQUES ET NATURELLES DE L'YONNE.

Les publications antérieures de cette Société sont analysées dans notre *Bibliographie générale*, savoir :
Bulletin, t. I à XXXIX (1847-1885), *Bibliographie*, t. IV, p. 624.
— t. XL à LIV (1886-1900), *Bibliographie*, Supplément sous presse.
— t. LV (1901), *Bibliographie*, nouvelle série, t. I, p. 160.
Ouvrages divers (1850-1878), *Bibliographie*, t. IV, p. 623.

LVI. — **Bulletin de la Société des sciences historiques et naturelles de l'Yonne**, année 1902, 56e volume, 6e de la 4e série. (Auxerre, 1902, in-8°, 368-111-LXXXIV p.)

Sciences historiques.

8351. Petit (Ernest). — Affranchissement de Poilly-sur-Serain par le maréchal de Noyers, en 1341, p. 5 à 13.
8352. Dubois (A.-J. Charles). — Notice sur le village d'Esnon, 3 *pl.*, p. 16 à 90.
8353. Blondel (L'abbé). — Théodore de Bèze jugé par les protestants. Réflexions critiques, p. 91 à 96.
8354. Drot (Eugène). — Recueil de documents tirés des anciennes minutes de notaires déposées aux Archives départementales de l'Yonne, *pl.*, p. 97 à 121. — Suite et fin de LIII, p. 132; LIV, p. 25, 193; et LV, p. 161 et 429.
8355. Moiset (Charles). — Mes souvenirs, par Jacob Moreau, historiographe de France au XVIIIe siècle, p. 123 à 131.
8356. Pissier (L'abbé A.). — Notice historique sur Saint-Père-sous-Vézelay (Yonne), *fig.* et *pl.*, p. 133 à 176, et 275 à 368.
8357. Moisset (Charles). — La franc-maçonnerie à Auxerre au XVIIIe siècle, p. 181 à 193.
8358. Demay (Ch.). — Confréries de métier, de charité et autres établies à Auxerre avant 1789, *fig.*, p. 197 à 243.
8359. Drot (Eugène). — Le règlement de la boucherie et des bouchers de Joigny (1415-1440), p. 245 à 260.
8360. Dormois (Camille). — Description des bâtiments de l'abbaye de Saint-Michel près Tonnerre, 3 *pl.*, p. 261 à 274.

Sciences naturelles.

8361. Parat (L'abbé A.). — Les grottes de la Cure, 5 *pl.*, p. 49 à 90. — Suite de XLIX, p. 47; LII, p. 83; et LIV, p. 3 et 45.

YONNE. — SENS.

SOCIÉTÉ ARCHÉOLOGIQUE DE SENS.

Les publications antérieures de cette Société sont analysées dans notre *Bibliographie générale*, savoir :
Bulletin, t. I à XIII (1846-1885), *Bibliographie*, t. IV, p. 642.
— t. XII à XIX (1888-1900), *Bibliographie*, Supplément sous presse.
Ouvrages divers (1876-1884), *Bibliographie*, t. IV, p. 642, Supplément sous presse, et nouvelle série, t. I, p. 161.

XX. — **Bulletin de la Société archéologique de Sens**, t. XX [1899-1902]. (Sens, 1903, in-8°, 412 p.)

8362. Chartraire (E.). — L'épitaphe de Rainnaldus au Musée de Sens, p. 1 à 10.

[Renaud de Courtenay, XIIe s.]

8363. Anonyme. — Histoire du catéchisme de Sens, p. 11 à 25.
8364. Perrin (Joseph). — Découverte des restes de l'église de Sainte-Colombe-du-Carrouge, à Sens, *pl.*, p. 39 à 53. — Cf. n° 8385.
8365. Chandenier (Félix). — Une rectification. Réponse du Père Laire à une lettre de Pasumot [an IX], p. 59 à 79. — Cf. XIX, p. 141

8366. Perrin (Joseph). — La défense du pont d'Yonne en 1814, document inédit, p. 80 à 84. — Cf. *Bibliographie* de 1901-1902, n° 3335.
8367. Perrin (Joseph). — Découverte de sépultures et d'armes antiques à Saint-Denis-lez-Sens, *pl.*, p. 85 à 98.
8368. Roy (Maurice). — Le couvent des Dominicains de Sens, 2 *pl.*, p. 99 à 221.
8369. Sepot (Ch.). — La corporation des ménétriers de France à Sens au XVIIe siècle, p. 222 à 232.
8370. Roblot (B.). — Le grand pont de Sens et son auteur l'architecte Boffrand, p. 233 à 245.
8371. Perrin (Joseph). — Le P. Cornat († 1899), p. 261 à 264.
8372. Perrin (Joseph). — Fouilles dans l'église de Saint-Martin-du-Tertre, p. 269.
8373. Perrin (Joseph). — Sceau de la châtellenie de Fontaine, près Sens (XVe s.), p. 274.
8374. Ménain (Le chanoine). — Les trois Willicaire, p. 274 à 276.
8375. Chartraire (L'abbé) et Ménain (le chanoine). — Sur la verrière de la rosace du portail nord de la cathédrale de Sens, p. 284 à 286.
8376. Perrin (Joseph). — Sur la famille de Vères, p. 289 à 290.
8377. Perrin (Joseph). — M. Loriferne († 1900), p. 293.
8378. Julliot. — Verrière de l'ancienne chapelle Saint-Eutrope à la cathédrale de Sens, p. 296.
8379. Chartraire (L'abbé). — Sur la chapelle de Sainte-Colombe à la cathédrale de Sens, p. 299.
8380. Michel (Jules). — Inscription chrétienne découverte à Saint-Maurice en-Valais, p. 300.

[Épitaphe de Thoctebs.]

8381. Montjoie (Vicomte de). — Sur les familles Berthier de Grandry et Berthier de Sauvigny, p. 307.
8382. Guillet (L'abbé). — Découverte d'une officine de potiers gallo-romains à Sens, p. 318 à 320.
8383. Perrin (Joseph). — Excursion à Fleurigny, Sognes et Villechat, p. 328 à 336.
8384. Perrin (Joseph). — Chaussée antique rue Beaurepaire (ancienne rue Saint-Didier), p. 340.
8385. Perrin (Joseph). — Découverte d'un souterrain vers le carrefour de Sainte-Colombe-du-Carrouge, p. 341 à 343. — Cf. n° 8364.
8386. Perrin (Joseph). — Fragment de sculpture provenant de l'église de Maillot, p. 344 à 345.
8387. Prot (Maurice) et Perrin (Joseph). — Sur le pont d'Yonne à Sens, p. 360 à 362.
8388. Perrin (Joseph). — Sur une statue du XIIIe siècle trouvée rue du Lion-d'Or, p. 365 à 367.
8389. Perrin (Joseph). — Sépultures barbares découvertes à Vinneuf, p. 370 à 372.
8390. Chartraire (L'abbé). — Sur les reliques de saint Savinien, p. 386.

ALGÉRIE. — ALGER.

SOCIÉTÉ DE GÉOGRAPHIE D'ALGER ET DE L'AFRIQUE DU NORD.

Les publications antérieures de cette Société sont analysées dans notre *Bibliographie générale*, savoir :
Bulletin, t. I à IV (1896-1900), *Bibliographie*, Supplément sous presse.
— t. V (1901), *Bibliographie*, nouvelle série, t. I, p. 161.

VI. — Bulletin de la Société de géographie d'Alger et de l'Afrique du Nord, 7e année, 1902. (Alger, in-8°, CXXXIV-638 p.)

8391. Malafosse (Dr). — Colonne du 2e étranger allant de Géryville au Gourara. Description du pays, *pl.* et *carte*, p. 1 à 31.
8392. Kieffer (Lieutenant). — Conférence sur son exploration au Longone, *carte*, p. 86 à 110.
8393. Rouanet (Jules). — Pour le Cheliff, *tableau*, p. 112, 218, et 558. — Suite de V, p. 453.
8394. Calléja (F.). — Réfutation du mémoire adressé en 1885 à M. Renan par M. Ladislau Netto concernant la stèle du Brésil, p. 132 à 142.
8395. Delpech (A.). — Tables chronologiques, p. 142 à 155. — Suite de IV, p. 309, 421; et V, p. 158, et 441.
8396. Arnaud (Robert). — Contribution à l'étude de la langue peuhle ou foullanyya, p. 156, 326, 488, et 614. — Suite de IV, p. 284, 432; et V, p. 152, 421, et 600.
8397. Mesplé (Armand). — Le commandant René Reibell [† 1901], p. 164.

8398. Segonzac (Marquis R. de). — Conférence sur ses voyages au Maroc, p. 180 à 196.
8399. Rinn (Commandant). — Le Peñon de Argel, p. 206 à 217.
8400. P. — Notice sur le troisième territoire militaire de Zinder, *carte*, p. 252 à 258.
8401. Rinn (Commandant). — Origine des droits d'usage des Sahariens dans le Tell, p. 259 à 267.
8402. Mayer (Commandant E.). — Un explorateur français. Édouard Foa [1863 † 1901], p. 268 à 280.
8403. Ferrand (Gabriel). — Notes de voyage au Guilân [Perse], p. 281 à 320.
8404. Demontès (V.). — Une colonie allemande en Algérie. La Stidia, étude historique, démographique, économique, *fig.*, p. 351 à 407.
8405. Mougenot (Lieutenant). — Un coin de Numidie [Souk-Ahras], p. 413 à 419.
8406. Lefébure (E.). — La politique religieuse des Grecs en Libye, p. 420 à 455, et 517 à 531.
8407. Bernard (Aug.). — Revue bibliographique des travaux sur la géographie de l'Afrique septentrionale (5ᵉ année), p. 456 à 476.
8408. Rimbaud. — Le chant chez les Imoubar, p. 532 à 543.
8409. Van Vollenhoven (Joost). — Conférence sur le voyage de Nachtigal au Ouadaï, p. 544 à 557.
8410. Sacoman. — Le Dahomey, p. 606 à 613.
8411. Mesplé (Armand). — Nécrologie. Amiral Merleaux-Ponty († 1902); Mercuri († 1902), p. 631.

ALGÉRIE. — ALGER.

SOCIÉTÉ HISTORIQUE ALGÉRIENNE.

Les publications antérieures de cette Société sont analysées dans notre *Bibliographie générale*, savoir :
Revue africaine, t. I à XXIX (1856-1885), *Bibliographie*, t. IV, p. 647.
— t. XXX à XLIV (1886-1900), *Bibliographie*, Supplément sous presse.
— t. XLV (1901). *Bibliographie*, nouvelle série, t. I, p. 162.

XLVI. — Revue africaine, Bulletin des travaux de la Société historique algérienne, 46ᵉ année. (Alger, 1902, in-8°, 367 p.)

8412. Waille (Victor). — Rapport sur les fouilles exécutées à Cherchell, 8 *pl.*, p. 5 à 40.

[Statues antiques, sarcophages chrétiens, mosaïque, bijoux et monnaies, cadran solaire, inscriptions, poteries.]

8413. Robin (Colonel). — Notes historiques sur la Grande Kabylie de 1838 à 1851, p. 41 à 78, et 213 à 262.
8414. Quedenfelt. — Division et répartition de la population berbère au Maroc, p. 79 à 116, et 263 à 301.

[Traduit par le capitaine H. Simon.]

8415. Giacobetti (Le P.). — Kitab En-Nasab, p. 117 à 132, et 177 à 212.
8416. Rinn (Louis). — Nécrologie [le général E.-L. Boissonnet (1811 † 1902)], p. 133 à 136.
8417. Moinier (Colonel A.). — Petit bronze antique découvert dans la région de Sétif, *fig.*, p. 137 à 144.
8418. Moinier (Colonel A.). — Campagne de J. César en Afrique (47-46 avant J.-C.), *carte*, p. 145 à 176, et 302 à 359. — Suite de XLV, p. 289.
8419. Moinier (Colonel A.). — Inscription romaine à Chanzy (Oran), p. 360 à 361.
8420. E. F. — Le jeu *Yadas* [Philippine, chez les Algériens], p. 364 à 366.

ALGÉRIE. — BÔNE.

ACADÉMIE D'HIPPONE.

Les publications antérieures de cette Société sont analysées dans notre *Bibliographie générale*, savoir :
Bulletin, t. I à XX (1865-1885). *Bibliographie*, t. IV, p. 667.

Bulletin, t. XXI à XXIX (1886-1899), *Bibliographie*, Supplément sous presse.
Comptes rendus (1889 à 1900), *Bibliographie*, Supplément sous presse.

XXX. — **Bulletin de l'Académie d'Hippone** (1899-1900). Bulletin n° 30. (Bône, 1901, gr. in-8°, XXII-185 p.)

[La couverture porte la date 1903.]

8421. GSELL (Stéphane). — Note sur quelques antiquités non romaines conservées à Bône, 3 *pl.*, p. 1 à 6.

[Antiquités phéniciennes.]

8422. MÉLIX (Capitaine) et PAPIER (Alex.). — Des deux médaillons en terre cuite provenant de Tébessa, p. 7 à 16.
8423. MÉLIX (Capitaine) et HÉRON DE VILLEFOSSE. — Sur deux cachets d'oculiste, *fig.*, p. 17 à 23.
8424. LEVISTRE (L.). — Contribution aux études berbères, *carte*, p. 25 à 113.
8425. LEVISTRE (L.). — L'origine et la signification révélées des lettres de l'alphabet. Les caractères primitifs du *Tifinarg'h*, *fig.* et *pl.*, p. 115 à 143.
8426. CARTON (D[r]). — Un dolmen à cupule du cercle de la Calle, p. 145 à 147.
8427. PAPIER (Alex.). — Au sujet de la mosaïque aux médaillons de la villa Chevillot, à Hippone, *pl.*, p. 149 à 183.

Académie d'Hippone. Comptes rendus des réunions, année 1901. (Bône, 1903, in-8°, XV p.)

8428. DELATTRE (Le P.). — Inscription romaine trouvée à Bou-Zitoun, p. VII, et XIV.
8429. DESSAU. — Inscription romaine trouvée à Cherchell, p. VIII à IX.
8430. BERTRAND. — Sur une inscription romaine du musée de Philippeville, p. XIV.

Académie d'Hippone. Comptes rendus des réunions, année 1902. (Bône, 1903, in-8°, XXIII p.)

8431. PAPIER (A.). — Inscription romaine relevée à Affreville, p. II à VI.
8432. BENOIT (Ch.) et PAPIER (A.). — Inscriptions romaines relevées à Guelma, p. IX à X.
8433. GRANIER (Aug.). — Inscriptions romaines du Kef, p. X à XIV.
8434. MARC et PAPIER (A.). — Inscriptions romaines de Teniet-el-Haad et des environs, p. XVI à XX.
8435. PAPIER (A.). — Inscription romaine des environs de Penthièvre, au musée de Bône, p. XXI à XXIII.

ALGÉRIE. — CONSTANTINE.

SOCIÉTÉ ARCHÉOLOGIQUE DE CONSTANTINE.

Les publications antérieures de cette Société sont analysées dans notre *Bibliographie générale*, savoir :
Annuaire et *Recueil*, t. I à XXIII (1853-1884), *Bibliographie*, t. IV, p. 671.
Recueil, t. XXIV à XXXIV (1886-1900), *Bibliographie*, Supplément sous presse.
— t. XXXV (1901), *Bibliographie*, nouvelle série, t. I, p. 162.

XXXVI. — **Société archéologique du département de Constantine.** Souvenir du cinquantenaire (1853-1903), 35e [*lisez :* 36e] volume de la collection. (Constantine, s. d., in-8°, XVI-48 et 131 p.)

8436. HINGLAIS (Ulysse). — Le premier demi-siècle de la Société archéologique de Constantine, 1852 à 1902, p. 1 à 48.
8437. CAGNAT (R.). — Fastes municipaux de Timgad, p. 1 à 20.
8438. GSELL (Stéphane). — Observations géographiques sur la révolte de Firmus, p. 21 à 46.
8439. HÉRON DE VILLEFOSSE (A). — Remarques sur des inscriptions de Taourâ, p. 47 à 52.
8440. TOUTAIN (J.). — La Colonia Tertiadecimanorum Uthina, p. 53 à 61.
8441. CARTON (D[r]). — L'hypogée du labyrinthe de la nécropole d'Hadrumète, p. 63 à 70.
8442. REINACH (Salomon). — Chevaux et chameaux d'Afrique, p. 71 à 74.
8443. BESNIER (Maurice). — Les Augustales de Timgad, p. 75 à 89.
8444. GAUCKLER (P.). — Tête de poète grec découverte à Carthage, *pl.*, p. 91 à 99.
8445. MERCIER (E.) et MAGUELONNE (J.). — M. Poulle [Joseph-Alexandre], p. 101 à 106.
8446. HINGLAIS (Ulysse). — M. Prud'homme, p. 107 à 109.

ALGÉRIE. — ORAN.

SOCIÉTÉ DE GÉOGRAPHIE ET D'ARCHÉOLOGIE DE LA PROVINCE D'ORAN.

Les publications antérieures de cette Société sont analysées dans notre *Bibliographie générale*, savoir :
Recueil, t. I à V (1878-1885), *Bibliographie*, t. IV, p. 678.
— t. VI à XX (1886-1900), *Bibliographie*, Supplément sous presse.
— t. XXI (1901), *Bibliographie*, nouvelle série, t. I, p. 163.
Bulletin des antiquités africaines, puis *Revue de l'Afrique française*, t. I à VI (1882-1888), *Bibliographie*, t. IV, p. 679.

XXII. — Société de géographie et d'archéologie de la province d'Oran..., t. XXII, 1902. (Oran, 1902, in-8°, 541 p.)

8447. Dutaux (Capitaine). — Zousfana, Guir, Saoura [Extrême-Sud oranais], 5 *cartes*, p. 12 à 96.
8448. Gentil (Louis). — Joustin Pouyanne, p. 97 à 100.
8449. Leclerc (René). — Monographie géographique et historique de la commune mixte de la Mina, *fig.* et *pl.*, p. 125 à 236.
8450. Carton (D[r]). — Sculpture sur un rocher de Bulla Regia, *pl.*, p. 237 à 240.

[Sculpture rupestre ou libyque.]

8451. Fabre. — Monographie de la commune indigène de Tiaret-Aflou, *fig.* et *carte*, p. 255 à 314.

TUNISIE. — TUNIS.

INSTITUT DE CARTHAGE (ASSOCIATION TUNISIENNE DES LETTRES, SCIENCES ET ARTS).

Les publications antérieures de cette Association sont analysées dans notre *Bibliographie générale*, savoir :
Revue tunisienne, t. I à VII (1894-1900), *Bibliographie*, Supplément sous presse.
— t. VIII (1901), *Bibliographie*, nouvelle série, t. I, p. 163.

IX. — Revue tunisienne, publiée par le Comité de l'Institut de Carthage (Association tunisienne des lettres, sciences et arts), sous la direction de M. Albert Vassal, secrétaire général, t. IX, 1902. (Tunis, s. d., in-8°, 360 p.)

8452. Anonyme. — Notes sur les tribus de la Régence, p. 1, 185, et 277.
8453. Carton (D[r]). — Un pays de colonisation romaine, p. 24 à 50, et 165 à 184.
8454. Germain (V.). — Nos émigrants siciliens chez eux, p. 61 à 75. — Suite de VIII, p. 428.
8455. Cattan (Isaac). — *Majnoun Leïla*, recueil de poésies arabes composées par Kaïs ben El Malaouah. [Texte et] traduction, p. 77 à 82. — Suite de VIII, p. 200, et 323.
8456. Alix (J.). — Corippe. *La Johannide*, traduction, p. 83 à 96. — Suite de VI, p. 31, 148, 314, 453; VII, p. 106, 184, 372, 477; et VIII, p. 210, et 327.
8457. Wachi (Lieutenant-Colonel P.). — En Algérie. Notes, itinéraires et souvenirs pour servir à l'histoire de la province d'Oran. L'insurrection de Bou Amama (1881-1882), p. 97 à 104, 289 à 317. — Suite de VIII, p. 336 et 445.

8458. Deambroggio, dit Kaddour. — Notes succinctes sur les tribus tripolitaines situées entre la frontière tunisienne et le méridien de Tripoli, p. 113 à 134, et 266 à 276.

8459. Julien (C.). — Thugga, promenade archéologique, p. 158 à 164.

8460. Curzon (Henri de). — L'histoire de Tunis au théâtre. Une pièce du poète espagnol José de Cañizares [*Carlos Quintos sobre Tunez*, xviiie s.], p. 262 à 265.

8461. Deambroggio, dit Kaddour. — Kanoun Orfia [règlement relatif aux saisies de troupeaux] des Berbères du Sud tunisien, p. 346 à 356.

8462. Menouillard. — Un mariage dans le Sud tunisien (Matmata), p. 372 à 374.

8463. Cattan (Isaac). — Biographie du cheikh Es Senoussi [1851 ÷ 1900], p. 432 à 443.

INDO-CHINE. — HANOÏ.

ÉCOLE FRANÇAISE D'EXTRÊME-ORIENT.

Cet Institut a été fondé à Saïgon par arrêté du gouverneur général de l'Indo-Chine en date du 15 décembre 1898. Un décret présidentiel du 26 février 1901 a élevé l'École au rang d'Institut national; son siège a été transféré en 1902 de Saïgon à Hanoï. L'École française d'Extrême-Orient est placée sous le contrôle scientifique de l'Académie des Inscriptions et Belles-Lettres, elle comprend, outre ses directeur, sous-directeur et membres, un certain nombre de correspondants; enfin un arrêté du 31 décembre 1901 lui a annexé une Commission des antiquités. Il n'est pas sans intérêt de rappeler qu'ainsi constituée, l'École et sa Commission des antiquités se proposent de reprendre l'œuvre d'une institution mort-née, l'Académie tonkinoise, créée par un arrêté de Paul Bert, gouverneur général de l'Indo-Chine, en date du 3 juillet 1886.

L'École publie un *Bulletin*, dont le tome I a paru en 1901, et le tome II, en 1902. Elle a fait paraître en outre, de 1900 à 1902, divers ouvrages dont nous donnons l'indication sous les nos 8464 à 8471.

8464. Finot (Louis) et Lunet de la Jonquière (E.). — Inventaire sommaire des monuments chams de l'Annam. (Hanoï, 1900, in-fol., 14 p., autographié, avec 1 *carte* en 7 feuilles et 2 *plans.*)

8465. Lacroix (Désiré). — Numismatique annamite. (Saïgon, 1900, gr. in-8°, 231-xxxi p., et 1 vol. in-fol. de 40 *pl.*)

8466. [Finot (L.)]. — Instruction pour les collaborateurs de l'École française d'Extrême-Orient. (Saïgon, 1900, in-16, 73 p.)

8467. Cabaton (A.). — Nouvelles recherches sur les Chams. (Paris, 1901, in-8°, 215 et iv p., *pl.* et *fig.*)

8468. Lunet de la Jonquière (Capitaine). — Atlas archéologique de l'Indo-Chine. Monuments du Champa et du Cambodge. (Paris, 1901, in-fol., 24 p. et 5 *cartes.*)

8469. Henry (Victor). — Éléments de sanscrit classique. (Paris, 1902, in-8°, 284 p.)

8470. Cadière (L.). — Phonétique annamite (dialecte du Haut-Annam). (Paris, 1902, gr. in-8°, xiii-113 p.)

8471. Lunet de la Jonquière (Commandant E.). — Inventaire descriptif des monuments du Cambodge. (Paris, 1902, gr. in-8°, cvii-430 p., *fig.*)

[Forme le tome I de l'*Inventaire archéologique de l'Indo-Chine.*]

I. — Bulletin de l'École française d'Extrême-Orient, t. I, 1901. (Hanoï, 1901, gr. in-8°, ii-434 p.)

8472. Barth (A.), Bréal (Michel) et Sénart (Émile). — L'École française d'Extrême-Orient, p. 1 à 11.

8473. Finot (Louis). — La religion des Chams d'après les monuments, *fig.*, p. 12 à 33.

[Suivi d'un Inventaire sommaire des monuments chams de l'Annam.]

8474. Finot (Louis). — Rapport au gouverneur général sur les travaux de l'École pendant l'année 1899, p. 69 à 76. — Cf. nos 8495 et 8517.

8475. Dumoutier (G.). — Études sur les Tonkinois, p. 81 à 98.

8476. Lunet de la Jonquière (Capitaine). — Vieng-Chan, *fig.* et *carte*, p. 99 à 118.

8477. Cadière (Le P. L.). — Croyances et dictons populaires de la vallée du Nguồn So'n, province de Quảng-bình (Annam), p. 119 à 139, et 183 à 207.

8478. Anonyme. — Débris d'un mobilier funéraire découverts à Dâm-xuyên (Tonkin), *fig.*, p. 162 à 167.

8479. Anonyme. — Liste des monuments historiques de l'Annam, de la Cochinchine, du Cambodge et du Laos, p. 171 à 181.

8480. Leclère (Adhémard). — Le Cûlâ-Kantana-Maṅgala, ou la fête de la coupe de la houppe d'un prince royal à Phnôm-Pénh, le 16 mai 1901, p. 208 à 230.
8481. Dufour (H.). — Documents photographiques sur les fêtes ayant accompagné la coupe solennelle des cheveux du prince Chandalekha, fils de Noroudâm, en mai 1901, à Phnôm-Pénh, *fig.*, p. 231 à 243.
8482. Parmentier (Henri). — Caractères généraux de l'architecture chame, *fig.*, p. 245 à 258.
8483. Lavallée (A.). — Notes ethnographiques sur divers tribus du sud-est de l'Indo-Chine, *fig.*, p. 291 à 311.
8484. Tchang (Le P. Mathias). — Tableau des souverains 南詔 de Nan-Tchao, p. 312 à 321.
8485. Foucher (A.). — Notes sur la géographie ancienne du Gandhâra (commentaire à un chapitre de Hiuen-Tsang), *fig.* et *carte*, p. 322 à 369.
8486. Parmentier. — Le trésor du Temple de Phanrang, *fig.*, p. 409 à 411.
8487. Cadière (Le P.). — Statue de la grotte de Chuà-hang, *fig.*, p. 411 à 413.

II. — Bulletin de l'École française d'Extrême-Orient, t. II, 1902. (Hanoï, 1902, gr. in-8°, 456 p.)

8488. Finot (L.). — Notre transcription du cambodgien, p. 1 à 15.
8489. Parmentier (H.). — Le sanctuaire de Po-Nagar à Nhatrang, *fig.*, p. 17 à 54.
8490. Cadière (Le P.). — Géographie historique du Quang Bình, d'après les Annales impériales, *carte*, p. 55 à 73.
8491. Barth (A.). — Çanf et Campā, p. 98.
8492. Parmentier (H.). — Note sur l'exécution des fouilles, p. 99 à 104.

[Instructions générales.]

8493. Odend'hal (P.). — Note sur l'existence de ruines à Giam-Biêu (Thua Thièn), p. 105.
8494. Anonyme. — Durgā, statue chame [en grès] (musée de l'École française), *fig.*, p. 109 à 110.
8495. Finot (L.). — Rapport à M. le gouverneur général sur les travaux de l'École française d'Extrême-Orient pendant l'année 1900, p. 114 à 120. — Cf. n° 8474.
8496. Pelliot (P.). — Mémoires sur les coutumes du Cambodge, p. 123 à 177.
8497. [Pelliot (P.)]. — Notre transcription du chinois, p. 178 à 184.
8498. Finot (Louis). — Notes d'épigraphie, 3 *pl.*, p. 185 à 191.

[Inscriptions de Bhadravarman Ier, roi de Champa.]

8499. Pelliot (P.). — *Avalambana* ou *Vilambin;* les ouvrages de mathématiques sous les T'ang; le pays des hommes longs, p. 192 à 194.
8500. Foucher. — Les pagodes, musées et bibliothèques de Bangkok (Siam), p. 227 à 229.
8501. Barth (A.). — Stèle de Vat Phou, près de Bassac (Laos), p. 235 à 240.
8502. Finot (L.). — Vat Phou, *fig.* et *pl.*, p. 241 à 245.
8503. Lévi (Sylvain). — Notes chinoises sur l'Inde, p. 246 à 255.
8504. Huber (Édouard). — L'itinéraire du pèlerin Ki Ye dans l'Inde, p. 256 à 259.
8505. Commaille (J.). — Les ruines de Bassac (Cambodge), *fig.*, p. 260 à 267.
8506. Bonifacy (A.). — Contes populaires des Mans du Tonkin, p. 268 à 279.
8507. Parmentier (H.). — Nouvelles découvertes archéologiques en Annam, p. 280 à 282.

[Le Trésor des rois chams; le monument ruiné de Phuoc-Thinh; la tour de Cheo Reo.]

8508. Grossin (Commandant). — Note sur une fouille faite dans l'île de Culao-Rua, près de Bien-Hoa, p. 282 à 284.
8509. Cadière (L.). — Les pierres de foudre, p. 284.
8510. Lunet de la Jonquière (E.). — Une tour du silence au Cambodge (?) *fig.*, p. 286 à 288.
8511. Cahen (G.). — Livres et documents chinois et livres russes relatifs à la Chine, des bibliothèques et musées de Saint-Pétersbourg et de Moscou, p. 288 à 298.
8512. Bellan (Ch.). — Ruines de Barai Andet, près Prey-Veng, de Prey-Sla, etc., p. 307.
8513. Pelliot (Paul). — Notes de bibliographie chinoise, p. 315 à 340.
8514. Maitre (Cl.-E.). — Notes de bibliographie japonaise, p. 341 à 351.
8515. Cadière (Le P.). — Coutumes populaires de la vallée du Nguôn-Son, *fig.*, p. 352 à 386.
8516. Anonyme. — Liste des manuscrits khmèrs de l'École française d'Extrême-Orient, p. 387 à 400.
8517. Foucher (A.). — Rapport à M. le gouverneur général sur les travaux de l'École française d'Extrême-Orient pendant l'année 1901, p. 433 à 442. — Cf. n° 8474.

IMPRIMERIE NATIONALE.

INDO-CHINE. — SAÏGON.

SOCIÉTÉ DES ÉTUDES INDO-CHINOISES.

Les publications antérieures de cette Société sont analysées dans notre *Bibliographie générale*, savoir :
Bulletin, t. I à III (1883-1885), *Bibliographie*, t. IV, p. 683.
— t. IV à XVIII (1886-1900), et Ouvrages divers, *Bibliographie*, Supplément sous presse.

XIX. — **Bulletin de la Société des études indo-chinoises de Saïgon**, année 1901. (Saïgon, 1902, in-8°, 135 et 96 p.)

Premier semestre.

[3410]. Dürrwell (Georges). — Le jeu en Cochinchine, p. 5 à 48.

Deuxième semestre.

8518. Anonyme. — Historique de la Société des études indo-chinoises, p. 5 à 33.
8519. Schreiner (A.). — Préface des institutions annamites, p. 49 à 57.

XX. — **Bulletin de la Société des études indo-chinoises de Saïgon**, année 1902. (Saïgon, 1902, in-8°, 342 et 87 p.)

Premier semestre.

8520. Schreiner (Alfred). — Étude sur la constitution de la propriété foncière en Cochinchine, p. 1 à 342.

Deuxième semestre.

8521. Nel (Lieutenant de vaisseau). — Philastre [† 1902]. Sa vie et son œuvre, p. 1 à 27.
8522. Passerat de la Chapelle (Pierre). — Note sur les anciennes digues du Cambodge, *pl.*, p. 39 à 42.
8523. G. D. — Notice historique sur la conquête des provinces de la Basse-Cochinchine, *carte*, p. 43 à 60.
8524. Nguyen-Khac-Hué. — Notice sur le *Bánh-Ngói* (gâteau-tuile) [usage ancien], p. 61 à 66.

INSTITUTS FRANÇAIS À L'ÉTRANGER.

ÉGYPTE. — LE CAIRE.

MISSION ARCHÉOLOGIQUE ET INSTITUT FRANÇAIS D'ARCHÉOLOGIE ORIENTALE.

La *Mission archéologique* fondée au Caire en 1881 a publié dix-neuf volumes de *Mémoires* qui seront analysés dans le Supplément de notre *Bibliographie générale*. La section orientale de la Mission a d'autre part inauguré en 1901 la publication d'un *Bulletin* dont nous analysons ci-dessous les deux premiers volumes; elle a en outre entrepris la publication d'une série de *Mémoires* distincts de ceux mentionnés plus haut, les premiers fascicules sont datés de 1902, mais aucun d'eux ne formant un volume complet, ils seront analysés ultérieurement.

I. — **Bulletin de l'Institut français d'archéologie orientale,** publié sous la direction de M. É. Chassinat, directeur de l'Institut français du Caire, t. I. (Le Caire, 1901, in-4°, 241 p.)

8525. Casanova (P.). — Un texte arabe transcrit en caractères coptes, 2 *pl.*, p. 1 à 20.

[Verba seniorum.]

8526. Clédat (Jean). — Notes sur quelques figures égyptiennes, *fig.*, p. 21 à 24.

8527. Salmon (Georges). — Note sur la flore du Fayoum, d'après An-Nâboulsi, p. 25 à 28.

8528. Salmon (Georges). — Répertoire géographique de la province du Fayyoûm, d'après le Kitâb-Târîkh Al-Fayyoûm d'An-Nâboulsî, *carte*, p. 29 à 77.

8529. Chassinat (Emile). — Une monnaie d'or à légendes hiéroglyphiques trouvée en Égypte, *fig.*, p. 78 à 86.

8530. Clédat (Jean). — Notes archéologiques et philologiques, *fig.*, p. 87 à 97.

[Antiquités de Meir, Cousieh, Baouit, Gebel Abou-Feddâh.]

8531. Chassinat (Émile). — Un interprète égyptien pour les pays chananéens, p. 98 à 100.

8532. Clédat (Jean). — Notes sur la nécropole de Bersheh, p. 101.

8533. Chassinat (Émile). — Sur quelques textes provenant de Gaou El-Kébir (Antaeopolis), p. 103 à 107.

8534. Clédat (Jean). — Rapport sur une mission au canal de Suez (octobre 1900), *fig.*, p. 108 à 112.

8535. Casanova (P.). — Notes sur un texte copte du XIIIe siècle, p. 113 à 137.

[Panégyrique de Jean de Phanidjoït.]

8536. Casanova (Paul). — Les noms coptes du Caire et localités voisines, *carte*, p. 139 à 224.

8537. Chassinat (Émile). — La tombe inviolée de la XVIIIe dynastie découverte aux environs de Médinet El-Gorab, dans le Fayoûm, *fig.* et 3 *pl.*, p. 225 à 234.

8538. Salmon (Georges). — Le nom de lieu Babîdj dans la géographie égyptienne, p. 235 à 239.

II. — **Bulletin de l'Institut français d'archéologie orientale,** publié sous la direction de M. É. Chassinat, ... t. II. (Le Caire, 1902, in-4°, 217 p.)

8539. Casanova (Paul). — De quelques légendes astronomiques arabes considérées dans leurs rapports avec la mythologie égyptienne, *fig.*, p. 1 à 39.

8540. Clédat (Jean). — Notes archéologiques et philologiques, *fig.* et 7 *pl.*, p. 41 à 70.

[Inscriptions hiéroglyphiques de Meïr; inscriptions et église coptes de Deir Abou-Hennis, *carte*, *fig.* et 5 *pl.*; inscriptions coptes de Cheik Abâdeh, *fig.*, inscriptions démotiques de Ouâdy-en-Nakhlèh, *fig.* et 2 *pl.*; stèle avec inscription copte d'Ashmouneïn.]

8541. Salmon (Georges). — Rapport sur une mission à Damiette (mai-juin 1901), p. 71 à 89.

8542. Jouguet (Pierre). — Ostraka du Fayoum, p. 91 à 105.

8543. Chassinat (Émile). — Note sur un nom géographique emprunté à la grande liste des nomes du temple d'Edfou, p. 106 à 108.

8544. Salmon (Georges). — Notes d'épigraphie arabe, *fig.* et *pl.*, p. 109 à 112, et 118 à 138.

[Inscriptions d'amulettes, etc., *fig.*, p. 109. — Stèles d'Assouân, *pl.*, p. 118.]

8545. Scheil (Le P. V.). — Deux nouvelles lettres d'El-Amarna, *pl.*, p. 113 à 118.

8546. Galtier (Émile). — Sur les mystères des lettres grecques, p. 139 à 162.

8547. Palanque (Charles). — Rapport sur les fouilles d'El-Deir (1902), *fig.*, p. 163 à 170.

8548. Chassinat (Émile). — Fragments de manuscrits coptes en dialecte fayoumique, p. 171 à 206.

[Isaïe, Matthieu, Marc, Corinthiens, Hébreux.]

8549. Lacau (Pierre). — Une inscription phénicienne de Chypre, *fig.*, p. 207 à 211.

8550. Galtier (Émile). — De l'influence du copte sur l'arabe d'Égypte, p. 212 à 216.

ÉGYPTE. — LE CAIRE.

INSTITUT ÉGYPTIEN.

Les publications antérieures de cet Institut sont analysées dans notre *Bibliographie générale*, savoir :

Bulletin, t. I à XX (1859-1885), *Bibliographie*, t. IV, p. 697.

— t. XXI à XXXV (1886-1900), *Bibliographie*, Supplément sous presse.

Mémoires, t. I (1862), *Bibliographie*, t. IV, p. 699.

— t. II et III (1889-1900), *Bibliographie*, Supplément sous presse.

XXXVI. — Bulletin de l'Institut égyptien, 4e série, n° 2, année 1901. (Le Caire, 1902, in-8°, 396 p.)

8551. Bissing (F. W. von). — La grande inscription grecque de Khargeh, p. 7 à 22.

8552. Abbate pacha (Dr). — Les miracles de l'empereur Vespasien à Alexandrie, *pl.*, p. 125 à 140.

8553. Botti (G.). — Une deuxième découverte faite le 30 mars 1901 dans le stade d'Alexandrie, p. 187 à 190.

8554. Mayer-Eymar. — Sur le Kasr Es-Sagan, près de Dimé, p. 208 à 212.

8555. Mouchard (L.-P.). — Les silex taillés égyptiens, p. 223 à 225.

8556. Botti (Dr G.). — Les anciens rois d'Orient en exil. Le parti légitimiste en Égypte sous les Romains, p. 307 à 311.

8557. Apostolidès (Dr). — Encore les inscriptions préhelléniques de l'île de Lemnos, *fig.*, p. 321 à 334, et 353 à 370; et XXXVII, p. 123 à 152.

8558. Botti (Dr G.). — Première visite à la nécropole d'Anfouchi, à Alexandrie, p. 335 à 337.

XXXVII. — Bulletin de l'Institut égyptien, 4e série, n° 3, année 1902. (Le Caire, 1903, in-8°, 262 p.)

8559. Adamidi (Dr Frassari). — Les Pélasges et leurs descendants les Albanais, p. 5 à 15, et 45 à 57.

8560. Arvanitakis (G. L.). — Sur quelques inscriptions [grecques] relatives au canal d'Alexandrie et principalement sur l'Agathodémon, p. 17 à 35.

8561. Arvanitakis. — La citerne du couvent d'Abraham à Jérusalem, 2 *pl.*, p. 81 à 85.

8562. Maspero (G.). — Sur quelques documents de l'époque thinite découverts à Sakkarah, p. 107 à 116.

[8557]. Apostolidès. — Encore les inscriptions préhelléniques de l'île de Lemnos, *fig.*, p. 123 à 152.

8563. Legrain (G.). — Les nouvelles découvertes de Karnak, p. 153 à 167.

8564. Arvanitakis (G.). — Sur un cadran solaire zodiacal [avec inscription grecque], *pl.*, p. 181 à 184.

GRÈCE. — ATHÈNES.

ÉCOLE FRANÇAISE D'ATHÈNES.

Les publications antérieures de cette École sont analysées dans notre *Bibliographie générale*, savoir :

Bulletin, t. I (1868-1871), *Bibliographie*, t. IV, p. 700.

Bulletin de correspondance hellénique, t. I à IX (1877-1885). *Bibliographie*, t. IV, p. 701.

— — t. X à XXIV (1886-1900), *Bibliographie*, Supplément sous presse.

Bibliothèque des Écoles d'Athènes et de Rome, série in-8°, t. I à XLII (1887-1885), *Bibliographie*, t. IV, p. 710.

Bibliothèque des Écoles d'Athènes et de Rome, t. XLIII à LXXXIII (1886-1900), *Bibliographie*, Supplément sous presse.

Bibliothèque des Écoles d'Athènes et de Rome, série in-4° (1884-1900), *Bibliographie*, t. IV, p. 713, et Supplément sous presse.

Le tome XXVI (1902) du *Bulletin de correspondance hellénique* est encore en partie sous presse, nous en donnerons le dépouillement quand le volume sera complet.

A l'occasion du cinquantenaire de sa fondation, un ancien élève de l'École a consacré à son histoire l'ouvrage suivant :

8565. Radet (Georges). — L'histoire et l'œuvre de l'École française d'Athènes. (Paris, 1901, in-8°, xiv-493 p.)

XXV. — École française d'Athènes. Bulletin de correspondance hellénique, *Δελτίον ἑλληνικῆς ἀλληλογραφίας*, 25ᵉ année. (Athènes, 1901, in-8°, 524 p.)

8566. Mendel. — Inscriptions de Bithynie, p. 5 à 92.

8567. Wilhelm. — Inscription attique du Musée du Louvre, p. 93 à 104.

8568. Homolle. — Sur une signature de Kephisodotos à Delphes, p. 104.

8569. Homolle. — Inscriptions de Delphes, locations des propriétés sacrées, p. 105 à 142.

8570. Laurent (Marcel). — Sur un vase de style géométrique, p. 143 à 155.

8571. Seure. — Voyage en Thrace, p. 156 à 220, et 308 à 324. — Suite de XXII, p. 472, 520; et XXIV, p. 147, 574.

8572. Vollgraff. — Deux inscriptions d'Amphissa, p. 221 à 240.

8573. Mendel (Gustave). — Fouilles de Tégée, rapport sommaire sur la campagne de 1900-1901, *fig.* et 6 *pl.*, p. 241 à 281.

8574. Demargne (J.). — Les ruines de Goulas ou l'ancienne ville de Lato en Grèce, *fig.* et 2 *pl.*, p. 282 à 307.

8575. Besset (Le P. A.). — Inscriptions d'Asie Mineure, p. 325 à 336.

8576. Laurent (Marcel). — Inscriptions de Delphes, p. 337 à 358.

8577. Vollgraff (Wilhelm). — Inscriptions de Béotie, p. 359 à 378.

8578. Jouguet (Pierre). — Fouilles du Fayoum, *fig.*, p. 379 à 411.

[Fouilles de Médinet Mâ'di.]

8579. Homolle (Théophile). — Inscriptions d'Amorgos, p. 412 à 456.

8580. Homolle (Théophile). — Monuments figurés de Delphes, 10 *pl.*, p. 457 à 515. — Suite de XVIII, p. 169; XIX, p. 534; XX, p. 581, 605, 657; XXI, p. 579; XXII, p. 586; XXIII, p. 421 et 617; et XXIV, p. 427 et 582.

[Les frontons du temple d'Apollon.]

BIBLIOTHÈQUE DES ÉCOLES FRANÇAISES D'ATHÈNES ET DE ROME.

Série in-8°.

LXXXIV. — Bibliothèque des Écoles françaises d'Athènes et de Rome, fasc. LXXXIV.

8581. Audollent (Auguste). — Carthage romaine (146 av. J.-C.-698 ap. J.-C.). (Paris, 1901, in-8°, xxxii-834 p. et *cartes*.)

LXXXV. — Bibliothèque des Écoles françaises d'Athènes et de Rome, fasc. LXXXV.

8582. Collignon (Maxime) et Couve (Louis). — Catalogue des vases peints du Musée national d'Athènes. (Paris. 1902-1903, in-8°, XI-709 p.)

LXXXVI. — Bibliothèque des Écoles françaises d'Athènes et de Rome, fasc. LXXXVI.

8583. Déprez (Eugène). — Les préliminaires de la guerre de Cent ans, la Papauté, la France et l'Angleterre (1328-1342). (Paris, 1902, in-8°, XIII-451 p.)

LXXXVII. — Bibliothèque des Écoles françaises d'Athènes et de Rome, fasc. LXXXVII.

8584. Besnier (Maurice). — L'île tibérine dans l'antiquité. (Paris, 1902, in-8°, IV-357 p., *fig.* et *pl.*)

LXXXVIII. — Bibliothèque des Écoles françaises d'Athènes et de Rome, fasc. LXXXVIII.

8585. Yver (Georges). — Le commerce et les marchands dans l'Italie méridionale au XIII° et au XIV° siècle. (Paris, 1903, in-8°, VIII-439 p.)

ITALIE. — ROME.

ÉCOLE FRANÇAISE DE ROME.

Les publications antérieures de cette École sont analysées dans notre *Bibliographie générale*, savoir :

Mélanges d'archéologie et d'histoire, t. I à V (1881-1885). *Bibliographie*, t. V, p. 713.

— — t. VI à XX (1886-1900), *Bibliographie*, Supplément sous presse.

Bibliothèque des Écoles d'Athènes et de Rome, série in-8°, t. I à XLII (1877-1885), *Bibliographie*, t. IV, p. 710.

Bibliothèque des Écoles d'Athènes et de Rome, t. XLIII à LXXXIII (1886-1900), *Bibliographie*, Supplément sous presse.

Bibliothèque des Écoles d'Athènes et de Rome, t. LXXXIV à LXXXVIII (1901-1903), voir ci-dessus, p. 245.

Bibliothèque des Écoles d'Athènes et de Rome, série in-4° (1884-1900), *Bibliographie*, t. IV, p. 713, et Supplément sous presse.

XXI. — École française de Rome. Mélanges d'archéologie et d'histoire, 21° année, 1901. (Paris et Rome, s. d., in-8°, 509 p.)

8586. Homo (L.). — Le forum de Thugga d'après les fouilles de 1899 et 1900, *fig.* et *pl.*, p. 3 à 22.

8587. Luchaire (Julien). — Le statut des neuf gouverneurs et défenseurs de la commune de Sienne (1310), p. 23 à 65, et 243 à 304.

8588. Pernot (Maurice). — L'inscription d'Henchir-Mettich, p. 67 à 95.

8589. Merlin (A.). — A propos de l'extension du pomerium par Vespasien, p. 97 à 115.

8590. Poupardin (René). — Étude sur la diplomatique des princes lombards de Bénévent, de Capoue et de Salerne, p. 117 à 180.

8591. Gsell (Stéphane). — Chronique archéologique africaine, sixième rapport, p. 181 à 241. — Cf. n° 8609.

8592. Lapôtre (A.). — Le *Souper* de Jean Diacre, p. 305 à 385.

8593. Poupardin (René). — Note sur la chronologie du pontificat de Jean XVII, p. 387 à 390.

8594. Serruys (Daniel). — Thucydidea, *fig.*, p. 391 à 409.

8595. Chalandon (F.). — L'état politique de l'Italie méridionale à l'arrivée des Normands, p. 411 à 452.

8596. Calmette (Joseph). — Documents relatifs à Don Carlos de Viane (1460-1461) aux Archives de Milan, p. 453 à 470.

8597. Ashby (Thomas) fils. — Un panorama de Rome par Antoine van den Wyngaerde, *pl.*, p. 471 à 486.

8598. Gay (J.). — L'État pontifical, les Byzantins et les Lombards sur le littoral campanien (d'Hadrien Ier à Jean VIII), p. 487 à 508.

XXII. — École française de Rome. Mélanges d'archéologie et d'histoire, 22e année, 1902. (Paris et Rome, s. d., in-8°, 469 p.)

8599. Duchesne (L.). — Vaticana. Notes sur la topographie de Rome au moyen âge, p. 3 à 22, et 385 à 428.
8600. Dubois (Ch.-A.). — Cultes et dieux à Pouzzoles, p. 23 à 68.
8601. Merlin (A.). — Les fouilles de Dougga en 1901, 3 *pl.*, p. 69 à 87.
8602. Calmette (Joseph). — Notes sur les premiers comtes carolingiens d'Urgel, p. 89 à 97.
8603. Samaran (Ch.). — Lettres inédites du cardinal Georges d'Armagnac conservées à la bibliothèque Barberini, à Rome [1556-1585], p. 99 à 134.
8604. Calmette (Joseph). — Une lettre close originale de Charles le Chauve, 2 *pl.*, p. 135 à 139.
8605. Samaran (Ch.). — La jurisprudence pontificale en matière de droit de dépouille (*jus spolii*) dans la seconde moitié du XIVe siècle, p. 141 à 156.
8606. Serruys (Daniel). — Anastasiana, 2 *pl.*, p. 157 à 207.
8607. Constant (G.). — Deux manuscrits de Burchard. Fragment du Diaire (1492-1496). Le cérémonial, *fig.* et *pl.*, p. 209 à 250.
8608. Madelin (Louis). — Le journal d'un habitant français de Rome au XVIe siècle (1509-1540), p. 251 à 300.
8609. Gsell (Stéphane). — Chronique archéologique africaine, septième rapport, p. 301 à 345. — Cf. n° 8591.
8610. Maynial (Édouard). — Les salutations impériales de Vespasien, p. 347 à 359.
8611. Calmette (Joseph). — La légation du cardinal de Sienne auprès de Charles VIII (1494), p. 361 à 377.
8612. Samaran (Ch.). — Note sur quelques manuscrits de l'inventaire des Archives pontificales rédigé en 1366-1367 sous le pontificat d'Urbain V, p. 379 à 384.
8613. Zeiller (Jacques). — Les dernières fouilles de Salone, p. 429 à 437.
8614. Dubois (Ch.). — Observations sur un passage de Vitruve (lib. V, cap. XII), *fig.*, p. 439 à 467.

ITALIE. — ROME.

SAINT-LOUIS DES FRANÇAIS.

Le Collège des chapelains de Saint-Louis des Français à Rome a fondé en 1896 un recueil d'*Annales* destiné à la publication des travaux de ses membres. Les quatre premiers volumes de ces *Annales* parus de 1896 à 1900 seront analysés dans le Supplément, sous presse, de notre *Bibliographie générale*. L'article indiqué ci-dessous, sous le n° 8625 se réfère aux publications personnelles des chapelains et non à des travaux collectifs.

V. — Annales de Saint-Louis des Français, publication trimestrielle des études et travaux des Chapelains, 5e année, octobre 1900 [à juillet 1901]. (Rome, 1900 [-1901], in-8°, 489 p.)

8615. Fraikin (L'abbé J.). — Les comptes du diocèse de Bordeaux de 1316 à 1453 d'après les archives de la Chambre apostolique, p. 5 à 74. — Suite de III, p. 527.
8616. Surrel de Saint-Julien (L'abbé Henri de). — Saint-Louis des Français pendant la Révolution, le Consulat et l'Empire d'après le registre des entrées, sorties et payements des chapelains durant cette période, p. 75 à 83.
8617. Vidal (L'abbé J.-M.). — Documents sur les origines ecclésiastiques de la province ecclésiastique de Toulouse (1295-1318), p. 93, 211, et 367.
8618. Tostivint. — Esdras et Néhémie. [Chronologie juive d'après ces livres de la Bible], p. 165 à 210.
8619. Perrin (L'abbé E.). — Nicolas Perrenot de Granvelle, ministre de Charles-Quint, p. 285 à 314.
8620. Labminat (L'abbé P. de). — Sancta Maria antiqua [à Rome], *pl.*, p. 315 à 359.
8621. Magaud (L'abbé P.). — Un évêque des Gaules au Ve siècle. Saint Sidoine Apollinaire, évêque de Clermont (430-489), p. 435 à 473.
8622. Fraikin (L'abbé J.). — Deux documents sur les rapports entre l'Oratoire et Saint-Louis des Français, p. 475 à 482.

VI. — Annales de Saint-Louis des Français, publication trimestrielle des études et travaux des Chapelains, 6e année, octobre 1901 [à juillet 1902]. (Rome, 1901 [-1902], in-8°, 475 p.)

8623. Vidal (L'abbé J.-M.). — Rapport fait au pape Clément VII au sujet des bénéfices vacants dans le royaume de Castille par la mort du cardinal Gomez (1391) : candidats du roi; candidats de la Cour d'Avignon, p. 5 à 34.
8624. Vidal (L'abbé J.-M.). — Érection de la confrérie des médecins de Rome sous le patronage de saint Luc, à Saint-Louis des Français par Pie IV (1563), p. 35 à 43.
8625. Dumaz (Ch.). — Un demi-siècle d'études. Publications des chapelains de Saint-Louis des Français depuis l'année 1844, p. 45 à 98.
8626. T. D. (L'abbé). — Pierre d'Épinac, archevêque de Lyon, et la *Satire Ménippée*, p. 103 à 146.
8627. Richard (P.). — Une nouvelle correspondance de Pierre d'Épinac, p. 147 à 157.
8628. Mollat (G.). — Thomas Le Roy, dit Régis, et le palazzetto de la Farnésine, via de' Baullari [à Rome], 3 *pl.*, p. 159 à 200.
8629. Calmet (P.). — Sommaire des bulles de Clément VII concernant le diocèse de Rodez (d'après le sommaire de P. de Montroy, et les Regesta d'Avignon), p. 201 à 248, 283 à 335; et VII, p. 493 à 526.
8630. Magaud (L'abbé P.). — Un procès canonique au XVIe siècle. L'élection de Thomas du Prat, évêque de Clermont, en 1517, p. 249 à 278.
8631. Mollat (G.). — Jean de Thororières, architecte de Saint-Louis des Français [1525], p. 279 à 282.
8632. Albe (Edmond). — Autour de Jean XXII. Jean XXII et les familles du Quercy, p. 341; et VII, p. 91, 141, 287 et 441.
8633. Sol (E.). — Un canoniste du XVIe siècle. Le cardinal Giacomo Simonetta, p. 397 à 444. — Cf. n° 8635.
8634. Mollat (L'abbé G.). — Un envoi en France de commissaires pontificaux après la restitution d'obédience à Benoît XIII (1404-1405), p. 445 à 470.

VII. — Annales de Saint-Louis des Français, publication trimestrielle des études et travaux des Chapelains, 7e année, octobre 1902 [à juillet 1903]. (Rome. 1902[-1903], in-8°, 535 p.)

8635. Sol (Eug.). — L'œuvre canonique du cardinal Giacomo Simonetta. Le Traité sur les deux signatures de justice et de grâce, p. 5 à 71. — Cf. n° 8633.
8636. Hyvernat (H.). — Concordance des cotes des anciens fonds et du fonds actuel syriaques de la Vaticane, p. 73 à 89.
[8632]. Albe (Edmond). — Autour de Jean XXII. Jean XXII et les familles du Quercy, p. 91, 141, 287 336, et 441.
8637. Lamy (L'abbé Albert). — De Luxembourg à Rome, aller et retour. Itinéraire inédit de deux frères mineurs capucins (1739-1740), p. 235 à 278, et 337 à 391.
8638. Dumaz (Ch.). — Benedetto Marcello, poète et musicien (1686 † 1739), p. 397 à 440.
[8629]. Calmet (P.). — Sommaire des bulles de Clément VII concernant le diocèse de Rodez, p. 493 à 526.

TABLE PAR DÉPARTEMENTS.

Imprimerie nationale.

AUBE.

AUDE.

AVEYRON.

BOUCHES-DU-RHÔNE.

CALVADOS.

CANTAL.

CHARENTE.

CHARENTE-INFÉRIEURE.

CHER.

CORRÈZE.

CORSE.

CÔTE-D'OR

CÔTES-DU-NORD.

CREUSE.

DORDOGNE.

DOUBS.

DRÔME.

EURE.

EURE-ET-LOIR.

FINISTÈRE.

GARD.

GARONNE (HAUTE-).

GERS.

GIRONDE.

HÉRAULT.

ILLE-ET-VILAINE.

INDRE.

INDRE-ET-LOIRE.

ISÈRE.

JURA.

LANDES.

LOIR-ET-CHER.

LOIRE.

LOIRE (HAUTE-).

LOIRE-INFÉRIEURE.

LOIRET.

LOT.

LOT-ET-GARONNE.

LOZÈRE.

MAINE-ET-LOIRE.

MANCHE.

MARNE.

MARNE (HAUTE-).

MAYENNE.

MEURTHE-ET-MOSELLE.

MEUSE.

MORBIHAN.

MOSELLE.

NIÈVRE.

NORD.

OISE.

ORNE.

PAS-DE-CALAIS.

PUY-DE-DÔME.

PYRÉNÉES (BASSES-).

PYRÉNÉES (HAUTES-).

PYRÉNÉES-ORIENTALES.

RHIN (HAUT-).

RHÔNE.

SAÔNE (HAUTE-).

SAÔNE-ET-LOIRE.

SARTHE.

SAVOIE.

SAVOIE (HAUTE-).

SEINE.

Imprimerie nationale.

SEINE-ET-MARNE.

SEINE-ET-OISE.

SEINE-INFÉRIEURE.

SOMME.

TARN.

TARN-ET-GARONNE.

VAR.

VAUCLUSE.

VENDÉE.

VIENNE.

VIENNE (HAUTE-).

VOSGES.

YONNE.

COLONIES.

ALGÉRIE. — ALGER.

ALGÉRIE. — CONSTANTINE.

ALGÉRIE. — ORAN.

TUNISIE.

INDO-CHINE.

INSTITUTS FRANÇAIS À L'ÉTRANGER.

ÉGYPTE.

GRÈCE.

ITALIE.

www.ingramcontent.com/pod-product-compliance
Ingram Content Group UK Ltd.
Pitfield, Milton Keynes, MK11 3LW, UK
UKHW020314230726
13925UKWH00002B/407

9 782013 623643